POLÍTICAS PÚBLICAS E TRIBUTAÇÃO

Coordenadores
ADILSON RODRIGUES PIRES
CARLOS RENATO VIEIRA
RAFAEL DUAILIBE BACHA

POLÍTICAS PÚBLICAS E TRIBUTAÇÃO

Autores

Antonio Guimarães Sepulveda
Claudia Gurgel
Claudio Calisto
Gilson Pacheco Bomfim
João Rafael L. Gândara de Carvalho
Jorge Celso Fleming de Almeida Filho
Julio Cesar Santiago
Julio Cesar Vieira Gomes
Marcos Bueno Brandão da Penha
Matheus Soares Leite
Nathalia de Andrade Medeiros Tavares
Renata Gomes de Albuquerque Sá
Vanessa Benelli Corrêa

GZ
EDITORA
Rio de Janeiro
2018

1ª edição – 2018

Presididente do Conselho Editorial
Nelson Nery Costa

Diagramação
Olga Martins

CIP – Brasil. Catalogação-na-fonte.
Sindicato Nacional dos Editores de Livros, RJ.

P829

Políticas públicas e tributação / Antonio Sepulveda ...[et al.]; coordenação Adilson Rodrigues Pires, Rafael Bacha, Carlos Renato Vieira, Rafael Duailibe Bacha.. - 1. ed. - Rio de Janeiro: LMJ Mundo Jurídico, 2018.
302 p.; 24 cm.

Inclui índice
ISBN 9788595240377

1. Direito tributário - Brasil. I. Sepulveda, Antonio Guimarães. II. Pires, Adilson Rodrigues. III. Vieira, Carlos Renato. IV. Bacha, Rafael Duailibe.

18-50784

CDU: 34: 351.713(81)

Av. Erasmo Braga, 299 – sala 202
CEP: 20020-000 – Rio de Janeiro – RJ
Tels.: (0XX21) 2240-1406 / 2240-1416 – Fax: (0XX21) 2240-1511
contato@editoragz.com.br
www.editoragz.com.br

Impresso no Brasil
Printed in Brazil

APRESENTAÇÃO

Com orgulho e satisfação estamos lançando este livro, que, certamente, será de grande utilidade para todos os que militam no Direito Público. O tema nele tratado é da maior importância no momento atual, em que o Estado cada vez mais intervém na seara privada, seja controlando as atividades exercidas pelos particulares, financiando projetos de interesse social, condicionando comportamentos positivos ou negativos por meio da tributação ou por vários outros meios de intervenção.

Sem dúvida, a participação ativa no desenvolvimento, visando atender o interesse público, é característica do moderno Estado Democrático de Direito. O fomento da atividade estatal, porém, não seria viável, sob os pontos de vista da segurança e da eficácia, sem fundamento em premissas agregadoras e disciplinadoras, que só o Direito, principalmente o Direito Tributário, é capaz de proporcionar.

Com efeito, o Direito Tributário há muito deixou de exercer, meramente, a função arrecadatória para assumir funções mais nobres dentro do panorama político, como indutor de condutas de interesse social e econômico, sem, contudo, se descurar do seu objetivo financeiro, ainda primordial para a realização das políticas de governo.

Hoje, superada a doutrina liberal, que pregava a neutralidade dos impostos, o Direito Tributário cumpre papel preponderante na implementação das Políticas Públicas. Assim, o caráter exclusivamente fiscal não mais predomina no sistema tributário vigente, sendo visível apenas como consequência da atuação estatal direta sobre os desígnios econômicos de uma Nação.

Foi com este pensamento que um grupo de mestres, doutores e alunos do Programa de Pós-Graduação *stricto sensu* em Direito da Universidade do Estado do Rio de Janeiro (UERJ) decidiu reunir esforços e produzir um trabalho acadêmico que expressasse a importância do Direito na organização política, social e econômica do Estado.

Sob os aspectos didático e jurídico, é inegável que a pesquisa realizada reflete magnífico apanhado de temas, todos desenvolvidos com grande profundidade e erudição, refletindo, desse modo, o pensamento eclético de seus autores.

A título de exemplo, vale assinalar que esta obra, Políticas Públicas e Tributação revela interessantes ângulos ao analisar, entre outros assuntos, as questões ligadas à contribuição previdenciária com foco na Teoria do Mínimo Existencial. Sob o prisma da dialética entre a previsão constitucional e a realidade que afeta grande parte dos assalariados, conclui-se pela necessidade de um redesenho urgente do quadro institucional e legislativo, com vistas a atenuar as desigualdades existentes entre as classes trabalhadoras no Brasil.

Paralelamente, a desigualdade também se acirra como descaso sobre os assuntos de interesse da educação profissional e o consequente servilismo político, na medida em que a sociedade se torna refém de promessas, que nunca são cumpridas. O cidadão despreparado tecnicamente, por outro lado, não produz com qualidade e, consequentemente, não dispõe do mínimo necessário a uma vida digna que ele e sua família possam levar.

Essas reflexões perpassam pela problemática da formulação de um orçamento público, no qual a sociedade tenha participação efetiva nas decisões sobre o quanto será destinado ao Poder Público com o fim de satisfazer a real demanda pelos direitos fundamentais instituídos pela Carta Magna.

Como não poderia deixar de ser, a Constituição da República constitui a base dos estudos sobre Políticas Públicas, uma vez que para a Lei Magna convergem as decisões que visam suprir os indivíduos do mínimo necessário a uma vida condigna e honrada.

Assim, é importante ressaltar que a utilização de recursos públicos na superação das carências da população e na implementação dos direitos sociais básicos deve ingressar, fatalmente, no rol das preocupações do poder constituído. Neste ponto, é de se lembrar a função extrafiscal exercida por alguns tributos. Em outras palavras, o correto direcionamento dos recursos resulta em política pública mais eficiente e produtiva.

Considerada isoladamente, porém, a distribuição racional dos recursos não é suficiente para combater a desigualdade e promover o desenvolvimento social. Antes, à elaboração do orçamento precede o correto planejamento tributário, que contemple a justiça e a neutralidade da tributação em relação às atividades econômicas domésticas e às relações com o exterior.

Acresça-se a tudo isto a questão da transparência fiscal, importante característica do Estado Democrático de Direito. Fala-se, aqui, da comparação entre a saúde financeira das diversas regiões do país e o panorama econômico em âmbito nacional, fator imprescindível à perfeita visão das inúmeras distorções no nosso sistema. Afinal, o regime federativo em que vivemos carece da harmonização entre os sistemas tributários vigentes a nível federal, estadual e municipal, considerado como fator da maior importância na preservação do pacto federativo, expressão maior da nossa República.

Vale dizer, seja no plano nacional, seja em âmbito regional, o contribuinte deve sempre ter presente que o dever de pagar tributos não consiste, simplesmente, no cumprimento da obrigação tributária, mas, sobretudo, na observância do espírito de solidariedade para que cada um mereça o devido respeito de seus pares.

Em outras palavras, desde que o tributo seja exigido em bases razoáveis, com atenção ao mínimo existencial, como se disse acima, e com o respeito à vedação ao confisco, o pagamento espontâneo e consciente do dever de solidariedade tende a unir os indivíduos em uma sociedade justa e organizada.

A equitativa e proporcional distribuição da carga tributária por todos os cidadãos que revelem efetiva capacidade de contribuir abre espaço para a implementação de políticas públicas, que visem reduzir as sensíveis desigualdades sociais.

Nessa esteira, cabe mencionar um dos problemas que mais afligem o país neste momento, qual seja o que envolve os incentivos fiscais. A concessão de tais benefícios requer o controle rigoroso pelos órgãos responsáveis do governo, seja no âmbito do Poder Legislativo, do Executivo, do Judiciário e dos Tribunais de Contas. A todos eles cabe, não só a elaboração de normas verdadeiramente impositivas, como também a constatação de que os recursos estão sendo bem aplicados e, com muito mais razão, se há justificativa plausível para a sua eventual renúncia. Sem esse olhar crítico dos poderes da República, a administração pública se perde em desmandos e desperdício sem conta.

A má utilização dos recursos se exprime em insegurança e, logicamente, em litigiosidade entre os particulares e os governos. É imprescindível, portanto, diante de possíveis desvios que afetam a aplicação de recursos públicos, o estabelecimento de regras específicas e rigorosas, com o fim de conter os abusos verificados no dia a dia da administração financeira do Estado brasileiro.

Complementarmente, destaca-se a importância da atuação do Poder Judiciário como guardião das leis e da Constituição e no controle das políticas públicas, assegurando, dessa forma, o equilíbrio das relações sociais e políticas.

O tema, pela sua abrangência, não se esgota nestas ligeiras reflexões, mas, ao contrário, serve como ponto de partida para o aprofundamento do estudo sobre a estreita relação que existe entre a tributação e as políticas econômicas e sociais empreendidas pelo Poder Público.

A ciência no mundo moderno não se limita em si mesma, interagindo constantemente com outros ramos do saber. Só a profunda análise dos problemas que afligem uma nação é capaz de propiciar a consistência das grandes descobertas científicas e, com o surgimento dos sistemas eletrônicos, que transformaram significativamente as relações humanas, os embates de ideias produzem, não só o conhecimento especializado, como, também, o cruzamento das informações em cada um dos setores da vida pública moderna.

Por fim, formulamos nossos desejos de que a leitura desta obra conduza à reflexão focada numa visão clara sobre os problemas que afligem a sociedade brasileira e sobre as medidas que devam ser adotadas com vistas à retomada do crescimento econômico e social do nosso país.

Rio de Janeiro, 30 março de 2018

Adilson Rodrigues Pires
Carlos Renato Vieira
Rafael Duailibe Bacha

SOBRE OS COORDENADORES

ADILSON RODRIGUES PIRES

Advogado. Doutor em Direito Econômico e Sociedade pela Universidade Gama Filho. Professor Adjunto (aposentado) da Universidade do Estado do Rio de Janeiro (UERJ). Professor do curso de Pós-Graduação em Direito Tributário da UFF. Vice-presidente da Associação Brasileira de Direito Financeiro (ABDF). Presidente da Comissão de Direito Financeiro e Tributário do Instituto dos Advogados Brasileiros (IAB).

CARLOS RENATO VIEIRA

Advogado. Doutorando em Finanças Públicas, Tributação e Desenvolvimento e Mestre em Direito da Cidade, ambos pela Universidade do Estado do Rio de Janeiro (UERJ). Professor do curso de Pós-Graduação do IBMEC.

RAFAEL DUAILIBE BACHA

Advogado. Mestre em Finanças Públicas, Tributação e Desenvolvimento pela Universidade do Estado do Rio de Janeiro (UERJ). Pós-graduado em Direito Tributário pela Fundação Getúlio Vargas (FGV/RJ). Pós-graduado Direito Empresarial, com ênfase em Direito Tributário pela Fundação Getúlio Vargas (FGV/RJ). Professor do curso de Pós- Graduação do IBMEC.

SOBRE OS AUTORES

ANTONIO GUIMARÃES SEPULVEDA

Auditor-Fiscal da Receita Federal do Brasil. Doutorando em Direito pela Universidade do Estado do Rio de Janeiro (UERJ) na linha de Finanças Públicas, Tributação e Desenvolvimento. Mestre em Teorias Jurídicas Contemporâneas pela Faculdade Nacional de Direito da Universidade Federal do Rio de Janeiro (UFRJ). Professor convidado dos Cursos de Pós-Graduação da Fundação Getúlio Vargas (FGV-Rio) e da Universidade Federal Fluminense (UFF).

CLAUDIA GURGEL

Pós-Doutoranda em Direito (Linha Direito da Cidade) e Doutora em Direito (Linha Direito da Cidade) pela Universidade do Estado do Rio de Janeiro (UERJ). Professora Adjunta da Escola de Ciências Jurídicas (ECJ) e Professora do Programa de Pós-Graduação em Direito – PPGD (UNIRIO), Centro de Ciências Jurídicas e Políticas-CCJP, da Universidade Federal do Estado do Rio de Janeiro (UNIRIO).

CLAUDIO CALISTO

Auditor-Fiscal da Receita Federal do Brasil. Mestre em Finanças Públicas, Tributação e Desenvolvimento pela Universidade do Estado do Rio de Janeiro (UERJ).

GILSON PACHECO BOMFIM

Procurador da Fazenda Nacional. Especialista em Direito Tributário. LLM em Direito Corporativo. Mestre em Finanças Públicas e Tributação pela Universidade do Estado do Rio de Janeiro (UERJ).

JOÃO RAFAEL L. GÂNDARA DE CARVALHO
Advogado. Mestre em Direito Público pela Universidade do Estado do Rio de Janeiro (UERJ). Professor dos Cursos de Pós-Graduação da Fundação Getúlio Vargas no Rio de Janeiro (FGV) e da Pontifícia Universidade Católica do Rio de Janeiro (PUC-RIO). Diretor da Associação Brasileira de Direito Financeiro (ABDF). Membro da Comissão Especial de Assuntos Tributários da OAB/RJ.

JORGE CELSO FLEMING DE ALMEIDA FILHO
Procurador do Estado do Rio de Janeiro (PGE-RJ). Advogado. Mestre e Doutorando em Finanças Públicas, Tributação e Desenvolvimento pela Universidade do Estado do Rio de Janeiro (UERJ). Professor de Direito Tributário da Escola de Magistratura do Estado do Rio de Janeiro (EMERJ) e da Escola Superior de Advocacia Pública (ESAP- PGE/RJ).

JULIO CESAR SANTIAGO
Doutorando e Mestre em Finanças Públicas, Tributação e Desenvolvimento pela Universidade do Rio de Janeiro (UERJ). Pós-graduado em Direito Fiscal e em Filosofia Antiga pela PUC/RJ. Fundador e Diretor da Sociedade Brasileira de Direito Tributário (SBDT). Professor convidado de Processo e Direito Tributário em cursos de Pós-graduação. Editor da Revista de Finanças Públicas, Tributação e Desenvolvimento da UERJ. Procurador da Fazenda Nacional.

JULIO CESAR VIEIRA GOMES
Auditor-Fiscal da Receita Federal do Brasil. Mestre e Doutorando em Direito Financeiro e Tributário pela Universidade do Estado do Rio de Janeiro (UERJ). Especialista em Direito Tributário pelo IBMEC e em Ciência Política e Administração Pública pela Escola Nacional de Administração Pública - ENAP. Professor do Programa de Pós-Graduação da UFF e da Escola de Administração Fazendária – ESAF.

MARCOS BUENO BRANDÃO DA PENHA
Mestre em Direito (LL.M.) pela New York University School of Law. Mestre em Finanças Públicas, Tributação e Desenvolvimento pela Universidade do Estado do Rio de Janeiro (UERJ). Pós-graduado em Direito do Estado e da Regulação pela Fundação Getúlio Vargas. Procurador do Estado do Rio de Janeiro. Advogado.

MATHEUS SOARES LEITE
Conselheiro do Conselho Administrativo de Recursos Fiscais (CARF). Mestre em Finanças Públicas, Tributação e Desenvolvimento pela Universidade do Estado do Rio de Janeiro (UERJ). Especialista em Direito Tributário pelo Instituto Brasileiro de Estudos Tributários (IBET).

NATHALIA DE ANDRADE MEDEIROS TAVARES
Mestre em Tributação, Finanças Públicas e Desenvolvimento pela Universidade do Estado do Rio de Janeiro (UERJ). Advogada. Autora do Livro "Desigualdades Sociais Patrimoniais: Como a tributação pode reduzi-las?" e de artigos na área de Tributação e Finanças Públicas.

RENATA GOMES DE ALBUQUERQUE SÁ
Advogada. Doutoranda em Direito Público pela Universidade de Coimbra. Mestre em Finanças Públicas, Tributação e Desenvolvimento pela Universidade do Estado do Rio de Janeiro (UERJ).

VANESSA BENELLI CORRÊA
Advogada. Mestranda em Finanças Públicas, Tributação e Desenvolvimento pela Universidade do Estado do Rio de Janeiro (UERJ).

SUMÁRIO

Redesenho da Incidência da Contribuição Previdenciária sobre o Salário Mínimo à Luz da Teoria do Mínimo Existencial

Antonio Guimarães Sepulveda

1. Introdução

Todo trabalhador, ainda que perceba apenas um salário mínimo[1] a título de remuneração mensal, deve recolher aos cofres públicos, de acordo com a legislação de regência, parcela relativa à contribuição previdenciária devida na qualidade de segurado obrigatório[2].

---

1 De acordo com a Lei nº 13.152, de 29 de julho de 2015, o Poder Executivo, por meio de decreto, deverá estipular o valor do salário mínimo. Atualmente, o Decreto nº 8.381, de 29 de dezembro de 2014, fixa o salário mínimo nacional, para o ano de 2015, em R$ 788,00 (setecentos e oitenta e oito reais).

2 O artigo 12 da Lei nº. 8.212, de 1991, elenca os segurados obrigatórios, valendo indicar, a título ilustrativo, as seguintes pessoas físicas: I – como **empregado**: a) aquele que presta serviço de natureza urbana ou rural à empresa, em caráter não eventual, sob sua subordinação e mediante remuneração, inclusive como diretor empregado; b) aquele que, contratado por empresa de trabalho temporário, definida em legislação específica, presta serviço para atender a necessidade transitória de substituição de pessoal regular e permanente ou a acréscimo extraordinário de serviços de outras empresas [...] II – como **empregado doméstico**: aquele que presta serviço de natureza contínua a pessoa ou família, no âmbito residencial desta, em atividades sem fins lucrativos [...] V – como **contribuinte individual**: a) a pessoa física, proprietária ou não, que explora atividade agropecuária, a qualquer título, em caráter permanente ou temporário, em área superior a 4 (quatro) módulos fiscais; ou, quando em área igual ou inferior a 4 (quatro) módulos fiscais ou atividade pesqueira, com auxílio de empregados ou por intermédio de prepostos; ou ainda nas hipóteses dos §§ 10 e 11 deste artigo; b) a pessoa física, proprietária ou não, que explora atividade de extração mineral – garimpo, em caráter permanente ou temporário, diretamente ou por intermédio de prepostos, com ou sem o auxílio de empregados, utilizados a qualquer título, ainda que de forma não contínua; c) o ministro de confissão religiosa e o membro de instituto de vida consagrada, de congregação ou de ordem religiosa [...] VI – como **trabalhador avulso**: quem presta, a diversas empresas, sem vínculo empregatício, serviços de natureza urbana ou rural definidos no regulamento; VII – como **segurado especial**: a pessoa física residente no imóvel rural ou em aglomerado urbano ou rural próximo a ele que, individualmente ou em regime de economia familiar, ainda que com o auxílio eventual de terceiros a título de mútua colaboração, na condição de: a) **produtor** [...]; b) **pescador artesanal ou a este assemelhado** [...] (grifos nossos).

Segundo a literalidade da Constituição Republicana[3], além da previdência social, o salário mínimo deve ser fixado em valor suficiente para atender às necessidades vitais básicas do trabalhador e às de sua família. Em outros termos, implica dizer que, após a incidência da contribuição previdenciária, ao trabalhador – ou mais especificamente, ao segurado – remanesce reduzido montante em sua disponibilidade (submínimo) – se confrontado ao valor fixado, nominalmente, a título de salário mínimo, para a satisfação de suas necessidades vitais básicas e às de seus familiares com relação à moradia, alimentação, educação, saúde, lazer, vestuário, higiene e transporte.

Como o valor do salário mínimo, há muitas décadas, tem se mantido em níveis bastante inferiores ao mínimo vital[4], deveria o legislador ordinário, como política pública, promover redesenho legislativo, a fim de adequar a incidência da contribuição previdenciária ao que sugere a Teoria do Mínimo Existencial e os pronunciamentos do Supremo Tribunal Federal. Vale dizer: uma vez que a contribuição previdenciária tem, nas últimas décadas, incidido sobre valor materialmente inferior ao mínimo vital, deveria o desenhista institucional estabelecer, expressamente, limite quantitativo, definidor do campo da não incidência da contribuição previdenciária, uma vez que abaixo desse valor tem-se caracterizada verdadeira imunidade[5].

2. A Teoria do Mínimo Existencial

De acordo com Ingo Sarlet, contemporaneamente, "constata-se uma forte tendência doutrinária e jurisprudencial no sentido do reconhecimento de um direito subjetivo ao mínimo existencial, concebido como garantia (fundamental) das condições materiais mínimas à vida com dignidade" (SARLET, 2013, p. 541)[6].

A partir da vigência da nova Magna Carta, de 1988, o mínimo existencial passou a gozar de fundamentalidade constitucional na ordem jurídica nacional, traduzindo direito subjetivo público, que visa a garantir as condições materiais a uma vida condigna. Representa, nesse sentido, núcleo básico vital, que apresenta duas principais dimensões ou *status.*

---

3 A Constituição Republicana estabelece, em seu artigo 7º, que: "São direitos dos trabalhadores urbanos e rurais, além de outros que visem à melhoria de sua condição social: [...] IV – salário mínimo, fixado em lei, nacionalmente unificado, capaz de atender a suas necessidades vitais básicas e às de sua família com moradia, alimentação, educação, saúde, lazer, vestuário, higiene, transporte e previdência social, com reajustes periódicos que lhe preservem o poder aquisitivo, sendo vedada sua vinculação para qualquer fim".

4 Confira em http://www.dieese.org.br/analisecestabasica/salarioMinimo.html, acesso em 18/08/2015.

5 "Em todos esses casos estamos diante da proteção negativa do mínimo existencial assegurada pelo mecanismo da *imunidade*. Pouco importa que a legislação ordinária, ao quantificá-la, lhe dê o rótulo de isenção. Pois o que caracteriza verdadeiramente a imunidade, ao contrário do que pensam os positivistas, não é a fonte formal e imediata de que promana, mas a circunstância de ser um predicado dos direitos da liberdade e de ter um fundamento pré-constitucional (TORRES, 2005, p. 190).

6 BARROSO (2010, p. 25) posiciona-se de igual modo ao asseverar que o "direito ao mínimo existencial não é, como regra, referido expressamente em documentos constitucionais ou internacionais, mas sua estatura constitucional tem sido amplamente reconhecida".

Se, por um lado, o mínimo existencial fixa limite à intervenção do poder fiscal estatal (*status negativus,* dimensão negativa ou defensiva), uma vez que estabelece campo livre às ações e deliberações políticas, em ordem a impedir que Estado e terceiros interfiram na obtenção ou manutenção de condições materiais indispensáveis para uma vida digna, por outro, exige prestações estatais positivas (*status positivus,* dimensão positiva ou prestacional), isto é, prestações materiais vocacionadas à realização do mínimo existencial, a fim de que se viabilize a eficácia jurídico-social desse direito fundamental.

Independentemente do equacionamento teórico que se adote para formulação do direito ao mínimo existencial, se em função da liberdade ou da dignidade da pessoa humana[7], é de se ressaltar que o mínimo existencial conecta-se intimamente com o problema do combate à questão da pobreza.

Ricardo Lobo Torres[8], que desenvolveu sua concepção sob forte influência de John Rawls[9], elabora sua teoria do mínimo existencial primordialmente em função da noção de liberdade, compreendendo que o mínimo existencial representa um conjunto de condições iniciais para o exercício da liberdade. Para o teórico carioca, ao cidadão devem ser asseguradas prestações positivas estatais, de modo que sejam satisfeitas as necessidades vitais básicas, sob pena, caso as condições mínimas não sejam alcançadas, de deixar de usufruir uma vida humana digna (TORRES, 2014, p. 120). Com relação à formulação de Lobo Torres, esclarecedoras são as suas palavras: "[s]em o mínimo necessário à existência cessa a possibilidade de sobrevivência do homem e desaparecem as condições iniciais da liberdade (TORRES, 2009, p. 36). Ou seja, sem o atendimento das condições materiais básicas, não existe liberdade real ou fática, pois os seres humanos não são capazes de seu exercício.

Lobo Torres (2005, p. 171-174) compreende que o mínimo existencial é uma verdadeira imunidade[10], que se ampara na ética e tem fundamento principal na ideia de liberdade. Sob visão liberal, define o mínimo existencial como "um direito às condi-

---

7 "A dignidade da pessoa humana tem seu berço secular na filosofia. Constitui, assim, em primeiro lugar, um valor, que é conceito axiológico, ligado à ideia de bom, justo, virtuoso. Nessa condição, ela se situa ao lado de outros valores centrais para o Direito, como justiça, segurança e solidariedade. É nesse plano ético que a dignidade se torna, para muitos autores, a justificação moral dos direitos humanos e dos direitos fundamentais [...] Somente nas décadas finais do século XX é que a dignidade se aproxima do Direito, tornando-se um conceito jurídico, deontológico – expressão de um dever-ser normativo, e não apenas moral ou político. E, como consequência, sindicável perante o Poder Judiciário. Ao viajar da filosofia para o Direito, a dignidade humana, sem deixar de ser um valor moral fundamental, ganha também *status* de *princípio jurídico*" (BARROSO, 2010, p. 9).

8 Ricardo Lobo Torres apresentou trabalho seminal quanto ao tema. Confira o artigo *O Mínimo Existencial e os Direitos Fundamentais*. Revista de Direito Administrativo, nº. 177, p. 20-49, 1989.

9 Professora Ana Paula de Barcellos evidencia a influência da obra o *Liberalismo Político* de John Rawls sobre os trabalhos de Ricardo Lobo Torres (BARCELLOS, 2012b, p. 31).

10 Segundo TORRES (2014, p. 108), imunidade é "intributabilidade, impossibilidade de o Estado criar tributos sobre o exercício dos direitos de liberdade, incompetência absoluta para decretar impostos sobre bens ou coisas indispensáveis à manifestação da liberdade, não incidência ditada pelos direitos humanos e absolutos anteriores ao pacto constitucional".

ções mínimas de existência humana digna que não pode ser objeto de intervenção do Estado e que ainda exige prestações estatais positivas". Afirma ainda que os princípios constitucionais da igualdade, do devido processo legal, livre iniciativa e as imunidades e privilégios do cidadão sustentam o mínimo vital. Embora não esteja expressamente positivado na Constituição Republicana[11], mas proclamado implicitamente a partir da conjugação do inciso III do artigo 3º e de outras disposições da Carta Magna[12], esse teórico liberal afirma que o mínimo existencial é direito pré-constitucional, dado que é inerente à pessoa humana, possuindo validade *erga omnes* e sindicável de modo direto.

BARCELLOS (2002a, p. 253), por sua vez, elabora o mínimo existencial com base no princípio da dignidade da pessoa humana. Fundamentando igualmente sua teoria em bases liberais, define o mínimo existencial nos seguintes termos: o "mínimo existencial, formado pelas condições materiais básicas para a existência, correspon-

---

11 Poder-se-ia, afirmar, porém que se ampara na capacidade contributiva, referido no parágrafo §1º do artigo 145 da Constituição que determina que "sempre que possível, os impostos terão caráter pessoal e serão graduados segundo a capacidade econômica do contribuinte, facultado à Administração Tributária, especialmente para conferir efetividade a esses objetivos, identificar, respeitados os direitos individuais e nos termos da lei, o patrimônio, os rendimentos e as atividades econômicas do contribuinte". Neste ínterim, surgem dois limites: "preservação do mínimo existencial, que evita a tributação quando a capacidade contributiva está ausente; e vedação ao tributo com efeito de confisco que proíbe a incidência tributária excessiva que esgote a capacidade" (HACK, 2014, p. 83). Neste sentido: "[...] IPVA. Progressividade. **Todos os tributos** submetem-se ao princípio da capacidade contributiva (precedentes), ao menos em relação a um de seus três aspectos (objetivo, subjetivo e proporcional), independentemente de classificação extraída de critérios puramente econômicos" (grifos nossos) (Supremo Tribunal Federal. 2ª Turma. Recurso Extraordinário nº 406.955-AgR/MG, Rel. Min. Joaquim Barbosa, Sessão 04/10/2011. DJE 21/10/2011.).

12 Cumpre transcrever os seguintes dispositivos da Constituição Republicana, de 1988, que amparam a elaboração do mínimo existencial: Art. 3º Constituem objetivos fundamentais da República Federativa do Brasil: [...] III – erradicar a pobreza e a marginalização e reduzir as desigualdades sociais e regionais [...] Art. 5º Todos são iguais perante a lei, sem distinção de qualquer natureza, garantindo-se aos brasileiros e aos estrangeiros residentes no País a inviolabilidade do direito à vida, à liberdade, à igualdade, à segurança e à propriedade, nos termos seguintes: [...] XXXIV – são a todos assegurados, independentemente do pagamento de taxas: a) o direito de petição aos Poderes Públicos em defesa de direitos ou contra ilegalidade ou abuso de poder; b) a obtenção de certidões em repartições públicas, para defesa de direitos e esclarecimento de situações de interesse pessoal; [...] LXXII – conceder-se-á *habeas data:* a) para assegurar o conhecimento de informações relativas à pessoa do impetrante, constantes de registros ou bancos de dados de entidades governamentais ou de caráter público; b) para a retificação de dados, quando não se prefira fazê-lo por processo sigiloso, judicial ou administrativo; LXXIII – qualquer cidadão é parte legítima para propor ação popular que vise a anular ato lesivo ao patrimônio público ou de entidade de que o Estado participe, à moralidade administrativa, ao meio ambiente e ao patrimônio histórico e cultural, ficando o autor, salvo comprovada má-fé, isento de custas judiciais e do ônus da sucumbência; LXXIV – o Estado prestará assistência jurídica integral e gratuita aos que comprovarem insuficiência de recursos; [...] Art. 153. Compete à União instituir impostos sobre: [...] VI – propriedade territorial rural; [...]§ 4º O imposto previsto no inciso VI do *caput*:[...] II – não incidirá sobre pequenas glebas rurais, definidas em lei, quando as explore o proprietário que não possua outro imóvel".

de a uma fração nuclear da dignidade da pessoa humana à qual se deve reconhecer a eficácia jurídica positiva ou simétrica". Em arremate, Barcellos pontua que: "para além desse núcleo, ingressa-se em um terreno no qual se desenvolvem apenas outras modalidades de eficácia jurídica, decorrência da necessidade de manter-se o espaço próprio da política e das deliberações majoritárias".

O mínimo existencial, entendido por Barcellos como núcleo irredutível da dignidade da pessoa humana, encerra um conjunto formado por uma seleção de direitos – especificamente, uma seleção de direitos individuais, políticos e sociais –, tendo em vista principalmente a sua essencialidade, dentre outros critérios. Por meio da garantia de condições materiais mínimas, objetiva-se alcançar o respeito e a promoção da dignidade da pessoa humana (BARCELLOS, 2002b, p. 14). Isto é, sem as condições materiais mínimas, tais como, educação, saúde, alimentação e informação, os direitos individuais e políticos, seriam, sob tal ótica, "pouco mais que papel e tinta" (BARCELLOS, 2002b, p. 15).

Sob postura mais expansiva, em termos sociais, SARLET (2013, p. 546) vai além do que sustentam Lobo Torres e Barcellos, ao afirmar que "o conteúdo do mínimo existencial ultrapassa a noção de um mínimo meramente vital ou de sobrevivência, para resguardar não só a vida humana em si, mas uma vida saudável e com certa qualidade".

A despeito das divergências doutrinárias nacionais quanto à determinação do conteúdo mínimo, é lícito supor que o mínimo existencial impõe limite intransponível, ao menos em tese, à ação e à deliberação política que o agrida, pois, caso contrário, isto é, se a intangibilidade do mínimo existencial for malferida, seja, por exemplo, por intermédio de medida legislativa (ou do Poder Executivo) que fixe valor do salário mínimo inferior ao mínimo existencial, seja por ato legal que estipule desarrazoada incidência tributária que vulnere diretamente o núcleo do mínimo existencial, restaria ameaçada, por carência de capacidade contributiva[13], significativa parcela do conjunto de condições mínimas necessárias a uma vida condigna.

Em função da centralidade do princípio da dignidade da pessoa humana, nossos tribunais superiores constantemente reconhecem em seus julgados a aplicabilidade da Teoria do Mínimo Existencial ao ordenamento jurídico pátrio[14], reconhecendo-lhe,

---

13 "O princípio tem sido aplicado não apenas a impostos e contribuições mas também a taxas e serviu de critério de interpretação da lei tributária, como se verifica da leitura do RE nº 177.835, também relatado pelo Ministro Carlos Velloso: 'O que a lei procura realizar, com a variação do valor da taxa, em função do patrimônio líquido da empresa, é o princípio da capacidade contributiva – CF, art. 145, §1º. *Esse dispositivo constitucional diz respeito aos impostos, é certo. Não há impedimento, entretanto, na tentativa de aplicá-lo relativamente às taxas, principalmente quando se tem taxa de polícia, isto é, taxa que tem como fato gerador o poder de polícia*'" (GRECO, 2011, p. 345).

14 "De fato, o direito a alimentos do companheiro que se encontra em situação precária e de vulnerabilidade assegura a máxima efetividade do interesse prevalente, a saber, o mínimo existencial, com a preservação da dignidade do indivíduo, conferindo a satisfação de necessidade humana básica" (Conf. BRASIL, Superior Tribunal de Justiça. 4ª turma. Recurso Especial nº 1.302. 467/SP, Recorrente: PDA . Recorrido: CEC . Relator: Min. Luis Felipe Salomão, Brasília, Sessão 03/03/2015. DJe 25/03/2015).. "Não é por outra razão que se afirma não ser a reserva do possível oponível à realização do mínimo existencial. Seu conteúdo, que não se resume ao mínimo vital,

inclusive, relativa precedência em relação a outros interesses conflitantes[15]. Sob essa diretriz interpretativa, utilizam-se desse aparato teórico para fundamentar suas decisões no tocante aos mais variados temas, como, por exemplo, assuntos relacionados com educação, alimentos e saúde[16].

Embora o Supremo Tribunal Federal compreenda que, primariamente, caiba aos Poderes Legislativo e Executivo a prerrogativa de formular e executar políticas públicas, em relação, por exemplo, à educação infantil, reconhece outrossim que cumpre ao Poder Judiciário, ainda que excepcionalmente, determinar que estas sejam implementadas, sempre que os órgãos estatais competentes, por descumprirem os encargos político-jurídicos que sobre eles incidem em caráter impositivo, vierem a comprometer, com a sua omissão, a eficácia e a integridade de direitos sociais e culturais impregnados de estatura constitucional[17].

A fim de evitar qualquer interpretação equivocada quanto ao ponto, deve-se evidenciar que o direito ao mínimo existencial, sob ótica jurisprudencial, não se restringe à garantia da mera sobrevivência da pessoa humana (mínimo vital ou mínimo de sobrevivência). Não, o mínimo existencial não é tão restrito assim. Esse direito fundamental se efetiva concretamente quando, além de atender às condições de mera

abrange também as condições socioculturais que assegurem ao indivíduo um mínimo de inserção na vida social. Sendo assim, não fica difícil perceber que, entre os direitos considerados prioritários, encontra-se o direito à educação" (Conf. BRASIL, Superior Tribunal de Justiça. 2ª turma. Recurso Especial nº 1.185.474/SC, Recorrente: Município de Criciúma. Recorrido: Ministério Público do Estado de Santa Catarina. Relator: Min. Humberto Martins, Brasília, Sessão 20/4/2010. DJe 29/04/2010).

15 Conf. BRASIL, Superior Tribunal de Justiça. 3ª Turma. Agravo Regimental no Agravo nº 1.265.900/RS. Agravante: Brasil Telecom S/A. Agravado: Sérgio Luiz Viana de Medeiros. Relator: Min. Sidnei Beneti. Brasília, Sessão 20/04/2010. DJe 7/05/2010.

16 Conf. BRASIL. Supremo Tribunal Federal. 2ª Turma. Ag. Reg. no Recurso Extraordinário com Agravo nº 727.864/PR. Agravante: Estado do Paraná. Agravado: Ministério Público do Estado do Paraná. Relator: Min. Celso de Mello. Brasília, Sessão 04/11/2014. DJe nº 223, de 13/11/2014. No que tange à proteção às gestantes em maternidades estaduais, confira BRASIL. Supremo Tribunal Federal. 2ª Turma. Ag. Reg. no Recurso Extraordinário nº 581.352/AM. Agravante: Estado do Amazonas. Agravado: Ministério Público do Estado do Amazonas. Relator: Min. Celso de Mello. Brasília, Sessão 29/10/2013. DJe nº 203, de 22/11/2013.

17 Nesse sentido, vale transcrever, por ilustrativo, o seguinte excerto: "A noção de "mínimo existencial", que resulta, por implicitude, de determinados preceitos constitucionais (CF, art. 1º, III, e art. 3º, III), compreende um complexo de prerrogativas cuja concretização revela-se capaz de garantir condições adequadas de existência digna, em ordem a assegurar, à pessoa, acesso efetivo ao direito geral de liberdade e, também, a prestações positivas originárias do Estado, viabilizadoras da plena fruição de direitos sociais básicos, tais como o direito à educação, o direito à proteção integral da criança e do adolescente, o direito à saúde, o direito à assistência social, o direito à moradia, o direito à alimentação e o direito à segurança". (Conf. BRASIL. Supremo Tribunal Federal. 2ª Turma. Recurso Extraordinário com Agravo nº 639.337. Agravante: Município de São Paulo. Agravado: Ministério Público do Estado de São Paulo. Relator: Min. Celso de Mello. Brasília, Sessão 23/08/2001. DJe nº 177, vol. 2.587, p. 125, de 15/09/2011).

sobrevivência, assegura uma vida digna, livre e politicamente participativa, isto é: garante à pessoa o mínimo necessário para sua inserção na vida social. Em suma, "o mínimo existencial constitui o núcleo essencial dos direitos fundamentais em geral e seu conteúdo corresponde às pré-condições para o exercício dos direitos individuais e políticos, da autonomia privada e pública" (BARROSO, 2010, p. 25).

Embora os autores ora citados tenham iniciado suas respectivas narrativas a partir de diferentes pontos de partida e percorrido distintas trajetórias, é de se frisar que todos reconhecem, independentemente da teoria filosófica ou jurídica que sustentem, a essencialidade do mínimo existencial. Nesse mesmo sentido é que se erige a voz da jurisprudência nacional.

3. Política Pública e Redesenho Institucional

No passado, os institucionalistas muito se preocupavam com a criação e a extinção das instituições[18]. Atualmente, os institucionalistas interessam-se também pelos redesenhos, procedimentos, funções e vantagens proporcionadas pelas instituições, dado que a continuidade dessas últimas é definida em virtude do balanço favorável das vantagens sobre as desvantagens.

A expressão "intervenção institucional" denota o conjunto de medidas necessárias, avaliadas conscientemente, para redefinição intencional de certo desenho, na busca de resultados potencialmente melhores.

A partir da verificação de disfunções ou produção de resultados subótimos apurados a partir da análise interna do desenho institucional previamente estabelecido, almeja-se, por meio da intervenção institucional, o delineamento de novo desenho (redesenho institucional), com vistas à obtenção de certo prognóstico, ou seja, de resultados potencialmente melhores.

A ocorrência de falha no desenho ou mudanças circunstanciais significativas, que tornem a regulação normativa incoerente, defasada ou anacrônica, enseja a intervenção do desenhista institucional, no intuito de substituir os mecanismos institucionais que não mais produzem os resultados desejados (SUNSTEIN, 1990, p. 91).

Nessa empreitada, o saldo apurado do balanço, resultado do confronto de vantagens e desvantagens do modelo, à moda da teoria econômica, é dos melhores conselheiros para tomada de decisão quanto à redefinição do desenho institucional.

Tais intervenções podem se efetivar sobre os mais variados acordos sociais que coordenam a conduta dos indivíduos dentro da sociedade. Mais especificamente no

---

18 Afirma Maurice Hauriou (2009, p. 20), importante representante do antigo ou velho institucionalismo: "As instituições nascem, vivem e morrem juridicamente; elas nascem por meio de operações de fundação que lhes fornecem um fundamento jurídico ao prolongarem-se; elas vivem uma vida ao mesmo tempo objetiva e subjetiva, graças a operações jurídicas de governo e de administração repetidas e, aliás, ligadas por procedimentos; enfim, elas morrem por meio de operações jurídicas de dissolução ou ab-rogação. Assim, elas ocupam juridicamente a duração e sua cadeia sólida se cruza com a trama mais ligeira das relações jurídicas passageiras.".

campo jurídico, é possível o direcionamento do foco analítico às instituições jurídicas, constitucionais, legais ou regulamentares – desde que consideradas as circunstâncias contemporâneas à implementação do redesenho, as possíveis variações posteriores à intervenção (adaptabilidade) assim como os resultados potencialmente visados. A depender da situação, deverão ainda ser levados em linha de consideração as correspondentes "capacidades institucionais", servindo de parâmetros os "limites de sua *expertise* e [a] experiência" (BINENBOJM, 2006, p. 41) do órgão, e perscrutados os potenciais "efeitos dinâmicos[19]" da decisão adotada.

4. Tributação da Contribuição Previdenciária sobre o salário mínimo: o empregado doméstico como exemplo[20]

A relação jurídica estabelecida entre o segurado obrigatório e o Instituto Nacional do Seguro Social (INSS) "decorre automaticamente do exercício da atividade remunerada reconhecida como de vinculação compulsória" (TAVARES, 2006, p. 85). Sua filiação é imediata, a partir do exercício da atividade remunerada, sendo a inscrição[21] realizada *a posteriori* (IBRAHIM, 2008, p. 151), uma vez que a filiação independe da vontade do segurado.

O segurado obrigatório[22] vincula-se impositivamente ao sistema previdenciário, sem possibilidade de exclusão obrigatória.

Para os segurados obrigatórios, como, por exemplo, o empregado doméstico, a filiação é fruto da lei[23] e independe da realização de inscrição ou de recolhimento tributário.

---

19 A "capacidade institucional" a que se faz alusão encerra a determinação de qual Poder possui maior aptidão para proferir a melhor decisão sobre temas específicos, os quais envolvem aspectos técnicos, a exemplo da fixação da taxa referencial do Sistema Especial de Liquidação e Custódia (Selic), ou científicos de extrema complexidade, como é o caso da avaliação da eficácia e segurança de determinados medicamentos. Afastando-se de uma exegese de alto grau de abstração, Sunstein e Vermeule (2002, p. 1) afirmam que não há como proceder a uma interpretação jurídica sem que sejam levadas em conta as considerações institucionais, isto é, as capacidades institucionais (*institutional capacities*) e os efeitos dinâmicos (*dynamic effects*) que possam decorrer da decisão. Segundo os autores, os efeitos sistêmicos ou dinâmicos traduzem as consequências passíveis de afetar, para além do caso concreto, tanto atores privados como públicos, sejam de que sorte forem (2002, p. 46).

20 Deve-se ressaltar que há outras categorias de segurados obrigatórios que se enquadram igualmente no exemplo citado. Cumpre ainda mencionar que se optou por não aludir aos segurados contribuinte individual e facultativo, pois, nesses casos, se alcançaria valor submínimo ainda menor se comparado àquele constatado em relação aos segurados obrigatórios, uma vez que estes contribuem segundo alíquota de 20% (vinte por cento) sobre o salário de contribuição.

21 O ato de inscrição corresponde ao cadastramento do segurado e dependente junto ao Regime Geral de Previdência Social (TAVARES, 2006, p. 85).

22 Confira o inciso II do artigo 12 da Lei nº 8.212, de 24 de julho de 1991.

23 Para o segurado facultativo, diferentemente a filiação só se caracteriza a partir da inscrição, uma vez que aquela é dependente da vontade do segurado.

De acordo com a legislação de regência, a contribuição devida pelos segurados empregados domésticos deve ser apurada mediante aplicação da correspondente alíquota *ad valorem*, de forma não cumulativa[24], sobre a base de cálculo da contribuição previdenciária.

Na hipótese de o empregado doméstico perceber como remuneração apenas um salário mínimo, este será, de acordo com a lei aplicável, o salário-contribuição – base de cálculo da contribuição previdenciária – sobre o qual incidirá a alíquota de 8% (oito por cento)[25], a ser suportada pelo contribuinte[26].

Da incidência da contribuição previdenciária devida mensalmente pelo empregado doméstico, redunda o valor submínimo de R$ 724, 96 (setecentos e vinte e quatro reais e noventa e seis centavos), isto é, importância correspondente a 92% (noventa e dois por cento) do valor do salário mínimo vigente no ano corrente, que deverá satisfazer a plena fruição de direitos sociais básicos, tais como o direito à educação, o direito à proteção integral da criança e do adolescente, o direito à saúde, o direito à assistência social, o direito à moradia, o direito à alimentação e o direito à segurança.

5. A Insuficiência do Salário Mínimo e a fixação de limite de não incidência da contribuição previdenciária

Segundo alguns pronunciamentos de membros da mais alta Corte do País[27] e decisões de nossos tribunais superiores[28], o inciso IV do artigo 7º da Lei Fundamental

24 O debate sobre a expressão "não cumulativa", constante no artigo 20 da Lei nº 8.212, de 24 de julho de 1991, o qual prevê a sistemática de cálculo da contribuição previdenciária devida pelo segurado empregado e pelo trabalhador avulso, por possuir viés constitucional, haja vista afronta aos princípios da capacidade contributiva, proporcionalidade e isonomia, está sob repercussão geral. Confira Brasil. Supremo Tribunal Federal. Repercussão Geral em RE nº 852.796/RS. Recorrente: União. Recorrido: Flávio Nelson Keller. Relator: Min. Dias Toffoli. Brasília, Sessão 14/08/2015. DJe nº 202, de 08/10/2015.

25 Confira artigo 20 da Lei nº 8.212, de 24 de julho de 1991.

26 Cumpre lembrar que ao empregador doméstico é devido, a título de contribuição previdenciária, a parcela resultante da incidência da alíquota de 12% (doze por cento) sobre o salário-contribuição mensal, de acordo com o artigo 24 da Lei nº 8.212, de 24 de julho de 1991.

27 Confira BRASIL. Supremo Tribunal Federal. Tribunal Pleno.Repercussão Geral por Questão de Ordem em Recurso Extraordinário nº 572.921/RN. Recorrente: Francisca Vilma da Cruz de Azevedo e outros. Agravado: Estado do Rio Grande do Norte. Relator: Min. Ricardo Lewandowski. Brasília, Sessão 13/11/2008. DJe nº 25, vol. 2347-12, p. 2.302, de 06/02/2009.

28 O Tribunal da Cidadania tem reconhecido que o salário mínimo é expressão do mínimo existencial. Por todos, cumpre mencionar representativa parte de uma de suas decisões relacionadas com o tema: "[...] 2. O benefício de prestação continuada é uma garantia constitucional, de caráter assistencial, previsto no art. 203, V, da Constituição Federal, regulamentado pelo art. 20 da Lei nº 8.742/1993 e também pela Lei 10.741/2003, o Estatuto do Idoso. Consiste no pagamento de um salário mínimo mensal às pessoas com deficiência ou idosas, desde que comprovem não possuir meios de prover a própria manutenção e nem de tê-la provida por sua família. 3. O benefício em exame está consubstanciado nos fundamentos

consagraria, em termos normativos e estipendiários, o mínimo existencial, o qual teria precedência sobre a cláusula financeira da reserva do possível, não podendo o Poder Executivo, sob pena de desrespeito à Constituição Republicana e com base na aludida cláusula constitucional, justificar a frustração desse verdadeiro direito público subjetivo[29], voltado à garantia da dignidade da pessoa humana, sob fundamento de insuficiência orçamentária.

Ainda que nos últimos anos o governo tenha adotado uma política de valorização do salário mínimo[30], a insuficiência do valor fixado tem-se revelado incapaz de atender às básicas necessidades vitais do trabalhador e dos membros de sua família.

Indicativo substancial do que se afirma são os valores divulgados, nas últimas décadas, pelo Departamento Intersindical de Estatística e Estudos Sócioeconômicos – DIEESE. Para o ano corrente, por exemplo, o DIEESE aponta uma diferença superlativa de R$ 2.537, 37 (dois mil e quinhentos e trinta e sete reais e trinta e sete centavos) entre o valor do salário mínimo nominal (R$ 788,00), fixado pelo Poder Executivo, e o valor do salário mínimo necessário (R$ 3.325,37)[31], divulgado pelo próprio Departamento. Notável como a diferença entre as duas importâncias mencionadas supera o valor do próprio salário mínimo em mais de três vezes, demonstrando significativo distanciamento entre os valores apontados.

Se a mera expressão quantitativa já não bastasse para evidenciar a insuficiência do valor do salário mínimo para atender as mínimas condições vitais e, em decorrência, para justificar a não incidência da contribuição previdenciária sobre remuneração mínima percebida pelo trabalhador, em razão da intangibilidade do mínimo existencial, o Supremo Tribunal Federal, ao julgar algumas ações diretas de inconstitucionalidade[32], firmou entendimento no sentido de declarar a inconstitucionalidade de

do Estado democrático de direito, tais como o da erradicação da pobreza e da construção de uma sociedade livre, justa e solidária, garantindo-se ao cidadão brasileiro o mínimo existencial" [...]" (Confira BRASIL. Superior Tribunal de Justiça. 2ª Turma. Resp. nº 1.349.296/CE. Recorrente: Instituto Nacional do Seguro Social. Recorrido: Maria de Fátima Dantas de Oliveira. Relator: Min. Mauro Campbell Marques. Brasília, Sessão 20/02/2014. DJe, de 28/02/2014).

29 Alguns teóricos reconhecem que o direito ao mínimo existencial constitui verdadeira regra constitucional. Por todos, confira as páginas 494 e seguintes da obra *Teoria de los Derechos Fundamentales*, de Robert Alexy.

30 Confira as Notas Técnicas nº 136, de maio de 2014, e nº 143, de janeiro de 2015, expedidas pelo Departamento Intersindical de Estatística e Estudos Socioeconômicos – DIEESE.

31 Para cálculo do salário mínimo necessário, o DIEESE leva em conta as necessidades básicas do trabalhador e de sua família elencadas no inciso IV do artigo 7º da Constituição Republicana. Adota como base o Decreto-Lei nº 399, de 30 de abril de 1938, que estabelece que o gasto com alimentação de um trabalhador adulto não pode ser inferior ao custo da cesta básica de alimentos e considera a família composta por 2 (dois) adultos e 2 (duas) crianças (Confira http://www.dieese.org.br/analisecestabasica/salarioMinimo.html, acesso em 19/08/2015).

32 De acordo com o Ministro relator, a "cláusula constitucional inscrita no art. 7º, IV, da Carta Política – para além da proclamação da garantia social do salário mínimo – consubstancia verdadeira

determinada norma jurídica que não estabeleceu valor suficiente para a satisfação das necessidades vitais mínimas do trabalhador e às de seus familiares com relação à moradia, alimentação, educação, saúde, lazer, vestuário, higiene e transporte. O Pretório Excelso, na oportunidade, assentou que a insuficiência do valor do salário mínimo – definido em quantitativo monetário que se traduza incapaz de atender as necessidades vitais básicas – caracteriza claro descumprimento, ainda que parcial, da Constituição Republicana. Em tal situação, deixou assente que longe de agir como sujeito "concretizante do postulado constitucional que garante à classe trabalhadora um piso geral de remuneração digna, o legislador ordinário realizaria, imperfeitamente, porque incompleto, o programa social assumido pelo Estado na ordem jurídica".

imposição legiferante, que, dirigida ao Poder Público, tem por finalidade vinculá-lo à efetivação de uma prestação positiva destinada (a) a satisfazer as necessidades essenciais do trabalhador e de sua família e (b) a preservar, mediante reajustes periódicos, o valor intrínseco dessa remuneração básica, conservando-lhe o poder aquisitivo. – O legislador constituinte brasileiro delineou, no preceito consubstanciado no art. 7º, IV, da Carta Política, um nítido programa social destinado a ser desenvolvido pelo Estado, mediante atividade legislativa vinculada. Ao dever de legislar imposto ao Poder Público – e de legislar com estrita observância dos parâmetros constitucionais de índole jurídico-social e de caráter econômico-financeiro (CF, art. 7º, IV) –, corresponde o direito público subjetivo do trabalhador a uma legislação que lhe assegure, efetivamente, as necessidades vitais básicas individuais e familiares e que lhe garanta a revisão periódica do valor salarial mínimo, em ordem a preservar, em caráter permanente, o poder aquisitivo desse piso remuneratório [...] insuficiência do valor correspondente ao salário mínimo, definido em importância que se revele incapaz de atender as necessidades vitais básicas do trabalhador e dos membros de sua família, configura um claro descumprimento, ainda que parcial, da Constituição da República, pois o legislador, em tal hipótese, longe de atuar como o sujeito concretizante do postulado constitucional que garante à classe trabalhadora um piso geral de remuneração (CF, art. 7º, IV), estará realizando, de modo imperfeito, o programa social assumido pelo Estado na ordem jurídica. – A omissão do Estado – que deixa de cumprir, em maior ou em menor extensão, a imposição ditada pelo texto constitucional – qualifica-se como comportamento revestido da maior gravidade político-jurídica, eis que, mediante inércia, o Poder Público também desrespeita a Constituição, também ofende direitos que nela se fundam e também impede, por ausência de medidas concretizadoras, a própria aplicabilidade dos postulados e princípios da Lei Fundamental. – As situações configuradoras de omissão inconstitucional – ainda que se cuide de omissão parcial, derivada da insuficiente concretização, pelo Poder Público, do conteúdo material da norma impositiva fundada na Carta Política, de que é destinatário – refletem comportamento estatal que deve ser repelido, pois a inércia do Estado qualifica-se, perigosamente, como um dos processos informais de mudança da Constituição, expondo-se, por isso mesmo, à censura do Poder Judiciário (Conf. BRASIL. Supremo Tribunal Federal. Tribunal Pleno. ADI nº 1.458 MC/DF. Requerente: Confederação Nacional dos Trabalhadores na Saúde – CNTS. Requerido: Presidente da República. Relator: Min. Celso de Mello. Brasília, Sessão 23/05/1996. DJ, de 20/09/1996). Confira ainda BRASIL. Supremo Tribunal Federal. Tribunal Pleno. ADI nº 1.439 MC/DF. Requerente: Partido Democrata Trabalhista e outros. Requerido: Presidente da República. Relator: Min. Celso de Mello. Brasília, Sessão 22/05/1996. DJ, de 30/05/2003, p. 28 e BRASIL. Supremo Tribunal Federal. Tribunal Pleno. ADI nº 1.442/DF. Requerente: Confederação Nacional dos Trabalhadores na Agricultura – CONTAG. Requerido: Presidente da República. Relator: Min. Celso de Mello. Brasília, Sessão 03/11/2004. DJ, de 29/04/2005, p. 7.

Assim, considerando que a política tributária é um dos principais instrumentos de distribuição de renda de uma nação, é que se propõe, após realização de estudos técnicos[33] e mediante adequado redesenho legislativo, que os Poderes, Executivo e o Legislativo, estabeleçam, conjunta e expressamente, limite de não incidência, a fim de que o salário mínimo, enquanto não corresponder, pelo menos, ao mínimo existencial, não sofra incidência da contribuição previdenciária devida pelo trabalhador que perceba um salário mínimo mensal a título remuneratório.

Independentemente de apreciações casuísticas a serem realizadas pelo Poder Judiciário, o valor estabelecido servirá de diretriz para definição do campo de não incidência da contribuição previdenciária, uma vez que se supõe que o mínimo existencial, cuja teoria tem sido reconhecida como aplicável ao ordenamento jurídico tanto pelo Supremo Tribunal Federal quanto pelo Tribunal da Cidadania, esteja sofrendo frontal violação.

Este ponto de vista se baseia na constatação de que, se o salário mínimo se mantém abaixo do mínimo existencial, a importância correspondente ao submínimo – vale lembrar, 92% do salário mínimo, no melhor dos cenários[34] – não teria forças suficientes para custear as necessidades vitais básicas do trabalhador e de sua família. Então, injustificável, nessa hipótese, a incidência de contribuição previdenciária sobre valor que, de antemão, não alcança o mínimo existencial, visto que é imperioso "garantir as condições iniciais da liberdade, mediante a proibição de incidência fiscal sobre o mínimo necessário à existência digna" (TORRES, 2014, p. 94).

6. Conclusão

Em virtude de estar em jogo direito fundamental básico de uma expressiva parcela da população trabalhadora deste País e por tal violação há muito se prolongar no cenário nacional, é que se faz necessário delinear, ainda que de forma incipiente, a presente proposta de redesenho legislativo, haja vista que os poderes constituídos, há

---

33 Entre outras medidas, deverá ser realizado estudo acerca da estimativa do impacto orçamentário-financeiro e oferecimento de propostas de medidas compensatórias em razão da renúncia de receita. Quanto ao ponto cabe ainda indicar a referência que TORRES (2014, p. 77) faz à visão de Rui Barbosa, quando Ministro da Fazenda, quanto ao mínimo existencial e à necessidade de fixação de estimativa monetária para tal categoria: "Rui também soube ver, pioneiramente, que a liberdade individual exige a vedação de o poder tributário se estender ao mínimo indispensável à subsistência: 'Considero absoluta a necessidade de não submeter à ação do imposto direto o mínimo necessário à existência (*Existenzminimum*) nas classes mais desfavorecidas. Certamente esse mínimo, se o quisermos determinar precisamente, é uma incógnita muito variável. Mas há possibilidade de apreciações aproximativas, que financeiros e legisladores têm considerado suficientes para dar satisfação, ao menos relativa, às exigências da equidade'".

34 Lembre que, neste artigo, se optou por não se aludir especificamente aos segurados contribuinte individual e facultativo, pois, nesses casos, a contribuição previdenciária é calculada mediante a incidência da alíquota de 20% (vinte por cento) sobre o salário de contribuição, o que implica valor de submínimo no montante de 80% (oitenta por cento) do salário mínimo. Confira nota 14 deste artigo.

muito, se mantém inertes no cumprimento de suas obrigações constitucionais para a garantia e promoção do direito ao mínimo existencial.

A proteção da dignidade dos trabalhadores assalariados com um salário mínimo é que justifica, tanto do ponto de vista humanitário quanto do viés constitucional, a promoção de política pública reparatória no tocante à incidência da contribuição previdenciária, cujo equacionamento dependerá de um conjunto complexo e coordenado de medidas de ordem política, pois envolverá mudanças de cunho estrutural, normativo e orçamentário, vale dizer, de (re)alocação de recursos.

A correção da falha estrutural na tributação da contribuição previdenciária sobre o salário mínimo, em ordem a concretizar direito fundamental e conferir efetividade ao compromisso constitucional, demanda deflagração de ações conjuntas e coordenadas a serem realizadas pelos Poderes Executivo e Legislativo – atores principais das decisões alocativas –, uma vez que tais departamentos possuem legitimidade democrática e capacidades institucionais adequadas para realização de estudos necessários relativos: à fixação do limite de não incidência da contribuição previdenciária, ao cálculo da renúncia fiscal, ao impacto orçamentário e, inclusive, à previsão de eventuais efeitos sistêmicos que possam decorrer da implementação da nova política pública.

Cabe assim, primordialmente, aos legitimados constitucionais – Poderes Executivo e Legislativo – redesenhar a incidência da contribuição previdenciária sobre o salário mínimo nacional, de modo a atender os comandos da Lei Fundamental.

Embora os direitos sejam custosos, o valor ótimo do mínimo existencial deve ser fixado sob a ótica responsável das possibilidades financeiras e jurídicas e o *caput* do artigo 7º da Constituição Republicana insira a previdência social como uma necessidade vital básica[35], a natureza contributiva da previdência social e a onerosidade do salário mínimo não podem servir, por si sós, de motivo suficiente para incidência da contribuição previdenciária, na hipótese em que o próprio valor do mínimo não seja capaz de satisfazer as condições básicas de uma vida digna e saudável em sociedade. Em tal hipótese, cumpre aos Poderes Executivo e Legislativo realizar o redesenho da contribuição previdenciária incidente sobre o salário mínimo nacional.

A Constituição Republicana, ao estabelecer como objetivo fundamental a construção de uma sociedade na qual seja valorizada a pessoa humana, não admite, por ditames de justiça social, a tributação sobre pressuposto fático que não signifique signo presuntivo de capacidade contributiva[36]. O direito ao mínimo existencial, como

---

35 A Constituição Republicana estabelece, em seu artigo 7º, que: "São direitos dos trabalhadores urbanos e rurais, além de outros que visem à melhoria de sua condição social: [...] IV – salário mínimo, fixado em lei, nacionalmente unificado, capaz de atender a suas necessidades vitais básicas e às de sua família com moradia, alimentação, educação, saúde, lazer, vestuário, higiene, transporte e **previdência social**, com reajustes periódicos que lhe preservem o poder aquisitivo, sendo vedada sua vinculação para qualquer fim" (grifos nossos).

36 Neste trabalho, assume-se sentido forte à expressão "sempre que possível" constante do parágrafo único do artigo 145 da Constituição Republicana. Sob tal entendimento, "sempre que possível" deve ser compreendido no mesmo sentido de que fala Marco Aurélio Greco (2011, p. 339), ou

limite negativo à incidência da contribuição previdenciária sobre o salário mínimo nacional, fixado nos termos atuais, recomenda a desoneração do segurado obrigatório, tendo em vista que tal trabalhador não detém capacidade econômica para contribuir para os cofres públicos.

Se a proteção das condições materiais mínimas à vida com dignidade é missão do Estado Social e Democrático de Direito, então a promoção do bem-estar individual e, em última análise, social, não é só constitucionalmente permitida, mas sim exigida.

7. Referências Bibliográficas

ALEXY, Robert. *Teoria de los Derechos Fundamentales*. Madrid: Centro de Estúdios Constitucionales, 1997.

BARCELOS, Ana Paula de. *A Eficácia Jurídica dos Princípios Constitucionais: O Princípio da Dignidade da Pessoa Humana*. Rio de Janeiro: Renovar, 2002.

________. *O Mínimo Existencial e Algumas Fundamentações: John Rawls, Michael Walzer e Robert Alexy*. In Legitimação dos Direitos Humanos. Org. Ricardo Lobo Torres. Rio de Janeiro, Renovar, 2002.

BARROSO, Luís Roberto. *A Dignidade da Pessoa Humana no Direito Constitucional Contemporâneo: Natureza Jurídica, Conteúdos Mínimos e Critérios de Aplicação*. Versão provisória para debate público. Mimeografado, dezembro de 2010.

BINENBOJM, Gustavo. *Agências Reguladoras Independentes e Democracia no Brasil. In* Agências Reguladoras e Democracia. Rio de Janeiro: Lumen Júris, 2006.

BRASIL, Decreto-Lei nº 399, de 30 de abril de 1938, Diário Oficial da União, Poder Executivo, Rio de Janeiro, DF, mai. 1938, Seção 1, p. 8.600.

BRASIL, Constituição da República Federativa do Brasil, Diário Oficial da União nº 191-A, Poder Legislativo, Brasília, DF, 25 out. 2008, p. 1.

BRASIL, Lei nº 8.212, de 24 de julho de 1991, Diário Oficial da União, Poder Legislativo, Brasília, DF, jul. 1991, p. 14.801.

BRASIL, Lei nº 13.152, de 29 de julho de 2015, Diário Oficial da União, Poder Legislativo, Brasília, DF,jul. 2015, p. 1.

BRASIL, Decreto nº 8.381, de 29 de dezembro de 2014, Diário Oficial da União, Poder Executivo, Brasília, DF, dez. 2014, p. 1.

Brasil. Supremo Tribunal Federal. Repercussão Geral em RE nº 852.796/RS. Recorrente: União. Recorrido: Flávio Nelson Keller.. Relator: Min. Dias Toffoli. Brasília, Sessão 14/08/2015. DJe nº 202, de 08/10/2015.

BRASIL. Supremo Tribunal Federal. 2ª Turma. Recurso Extraordinário com Agravo nº **639.337/SP. Agravante: Município de São Paulo**. Agravado: Ministério Público do Estado de São Paulo. Relator: Min. Celso de Mello. Brasília, Sessão 23/08/2001. DJe nº 177, vol. 2.587, p. 125, de 15/09/2011.

BRASIL, Supremo Tribunal Federal. 2ª Turma. Ag. Reg. No Recurso Extraordinário com Agravo nº 727.864/PR. **Agravante: Estado do Paraná**. Agravado: Ministério Público do Estado do Paraná. Relator: Min. Celso de Mello. Brasília, Sessão 04/11/2014. DJe nº 223, de 13/11/2014.

BRASIL, Supremo Tribunal Federal. Tribunal Pleno. Repercussão Geral por Questão de Ordem em Recurso Extraordinário nº 572.921/RN. **Recorrente Francisca Vilma da Cruz de Azevedo e outros**. Agravado:

seja, "só não se aplica o princípio [da capacidade contributiva] quando isto não for possível; fora desta hipótese, a lei, sua interpretação e sua aplicação sempre terão de atender ao princípio [da capacidade contributiva]".

Estado do Rio Grande do Norte. Relator: Min. Ricardo Lewandowski. Brasília, Sessão 13/11/2008. DJe nº 25, vol. 2347-12, p. 2.302, de 06/02/2009.

BRASIL, Supremo Tribunal Federal. 2ª Turma. Ag. Reg. no Recurso Extraordinário nº 581.352/AM. Agravante: Estado do Amazonas. Agravado: Ministério Público do Estado do Amazonas. Relator: Min. Celso de Mello. Brasília, Sessão 29/10/2013. DJe nº 203, de 22/11/2013.

BRASIL, Supremo Tribunal Federal. Tribunal Pleno. ADI 1458 MC/DF. Requerente: Confederação Nacional dos Trabalhadores na Saúde – CNTS. Requerido: Presidente da República. Relator: Min. Celso de Mello. Brasília, Sessão 23/05/1996. DJ, de 20/09/1996

BRASIL, Supremo Tribunal Federal. Tribunal Pleno. ADI nº 1.439 MC/DF. Requerente: Partido Democrata Trabalhista e outros. Requerido: Presidente da República. Relator: Min. Celso de Mello. Brasília, Sessão 22/05/1996. DJ, de 30/05/2003.

BRASIL, Supremo Tribunal Federal. Tribunal Pleno. ADI nº 1.442/DF. Requerente: Confederação Nacional dos Trabalhadores na Agricultura – CONTAG. Requerido: Presidente da República. Relator: Min. Celso de Mello. Brasília, Sessão 03/11/2004. DJ, de 29/04/2005.

BRASIL, Supremo Tribunal Federal. 2ª Turma. RE nº 406.955/AgR, Agravante: Fábio Couto de Araújo Cançado e outros. Agravado: Estado de Minas Gerais. Rel. Min. Joaquim Barbosa, Brasília, Sessão 04/10/2011, DJe de 21/10/2011.

BRASIL, Supremo Tribunal Federal. 2ª Turma. Recurso Extraordinário nº 406.955-AgR/MG, Agravante: Fábio Couto de Araújo Cançado e outros. Agravado: Estado de Minas Gerais. Relator: Min. Joaquim Barbosa, Brasília, Sessão 04/10/2011. DJE 21/10/2011.

BRASIL, Superior Tribunal de Justiça. 2ª Turma. Recurso Especial nº 1.185.474/SC, Recorrente: Município de Criciúma. Recorrido: Ministério Público do Estado de Santa Catarina. Relator: Min. Humberto Martins, Brasília, Sessão 20/4/2010. DJe 29/04/2010.

BRASIL, Superior Tribunal de Justiça. 3ª Turma. Agravo Regimental no Agravo nº 1.265.900/RS. Agravante: Brasil Telecom S/A. Agravado: Sérgio Luiz Viana de Medeiros. Relator: Min. Sidnei Beneti. Brasília, Sessão 20/04/2010. DJe 7/05/2010.

BRASIL, Superior Tribunal de Justiça. 4ª Turma. Recurso Especial nº 1.302. 467/SP, Recorrente: PDA. Recorrido: CEC. Relator: Min. Luis Felipe Salomão, Brasília, Sessão 03/03/2015. DJe 25/03/2015.

BRASIL. Superior Tribunal de Justiça. 2ª Turma. Resp. nº 1.349.296/CE. Recorrente: Instituto Nacional do Seguro Social. Recorrido: Maria de Fátima Dantas de Oliveira. Relator: Min. Mauro Campbell Marques. Brasília, Sessão 20/02/2014. DJe, de 28/02/2014.

BRASIL, Departamento Intersindical de Estatística e Estudos Socioeconômicos – DIEESE. Nota Técnica nº 136, de maio de 2014.

BRASIL, Departamento Intersindical de Estatística e Estudos Socioeconômicos – DIEESE. Nota Técnica nº 143, de janeiro de 2015.

CANOTILHO, J. J. Gomes; MENDES, Gilmar Ferreira; SARLET, Ingo Wolfgang; STRECK, Lênio Luiz. *Comentários à Constituição do Brasil*. São Paulo: Saraiva/Almedina, 2013.

GRECO, Marco Aurélio. *Planejamento Tributário*. 3ª ed. São Paulo: Dialética, 2011.

HACK, Érico. *Princípios da Capacidade Contributiva: Limites e Critérios para o Tributo*. Revista da Seção Judiciária do Rio de Janeiro, vol. 21, nº 39, Rio de Janeiro, 2014.

HAURIOU, Maurice. *A Teoria da Instituição e da Fundação – Ensaio de Vitalismo Social*. Tradução de José Ignácio Coelho Mendes Neto. Porto Alegre: Sérgio Fabris Ed., 2009.

IBRAHIM, Fábio Zambitte. *Curso de Direito Previdenciário*. 12ª ed. Rio de Janeiro: Impetus, 2008.

SUNSTEIN, Cass. *After the Rights Revolution – Reconceiving the Regulatory State*. London: Harvard Press, 1990.

TAVARES, Marcelo Leonardo. *Direito Previdenciário – Regime Geral de Previdência Social e Regimes Próprios de Previdência Social*. Rio de Janeiro: Editora Lumen Júris, 2006.

TORRES, Ricardo Lobo. *Tratado de Direito Constitucional Financeiro e Tributário*. Vol. II. Valores e Princípios Constitucionais Tributários. Rio de Janeiro: Editora Renovar: 2014.

_________. *Tratado de Direito Constitucional Financeiro e Tributário*. Vol. III. Os Direitos Humanos e a Tributação – Imunidades e Isonomia. Rio de Janeiro: Editora Renovar: 2005.

_________. *O Mínimo Existencial e os Direitos Fundamentais*. Revista de Direito Administrativo, nº. 177, p. 20-49, 1989.

_________. *O Direito ao Mínimo Existencial*. Rio de Janeiro: Renovar, 2009.

Democracia Brasileira Participativa e o Orçamento Público na Defesa dos Direitos Humanos

Claudia Gurgel

Introdução

Desde a proclamação dos direitos nos grandes textos internacionais de 1948 (Declaração dos Direitos Humanos de ONU) e de 1969 (Declaração de Direitos da OEA), os debates que cercam o tema *direitos humanos* estão mais presentes do que nunca, tanto no cenário político internacional quanto no âmbito nacional de cada Estado Nação. Sob a ótica política e jurídica das questões, a cada passagem do tempo, um novo olhar recai sobre as discussões da legitimidade, conteúdo, fundamento, bem como, os instrumentos jurídicos, em especial os de cunho de participação e controle social, capazes de fortalecer a efetividade dos direitos humanos, não apenas no âmbito internacional, mas, sobre tudo, na órbita interna de cada país, sob a égide dos direitos fundamentais.

Nos ventos das primaveras revolucionárias, as lutas pela liberdade e pela igualdade revelam ao mundo democrático a necessidade perene de que esses valores estejam presentes nos debates travados, tanto na *vida* acadêmica quanto política, fazendo com que mais veementes sejam os discursos sobre o tema, tanto na seara jurídica como na ciência política, ciências sociais e filosofia.

Ponderadas as considerações sobre temas importantes relacionados aos direitos humanos, pode-se destacar um: os instrumentos para sua efetividade. Nesse ponto, destacam-se as possibilidades de alargar os *domínios* dos direitos humanos, passando a englobar, na coerência da moldura constitucional dos Estados democráticos, além dos direitos de caráter individual e políticos, outros intrinsecamente relacionados à dignidade da pessoa, como os sociais, ambientais, religiosos, econômicos, e outros afins, indicando na contemporaneidade as reflexões acerca das gerações ou dimensões dos direitos.

Como assevera Ricardo Lobo Torres, os direitos fundamentais, ou direitos da liberdade ou direitos humanos inerentes à pessoa humana são inalienáveis e imprescritíveis, enumerados na Carta de 1988, de forma não exaustiva, no artigo 5º, contudo, desde o final do século passado, os direitos humanos não mais se restringem aos individuais, senão que podem compreender os coletivos, difusos e transindividuais, ligados por interesses comuns ou circunstâncias sociais.[1]

Na realidade constitucional brasileira, no centro das políticas sociais, os destaques são as normas que possibilitam o controle social na efetividade dos direitos humanos, tanto no âmbito do orçamento público quanto na criação dos instrumentos de participação.

Nessa linha de compreensão, objetiva-se desenvolver um estudo propositivo e investigar se a topografia constitucional da democracia brasileira foi capaz de influenciar a legislação posterior ao ponto de expandir o controle social nas escolhas e decisões públicas, via políticas públicas, em sinergia de cooperação com a Administração Pública, com ênfase no orçamento público.

O trabalho está estruturado em duas partes: na primeira aborda conceitos e marcos doutrinários sobre direitos humanos e a Constituição brasileira.Em seguida, numa segunda parte, analisa os elementos constitucionais e posteriores avanços na legislação brasileira, que de certa forma influenciaram no amadurecimento das práticas de participação social na gestão pública com ênfase na participação. Em etapa final, destaca o orçamento público como peça necessária na defesa desses direitos e pontua instrumentos ou mecanismos brasileiros de participação social na gestão pública com demonstrativos de dados coletados.

PARTE I

1. Dos Direitos Humanos aos Direitos Fundamentais – Uma Estrada

De fato, desde 1948[2], a partir da declaração do texto dos Direitos do Homem, inúmeros são os temas que circunscrevem a temática sobre direitos humanos, a se pensar que, de início, a doutrina dominante entendia que as questões sobre esse tema deveriam ficar adstritas aos mecanismos garantidores desses direitos, vez que, a busca, muitas vezes, de base filosófica para os fundamentos dos direitos humanos não prosperariam pela difícil acomodação em uma única ideia e num único rol os direitos dessa natureza, vez que pelas conquistas há uma diversidade de temas em concepções mínimas sobre, *v.g.* religião, cultura, política e outros envolvidos.

Na esteira desse entendimento, somente diante de instrumentos de controle de caráter internacional, como Tratados ou Declarações seria possível identificar um conjunto desses direitos, afastando a ideia de se poder criar uma fundamentação universal para os direitos humanos.

1 TORRES, Ricardo Lobo. **Tratado de Direito Constitucional Financeiro e Tributário.** 3ª ed. v. 5. Rio de Janeiro: Renovar, 2008. p. 499.

2 O Pacto Internacional sobre Direitos Econômicos, Sociais e Culturais (ONU 1966) ampliou e aperfeiçoou o rol dos Direitos constantes da Declaração de 1948.

Na evolução doutrinária sobre o tema, já em 1992, asseverava Bobbio, que sobre direitos humanos, o ponto nodal no final do século XX não era o de fundamentá-los ou justificá-los, mas sim protegê-los, e essa questão não seria de cunho filosófico, mas sim jurídico, e num sentido mais amplo, completava o jurista, seria político.

Entendia o autor italiano que a principal questão a ser enfrentada não era a busca pelo consenso da natureza ou fundamento dos direitos humanos, se são naturais, históricos, absolutos ou relativos, mas sim, o modo mais seguro para garanti-los, na medida em que fossem aceitos por diferentes culturas em sistemas jurídicos. O problema dos fundamentos não era, na sua visão, inexistente, mas já um pouco que superado diante da proclamação da Declaração de 1948, que representava uma prova de que um sistema de valores humanamente fundado e reconhecido pelos Estados signatários alcançava sua validade.[3]

De outra feita, num novo milênio, diante da fase de aceleração do desenvolvimento econômico e político que se encontra o mundo, crítica arguta se destaca na doutrina, que rompendo com os *standars,* retoma de forma corajosa a discussão acerca da importância dos fundantes dos direitos humanos, objetivando a construção de uma teoria universal que una os mecanismos garantidores à legitimação desses direitos.

Como ensina Barreto, é a corrente relativista a mais forte opositora da universalização dos direitos humanos, pois diante do estágio multicultural da humanidade, nada poderia atender ao bem-estar de todo o ser humano de forma individual diante das generalidades de hábitos, valores e práticas sociais que expressam a cultura de cada canto do mundo. Aponta o filósofo, que no pensamento social e filosófico contemporâneo duas são as variáveis do *relativismo,* referentes à contestação da ideia dos direitos humanos como universais; que se destacam: ***o relativismo antropológico***, que busca na evidência empírica, os dados que, por sua vez, irão demonstrar o que é afirmado pelo relativismo epistemológico, ou seja, sustenta a impossibilidade de se produzir um discurso ético, que seja transcultural;de outra forma, ***o relativismo cultural*** pelo qual as particularidades culturais exercem um papel determinantesobre a identificação dos valores assegurados pelos direitos humanos.

Contudo, alerta Barreto que diante da falta de uma resposta que pudesse superar as dúvidas quanto à possível natureza dos direitos humanos, tal questão deverá ser solucionada no plano das reflexões filosóficas, afastando a técnica do empirismo cultural, particular de cada povo.[4]:

> O conflito entre valores universais, textos legais e práticas político-jurídico vivenciadas nas últimas décadas, fizeram com que os "direitos humanos

3 BOBBIO, Noberto. **A Era dos Direitos**. Rio de Janeiro: Campus,1992. p. 25 e 26.

4 BARRETTO,Vicente. **Universalismo, Multiculturalismo e Direitos Humanos.** Disponível em: www.dhnet.org.br/direitos/textos/globalizacao_dh/barretoglobal.html. Acesso em: 10 jan. 2012.

passassem a serem assim considerados promessas utópicas, fadadas a desaparecerem no mundo etéreo, dos ideais não cumpridos.[5]

Na esteira dessas ideias iniciais, as práticas políticas e jurídicas devem estar estritamente alinhavadas nas Cartas Constitucionais dos Estados Democráticos de Direito e devem se tornar as molas propulsoras da sua própria legitimidade, tendo nos direitos humanos o eixo central de todas as experiências políticas, na certeira medida de sua eficácia.

Não se pode olvidar que tanto na análise jurídica, como na busca por uma fundamentação dos direitos humanos, um importante marco teórico se deu a partir da década de 70 do século passado, movimento que ficou conhecido no ambiente acadêmico como a *virada kantiana*, dando início a reaproximação da moral com o direito para uma conduta humana virtuosa.

Desde então, passou o movimento a influenciar significativamente as novas reflexões acerca dos fundantes dos direitos humanos, entendidos esses como autênticos direitos morais, encontrando na consciência moral, no imperativo categórico e na dignidade do Homem os seus elementos essenciais na construção de uma teoria fundante, deixando de lado uma visão jurídica purista, para adquirir uma dimensão ética e axiológica, afastando-se dos dogmas do direito positivo, que não lhe davam margens às reflexões *supra sensíveis*.[6]

Nesse sentido, hodiernamente, com um olhar às questões complexas que envolvam as relações subjetivas sociais, estão no epicentro dos debates aquelas voltadas à construção do pensamento humano moderno, e que passam necessariamente pelo entendimento do mundo objetivo, da razão pelo conhecimento, e pelas questões sobre a ética, a moral, a verdade, a validade das normas, a legitimidade, avançando do individualismo à compreensão *do olhar para o outro em esferas mundiais.* Nesse ponto, as contribuições de Kant para as reflexões acerca do Estado Democrático de Direito estão presentes nos principais textos sobre a teoria do Estado e em especial no estudo da filosofia do direito, em grande parte pelo esvaziamento da perspectiva positivista a partir da segunda metade do século XX.

Recupera-se assim, pela tradição kantiana, a necessária complementaridade entre moral e direito, questão essa fundamental na construção de um ideário de Estado Democrático sob a égide de um novo constitucionalismo, onde necessariamente a moral será a fonte principal na criação da Constituição, fruto da manifestação da vontade de agentes morais autônomos, legitimadores do sistema democrático[7], estabelecendo limites ao arbítrio e à desigualdade social.

Liberdade, igualdade, respeito, dignidade, moral, mais do que valores, vistos como inquietudes da Filosofia e do Direito, passaram a estruturar uma nova fase dos

---

5 Idem. **O Fetiche dos Direitos Humanos**. Rio de Janeiro: *Lumen Iuris*, 2008, p. 31.

6 TORRES, Ricardo Lobo. **Tratado de Direito Constitucional Financeiro e Tributário**. 3. ed. v. 3. Rio de Janeiro: Renovar, 2003. p. 72.

7 BARRETO, Vicente de Paulo. **O Fetiche dos Direitos Humanos**. Rio de Janeiro: *Lumen Iuris,* 2008, p. 31.

direitos humanos, o que em um primeiro passo se pôde constatar quando foram amplamente difundidos de forma crescente pelos organismos internacionais, nos termos dos mais importantes tratados internacionais e também pelos movimentos sociais, que pelo mundo a fora, se expandem na primazia missão de conscientização nas sociedades da luta pelo reconhecimento e respeito aos direitos humanos em todas as áreas do conhecimento, impondo mudanças nas relações entre Estados e cidadãos do mundo.

De certo modo, os mais importantes Tratados e Cartas Compromissos internacionais assinados pelos países ao longo dos últimos anos não surtiram os efeitos desejados quanto ao aprofundamento das discussões acerca da fundamentação e legitimação dos direitos humanos, ao contrário o que se verificou foi um esvaziamento dessas questões, pois como já assinalado mais acima, um dos dilemas dos direitos humanos residia em determinar quais os meios a serem empregados para que se possam garanti-los.

Diante do tema, pode-se afirmar que tão complexo quanto o estudo da legitimação dos direitos humanos é o estudo de sua fundamentação, e implantação dos instrumentos capazes de revigorá-los e defendê-los, pois necessariamente, a primeira investigação deve partir dos conceitos fundantes e da busca a um conceito sobre os direitos humanos para se chegar a um consenso acerca de sua legitimação e defesa.

Como explica Barreto, não se pode deixar de mencionar a importância do trabalho de Rawls para o tema em análise, que ao tentar identificar os direitos humanos como regras mínimas fundamentais na estruturação das instituições políticas aplicáveis aos Estados que pretendam formar uma sociedade mundial e justa, devem começar com um estatuto constitucional interno justo, como fonte o direito cosmopolita kantiano.

Este critério tomado como universal seria o primeiro passo ao reconhecimento dos sistemas políticos e jurídicos nacionais, baseados numa moralidade mínima internacional. Para tanto, é imprescindível, nos Textos constitucionais de cada Nação, de forma expressa, que esses contornos estejam presentes, como um conjunto de princípios fundamentais garantidores de um mínimo ético a ser respeitado pelo direito positivo. Esta mínima moralidade funcionará como um contraponto normativo e crítico às questões suscitadas sobre a legitimação.[8] (a guisa de exemplo – CRFB/88 – art. 5º e §§ 1º, 2º e 3 º).

Na clássica visão cosmopolita dos direitos humanos, serão eles garantidos a partir de valores constitutivos pela dignidade humana, e por sua natureza moral, e assim, assegura-se o caráter universal dessa categoria de direitos.

A recuperação teórica das questões sobre a fundamentação dos direitos humanos é ponto nodal para a compreensão e alcance da legitimação e efetivação, tendo como partida os valores a serem consagrados nos Textos das Nações, imprescindíveis à vida humana, bem como a manutenção da dignidade da pessoa assegurada em suas várias dimensões.[9]

---

8 BARRETTO, Vicente. **Universalismo, Multiculturalismo e Direitos Humanos.** Disponível em: <http://www.dhnet.org.br/direitos/textos/globalizacao_dh/barretoglobal.html> acesso em: 10 jan. 2012.

9 Ibid.

Por essas linhas, valores e princípios voltam ao epicentro das questões, não só afeitas à fundamentação e efetividade dos direitos humanos, mas de forma ampla à hermenêutica jurídica, como no âmbito do direito constitucional pela vigorosa corrente *pós-positivista,* rompendo de vez com herança do positivismo normativo que impunha a separação total entre moral e direito.

A partir de então, foi possível cogitar-se da efetividade da regra moral abstrata, num equilíbrio entre justiça e direitos humanos, em torno de um mínimo ético, que, ao lado das liberdades já conquistadas, formem a base de um novo imperativo categórico da modernidade: a vontade livre obedecerá à máxima elaborada pela razão prática com sede na justiça e pela retomada da teoria dos direitos fundamentais.

Passa-se a atribuir normatividade aos princípios e a redefinição de suas relações entre valores e regras, bem como a reabilitação da razão prática e da argumentação jurídica, ao encontro do desenvolvimento de uma teoria dos direitos humanos fundamentais, edificada sobre o fundamento da dignidade da pessoa humana.

Na sequência dos movimentos, segundo TORRES, o Direito passa a ser entendido como um sistema aberto e axiológico e teológico, em oposição ao sistema axiomático dos positivistas, encontrando em Alexy, quem proficientemente se debruçou sobre o tema, a explicação de que não existe a superioridade permanente da moral em caso de injustiça, mas apenas nos casos de injustiça extrema. Assim sendo, o mínimo existencial, proclamado pelos princípios ligados aos direitos fundamentais e às condições mínimas da vida humana digna serve de limite à injustiça e tem efetividade independente de prévia disposição legal, e, até nos casos extremos, contra a norma jurídica, *vg*,o direito humano elementar à vida e à integridade física.[10]

Nessa linha argumentativa, valores e princípios se completam na medida de uma concretude jurídica constitucional, e dessa forma, abre-se a possibilidade de serem instrumentos a serviço de uma hermenêutica constitucional capaz de sustentar a legitimação dos direitos humanos e sua eficácia.

É sabido que os valores não possuem nenhuma especificidade, eis que não se colocam na esfera axiológica como entidades autônomas, e sem nenhuma conotação hierárquica estão ao lado de outros valores sociais, como artísticos, religiosos econômicos, culturais, conforme a complexidade das sociedades modernas e democráticas. Doutra face, num sistema aberto de interpretação, os valores possuem um alto grau de abstração, dotados de elasticidade, e deles se deduzem os princípios e as regras jurídicas.

Dessa relação, princípios compartilham com os valores as características de generalidade e abstração, mas os primeiros com menor intensidade, pois se situam em um espaço compreendido entre os valores e as regras.

O processo de legitimação se fará com a intermediação dos princípios "vazios" da ponderação, razoabilidade, igualdade, transparência, responsabilidade e outros. Nesse sentido é que se pode entender como um princípio do direito normatiza os

10 TORRES, Ricardo Lobo. **Tratado de Direito Constitucional Financeiro e Tributário**. 3. ed. v. 2. Rio de Janeiro: Renovar, 2008. p. 5-7.

valores do Estado e da sociedade, tornando-se o intermediário entre o princípio da moral, que se expressa na liberdade de autonomia do indivíduo, e o princípio democrático, garantidor da dimensão necessariamente social do ser humano.[11]

Assim, os direitos humanos expressam o núcleo do princípio do direito, que se materializa através de uma ordem jurídica garantidora das duas dimensões da pessoa humana.

A busca pela legitimação e efetivação dos direitos humanos, e na tentativa de universalização de uma teoria, atravessa-se uma estrada que ainda não terminou, mas que ganhou uma nova rota a partir dos movimentos do pós-positivismo. Em um Estado democrático, quando a teoria constitucional está voltada à construção de uma estrutura normativa jurídica, estará carregada de princípios fundamentais, garantidores de um mínimo ético e moral a serem observados por todos os intérpretes e aplicadores do direito. Nas precisas palavras de Bonavides:

> "A unidade da Constituição na melhor doutrina do constitucionalismo contemporâneo só de traduz, compreensivelmente, quando tomada em sua imprescritível bidimensionalidade, que abrange a forma e o axiológico, a saber, forma e matéria, razão e valor."[12]

Com base nessas afirmativas, significativa parte da doutrina, ao longo das últimas décadas, preocupou-se em teorizar os instrumentos de interpretação objetivando a criação de uma teoria legitimadora dos direitos humanos. Nesse ponto, ganhou relevo a teoria do discurso, que na seara do Direito, dentre tantos objetivos, *almeja justificar boas razões, isso é argumentar em favor da validade jurídica e moral das práticas, normas e instituições positivas, discursivamente voltadas a fundamentar a moral dos enunciados normativos.*[13]

Ainda sobre a legitimação *teórico-discursiva* dos direitos humanos, aos olhos dos ensinamentos de Alexy, ensina Garrido que, sob forte influência do pensamento kantiano, a construção de uma teorização deve partir de dois princípios estruturais: universalidade e a autonomia de seus titulares, pelos quais todos os homens os têm válidos, *erga omnes,* e que transcendem às fronteiras dos Estados. Mas adverte: somente no âmbito de um Estado democrático se farão observados.

Nesta linha, a teoria do discurso ganha contornos procedimentais de correção prática racional; uma ideia liberal de regras que não se preocupam em definir uma forma concreta de vida, mas algo que seja comum a toda vida humana.

---

11 Ibid. p. 9.

12 BONAVIDES, Paulo.**Teoria constitucional da Democracia Participativa.** São Paulo, 2ª ed. Malheiros, 2003, p. 233.

13 DA SILVA, Alexandre Garrido. **Direitos humanos, Constituição e discurso de legitimação: possibilidades e limites da Teoria do Discurso.** Apud: TORRES, Ricardo L. (Org) Legitimação dos Direitos Humanos. Rio de Janeiro: Renovar, 2007, p. 13, 21.

Essencialmente dialógica e comunicativa, essa teoria se confrontará com qualquer situação que pretenda minimizar ou restringir as ideias de liberdade, igualdade e universalidade, e sob o manto do princípio democrático busca impor a sua eficácia nas sociedades contemporâneas.

Vale ressaltar, que as questões sobre valores e os fundantes da vida, nessa teoria, se abrem através do diálogo e da argumentação para justificar o procedimento teórico da filosofia e da ética.

Como observa Garrido, ao citar Alexy, diante das abordagens multiculturais dos direitos humanos, a teoria do discurso clama por uma legitimação a uma pretensão universalista, e para tanto a prática social também a de ser universal, com base na argumentação, privilegiando a dimensão dos direitos,não renegando para segundo plano as idiossincrasias sociais e culturais de cada povo, ao contrário, as assegura na tarefa arguta de indicar para novas propostas de reconhecimento e compreensão dos diretos humanos.[14]

Assim entendido, os Direitos humanos são aqueles ligados à liberdade e à igualdade e estão positivados no plano internacional, via os documentos *vg* Tratados e Convenções, e ao serem recepcionados pelos Países signatários serão topograficamente desenhados e positivados na Constituição, agora sob o manto dos direitos fundamentais. O conteúdo dos dois é essencialmente o mesmo, o que difere é o plano em que estão consagrados.

"O termo *direitos humanos* tem um alcance mais amplo, sendo empregado, de um modo geral, para fazer referência aos *direitos do homem* reconhecidos na esfera internacional, sendo também entendidos como exigências éticas que demandam positivação, ou seja, como um 'conjunto de faculdades e instituições que, em cada momento histórico, concretizam as exigências da dignidade, da liberdade e da igualdade, as quais devem ser reconhecidas positivamente pelos ordenamentos jurídicos em nível nacional e internacional." [15]

Por fim, será no amparo dessas ideias, que a legitimação da Constituição só será reconhecida quando consagrar os direitos humanos sob o manto de direitos fundamentais.

1.2. Democracia: novos contornos, nova dimensão e os direitos fundamentais

Entendendo a democracia como forma de governo pelo povo, na definição mais clássica, esse significado, mesmo com o passar dos séculos, não sofreu alteração em sua essência.No entanto, conforme preleciona Norberto Bobbio, na passagem da de-

14 Ibid. p. 89.

15 LUÑO, Antonio Enrique Perez. **Derechos humanos, estado de derecho y constitución,** Madrid: Tecnos, 1999, p. 48 apud PEREIRA. Jane Reis Gonçalves. Interpretação constitucional e direitos fundamentais: uma contribuição ao estudo das restrições aos direitos fundamentais na perspectiva da teoria dos princípios. Rio de Janeiro: Renovar, 2006, p. 76.

mocracia dos gregos à democracia dos modernos, a alteração se deu não no que diz respeito ao titular do poder político, que sempre será o povo, mas no modo, mais ou menos amplo, de exercer o direito de tomar decisões coletivas. Chama a atenção o filósofo italiano para as ideias iniciais desta democracia, nascida da convicção de que os representantes eleitos pelos cidadãos estariam em melhores condições de avaliar quais seriam os interesses gerais da coletividade a serem protegidos, alcançando, assim, os fins nos quais a soberania popular fora predisposta.[16]

Sob esses aspectos, a história mostra uma vitória gradual do cidadão, num Estado de Direito, pois ao longo dos anos, em sede constitucional, deu-se a consagração positivada dos direitos fundamentais, bem como a igualdade de todos perante a lei e as limitações das prerrogativas dos governantes. É a era da liberdade de pensar, das escolhas políticas, das associações e da fé religiosa, todas consagradas no Texto Fundamental.

Relativamente ao tema, o magistério de Paulo Bonavides nos apresenta uma nova tendência ou terceira forma de democracia, vale dizer: a participativa, na qual se verifica uma aproximação da democracia representativa com a antiga democracia direta.[17]

Nesta terceira onda, – como aqui preferimos nomear – é possível identificar instrumentos que possibilitam uma maior participação popular e direta nos assuntos de relevo da vida social, política e administrativa, fazendo com que o cidadão não fique cingido apenas a eleger representantes, ou esporadicamente participe de referendas ou plebiscitos, mas, também, passe a participar ativamente e no cotidiano das transformações sociais, sendo chamado a interferir de forma mais direta nas decisões políticas e nas escolhas públicas de interesse de todos da coletividade.

A democracia, como um direito fundamental de quarta dimensão, na esfera da normatividade jurídica se coloca ao lado do direito à informação e do pluralismo, e como as demais dimensões do direito fundamental de primeira dimensão (direitos individuais), a de segunda (direitos econômicos, sociais e culturais) e a de terceira dimensão (aqueles voltados à paz, à tecnologia, ao desenvolvimento, ao consumidor, à qualidade de vida e à liberdade de informação) formam um conjunto harmonioso. [18]

Assim, na estruturação das democracias modernas, deverão os direitos humanos estar conectados de forma global/universal e positivados constitucionalmente sob a rubrica de direitos fundamentais.

A sociedade civil, ao longo das suas conquistas históricas, com forte conscientização democrática, passou a exigir mudanças na estrutura dos governos representativos, impondo uma maior participação nas questões públicas. Essa tendência, que para muitos era indicativo de crise do sistema político, foi na verdade uma manifestação na crença aos novos arranjos sociais, vistos como instrumentos importantes para implementação de significativas mudanças nos alicerces democráticos.

---

16 BOBBIO, Norberto. **Liberalismo e Democracia**. Trad. Marco Aurélio Nogueira. São Paulo: Brasiliense, 2000, p. 32-34.

17 BONAVIDES, Paulo. **Ciência Política.** 10ª ed., São Paulo: Malheiros, 1996, p. 275.

18 BONAVIDES, Paulo. Op.cit., p. 278.

Nesta linha, parte-se do pressuposto que no século XXI a democracia representativa não mais atende à concretização, em sua concepção maior, do princípio democrático. A democracia participativa, e mais recente a sua versão deliberativa, representam ou demonstram esta tendência.

1.2.1. A Constituição brasileira de 1988: Uma virada de paradigma. A participação cidadã nas políticas públicas

Dessa evolução acima descrita não se afastou o Constituinte Originário de 1988. Positivou o princípio democrático no caput do artigo 1º, e, em seu parágrafo único constitucionalizou a democracia participativa, dando um vigoroso impulso na direção de uma cidadania pró-ativa, na medida em que revela esse ideal no núcleo dos Princípios Fundamentais do Estado democrático brasileiro.

Nesta toada, passa-se a entender democracia não mais como simples sistema ou forma, mas como substância do Estado brasileiro democrático social e de direito.

Como asseverado no início deste trabalho, o princípio democrático encontra suas bases históricas na Declaração Universal dos Direitos Humanos de 1948, onde os ideais de liberdade e igualdade firmaram o pensamento de que todas as pessoas nascem livres e iguais em dignidade e direitos. A partir de então, os Estados que se intitulam Democrático de Direito, forçosamente devem, num ambiente político-democrático, terem uma moldura constitucional que contemple os instrumentos jurídicos a possibilitar defesa e efetivação dos direitos humanos, não somente no plano internacional, sendo o Estado-Nação seu agente propulsor, mas também no plano interno.

Como bem adverte Moreira Neto, essa nova visão de Estado funcional advém sem dúvidas da afirmação *juspolítica* da supremacia dos direitos humanos em sua dupla jornada; tanto estatal constitucionalizada, como *extraestatal* globalizada, e que sem perder de linha, a autoridade estatal deverá agora se voltar para justificar de modo perene a legitimidade das ações na realização direta e eficaz dos direitos fundamentais.[19]

Feito isto, na contemporaneidade, será o cidadão o principal ator no uso de suas prerrogativas como tal, fazer valer que esses direitos sejam reconhecidos e tutelados pelo Estado, face às ações estatais de natureza administrativa e política, a merecer atenção, e paralelamente com a efetiva interveniência popular nas decisões políticas, em espaços públicos democráticos exercendo a cidadania ativa, conforme Bonavides:

> O substantivo da democracia é, portanto a participação. Quem diz democracia diz do mesmo passo, máxima presença de povo no governo, porque, sem participação popular, democracia é quimera, é utopia, é ilusão, é retó-

---

19 NETO, Diogo de Figueiredo Moreira. **Poder, Direito e Estado. Direito administrativo em tempos de globalização**, Belo Horizonte: Editora Fórum. 2011. p. 70-76.

rica, é promessa sem arrimo na realidade, sem raiz na história, sem sentido na doutrina, sem conteúdo nas leis.[20]

Com efeito, a participação direta do cidadão nas decisões públicas está estreitamente ligada ao conceito de cidadania a ser construído, e na nossa realidade, começa a partir do ponto em que a cidadania passa a ser um dos fundamentos do Estado Brasileiro - art. 1º, II. Por essa razão, não se pode perder de vista o liame dessas questões ao mínimo existencial que, malgrado aleijado de dicção expressa constitucional, integra o conceito de cidadania, na medida de se reconhecer um direito mínimo às condições de existência digna ao cidadão, para que esse possa desenvolver suas potencialidades de liberdade, num Estado regido, dentre outros, pelo princípio da igualdade. Por ter matriz ética, será no campo fértil dos direitos humanos que o mínimo existencial irá encontrar os instrumentos para sua fundamentação.

O arranjo constitucional de 1988, fruto das lutas sociais que antecederam os anos de sua promulgação, impulsionou a abertura de espaços públicos à participação social no processo de produção das políticas públicas.Tendo seu principal fundamento o parágrafo único do artigo 1º[21], as conquistas políticas-democráticas auxiliaram a construção de um novo padrão de cidadania.

Assim, com base na Constituição brasileira, ampliou-se sobremaneira a participação social nas esferas públicas, de tal forma que no passar das últimas décadas foi possível observar um aperfeiçoamento das relações entre a poder público e sociedade, em um ambiente no qual a democratização se fez presente tanto nas instituições políticas como nas instâncias administrativas, impondo novos arranjos à participação cidadã.

A partir de 1988, deu-se início às transformações institucionais. Um conjunto de direitos sociais foi ali estabelecido como resultado de um longo e, por muitas vezes, conflituoso processo de mobilizações políticas e sociais que marcaram os anos 1970 e 1980. Ao alargar o projeto de democracia, foi possível reformular os contornos jurídicos e políticos da relação entre Estado e sociedade. "A expectativa girava e ainda gira em torno da premissa: onde há a participação social efetiva, as ações do poder público são mais legítimas."[22]

Topograficamente a cidadania ganha status constitucional de fundamento do Estado brasileiro, ao lado da dignidade do cidadão – corolário de um mínimo existencial –, dos valores sociais do trabalho, da livre iniciativa e do pluralismo político, todos amparados nos valores de liberdade e justiça. O exercício da cidadania ultrapassa as-

20 BONAVIDES, Paulo. **Teoria constitucional da Democracia Participativa.** São Paulo, 2ª ed: Malheiros, 2003, p. 283.

21 Parágrafo único CRFB. Todo o poder emana do povo, que o exerce por meio de representantes eleitos ou diretamente, nos termos desta Constituição.

22 PIRES, Roberto (coordenador). **Considerações sobre a integração das instituições participativas ao ciclo de gestão de políticas públicas:** subsídios à formulação de um sistema de participação. Nota Técnica. nº 3 Brasília: IPEA, 2012. p. 7.

sim a fronteira simplista de condição política do exercício do voto, como predominou nas décadas anteriores,pois há vários outros dispositivos que corroboram com a criação de uma cultura participativa, tanto na gestão pública como em outras áreas.

Tabela abaixo embasa esta tese, destacando alguns dispositivos constitucionais que indicam a participação social como elemento importante na efetivação dos direitos ali delineados.

CRFB /Tema	CRFB/ Conteúdo
Dos Direitos Sociais	Art. 8º É livre a associação profissional ou sindical, observado o seguinte: VI – ***é obrigatória a participação dos sindicatos*** nas negociações coletivas de trabalho; (...) Art. 10. É assegurada a ***participação dos trabalhadores e empregadores nos colegiados dos órgãos públicos*** em que seus interesses profissionais ou previdenciários sejam objeto de discussão e deliberação.
Competência dos Municípios (Direitos e Deveres)	art. 29. O Município reger-se-á por lei orgânica, votada em dois turnos, com o interstício mínimo de dez dias, e aprovada por dois terços dos membros da Câmara Municipal, que a promulgará, atendidos os princípios estabelecidos nesta Constituição, na Constituição do respectivo Estado e os seguintes preceitos: XII - ***cooperação das associações representativas no planejamento municipal.***
Poder Legislativo	art. 58. O Congresso Nacional e suas Casas terão comissões permanentes e temporárias, constituídas na forma e com as atribuições previstas no respectivo regimento ou no ato de que resultar sua criação. parágrafo 2º. II – adoção nominal pelas comissões do Congresso Nacional, nas matérias de sua competência, ***de audiências públicas com entidades da sociedade civil***.
Da Política Agrícola e Fundiária e Reforma Agrária	Art. 187. A política agrícola será planejada e executada na forma da lei, com ***a participação efetiva do setor de produção, envolvendo produtores e trabalhadores rurais....***
Seguridade Social	art. 194. A seguridade social compreende um conjunto integrado de ações de iniciativa dos Poderes Públicos e da sociedade, destinadas a assegurar os direitos relativos à saúde, à previdência e à assistência social. Parágrafo único (...) VII – ***Participação da comunidade nas decisões sobre a seguridade social,***
Saúde e Assistência Social	art. 198. As ações e serviços públicos de saúde integram uma rede regionalizada e hierarquizada e constituem um sistema único, organizado de acordo com as seguintes diretrizes: III – ***participação da comunidade nas ações e serviços públicos de saúde;*** art. 204. As ações governamentais na área da assistência social serão realizadas com recursos do orçamento da seguridade social, previstos no art. 195, além de outras fontes, e organizadas com base nas seguintes diretrizes: II – ***a participação da população através de organizações representativas na formulação de políticas de assistência social.***
Educação	Art. 206. O ensino será ministrado com base nos seguintes princípios: VI – ***gestão democrática do ensino público, na forma da lei;***

Participação no Sistema Nacional de Cultura	Art. 216-A. O Sistema Nacional de Cultura, organizado em regime de colaboração, de forma descentralizada e participativa, institui ***um processo de gestão e promoção conjunta de políticas públicas de cultura, democráticas e permanentes***, pactuadas entre os entes da Federação e a sociedade, tendo por objetivo promover o desenvolvimento humano, social e econômico com pleno exercício dos direitos culturais. (EC nº 71, de 2012). § 1º O Sistema Nacional de Cultura fundamenta-se na política nacional de cultura e nas suas diretrizes, estabelecidas no Plano Nacional de Cultura, e rege-se pelos seguintes princípios. X – ***democratização dos processos decisórios com participação e controle social*** (EC nº 71, de 2012).
Meio Ambiente	art. 225 – ***implicitamente impõe à sociedade o dever de atuar para defender e preservar o meio ambiente.***
Da Família, Criança, Do Adolescente, do Jovem e do Idoso (Redação dada pela EC nº 65/01	Art. 227. É dever da família, da sociedade e do Estado assegurar à criança, ao adolescente e ao jovem, com absoluta prioridade, o direito à vida, à saúde, à alimentação, à educação, ao lazer, à profissionalização, à cultura, à dignidade, ao respeito, à liberdade e à convivência familiar e comunitária, (...) (Redação dada pela Emenda Constitucional nº 65, de 2010). § 1º O Estado promoverá programas de assistência integral à saúde da criança, do adolescente e do jovem, *admitida a participação de entidades não governamentais, mediante políticas específicas e obedecendo aos seguintes preceitos*: (EC nº 65, de 2010) (...) Art. 230. A família, a sociedade e o Estado têm o dever de amparar as pessoas idosas, ***assegurando sua participação na comunidade***, defendendo sua dignidade e bem-estar e garantindo-lhes o direito à vida. (***grifo nosso***)

Sob esse prisma, a nova cidadania erigida do Estado brasileiro democrático social e de direito de 1988, reside na noção em fazer com que o povo se torne parte principal do processo de desenvolvimento e promoção social: é a ideia de participação.

Essa participação há de instaurar-se em cinco níveis: (i) na distribuição dos bens, materiais e imateriais, indispensáveis a uma existência socialmente digna, (ii) na proteção dos interesses difusos ou transindividuais, (iii) no controle do poder político, (iv) na administração da coisa pública e (v) na proteção dos interesses transnacionais. No que tange à participação popular na administração da coisa pública, adverte o Comparato que "o princípio da participação popular permite evitar extremos, introduzindo uma linha de ação mais democrática na administração da coisa pública".[23]

A Constituição de 1988, conforme acima na tabela pode se concluir, deu o primeiro passa na direção de fomentar a cidadania mais ativa nas escolhas públicas, tanto nos temas sociais, bem como na indicação de instrumentos de participação, como as audiências públicas. De outra feita, impulsionou, ao longo dos anos seguintes, a

23 COMPARATO, Fábio Konder. **A nova cidadania**. *In* Direito público: estudos e pareceres, São Paulo: Saraiva, 1996. p. 10 e 19.

criação legislativa neste sentido. Tema que à frente se tratará dando destaque ao orçamento público.

PARTE II

2. O Orçamento Público como Instrumento Efetivo dos Direitos Fundamentais

Dos instrumentos de atuação do Estado na realização de seus compromissos institucionais, o orçamento público se destaca nessa tarefa, quando, a partir de uma abordagem mais funcional, deixar de ser entendido como peça contábil e financeira fixadora apenas da previsão de receitas e a fixação de despesas para determinado período, – visão tradicional do orçamento –, e passa a ser o veículo condutor dos planos governamentais de desenvolvimento. Com num aspecto mais dinâmico, torna-se um eficiente mecanismo de interação do Estado com a sociedade, dando suporte às ações públicas que se voltam à proteção e eficácia dos direitos humanos.

Com a construção de uma teoria do direito orçamentário, ou na feliz definição de Lobo Torres, abre-se na interpretação a interdisciplinaridade, com as Teorias das Constituições Financeira, Econômica, e em especial com a Constituição Social, que, no contraponto com os direitos fundamentais sociais aventa por uma eficácia positiva, aproximando-se da ética e da teoria da justiça.[24]

Com efeito, ao longo dos anos, desde a promulgação da Carta de 1988, os debates acerca do novo constitucionalismo brasileiro em muito influenciaram as mudanças sobre as reais finalidades do orçamento público sob a ótica do direito orçamentário. Alinhadas, decerto às conquistas democráticas e ao fortalecimento dos direitos humanos, deixou-se de lado a visão clássica do orçamento público – como um documento puramente procedimental e processual na alocação das receitas e autorização de despesas públicas – mera peça contábil e financeira –, para evoluir na construção de um conceito de Orçamento-Programa, canalizador e viabilizador das ações públicas (políticas públicas), que exprimam a proteção aos direitos humanos num planejamento de governo.

"O Estado Orçamentário, no âmbito do Estado democrático fiscal, por conseguinte, tem o perfil tributário delineado e a sua vocação direcionada para os gastos relacionados com a garantia dos direitos humanos" [25]

Não se pode olvidar que o Estado Democrático brasileiro Social e de Direito afirma-se, sobretudo, pela via do orçamento, com o devido controle dos gastos públicos e o redirecionamento das despesas vinculadas às políticas sociais.

---

24 TORRES, Ricardo Lobo. **Tratado de Direito Constitucional Financeiro e Tributário**. 3. ed. v. 5. Rio de Janeiro: Renovar, 2008. p. 9.

25 Ibid. p. 18.

2.1. *O Orçamento público e controle social: a democracia participativa orçamentária - um modelo seguido*

Em consonância com o perfil de democracia participativa constitucionalmente delineada, o legislador ordinário faz um salto de qualidade (comparável a outros países que trazem a matéria em nível de legislação), trouxe para âmbito do controle externo, sob a forma de participação social, no suporte de legitimidade, instrumentos de defesa dos direitos fundamentaiscomo garantias processuais de controle, a saber:

> Art. 74. Os Poderes Legislativo, Executivo e Judiciário manterão, de forma integrada, sistema de controle interno com a finalidade de:
> § 2º Qualquer cidadão, partido político, associação ou sindicato é parte legítima para, na forma da lei, denunciar irregularidades ou ilegalidades perante o Tribunal de Contas da União.
> (...)
> Art. 31. A fiscalização do Município será exercida pelo Poder Legislativo Municipal, mediante controle externo, e pelos sistemas de controle interno do Poder Executivo Municipal, na forma da lei.
> § 3º As contas dos Municípios ficarão, durante sessenta dias, anualmente, à disposição de qualquer contribuinte, para exame e apreciação, o qual poderá questionar-lhes a legitimidade, nos termos da lei.

Sobre o tema, cabe mencionar que ao longo dos anos, o legislador ordinário, vem, na vanguarda, criando outros instrumentos genuínos de participação e controle dos atos de criação, gestão e controle das políticas públicas, como os que estão previstos no Estatuto da Cidade – Lei nº 10.257 de 2001. Esta lei por certo foi um dos importantes pilares legislativos para o incremento da participação cidadã nas questões de interesse e demandas sociais, aqui a exemplo no nível local de poder.

Em um específico capítulo destinado à ***Gestão democrática da cidade***, define esse legislador instrumentos de participação, como as Conferências municipais consideradas um marcos da política urbana, ao possibilitar a ampliação da participação no âmbito de um Conselho de Política Urbana como primeira etapa necessária às Conferências Nacionais; as Audiências Públicas, que de forma geral discutem em suas dinâmicas os grandes temas de interesses locais e regionalizados, e os debates e as consultas públicas, que são grupos menores, de interesse e espaço geográfico delimitado.[26]

---

26 Lei nº 10.257/01: Art. 43. Para garantir a gestão democrática da cidade, deverão ser utilizados, entre outros, os seguintes instrumentos:
I – órgãos colegiados de política urbana, nos níveis nacional, estadual e municipal;
II – debates, audiências e consultas públicas;
III – conferências sobre assuntos de interesse urbano, nos níveis nacional, estadual e municipal;
IV – iniciativa popular de projeto de lei e de planos, programas e projetos de desenvolvimento urbano;

Por essas passagens, diferentes espaços públicos foram sendo incrementados para inserir o cidadão diretamente nos debates de questões afeitas aos interesses sociais, e que a cabo, tornam-se eficazes na tutela dos direitos humanos fundamentais em sintonia com o texto constitucional.

Na seara específica sobre orçamento, em sintonia com a Constituição brasileira, o legislador do Estatuto da Cidade, na gestão democrática de uma cidade, fez o seu dever: Fixou a participação direta da sociedade na formulação, execução e acompanhamento de planos, programas e projetos ligados ao desenvolvimento urbano, e para tanto contará como um dos Instrumentos da Política Urbana ***a gestão orçamentária participativa***, por meio de assembleias e em especial quando a matéria demanda dispêndio de recursos por parte do Poder Público municipal deve ser objeto de controle social, conforme abaixo:

> Art. 44. No âmbito municipal, a gestão orçamentária participativa de que trata a alínea *f* do inciso III do art. 4º desta Lei incluirá a realização de debates, audiências e consultas públicas sobre as propostas do plano plurianual, da lei de diretrizes orçamentárias e do orçamento anual, como condição obrigatória para sua aprovação pela Câmara Municipal.
> Art. 4º Para os fins desta Lei, serão utilizados, entre outros instrumentos:
> III – planejamento municipal, em especial:
> f) gestão orçamentária participativa;
> § 3º Os instrumentos previstos neste artigo que demandam dispêndio de recursos por parte do Poder Público municipal devem ser objeto de controle social, garantida a participação de comunidades, movimentos e entidades da sociedade civil.

Das experiências bem-sucedidas em sede de orçamento democrático, se destaca o Orçamento Participativo, também denominado de OP. Entendido como instrumento financeiro canalizador direto das demandas sociais debatidas e votadas em arenas públicas, seu desenvolvimento fortalece não só a participação como também a *accountability* social, em uma governança de cooperação e coadministração.

Compondo o quadro dos mecanismos de participação, o OP se apresenta como um experimento genuinamente brasileiro, nascido dos arranjos sociais e movimentos populares nas décadas de 70, intensificaram sua atuação nos anos 80 do século passado.

A experiência pioneira no mundo se deu em de Porto Alegre (RS) 1989. Segundo Avritzer, na experiência brasileira, o orçamento participativo é uma política participativa local, que responde às demandas dos setores da população urbana organizada, e, dentre os objetivos a serem almejados, o foco é a distribuição mais justa do erário. O OP como instrumento inclusivo tem por dinâmica reunir atores sociais como os membros de associações de bairro e cidadãos, em um processo de negociação e deliberação com o Estado, tanto nas funções executivas quanto na legislativa.[27]

27 AVRITZER, Leonardo. **Limites e potencialidades da expansão democrática no Brasil.** Ciclo de seminários – Fórum Social Brasileiro. Belo Horizonte: Ibase, 2003, p. 17

Nesse sentido, o OP vem ao longo dos anos, firmando-se como um importante instrumento de controle social na definição dos destinos da cidade. Na sua dinâmica, a população pode decidir as prioridades de investimentos em obras e serviços a serem realizados a cada ano, com os recursos provenientes de parcela do orçamento anual municipal. Como proposta radicalmente democrática, visa o resgate da cidadania em termos de participação nas escolhas públicas, sendo um canal direto de diálogo com o administrador público. Nessa experiência de cogestão e corresponsabilidade na administração da cidade, a criação de uma esfera pública não estatal se faz necessária, tomando como base uma participação geral de todos os cidadãos que autorregulam o processo, visando, dentre outros objetivos, um controle social sobre o destino e alocação das receitas públicas em total transparência administrativa.

O OP foi desde a sua fundação um importante instrumento de reivindicações dos movimentos comunitários, ainda que a sua concepção de governo não fosse toda ela, nos seus primórdios, dirigida a uma gama significativa de atores sociais como hoje alcança, mas após tantos anos, desde sua primeira experiência, esse quadro sofreu profundas transformações, ampliando sua atuação ao ponto de também poder, em tempos atuais, entender o OP como uma estrutura de oportunidade para que os cidadãos se reúnam e debatam em uma esfera pública não só problemas locais, mas também discutam política num sentido mais amplo, na defesa dos direitos fundamentais, com ênfase nos direitos sociais. Em 2010 a rede brasileira de OP fez um levantamento em termos regionais conforme tabela abaixo:[28]

Distribuição quantitativa regional das experiências de orçamento participativo nos Municípios ••	
REGIÃO	**Número de municípios que adotam OP**
Norte	14 municípios
Nordeste	79 municípios
Sul	100 municípios
Sudeste	151 municípios
Centro-Oeste	09 municípios
Total	353 municípios

Em uma visão internacional,[29] a experiência genuinamente brasileira do OP tornou-se referência a muitos países democráticos. Com a observância de critérios

28 Rede Brasileira do OP disponível: http://www.redeopbrasil.com.br/.

29 Vale aqui mencionar que a experiência brasileira do OP *ganhou mundo* a partir da década dos anos de 1990, sendo o paradigma para tantos países que cultivam a participação social pelo orçamento Participativo. Um dos fatores expressivos na internacionalização do experimento brasileiro se deu em 1996 a Conferência de Istambul, Habitat II da ONU, ou Cúpula das Cidades, reconheceu o Orçamento Participativo como "Prática Bem-Sucedida de Gestão Local". O Orçamento

conforme a idiossincrasia de cada país, dados mais recentes publicados, havia pelo o mundo em 2012, entre 1269 a 2778 orçamentos participativos operando. Este é o resultado de um desenvolvimento muito rápido: dez anos antes, havia menos de uma centena de experiências de orçamento participativo. Na Europa atualmente estão entre 474 e 1317, onde Portugal, Espanha e Alemanha aparecem como os países que desde o início dos anos 2000 vêm dando visibilidade no desenvolvimento e aprimoramento desse modelo de participação.[30]

Atualmente ganha destaque na Europa o OP de Paris, considerado um dos mais vultosos em receita destinada às demandas sociais apresentadas nas arenas parisienses para debates. Em 2016 as cifras podem chegar a 100 milhões de euros.[31]

Na América, com mais concentração na América Latina 626-1138, na Ásia, aonde um grande interesse pelo orçamento participativo vem sendo despontado, as experiências identificadas em 2012 gravitam em torno de entre 58 – 109; na África (lusófona e anglofona) novos procedimentos de participação cidadã na formulação de orçamentos públicos também estão em constante desenvolvimento e considerável dinâmica.[32]

Conclusão

Boaventura de Souza Santos afirma que os processos de globalização, por serem hegemônicos, têm provocado a intensificação da exclusão social e da marginalização de grande parcela da população. Mas, esses processos estão sendo enfrentados por resistências na iniciativa das bases comunitárias e dos movimentos populares que procuram reagir à exclusão social. O sociólogo português cita como exemplo a experiência do Orçamento Participativo, como uma iniciativa urbana orientada para redistribuir os recursos da cidade a favor dos grupos sociais mais vulneráveis, e assim, a defesa social dos direitos sociais fundamentais se faz presente de forma direta.

Na busca em diminuir a amplitude das sociedades elusivas, no ideário de sociedades participativas e inclusivas, mais cedo ou mais tarde os cidadãos são confrontados com a evidência de que no cotidiano, a interdependência faz parte da vida social, e os espaços para debates e difusão das ideias devem tomar forma de arenas politizadas. Como aponta Bauman (...) *a solidariedade do destino não é uma questão de escolha.*

Participativo de Porto Alegre (PO) tornou-se assim uma referência para o mundo. A ONU considerou a experiência de PO como uma das 40 melhores práticas de gestão pública urbana no mundo. Por sua vez, o Banco Mundial também na mesma ocasião reconhece o processo de participação popular de Porto Alegre como exemplo bem-sucedido de ação conjunta entre Governo e sociedade civil.

30 SINTOMER, Yves.; HERZBERG, Carsten; RÖCKE, Anja., em colaboração com ALLEGRETTI, Giovanni. **Esperança democrática: 25 anos de orçamento participativo pelo mundo**. Coordenador Nelson Dias, São Brás de Aportel, Portugal: Associação In Loco, 2012. p. 33

31 https://budgetparticipatif.paris.fr/bp/jsp/site/Portal.jsp?document_id=2273&portlet_id=159

32 SINTOMER, Yves; HERZBERG, Carsten; RÖCKE, Anja. op. cit., p. 35-38.

Escolher o destino comum das questões mais significativas para vida social gera uma solidariedade de ações e de pensamentos – a razão pública solidária. [33]

O Estado do pós-moderno constitucionalismo emergirá de profundas reformas, e terá como marca a instrumentalidade, a abertura a uma democracia substantiva com a participação popular nas escolhas de como governar, no diálogo, na argumentação e no consenso, no ideário da luta pelos direitos fundamentais. [34]

Não se olvida que as mudanças no constitucionalismo, em sua versão mais moderna, proporcionam a convergência das novas funções do Estado, revelando os paradigmas da política e do Direito contemporâneo; direitos humanos e democracia. Nessa tarefa, urge desvelar as funções estatais neste ideário, uma delas não se duvida que seja a partir dos arranjos participativos, moldando a governança pública em status de cooperação e corresponsabilidade com a sociedade.

Diante de todos os meios que o Direito proporciona na defesa e na efetividade dos direitos humanos fundamentais, o orçamento deve ser considerado como sendo um deles, pois, visto como uma ferramenta de planejamento do Estado, pode também ser o garantidor dos direitos da liberdade quando assegura as prestações positivas para o mínimo existencial, e de forma geral, os direitos fundamentais, que devem ser garantidos pelos serviços públicos.

Por seu turno, em consonância com os ditames constitucionais, e em termos de Poder local, a orientação legislativa impõe que a participação ativa seja a moldura democrática orçamentária.

Referências Bibliográficas

AVRITZER,Leonardo. **Limites e potencialidades da expansão democrática no Brasil**. Ciclo de seminários – Fórum Social Brasileiro. Belo Horizonte: Ibase, 2003.

BARRETTO, Vicente. **Universalismo, Multiculturalismo e Direitos Humanos**. Disponível em: www.dhnet.org.br/direitos/textos/globalizacao_dh/barretoglobal.html. Acesso em: 10 jan. 2012.

_________. **O Fetiche dos Direitos Humanos.** Rio de Janeiro: Lumen Iuris, 2008.

BAUMAN, Zygmunt. **A sociedade sitiada,** Lisboa: Instituto Piaget, 2002.

BOBBIO, Norberto. **A Era dos Direitos**. Rio de Janeiro: Campus, 1992.

_________. **Liberalismo e Democracia**. Trad. Marco Aurélio Nogueira. São Paulo: Brasiliense, 2000.

BONAVIDES, Paulo. **Ciência Política**. 10ª ed., São Paulo: Malheiros, 1996.

_________. **Teoria constitucional da Democracia Participativa.** São Paulo, 2ª ed. Malheiros, 2003.

COMPARATO, Fábio Konder. **A nova cidadania**. In Direito público: estudos e pareceres, São Paulo: Saraiva, 1996.

DA SILVA, Alexandre Garrido. **Direitos humanos, Constituição e discurso de legitimação:** possibilidades e limites da Teoria do Discurso. Apud: TORRES,Ricardo L. (Org) Legitimação dos Direitos Humanos. Rio de Janeiro: Renovar,2007.

33 BAUMAN, Zygmunt. **A sociedade sitiada,** Lisboa: Instituto Piaget, 2002. p. 13 e 26-27.

34 TORRES, op. cit., p. 143.

LUÑO, Antonio Enrique Perez. **Derechos humanos, estado de derecho y constitución**, Madrid: Tecnos, 1999, p. 48. Apud PEREIRA. Jane Reis Gonçalves. Interpretação constitucional e direitos fundamentais: uma contribuição ao estudo das restrições aos direitos fundamentais na perspectiva da teoria dos princípios. Rio de Janeiro: Renovar, 2006.

MODESTO, Paulo. **Participação popular na administração pública.** Mecanismos de operacionalização. Teresina, ano 7, nº 54, 1 fev. 2002. Disponível: http://jus.com.br/artigos/2586. Acesso em: 21 jul. 2014.

NETO, Diogo de Figueiredo Moreira. **Poder, Direito e Estado:** Direito administrativo em tempos de globalização. Belo Horizonte: Editora Fórum.2011.

PIRES, Roberto (coordenador). **Considerações sobre a integração das instituições participativas ao ciclo de gestão de políticas públicas:** subsídios à formulação de um sistema de participação. Nota Técnica. n. 3 Brasília: IPEA, 2012.

SANTOS, Boaventura de Sousa (Org.). **Democratizar a democracia:** os caminhos da democracia participativa. Rio de Janeiro: Civilização Brasileira, 2002.

TORRES, Ricardo Lobo. **Tratado de Direito Constitucional Financeiro e Tributário**. 3. ed. v. 5. Rio de Janeiro: Renovar, 2008.

Análise Regional da Transparência Fiscal Brasileira

Claudio Calisto

Introdução

A transparência fiscal é um princípio jurídico intrínseco ao Estado Democrático de Direito.

No Estado Democrático de Direito, os gestores do patrimônio público têm o dever de prestar contas de sua administração ao povo, já que somente a transparência fiscal das contas públicas possibilita o efetivo controle social do Estado.

A Administração Pública de qualquer país democrático exerce funções de equilíbrio social, político e econômico, imprescindíveis para a sociedade de risco compartilhado, cuja estabilidade social oscila involuntariamente ao sabor das ondulações econômicas da globalização.

Ademais, o uso dos recursos públicos está diretamente relacionado a questões de dignidade humana, como o amparo aos hipossuficientes e a garantia de um sistema social estável que permita às pessoas liberdade para desempenharem suas interações sociais, políticas e econômicas.

Em 1988, o povo brasileiro conseguiu restabelecer uma nova Carta Política democrática, na qual ficaram assentados objetivos fundamentais a serem perseguidos pela sociedade brasileira, com base em valores morais de aspiração humana, sintetizados do seguinte modo:

> CONSTITUIÇÃO DA REPÚBLICA FEDERATIVA DO BRASIL DE 1988
> Art. 3º Constituem objetivos fundamentais da República Federativa do Brasil:
> I – construir uma sociedade livre, justa e solidária;
> II – garantir o desenvolvimento nacional;
> III – erradicar a pobreza e a marginalização e reduzir as desigualdades sociais e regionais;
> IV – promover o bem de todos, sem preconceitos de origem, raça, sexo, cor, idade e quaisquer outras formas de discriminação.

A transparência fiscal é o instrumento que permite à sociedade verificar, acompanhar, opinar e analisar se a Administração Pública está efetivamente buscando esses objetivos fundamentais da República brasileira.

Neste sentido, o exercício consciente da cidadania depende do livre acesso público aos dados fiscais reveladores da conduta ética do Estado.

Quanto, como e de quem foram arrecadados os ingressos públicos? Quais, para quem e por que foram concedidos privilégios fiscais? Quais e quantas prestações sociais básicas foram ofertadas pelo Estado? Quais finalidades foram consideradas prioritárias na alocação dos recursos públicos? Qual a diferença entre o montante do gasto público aprovado pelo legislativo e o que foi efetivamente aplicado pelo executivo? Por que parte da destinação de recursos que originalmente deveria estar vinculada a uma finalidade especial foi desvinculada? Os objetivos constitucionais estão sendo efetivamente perseguidos pelo Estado?

Essas informações obtidas por meio da transparência fiscal permitem ao cidadão comum participar do orçamento, julgar o desempenho de seus representantes políticos e obter subsídios pragmáticos para a escolha dos próximos governantes.

Portanto, a transparência fiscal é um instrumento a serviço da democracia, da justiça fiscal e da responsabilização legal dos administradores.

Dada a importância de que se reveste a transparência fiscal para a construção de uma sociedade efetivamente democrática, o objetivo do presente trabalho é analisar, sob uma perspectiva regionalizada, se a transparência fiscal no Brasil é suficiente para a obtenção de dados fiscais que permitam um estudo regional comparativo da alocação dos recursos públicos em gastos com prestações sociais básicas no período compreendido entre os anos de 2011 a 2015.

Com este desiderato, primeiro são descritas as justificativas e as formas por meio das quais a transparência fiscal evoluiu e é demandada no Estado Moderno, ressaltando as finalidades da transparência fiscal, os instrumentos utilizados pelos países que foram pioneiros nesta iniciativa e o fomento das organizações internacionais que hodiernamente se debruçam sobre o estudo do tema.

Em sequência, são demonstradas as peculiaridades da transparência fiscal no Brasil, com a indicação dos dispositivos legais pertinentes e a especificação dos dados fiscais que devem estar disponibilizados ao público.

Por último, é apresentado um estudo comparativo regional da alocação de recursos públicos em gastos sociais, segundo os orçamentos públicos dos entes federativos estaduais, para, então, extrair uma conclusão sobre a eficácia regional da transparência fiscal brasileira.

1. A Transparência Fiscal no Estado Moderno

A importância da transparência fiscal para o Estado Moderno já era reconhecida desde o século XVIII.

Montesquieu (2004, p. 66) defendia a transparência fiscal das contas públicas com a seguinte assertiva: "Se não se distribuírem as rendas ao povo, é necessário fazê-lo ver que estas são bem administradas: mostrá-las significa, de alguma forma, permitir ao povo participar delas."

Torres (2005, p. 244), ao lecionar sobre o princípio da transparência, recorre à filosofia de Kant para demonstrar que a publicidade une o direito e a política:

> A transparência, como princípio formal, que permeia os princípios possuidores de conteúdo, sejam os fundamentais, sejam os vinculados à justiça, sejam os ligados à segurança jurídica, exerce também papel legitimador. Orienta a positivação das normas jurídicas segundo as ideias de clareza, abertura, simplicidade e publicidade. Kant incluía a publicidade [...] como um outro princípio transcendental e afirmativo do direito público [...] e o expressava da seguinte forma: 'todas as máximas que necessitam de publicidade (para não faltarem a sua finalidade) põem-se de acordo com o direito e a política juntos'.

Os princípios da publicidade e da transparência, embora distintos, compartilham a qualidade de princípios jurídicos formais relacionados à comunicação das informações de interesse público, motivo pelo qual ambos atuam no liame entre a política e o direito.

Todavia, cumpre destacar a diferença entre o princípio da publicidade e o da transparência, conforme ensinamentos de Abraham (2015, p. 277) em matéria de princípios orçamentários:

> Esse princípio acaba sendo confundido com o da transparência, a seguir exposto. Entretanto, entendemos que o *princípio da publicidade* se refere a divulgação do orçamento pelos meios oficiais, para garantir a todos o livre acesso ao seu teor, enquanto o *princípio da transparência* relaciona-se ao seu conteúdo, para evitar previsões obscuras, despesas camufladas, renúncias fiscais duvidosas, que possam ensejar manobras pelos executores para atender a interesses diversos. (grifo do autor)

Então, o princípio da publicidade consiste apenas em divulgar a informação ao público, enquanto que o da transparência concentra-se em transmitir a informação com a máxima clareza, levando em conta o aspecto cognitivo daqueles que são os destinatários da informação.

Ser transparente é fazer o destinatário da informação entender o objeto, o significado, a amplitude e, inclusive, as motivações que deram ensejo à mensagem, ou seja, ser transparente é fazer-se entender.

A rigor, a transparência no modo de agir é também um atributo das relações de direito privado.

Rocha (2015, p. 59) explica como se desenvolve a transparência nas relações entre particulares:

> A transparência não é uma preocupação só do Poder Público. Na esfera privada, onde as pessoas se relacionam como consumidores, prestadores de serviços, vendedores de mercadorias, investidores, etc., também é imprescindível a transparência como meta, para que esses diversos agentes possam se relacionar e estabelecer uma economia de mercado.[...]

No entanto, é nas relações de direito público que a transparência expressa sua dimensão política como instrumento para o controle da justiça fiscal e da responsabilização do gestor.

A transparência fiscal sempre representou um instrumento essencial para a democracia, mas foi somente no final do século XX que os Estados incrementaram os critérios de transparência fiscal, mediante a criação de novas regras, motivados, ao menos em parte, pela preocupação dos investidores internacionais com a estabilidade fiscal dos países em que investiam.

Os países pioneiros em criar instrumentos modernos de garantia da transparência fiscal foram a Nova Zelândia (*Fiscal Responsibility Act* de 1994), a Austrália (*Charter of Budget Honesty Act* de 1998) e o Reino Unido (*The Code for Fiscal Stability* de 1998).

Neste sentido, esclarece Assoni Filho (2009, p. 230):

> Quanto aos três primeiros modelos (neo-zelandês, australiano e britânico), eles vêm em destaque quer pela atualidade dos seus dispositivos, quer pelo seu prestígio no exterior, uma vez que tais diplomas legais serviram de inspiração à disciplina fiscal de diversos países, especialmente aqueles em desenvolvimento.

A Nova Zelândia adotou medidas voltadas para a responsabilização do administrador e a ampliação da participação popular.

A Austrália trabalhou em melhores controles das políticas fiscais, através do estabelecimento de metas palpáveis e submetendo as propostas políticas ao escrutínio público.

O Reino Unido criou um código de boas práticas fiscais com ênfase na transparência da gestão pública.

Em 1998, o Fundo Monetário Nacional (FMI) lançou o Código de Boas Práticas para a Transparência Fiscal (INTERNATIONAL MONETARY FUND, 2000) como parte de um programa de avaliação da transparência fiscal na comunidade internacional. A finalidade era identificar as práticas de boa governança e os seus efeitos na promoção da estabilidade macroeconômica.

O Código de Boas Práticas para a Transparência Fiscal do FMI estabeleceu quatro princípios básicos para uma boa transparência fiscal dos países, a saber: definição clara de funções e responsabilidades, abertura dos processos orçamentários, acesso público à informação e garantias de integridade.

A partir dessas iniciativas de aprimoramento da transparência fiscal, diversos outros países da comunidade internacional introduziram normas afins, inclusive o Brasil por meio da Lei Complementar n° 101, de 2000 (Lei de Responsabilidade Fiscal).

Iniciada a disseminação da cultura de transparência fiscal, logo foi criado um *ranking* internacional dos países com os orçamentos mais transparentes.

A organização não governamental Internacional Budget Parnership (IBP) em parceria com o Instituto de Estudos Socioeconômicos (INESC) elaboraram em 2006 o Índice de Orçamento Aberto.

A transparência orçamentária, a participação social e a fiscalização do processo de elaboração do orçamento são os três principais pilares avaliados para a formação do Índice de Orçamento Aberto. Além disso, é analisado se os países disponibilizam oito tipos de documentos e se esses documentos são abrangentes.

Em 2012, o Brasil obteve a 12ª posição no *ranking* de orçamento aberto, com um índice de 73 de um total de 100 pontos.

No último Índice de Orçamento Aberto de 2015, o Brasil obteve 77 pontos em transparência orçamentária, 80 em fiscalização do orçamento pela legislatura, 85 em fiscalização por auditorias e 71 em participação social, o que lhe garantiu a 6ª posição no *ranking* entre os 102 países pesquisados.

O Brasil também se destacou na avaliação de 2015 por ser um dos quatro países que obtiveram notas satisfatórias em todos os quesitos analisados.

O Relatório Global do Índice de Orçamento Aberto de 2015 pode ser copiado da internet no endereço da Internacional Budget Parnership (2015).

Figura 1 – Desempenho de 102 países no Índice de Orçamento Aberto de 2015:

Quantos países têm um resultado suficiente nos três pilares de responsabilidade orçamental? (Transparência, participação e as duas medidas que englobam fiscalização)

(Número de medidas em que os países tem uma pontuação acima de 60)

0 em 4	1 em 4	2 em 4	3 em 4	4 em 4
Afeganistão	Albânia	Botsuana	Alemanha	África do Sul
Angola	Argentina	Bulgária	Coreia do Sul	Brasil
Arábia Saudita	Bangladesh	Chile	Eslovénia	Estados Unidos
Argélia	Bósnia Herzegovina	Colômbia	Filipinas	Noruega
Azerbaijão	Cazaquistão	Costa Rica	França	
Benim	Chade	El Salvador	Geórgia	
Bolívia	Croácia	Indonésia	Itália	
Burkina Faso	Equador	Malávi	Nova Zelândia	
Camarões	Eslováquia	México	Peru	
Cambodja	Espanha	Mongólia	Portugal	
China	Gana	Polónia	República Checa	
Egipto	Guatemala	Reino Unido	Rússia	
Fiji	Honduras	Roménia	Suécia	
Guiné Equatorial	Hungria	Tajiquistão		
Iémen	Índia	Trindade e Tobago		
Iraque	Macedónia	Ucrânia		
Jordânia	Malásia	Uganda		
Líbano	Mali	Vietname		
Libéria	Namíbia			
Marrocos	Nepal			
Moçambique	Nicarágua			
Myanmar	Níger			
Papua Nova Guiné	Nigéria			
Qatar	Paquistão			
Rep. Dem. do Congo	Quénia			
Ruanda	República Dominicana			
São Tomé e Príncipe	República Quirguiz			
Sudão	Senegal			
Tanzânia	Serra Leoa			
Tunísia	Sérvia			
Zâmbia	Sri Lanka			
Zimbabué	Tailândia			
	Timor Leste			
	Turquia			
	Venezuela			
32 Países	**35 Países**	**18 Países**	**13 Países**	**4 Países**

Fonte: Internacional Budget Parnership, 2015.

2. A Transparência Fiscal no Brasil

A transparência fiscal é um princípio constitucional do Estado Democrático de Direito, ao qual se submetem todos os entes federativos brasileiros.

A Emenda Constitucional n° 19, de 1998, estabeleceu, de forma genérica, a necessidade de prestação de contas na esfera federal, ao introduzir o parágrafo único ao art. 70 da Constituição Federal de 1988, por meio do qual ficou expresso que o referido dever cabe a qualquer pessoa que detenha a posse sobre coisa de responsabilidade pública:

> Art. 70. [...]
> Parágrafo único. Prestará contas qualquer pessoa física ou jurídica, pública ou privada, que utilize, arrecade, guarde, gerencie ou administre dinheiros, bens e valores públicos ou pelos quais a União responda, ou que, em nome desta, assuma obrigações de natureza pecuniária. (Redação dada pela Emenda Constitucional nº 19, de 1998)

Em relação a todos os entes federativos brasileiros, as regras específicas de como as contas dos governos devem ser periodicamente franqueadas ao público estão dispostas na Lei Complementar n° 101, de 2000 (Lei de Responsabilidade Fiscal – LRF), com as alterações promovidas pela Lei Complementar n° 131, de 2009 (Lei da Transparência).

Vieira (2011) destaca que os dispositivos acrescentados pela Lei da Transparência à Lei de Responsabilidade Fiscal dizem respeito à disponibilização em tempo real de informações pormenorizadas sobre a execução orçamentária e financeira da União, Estados, Municípios e Distrito Federal.

A sanção para os entes federativos que não disponibilizam ao público as referidas informações é a suspensão do recebimento das transferências voluntárias até a regularização da situação (art. 52, § 2° c/c art. 51, § 2°, da LRF).

Outra sanção prevista, segundo Vieira, está direcionada aos gestores responsáveis pelo descumprimento do prazo, que poderão sofrer uma ação de improbidade administrativa por atentarem contra o princípio da publicidade (art. 11, IV, da Lei n° 8.429/92).

Há também a Lei n° 12.527/2011, Lei de Acesso à Informação (LAI), que regulamenta o direito de qualquer pessoa solicitar e receber dos entes federativos as informações por eles produzidas e custodiadas.

Todavia, o objeto do presente trabalho são as informações obtidas por meio da transparência fiscal ativa, isto é, aquelas informações que são divulgadas pelo setor público, independente do requerimento disciplinado pela Lei n° 12.527/2011.

O § 3° do art. 165 da Constituição Federal de 1988 determina que o Poder Executivo publique a cada bimestre o relatório resumido da execução orçamentária.

O art. 48 da LRF regulamenta os instrumentos de transparência da gestão fiscal, que devem ser publicados periodicamente pelos entes federativos:

> Art. 48. São instrumentos de transparência da gestão fiscal, aos quais será dada ampla divulgação, inclusive em meios eletrônicos de acesso público: os planos, orçamentos e leis de diretrizes orçamentárias; as prestações de contas e o respectivo parecer prévio; o Relatório Resumido da Execução Orçamentária e o Relatório de Gestão Fiscal; e as versões simplificadas desses documentos.

Os dados fiscais utilizados no presente trabalho foram extraídos dos Relatórios Resumidos da Execução Orçamentária – RREO, disponibilizados no portal de transparência fiscal de cada Estado, especificamente as informações sobre as receitas corrente líquidas e as despesas dos Estados relacionadas a gastos públicos com prestações sociais básicas.

A comparação fiscal proposta tem por finalidade verificar a proporção em que os recursos disponíveis aos Estados brasileiros estão sendo aplicados em prestações sociais básicas.

O critério escolhido visa dar uma aplicação prática à transparência fiscal, por meio da formatação de dados que possibilitem uma democracia deliberativa melhor informada, na medida em que o discurso público pode se valer de subsídios objetivos para sustentar pleitos por maior justiça social.

Essa forma de abordar a justiça distributiva está amparada no marco teórico da "justiça como equidade" de John Rawls.

Rawls expõe uma concepção política de justiça que se assente no acordo político e na razão pública, entendidos como o consenso sobre questões constitucionais fundamentais.

O filósofo norte-americano analisou as instituições políticas e jurídicas responsáveis pela justiça distributiva e concluiu que a liberdade de consciência e a igualdade de oportunidades dependem de uma educação subsidiada pelo governo, bem com a garantia de um mínimo social às famílias.

Rawls dividiu as instituições governamentais em ramos, entre outros, o que cuida de garantir essa mínima proteção social.

Assim sendo, a linha de pesquisa do presente trabalho busca, na proporção entre gastos públicos com prestações sociais básicas e receitas líquidas, verificar o nível de prioridade dado pelos Estados à justiça distributiva.

A receita corrente líquida foi escolhida como um dos parâmetros, porque representa o saldo resultante entre os valores recebidos pelos Estados deduzidos dos valores repassados a outros entes federativos em cada exercício financeiro, conforme definido no art. 2°, IV da LRF:

> Art. 2. Para os efeitos desta Lei Complementar, entende-se como:
> [...]
> IV – **receita corrente líquida**: somatório das receitas tributárias, de contribuições, patrimoniais, industriais, agropecuárias, de serviços, transferências correntes e outras receitas também correntes, deduzidos:

> a) na União, os valores transferidos aos Estados e Municípios por determinação constitucional ou legal, e as contribuições mencionadas na alínea a do inciso I e no inciso II do art. 195, e no art. 239 da Constituição;
> b) nos Estados, as parcelas entregues aos Municípios por determinação constitucional;
> c) na União, nos Estados e nos Municípios, a contribuição dos servidores para o custeio do seu sistema de previdência e assistência social e as receitas provenientes da compensação financeira citada no § 9º do art. 201 da Constituição. (grifo nosso)

O RREO contém demonstrações financeiras da receita corrente líquida e das despesas por função, conforme previstos, respectivamente, nos arts. 53 e 52, da LRF:

> Art. 52. O relatório a que se refere o § 3° do art. 165 da Constituição abrangerá todos os Poderes e o Ministério Público, será publicado até trinta dias após o encerramento de cada bimestre e composto de:
> II – demonstrativos da execução das:[...]
> c) despesas, por função e subfunção. [...]
> Art. 53. Acompanharão o Relatório Resumido demonstrativos relativos a:
> I – apuração da receita corrente líquida, na forma definida no inciso IV do art. 2°, sua evolução, assim como a previsão de seu desempenho até o final do exercício;

Importante ressaltar que essas informações estão padronizadas pelo Plano de Contas Aplicado ao Setor Publico, conforme citação de Abraham (2015, p. 240), abaixo transcrita:

> **O Plano de Contas Aplicado ao Setor Publico – PCASP** estabelece conceitos básicos, regras para registro dos atos e fatos e estrutura contábil padronizada, de modo a atender a todos os entes da Federação e aos demais usuários da informação contábil, permitindo a geração de base de dados consistente para compilação de estatísticas e finanças publicas. E fundamental que o Plano de Contas possibilite a elaboração padronizada de relatórios e demonstrativos previstos na Lei de Responsabilidade Fiscal, alem das demais demonstrações contábeis. O objetivo a reduzir divergências conceituais e procedimentais, em beneficio da transparência da gestão fiscal, da racionalização de custos nos entes da Federação e do controle social. (grifo do autor)

Quanto às despesas, existe uma classificação mínima prevista no art. 7° do Decreto n° 7.185/10, que regulamenta o inciso I do art. 48-A da LRF

> Art. 7º [...] o SISTEMA deverá gerar, para disponibilização em meio eletrônico que possibilite amplo acesso público, pelo menos, as seguintes informações [...]:

I – quanto à despesa:
a) o valor do empenho, liquidação e pagamento;
b) o número do correspondente processo da execução, quando for o caso;
c) a classificação orçamentária, especificando a unidade orçamentária, função, subfunção, natureza da despesa e a fonte dos recursos que financiaram o gasto.

A classificação das despesas por função e subfunção é utilizada para gerar o Demonstrativo da Execução das Despesas Por Função e Subfunção, que compõe o Anexo 2 do RREO (LRF, Art. 52, inciso II, alínea "c").

Portanto, todos os Estados elaboram esse demonstrativo de forma padronizada, ao relacionar as suas despesas por funções contabilmente classificadas de modo uniforme.

As funções das despesas, abaixo discriminadas, foram consideradas como prestações sociais básicas, porque estão diretamente relacionadas à garantia de um mínimo de liberdades positivas:

Função 08 – Assistência Social; Função 09 – Previdência Social; Função 10 – Saúde; Função 12 – Educação; Função 14 – Direitos da Cidadania; Função 16 – Habitação; Função 17 – Saneamento; Função 18 – Gestão Ambiental; e Função 19 – Ciência e Tecnologia.

Outro ponto considerado foi a necessidade de reduzir valores totais em valores *per capita*.

Esta distinção entre os gastos totais e os gastos *per capita* é essencial para uma adequada comparação entre os entes da Federação, já que o tamanho da população é diretamente proporcional à escassez dos recursos.

Em contraponto, os valores *per capita* representam uma unidade de medida niveladora, porque permite uma comparação ajustada ao tamanho da população.

O número de habitantes de cada Estado foi obtido das estatísticas anuais do IBGE (2016) encaminhadas ao Tribunal de Contas da União (TCU), com a finalidade de subsidiar as transferências obrigatórias entre entes políticos.

Os dados fiscais referem-se aos valores acumulados dos exercícios financeiros de 2011 a 2015.

3. Análise Regional de Dados Fiscais das Unidades da Federação

As informações sobre receitas correntes líquidas e despesas por funções foram obtidas dos RREO previstos na LRF, respectivamente do Anexo 3 – Demonstrativo da Receita Corrente Líquida (LRF, art. 53, I) e do Anexo 2 – Demonstrativo da Execução das Despesas Por Função e Subfunção (LRF, art. 52, II, c), disponibilizados por meio do portal da transparência fiscal de cada Estado.

Os RREO referentes aos anos 2011 e 2013 não foram localizados no portal da transparência do Estado do Amapá, mas as receitas corrente líquidas destes anos foram encontradas no Balanço Geral do Estado do Amapá.

Outrossim, o RREO referente ao ano 2014 não foi localizado no portal da transparência fiscal do Rio Grande do Norte, mas a respectiva receita corrente líquida foi obtida do Balanço Geral.

Os demais Estados disponibilizaram em seus portais da transparência os RREO dos anos 2011 a 2015.

O orçamento público classifica as despesas em estágios distintos e progressivos. Primeiro ocorre a dotação da despesa em sede de planejamento orçamentário, em seguida essas despesas previstas no orçamento são empenhadas pelos governantes por ora da celebração de contratos e de outras avenças. Por último, as despesas são liquidadas e pagas se for constatado o fornecimento das mercadorias ou a prestação dos serviços contratados pelo governo. A LRF exige que o RREO apresente o valor total das despesas em cada uma dessas fases: dotação, empenhadas e liquidadas.

As informações sobre as despesas por função neste trabalho referem-se às despesas liquidadas, pois estas representam o efetivo recebimento de uma contraprestação obtida com despesas orçamentárias, mormente porque os governantes, por vezes, não utilizam todo o valor dotado em orçamento na busca de superávit primário.

Então, para fins de uma ajustada comparação entre os entes políticos, os gráficos seguintes referem-se aos dados fiscais anuais divididos pelo tamanho anual da respectiva população, ou seja, são valores *per capita* das receitas líquidas e dos gastos públicos acumulados entre os anos de 2011 a 2015.

3.1. Análise dos dados fiscais da região sudeste

Os Estados do Rio de Janeiro (2016), São Paulo (2016), Minas Gerais (2016) e Espírito Santo (2016) possuem portais da transparência fiscal, que disponibilizam os RREO completos, referentes aos exercícios financeiros de 2011 a 2015.

Gráfico 1 – Receitas corrente líquidas *per capita* – Exs: 2011 a 2015 acumulados

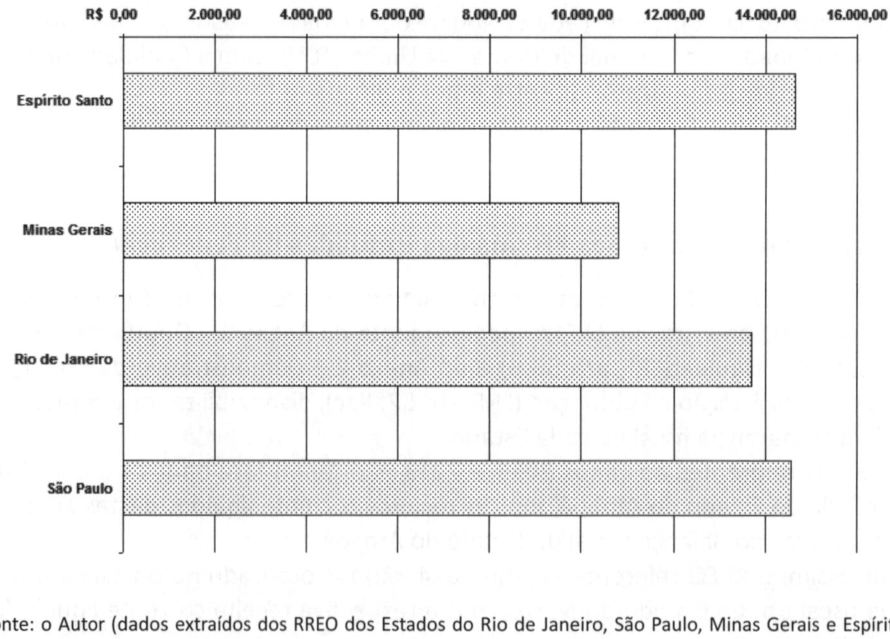

Fonte: o Autor (dados extraídos dos RREO dos Estados do Rio de Janeiro, São Paulo, Minas Gerais e Espírito Santo, combinados com as estatísticas de população do IBGE)

Gráfico 2 – Despesas Função 09, 10, 12 *per capita* – Exs 2011 a 2015 acumulados

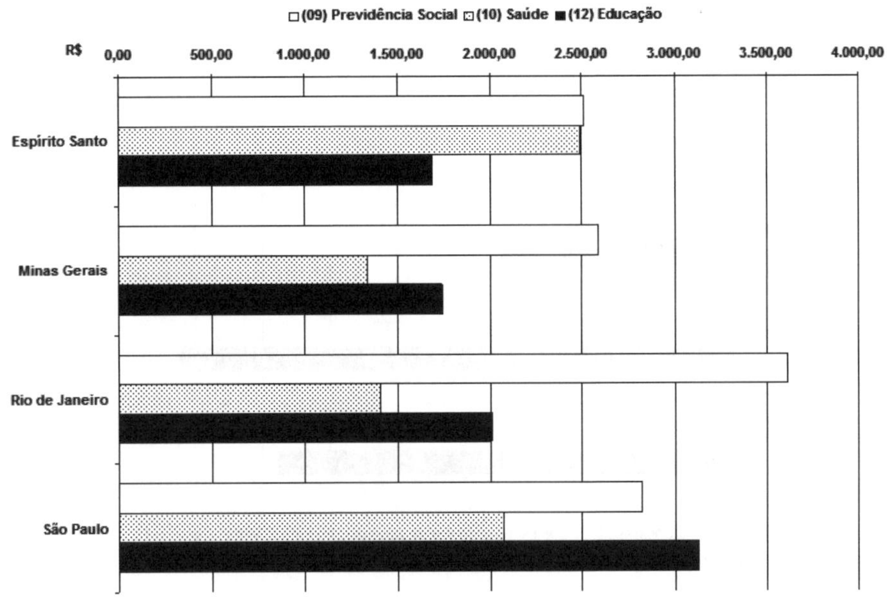

Fonte: o Autor (dados extraídos dos RREO dos Estados do Rio de Janeiro, São Paulo, Minas Gerais e Espírito Santo, combinados com as estatísticas de população do IBGE)

Gráfico 3 – Despesas Função 08, 14, 19 *per capita* – Exs: 2011 a 2015 acumulados

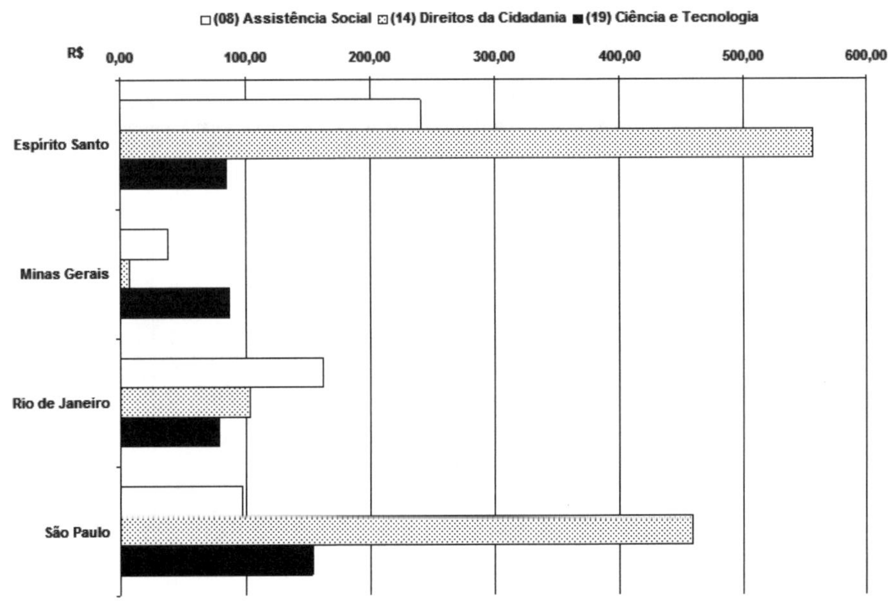

Fonte: o Autor (dados extraídos dos RREO dos Estados do Rio de Janeiro, São Paulo, Minas Gerais e Espírito Santo, combinados com as estatísticas de população do IBGE)

Gráfico 4 – Despesas Função 16, 17,18 *per capita* – Exs 2011 a 2015 acumulados

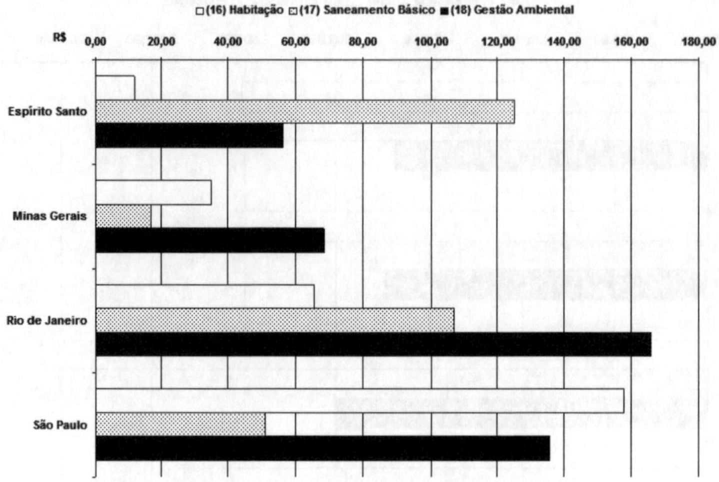

Fonte: o Autor (dados extraídos dos RREO dos Estados do Rio de Janeiro, São Paulo, Minas Gerais e Espírito Santo, combinados com as estatísticas de população do IBGE)

Os gráficos seguintes comparam os dados fiscais dos Estados da Região Sudeste, referentes às proporções entre os gastos públicos com prestações sociais básicas e as receitas corrente líquidas realizadas no mesmo período, a fim de observar o nível de comprometimento das receitas líquidas dos Estados com a justiça distributiva.

Gráfico 5 – Receitas realizadas e prestações sociais básicas – Exs 2011 a 2015

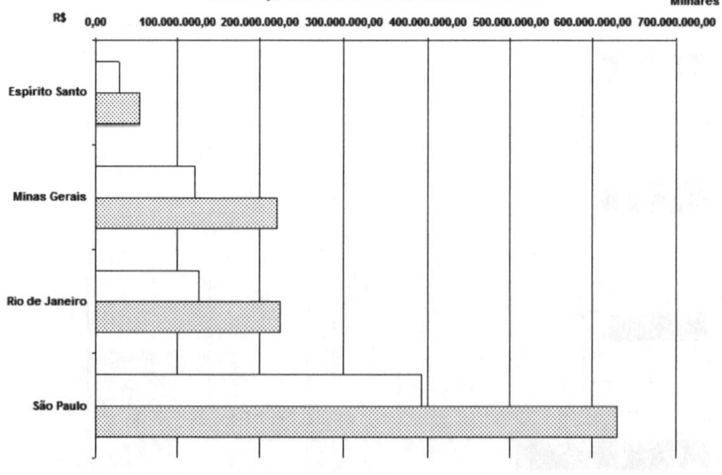

Fonte: o Autor (dados extraídos dos RREO dos Estados do Rio de Janeiro, São Paulo, Minas Gerais e Espírito Santo, combinados com as estatísticas de população do IBGE)

Gráfico 6 – Proporções prestações básicas e receitas líquidas – Exs 2011 a 2015

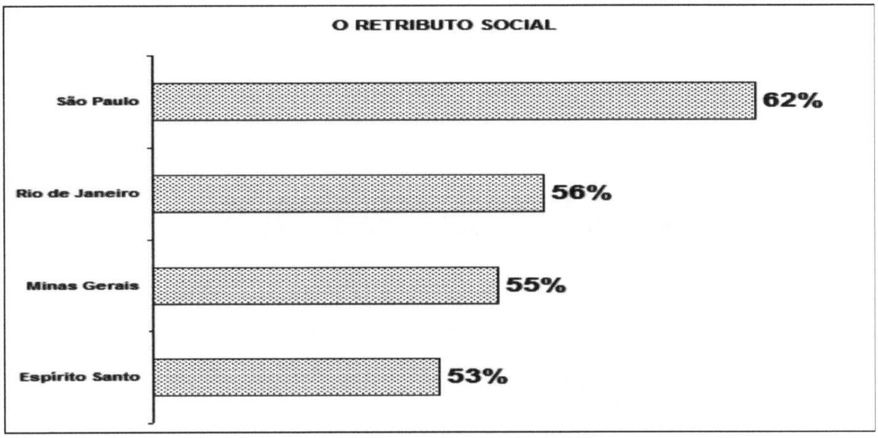

Fonte: o Autor (dados extraídos dos RREO dos Estados do Rio de Janeiro, São Paulo, Minas Gerais e Espírito Santo, combinados com as estatísticas de população do IBGE)

3.2. Análise dos Dados Fiscais da Região Sul

Os Estados do Paraná (2016), Santa Catarina (2016) e Rio Grande do Sul (2016) possuem portais da transparência fiscal, que disponibilizam os RREO completos, referentes aos exercícios financeiros de 2011 a 2015.

Gráfico 7 – Receitas corrente líquidas per capita – Exs 2011 a 2015 acumulados

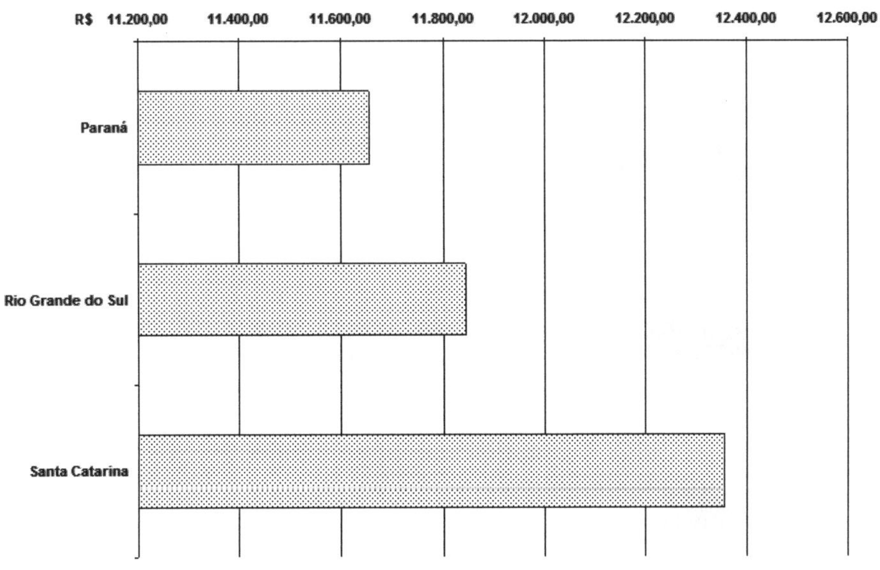

Fonte: o Autor (dados extraídos dos RREO dos Estados do Paraná, Santa Catarina e Rio Grande do Sul, combinados com as estatísticas de população do IBGE)

Gráfico 8 – Despesas Função 09, 10, 12 *per capita* – Exs 2011 a 2015 acumulados

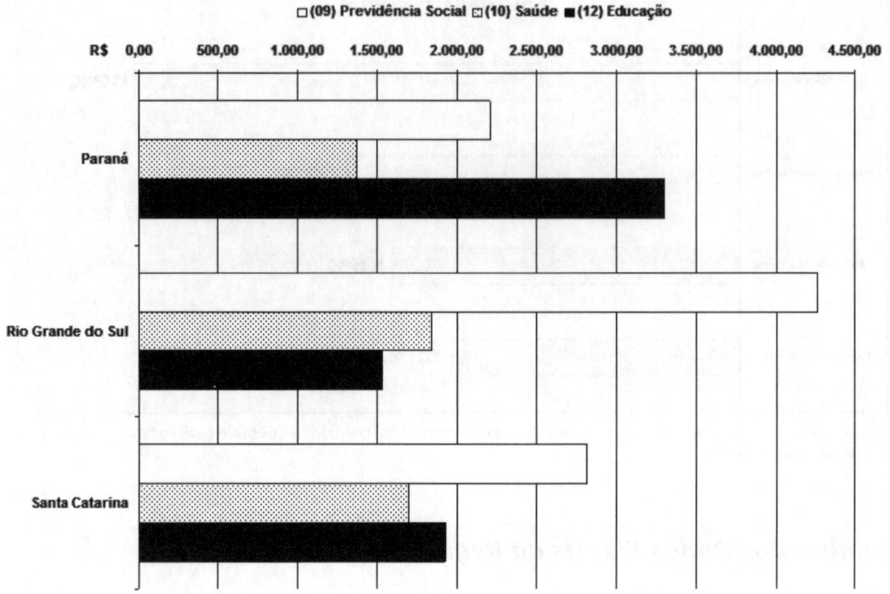

Fonte: o Autor (dados extraídos dos RREO dos Estados do Paraná, Santa Catarina e Rio Grande do Sul, combinados com as estatísticas de população do IBGE)

Gráfico 9 – Despesas Função 08, 14, 19 *per capita* – Exs 2011 a 2015 acumulados

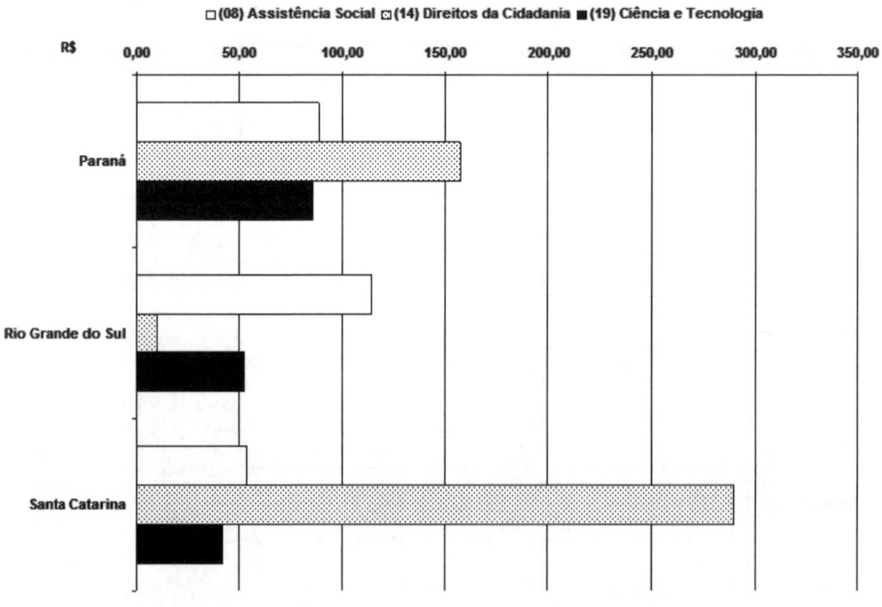

Fonte: o Autor (dados extraídos dos RREO dos Estados do Paraná, Santa Catarina e Rio Grande do Sul, combinados com as estatísticas de população do IBGE)

Gráfico 10 – Despesas Funções 16, 17, 18 *per capita* – Exs 2011 a 2015 acumulados

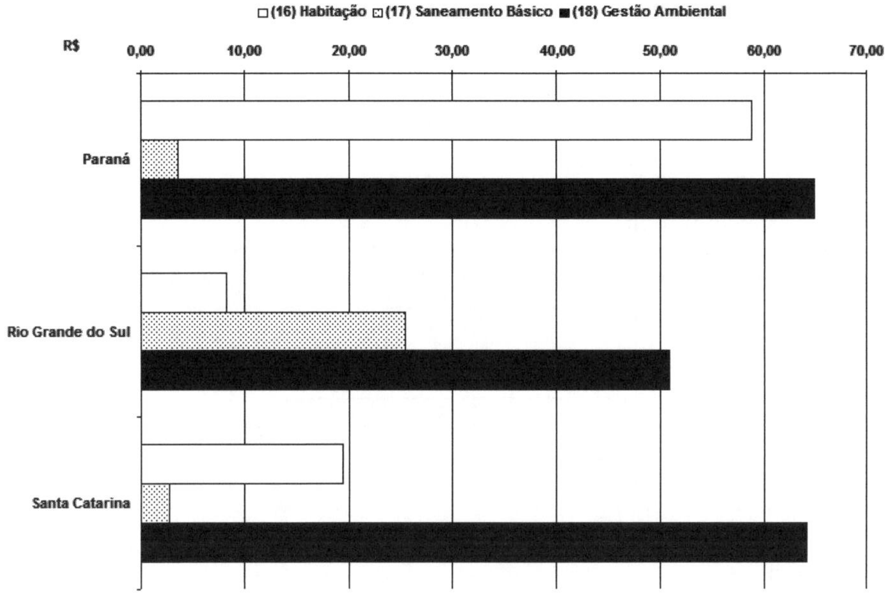

Fonte: o Autor (dados extraídos dos RREO dos Estados do Paraná, Santa Catarina e Rio Grande do Sul, combinados com as estatísticas de população do IBGE)

Gráfico 11 – Receitas realizadas e prestações sociais básicas – Exs 2011 a 2015

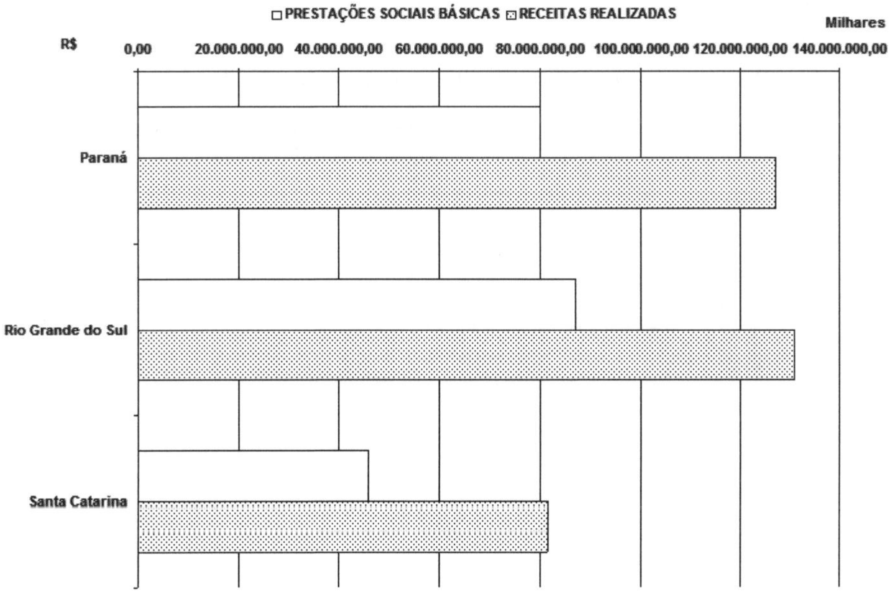

Fonte: o Autor (dados extraídos dos RREO dos Estados do Paraná, Santa Catarina e Rio Grande do Sul, combinados com as estatísticas de população do IBGE)

Gráfico 12 – Proporções prestações básicas e receitas líquidas – Exs 2011 a 2015

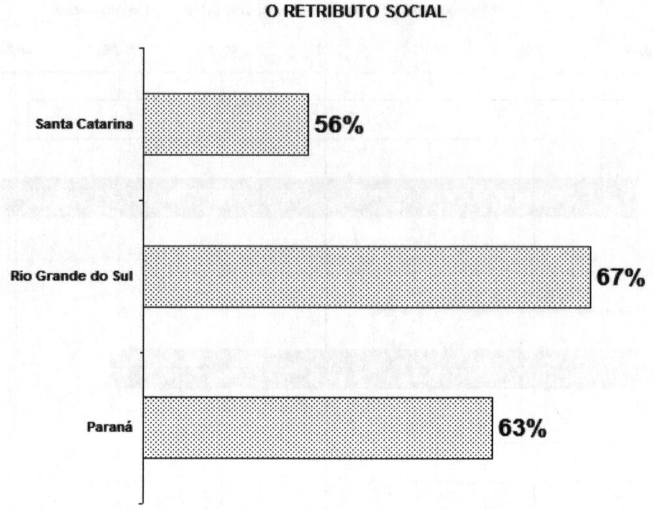

Fonte: o Autor (dados extraídos dos RREO dos Estados do Paraná, Santa Catarina e Rio Grande do Sul, combinados com as estatísticas de população do IBGE)

3.3 Análise dos Dados Fiscais da Região Centro-Oeste

O Distrito Federal (2016) e os Estados de Goiás (2016), Mato Grosso do Sul (2016) e Mato Grosso (2016) possuem portais da transparência fiscal, que disponibilizam os RREO completos, referentes aos anos de 2011 a 2015.

Gráfico 13 – Receitas corrente líquidas *per capita* – Exs 2011 a 2015 acumulados

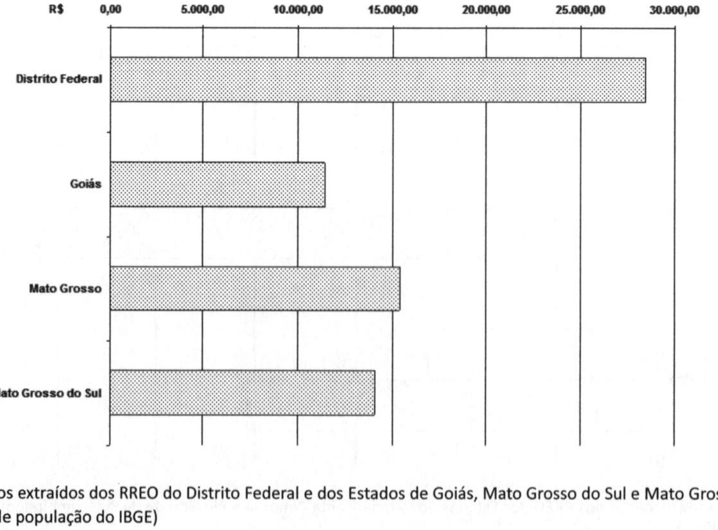

Fonte: o Autor (dados extraídos dos RREO do Distrito Federal e dos Estados de Goiás, Mato Grosso do Sul e Mato Grosso, combinados com as estatísticas de população do IBGE)

Gráfico 14 – Despesas Função 09, 10, 12 per capita – Exs 2011 a 2015 acumulados

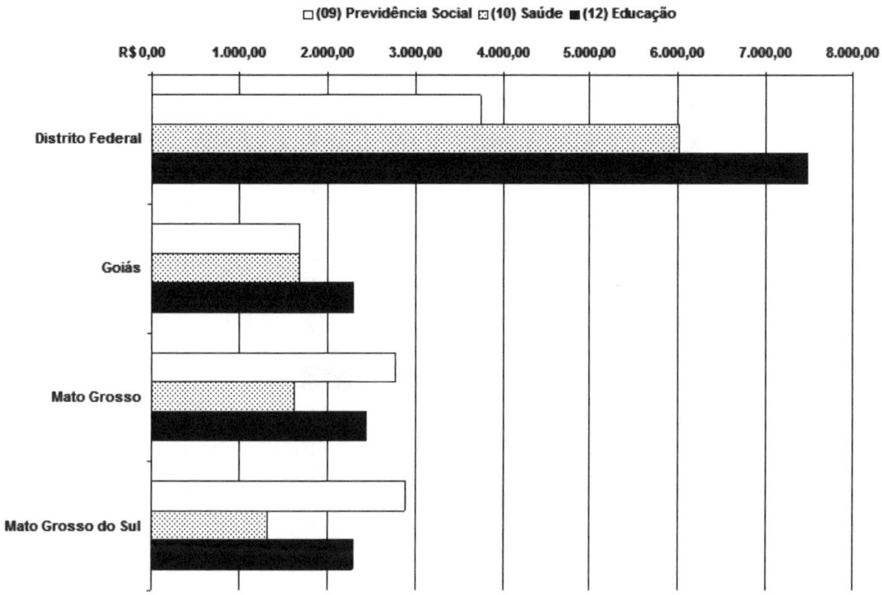

Fonte: o Autor (dados extraídos dos RREO do Distrito Federal e dos Estados de Goiás, Mato Grosso do Sul e Mato Grosso, combinados com as estatísticas de população do IBGE)

Gráfico 15 – Despesas Função 08, 14, 19 *per capita* – Exs 2011 a 2015 acumulados

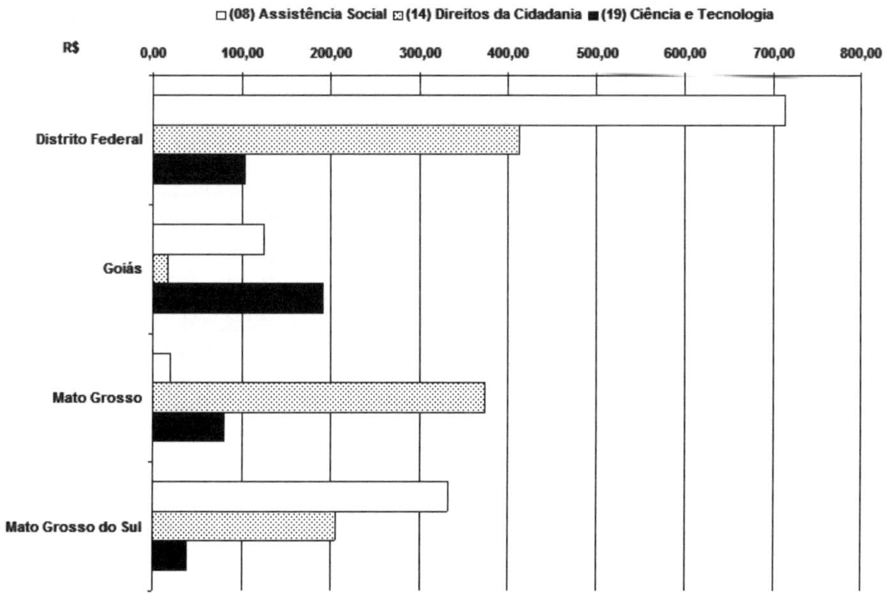

Fonte: o Autor (dados extraídos dos RREO do Distrito Federal e dos Estados de Goiás, Mato Grosso do Sul e Mato Grosso, combinados com as estatísticas de população do IBGE)

Gráfico 16 – Despesas Funções 16, 17, 18 *per capita* – Exs 2011 a 2015 acumulados

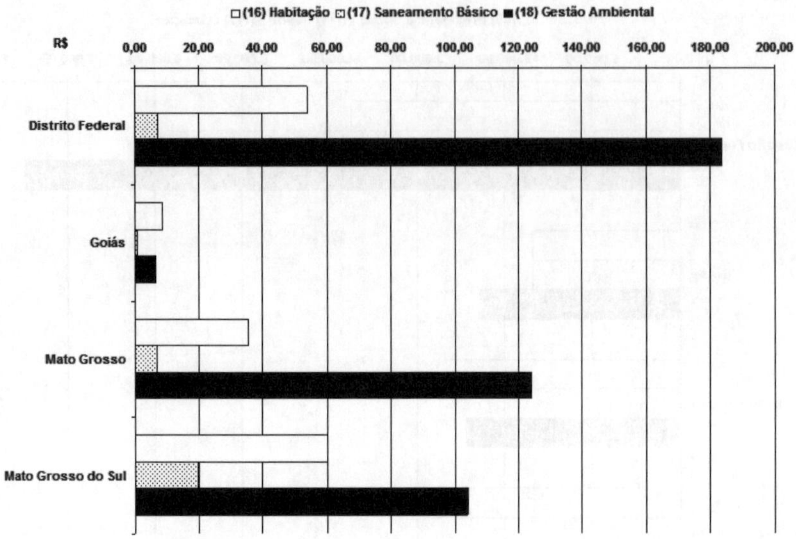

Fonte: o Autor (dados extraídos dos RREO do Distrito Federal e dos Estados de Goiás, Mato Grosso do Sul e Mato Grosso, combinados com as estatísticas de população do IBGE)

Os gráficos seguintes indicam o nível de justiça distributiva dos Estados da Região Centro-Oeste.

Gráfico 17 – Receitas realizadas e prestações sociais básicas – Exs 2011 a 2015

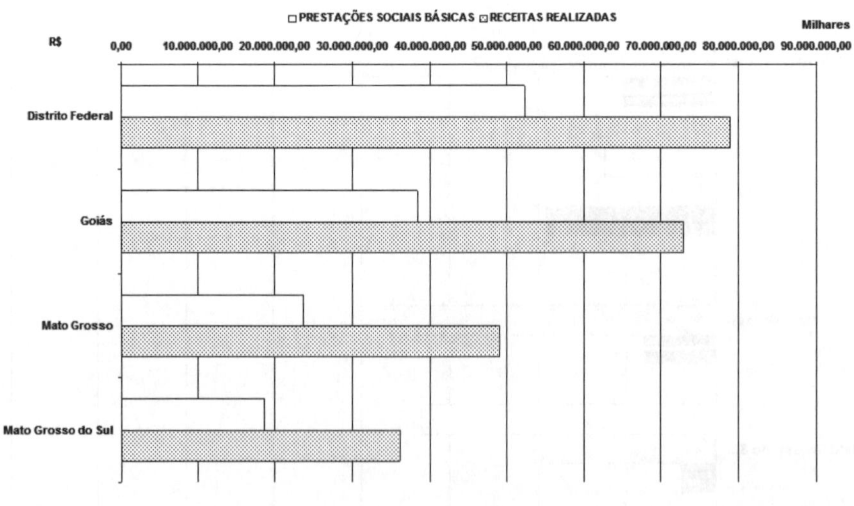

Fonte: o Autor (dados extraídos dos RREO do Distrito Federal e dos Estados de Goiás, Mato Grosso do Sul e Mato Grosso, combinados com as estatísticas de população do IBGE)

Gráfico 18 – Proporções prestações básicas e receitas líquidas – Exs 2011 a 2015

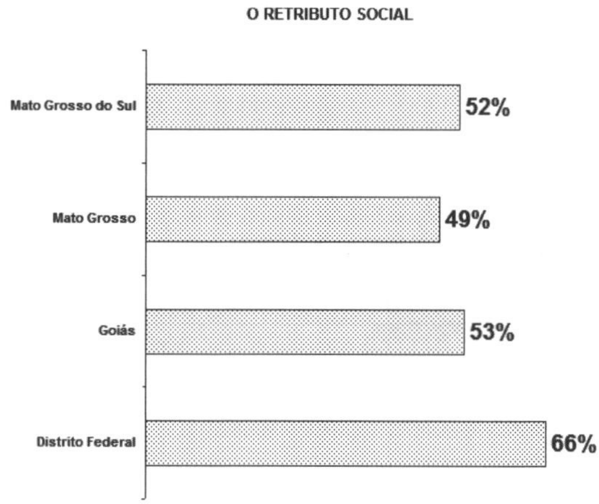

Fonte: o Autor (dados extraídos dos RREO do Distrito Federal e dos Estados de Goiás, Mato Grosso do Sul e Mato Grosso, combinados com as estatísticas de população do IBGE)

3.4. Análise dos dados fiscais da região norte

Os RREO referentes aos anos 2011 e 2013 do Estado do Amapá (2016) não foram localizados, mas as receitas correntes, líquidas destes anos foram extraídas do Balanço Geral do Estado do Amapá.

O Acre (2016), Amazonas (2016), Tocantins (2016), Pará (2016) Roraima (2016) e Rondônia (2016) possuem portais da transparência fiscal que disponibilizaram os RREO completos, referentes aos anos de 2011 a 2015.

Gráfico 19 – Receitas correntes líquidas *per capita* – Exs 2011 a 2015 acumulados

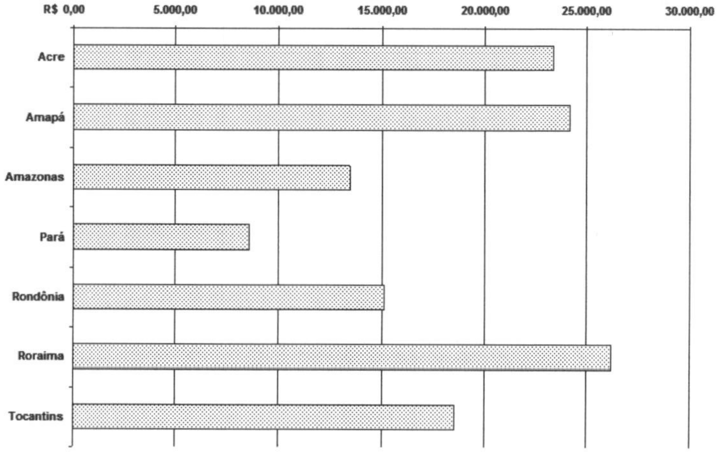

Fonte: o Autor (dados extraídos dos RREO dos Estados do Acre, Amapá, Roraima, Amazonas, Tocantins, Pará e Rondônia, combinados com as estatísticas de população do IBGE)

Gráfico 20 – Despesas Função 09, 10, 12 *per capita* – Exs 2011 a 2015 acumulados

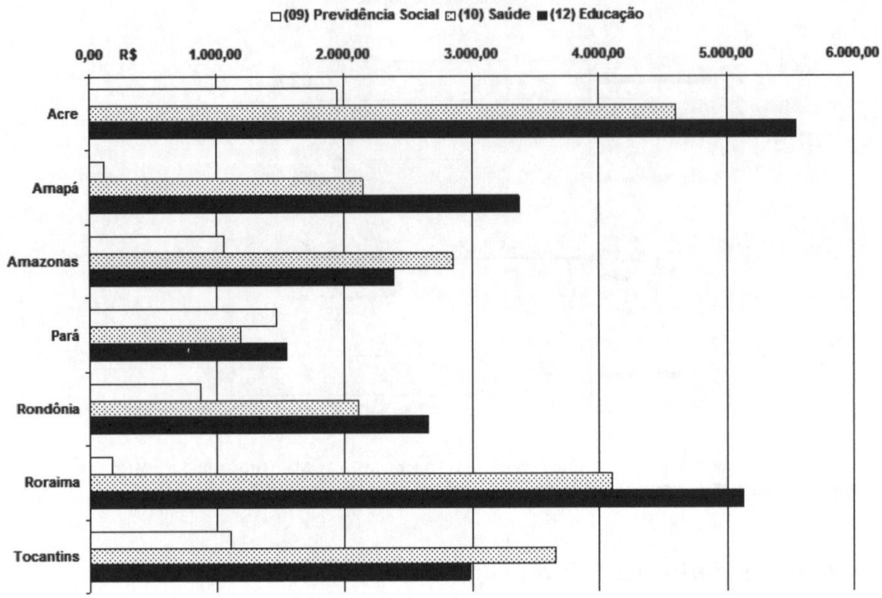

Fonte: o Autor (dados extraídos dos RREO dos Estados do Acre, Amapá, Roraima, Amazonas, Tocantins, Pará e Rondônia, combinados com as estatísticas de população do IBGE)

Gráfico 21 – Despesas Função 08, 14, 19 *per capita* – Exs 2011 a 2015 acumulados

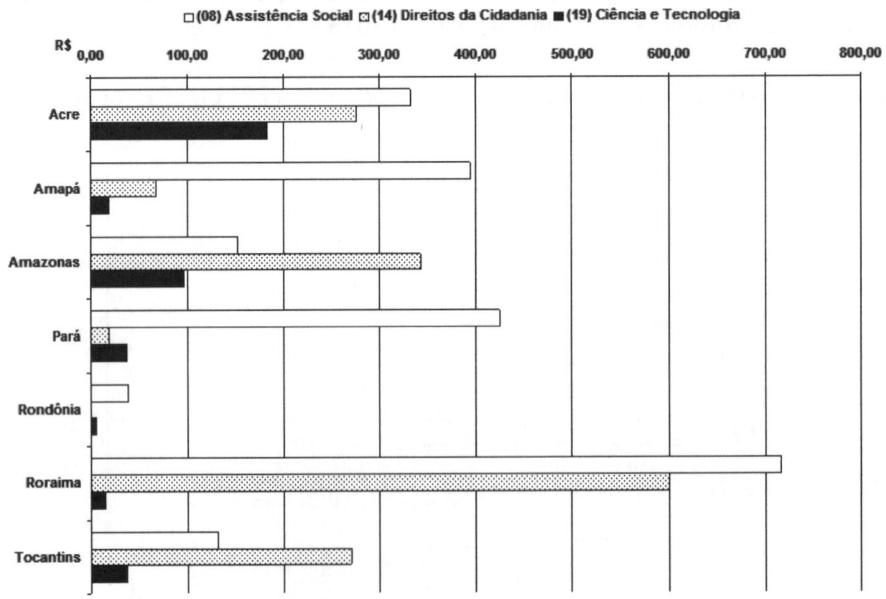

Fonte: o Autor (dados extraídos dos RREO dos Estados do Acre, Amapá, Roraima, Amazonas, Tocantins, Pará e Rondônia, combinados com as estatísticas de população do IBGE)

Gráfico 22 – Despesas Funções 16, 17, 18 *per capita* – Exs 2011 a 2015 acumulados

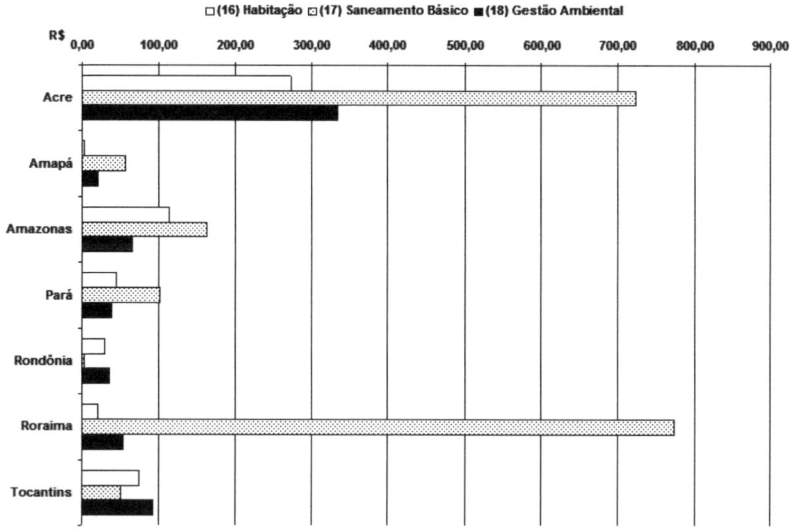

Fonte: o Autor (dados extraídos dos RREO dos Estados do Acre, Amapá, Roraima, Amazonas, Tocantins, Pará e Rondônia, combinados com as estatísticas de população do IBGE)

A seguir, o nível justiça distributiva dos Estados da Região Norte.

Gráfico 23 – Receitas realizadas e prestações sociais básicas – Exs 2011 a 2015

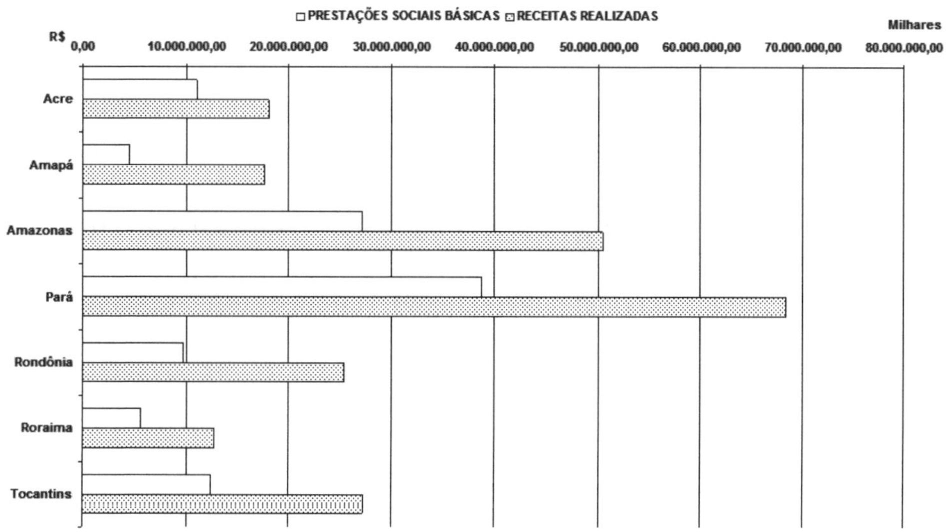

Fonte: o Autor (dados extraídos dos RREO dos Estados do Acre, Amapá, Roraima, Amazonas, Tocantins, Pará e Rondônia. Obs: faltam dados do Amapá referentes despesas 2011 e 2013)

Gráfico 24 – Proporções prestações básicas e receitas líquidas – Exs 2011 a 2015

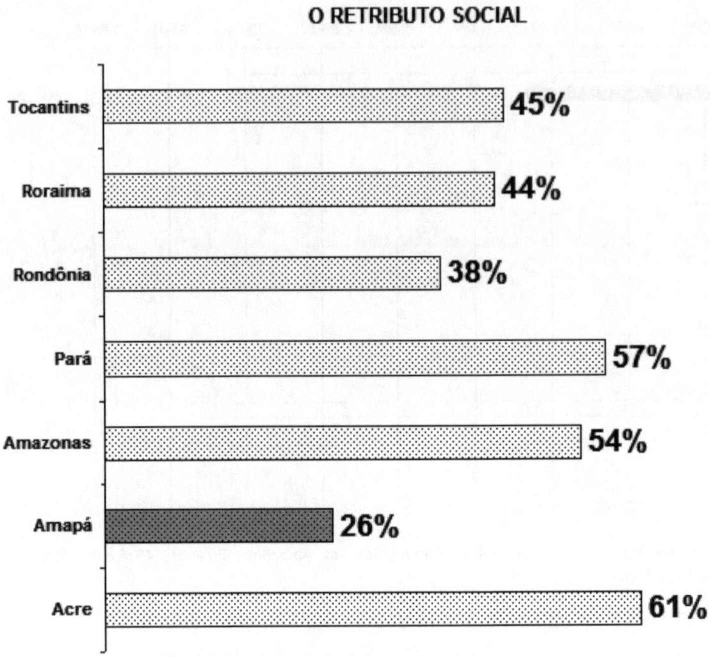

Fonte: o Autor (dados extraídos dos RREO dos Estados do Acre, Amapá, Roraima, Amazonas, Tocantins, Pará e Rondônia. Obs: faltam dados do Amapá referentes despesas 2011 e 2013)

3.5. Análise dos dados fiscais da região nordeste

O RREO referente ao ano 2014 não foi localizado no portal da transparência fiscal do Rio Grande do Norte (2016), mas a respectiva receita corrente líquida foi obtida do Balanço Geral.

O Maranhão (2016), Piauí (2016), Ceará (2016), Paraíba (2016), Pernambuco (2016), Alagoas (2016), Sergipe (2016) e Bahia (2016) disponibilizam os RREO nos seus portais da transparência fiscal, referentes aos anos de 2011 a 2015.

Gráfico 25 – Receitas correntes líquidas *per capita* – Exs 2011 a 2015 acumulados

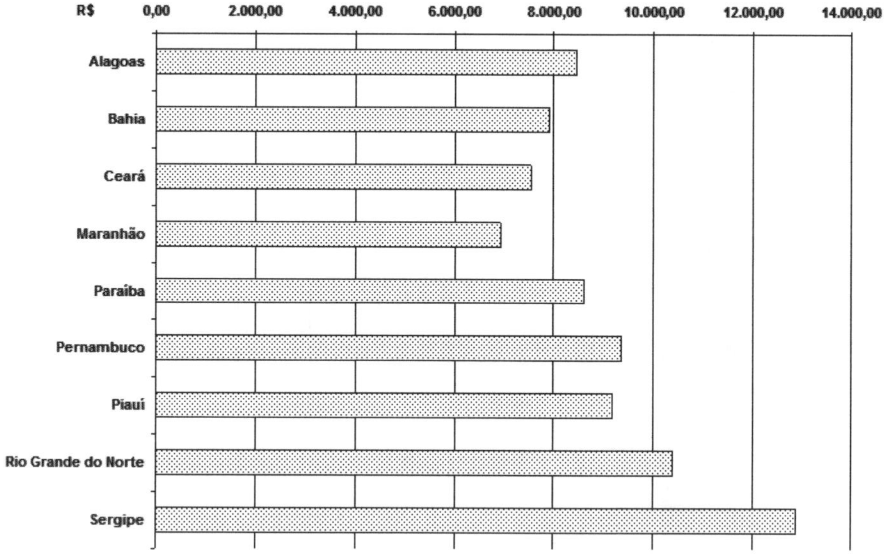

Fonte: o Autor (dados dos RREO dos Estados do Maranhão, Piauí, Ceará, Rio Grande do Norte, Paraíba, Pernambuco, Alagoas, Sergipe e Bahia, c/c com estatísticas de população do IBGE)

Gráfico 26 – Despesas Função 09, 10, 12 *per capita* – Exs 2011 a 2015 acumulados

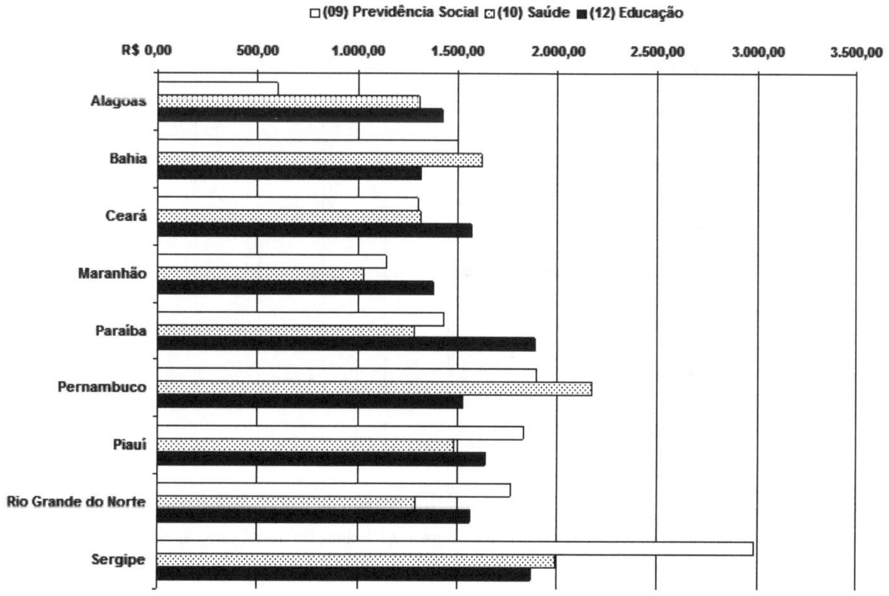

Fonte: o Autor (dados dos RREO dos Estados do Maranhão, Piauí, Ceará, Rio Grande do Norte, Paraíba, Pernambuco, Alagoas, Sergipe e Bahia, c/c com estatísticas de população do IBGE)

Gráfico 27 – Despesas Função 08, 14, 19 *per capita* – Exs 2011 a 2015 acumulados

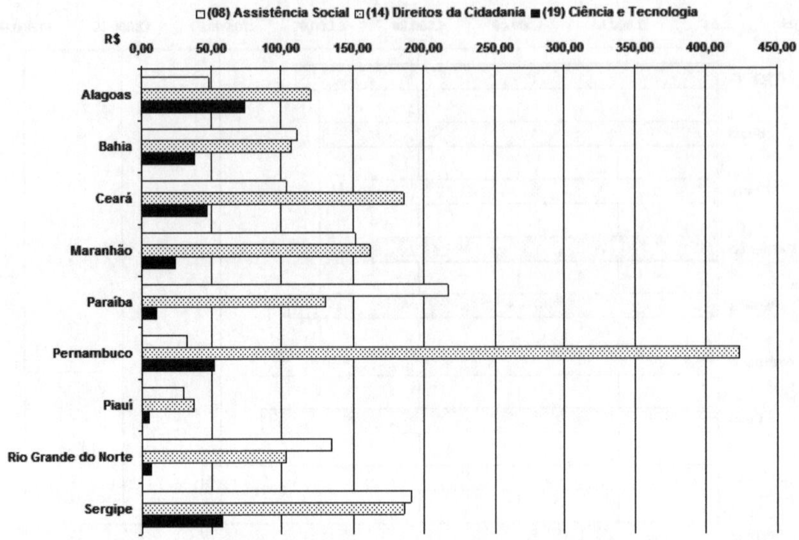

Fonte: o Autor (dados dos RREO dos Estados do Maranhão, Piauí, Ceará, Rio Grande do Norte, Paraíba, Pernambuco, Alagoas, Sergipe e Bahia, c/c com estatísticas de população do IBGE)

Gráfico 28 – Despesas Funções 16, 17, 18 *per capita* – Exs 2011 a 2015 acumulados

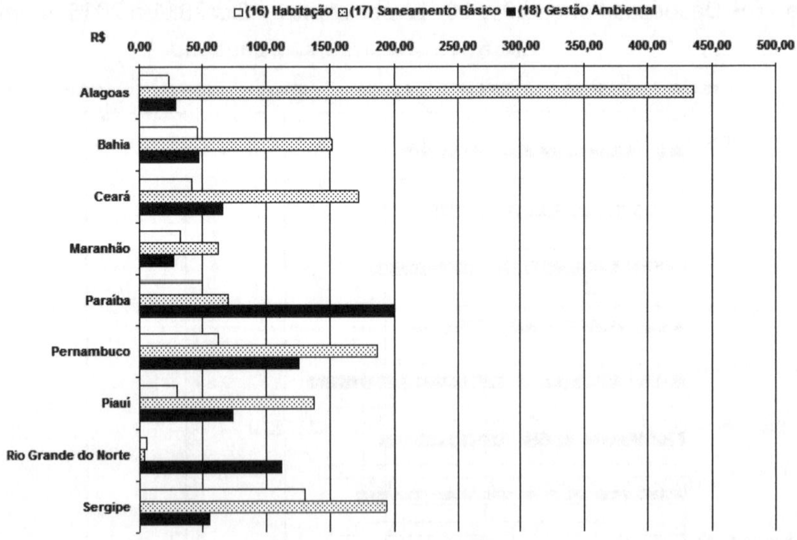

Fonte: o Autor (dados dos RREO dos Estados do Maranhão, Piauí, Ceará, Rio Grande do Norte, Paraíba, Pernambuco, Alagoas, Sergipe e Bahia, c/c com estatísticas de população do IBGE)

Gráfico 29 – Receitas realizadas e prestações sociais básicas – Exs 2011 a 2015

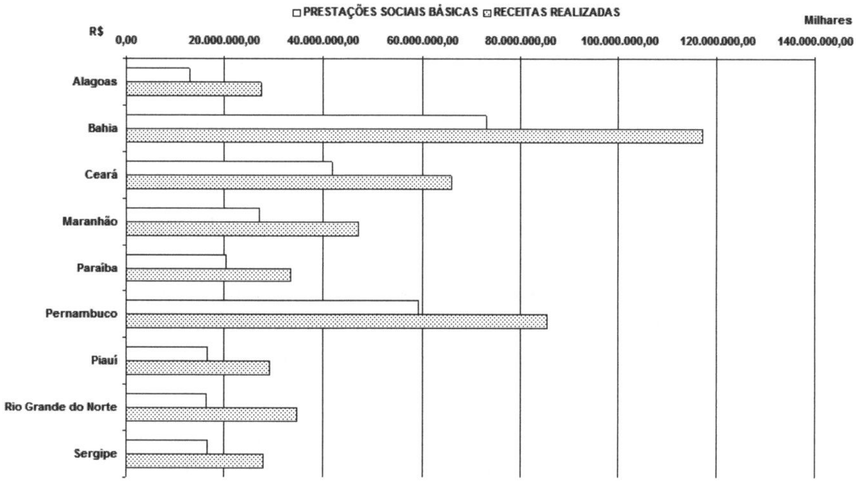

Fonte: o Autor (dados dos RREO dos Estados do Maranhão, Piauí, Ceará, Rio Grande do Norte, Paraíba, Pernambuco, Alagoas, Sergipe e Bahia, c/c com estatísticas de população do IBGE)

Gráfico 30 – Proporções prestações básicas e receitas líquidas – Exs 2011 a 2015

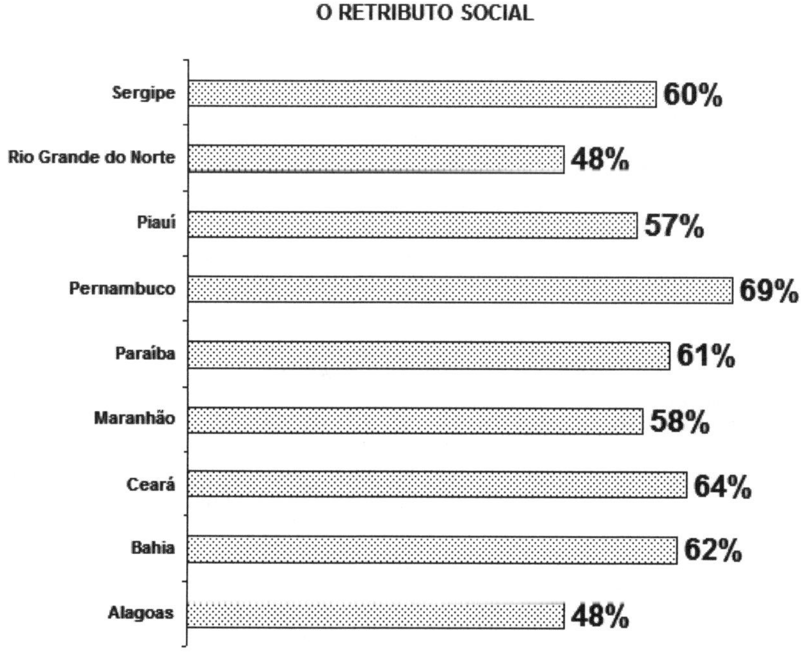

Fonte: o Autor (dados dos RREO dos Estados do Maranhão, Piauí, Ceará, Rio Grande do Norte, Paraíba, Pernambuco, Alagoas, Sergipe e Bahia, c/c com estatísticas de população do IBGE)

Conclusão

Conclui-se das pesquisas realizadas nos portais de transparência fiscal dos Estados que, de modo geral, os dados fiscais estão disponíveis ao público.

Vários demonstrativos financeiros são periodicamente publicados e permitem uma ampla gama de pesquisas sobre diversos ramos do conhecimento humano, a exemplo da justiça política, economia, administração etc.

Porém, a transparência fiscal não basta a si mesma, pois se trata de um instrumento que precisa ser utilizado pelo controle social na prática da democracia deliberativa, para que se possa extrair o seu verdadeiro valor.

O objetivo do presente trabalho é dar uma aplicação prática aos dados fiscais disponibilizados pelos entes públicos, no sentido de promover a redução das desigualdades sociais, por meio do fornecimento de efetivas liberdades positivas.

Cumpre repisar que a democracia deliberativa depende da transparência fiscal para subsidiar o cidadão com informações objetivas, que lhe permitam demandar os seus pleitos por justiça social de forma mais respaldada e, assim, exercer plenamente a sua cidadania fiscal.

Por fim, obteve-se o resultado do Gráfico 31 para a representação regional da justiça distributiva com prestações sociais básicas, mediante a média regional dos resultados obtidos a partir dos dados fiscais dos Estados brasileiros.

Gráfico 31 – Proporções prestações básicas e receitas líquidas – Exs 2011 a 2015

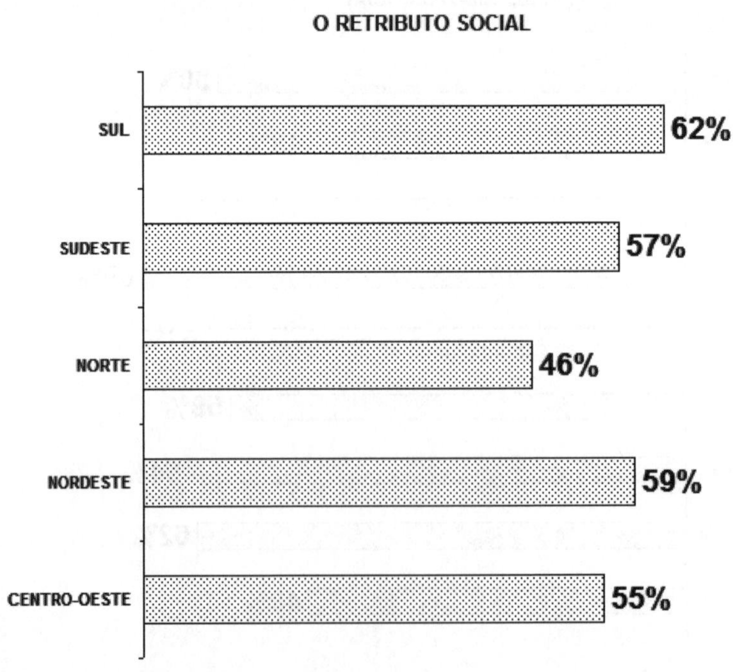

Fonte: o Autor (dados extraídos dos RREO dos Estados brasileiros. Obs: faltaram alguns dados fiscais do Amapá e do Rio Grande do Norte, especificados no texto)

aqui

Referências Bibliográficas

ABRAHAM, Marcus. *Curso de direito financeiro brasileiro*. 3. ed. Rio de Janeiro: Forense, 2015. p. 277.

ACRE. *Portal da Transparência*. Disponível em <http://sefaznet.ac.gov.br/transparencia/servlet/portaltransparencia>. Acesso em 28 mai. 2016.

ALAGOAS. Portal da Transparência. Disponível em <http://www.portaldatransparencia.al.gov.br/>. Acesso em 28 mai. 2016.

AMAPÁ. *Portal da Transparência*. Disponível em <http://www.transparencia.ap.gov.br/>. Acesso em 28 mai. 2016.

AMAZONAS. *Portal da Transparência*. Disponível em <http://www.transparencia.am.gov.br/>. Acesso em 28 mai. 2016.

ASSONI FILHO, Sérgio. *Transparência fiscal e democracia*. Porto Alegre : Núria Fabris Ed., 2009. 280 p.

BAHIA. Portal da Transparência. Disponível em <http://sistemas.sefaz.ba.gov.br/sistemas/tbweb/modulos/home/main.aspx>. Acesso em 28 mai. 2016.

BRASIL. Constituição (1988). *Constituição da República Federativa do Brasil*. Brasília, DF: Senado, 1988. 140 p

CEARÁ. *Portal da Transparência*. Disponível em <http://www.transparencia.ce.gov.br/>. Acesso em 28 mai. 2016.

DISTRITO FEDERAL. *Portal da Transparência Fiscal*. Disponível em <http://www.transparencia.df.gov.br/>. Acesso em 28 mai. 2016.

ESPÍRITO SANTO. *Portal da Transparência*. Disponível em <http://www.transparencia.es.gov.br/>. Acesso em 28 mai. 2016.

GOIÁS. *Portal da Transparência Fiscal*. Disponível em <http://www.transparencia.go.gov.br/>. Acesso em 28 mai. 2016.

IBGE. *População residente enviada ao Tribunal de Contas da União – 2001-2015*. Disponível em <http://www.ibge.gov.br/home/estatistica/populacao/estimativa2015/serie_2001_2015_tcu.shtm> Acesso em 28 mai. 2016.

INTERNACIONAL BUDGET PARNERSHIP. The Open Budget Survey, 2015. Disponível em <http://internationalbudget.org/opening-budgets/open-budget-initiative/open-budget-survey/>. Acesso em 17 out. 2015.

INTERNATIONAL MONETARY FUND. *Code of Good Practices on Transparency in Monetary and Financial Policies: Declaration of Principles*. 2000. Disponível em <http://www.imf.org/external/np/mae/mft/code/index.htm>. Acesso em 17 out. 2015.

MARANHÃO. *Portal da Transparência*. Disponível em <http://www.transparencia.ma.gov.br/>. Acesso em 28 mai. 2016.

MATO GROSSO DO SUL. *Portal da Transparência Fiscal*. Disponível em <http://www.portaldatransparencia.ms.gov.br/>. Acesso em 28 mai. 2016.

MATO GROSSO. *Portal da Transparência Fiscal*. Disponível em <http://www.transparencia.mt.gov.br/>. Acesso em 28 mai. 2016.

MINAS GERAIS. *Portal da Transparência*. Disponível em <http://www.transparencia.mg.gov.br/>. Acesso em 28 mai. 2016.

MONTESQUIEU. *Do espírito das leis*. Tradução Jean Melville. São Paulo. Ed. Martin Claret, 2004. p. 66.

PARÁ. *Portal da Transparência Estadual*. Disponível em <http://www.transparencia.pa.gov.br/>. Acesso em 28 mai. 2016.

PARAÍBA. *Portal da Transparência*. Disponível em < http://transparencia.pb.gov.br/>. Acesso em 28 mai. 2016.

PARANÁ. *Portal da Transparência*. Disponível em <http://www.portaldatransparencia.pr.gov.br/>. Acesso em 28 mai. 2016.

PERNAMBUCO. *Portal da Transparência*. Disponível em <http://www2.transparencia.pe.gov.br/web/portal-da-transparencia>. Acesso em 28 mai. 2016.

PIAUÍ. *Portal da Transparência*. Disponível em <http://www.transparencia.pi.gov.br/>. Acesso em 28 mai. 2016.

PORTARIA STN n° 751/2009 apud ABRAHAM, Marcus. *Curso de direito financeiro brasileiro*. 3. ed. Rio de Janeiro: Forense, 2015.

RIO DE JANEIRO. *Portal Transparência*. Disponível em <http://www.transparencia.rj.gov.br/>. Acesso em 28 mai. 2016.

RIO GRANDE DO NORTE. *Portal da Transparência*. Disponível em <http://www.transparencia.rn.gov.br/>. Acesso em 28 mai. 2016.

RIO GRANDE DO SUL. *Portal da Transparência*. Disponível em < http://www.transparencia.rs.gov.br/>. Acesso em 28 mai. 2016.

ROCHA, Sérgio André. *Troca Internacional de Informações para Fins Fiscais*. São Paulo: Quartier Latin, 2015.

RONDÔNIA. *Portal da Transparência*. Disponível em <http://www.transparencia.ro.gov.br/>. Acesso em 28 mai. 2016.

RORAIMA. *Portal da Transparência*. Disponível em <http://www.transparencia.rr.gov.br/>. Acesso em 28 mai. 2016.

SANTA CATARINA. *Portal da Transparência*. Disponível em <http://www.transparencia.sc.gov.br/>. Acesso em 28 mai. 2016.

SÃO PAULO. *Portal da Transparência Estadual*. Disponível em <http://www.transparencia.sp.gov.br/>. Acesso em 28 mai. 2016.

SERGIPE. Portal da Transparência. Disponível em <http://www.transparenciasergipe.se.gov.br/>. Acesso em 28 mai. 2016.

TOCANTINS. *Portal da Transparência*. Disponível em <http://www.transparencia.to.gov.br/>. Acesso em 28 mai. 2016.

TORRES, Ricardo Lobo. *Tratado de direito constitucional financeiro e tributário*: Valores e princípios constitucionais tributários. 2 v. Rio de Janeiro: Renovar, 2005.

VIEIRA, Luís Eduardo P. de O. *Transparência e controle da gestão fiscal*: a Lei Complementar nº 131/09 e sua regulamentação. Revista Técnica dos Tribunais de Contas RTTC, Belo Horizonte, ano 2, nº 1, p. 189-208, set. 2011.

Breves Reflexões Acerca do Controle sobre os Incentivos Tributários no Brasil[1]

Gilson Pacheco Bomfim

I. Introdução

A atividade de controle sobre atos, funções e poderes públicos é essencial para fortalecimento das instituições e aperfeiçoamento do regime democrático. Todo e qualquer gasto público deve estar sujeito à fiscalização. Naturalmente, as renúncias tributárias também precisam ser objeto de análise, mormente porque implicam, muitas vezes, em tratamento diferenciado entre contribuintes com a mesma capacidade contributiva.

No Brasil, a situação atinge significado especial ante o volume de recursos envolvidos com desonerações tributárias nos últimos anos. O crescimento exponencial dessa espécie de despesa pública indireta tem despertado o interesse de economistas, administradores e estudiosos de finanças públicas e tributação.

O presente ensaio busca analisar os limites e possibilidades de controle dos incentivos tributários no Brasil, sob a ótica dos Poderes Legislativo, Executivo e Judiciário, assim como a atividade realizada pelo Tribunal de Contas da União, no exame dessa espécie de renúncia de receita.

Nessa linha, o trabalho se inicia com a conceituação e correta delimitação da figura dos incentivos tributários. Após a correta delimitação do objeto de estudo, o texto se dedica à investigação da atividade de controle realizada pelo Poder Executivo e Legislativo, no âmbito da União Federal. Seguindo essa mesma temática, o texto busca verificar a atividade desenvolvida pelo Tribunal de Contas da União e pelo Poder Judiciário. Por último, são apresentadas as conclusões extraídas no desenvolvimento do trabalho.

---

1 Grande parte das ideias desenvolvidas no presente texto foi objeto de maior aprofundamento em capítulo específico da obra *Incentivos Tributários: Conceituação, limites e controle* (BOMFIM, 2015).

II. A Figura dos Incentivos Tributários – Distinção de Figuras Similares

A expressão "incentivos tributários" tem sido pouco utilizada no Brasil. Infelizmente, a doutrina pátria habituou-se a utilizar expressões mais generalistas e de pouco rigor científico, como "benefício e incentivo fiscal".

De fato, a utilização indiscriminada do termo "benefício / incentivo fiscal", não só como sinônimo de renúncia tributária, mas também como sinônimo de "benefício / incentivo financeiro" e / ou "benefício / incentivo creditício" não tem contribuído para a precisão científica e aprofundamento do tema, gerando confusões desnecessárias[2].

Não se trata de mero preciosismo, eis que o adequado enquadramento do gasto público é essencial para a correta aplicação dos dispositivos da Lei de Responsabilidade Fiscal (LRF). Em outras palavras: A depender de sua classificação, determinada "despesa" receberá tratamento legal distinto, com a aplicação de diferentes normas da LRF (artigos 14 ou 15/17 e 26 da LRF).

Em virtude dessas peculiaridades, faz-se necessária a distinção entre essas hipóteses de gasto estatal.

Duas características essenciais dos benefícios e incentivos tributários servem a esse propósito, afastando-os de forma clara dos "benefícios" e "incentivos financeiros e creditícios".

Em primeiro lugar, os benefícios e incentivos tributários são espécies de desoneração tributária. Como tal, envolvem a não aplicação de uma regra geral de tributação por parte do Estado, ou seja, as hipóteses de benefícios e incentivos tributários sempre envolvem uma situação em que a regra geral de tributação deixa de ser aplicada. Em segundo lugar, a não aplicação da regra geral de tributação, decorrente da política de desoneração, deve ocasionar o não ingresso de receitas nos cofres públicos.

O não ingresso ou a perda de arrecadação diferencia as desonerações tributárias dos "benefícios ou incentivos financeiros", cuja principal característica é a criação de uma despesa ou dispêndio direto de recursos para o Estado.

Dito de outra forma: enquanto as renúncias tributárias envolvem o não ingresso de receitas (por exemplo, com uma isenção), os benefícios ou incentivos financeiros envolvem a criação de uma despesa direta (por exemplo, com uma subvenção ou subsídio)[3].

---

2 A utilização das expressões "benefício fiscal" e "incentivo fiscal" não tem contribuído para o estudo e delimitação do tema, gerando mais confusão do que vantagens, principalmente, porque, em economia, a palavra "fiscal' é usada para fazer referência às receitas e despesas. Tal fato, muito provavelmente, tem contribuído para a já citada utilização indiscriminada do termo "benefício fiscal" não só como sinônimo de "benefício tributário" ou "desoneração tributária", mas também como sinônimo de "benefícios financeiros" e "creditícios". Por conta disso, parece mais coerente e preciso não se utilizar as expressões "benefício fiscal" e "incentivo fiscal".

3 Francisco Carlos Ribeiro de Almeida também diferencia benefícios financeiros, creditícios e tributários. Para o citado autor, os benefícios financeiros englobariam as subvenções sociais e econômicas, assim como os auxílios. Já os benefícios creditícios seriam subsídios oriundos de operações oficiais de crédito ou garantia destinados a atender interesses caros ao Estado. Por sua vez, os benefícios tributários seriam hipóteses de desoneração tributária, verdadeiras exceções às regras

Interessante observar que os "benefícios creditícios" podem, por vezes, envolver uma perda de receita, quando, por exemplo, o Estado abre uma linha de crédito com taxas de juros menores para determinado ramo da indústria. Mesmo nessas situações, não há como confundi-los com as hipóteses de desoneração tributária, já que essa "perda" de receita não está ligada a uma não aplicação da regra geral de tributação, característica inconfundível dos benefícios e incentivos tributários[4].

Frise-se: os benefícios e incentivos tributários são instrumentos de desoneração tributária, inseridos dentro da doutrina da extrafiscalidade, que possibilitam ao contribuinte obter vantagens tributárias, com a finalidade de se atingir fins ou objetivos constitucionais.

Também é necessário que se faça, ainda que de forma breve, a distinção entre benefícios e incentivos tributários. Embora pareça irrelevante, tal distinção é essencial à tarefa de acompanhamento desse tipo de despesa pública indireta.

Nessa linha, os incentivos tributários figuram como espécie de normas extrafiscais, que estabelecem um tratamento tributário diferenciado entre os sujeitos passivos, instituindo renúncias de receitas tributárias (exceções à regra geral de tributação), como forma de estimular os contribuintes a adotar determinadas condutas de interesse do Estado. Um bom exemplo é a diminuição da alíquota de IPVA para automóveis movidos a gás, de forma a estimular a aquisição de veículos que utilizam esse combustível.

Para fins de controle, é importante saber se a desoneração tributária concedida foi ou não capaz de atingir o fim ou finalidade pretendida por sua concessão, devendo o incentivo ser extinto ou revogado, caso não tenha servido a esse propósito.

Já os benefícios tributários, que também são espécies de normas extrafiscais e estabelecem tratamento tributário diferenciado, instituindo exceções à regra geral de

gerais de incidência do Imposto, que visam beneficiar grupos de contribuintes, setores econômicos ou regiões político-econômicas, de forma a se atingir um objetivo constitucional ou corrigir uma falha do mercado (ALMEIDA, 2000, p. 24/25). Weder de Oliveira é outro autor que também chama atenção e diferencia os benefícios tributários, dos benefícios financeiros e creditícios (DE OLIVEIRA, 2013, p. 681).

4 Muito embora do ponto de vista da transparência na gestão fiscal e do controle do gasto público seja interessante que subsídios, subvenções, benefícios e incentivos tributários tenham tratamento financeiro equivalente, razão pela qual andou bem a Constituição Federal de 1988, quando deu tratamento similar as citadas figuras (artigos 70, 150, § 6º e 165, § 6º, da Constituição Federal de 1988), não se pode concordar com as posições doutrinárias que pretendem equiparar benefícios e incentivos tributários a subsídios e subvenções. Por certo, essas duas últimas figuras enquadram-se entre os benefícios e incentivos financeiros ou creditícios, afastando-se dos benefícios e incentivos tributários, conforme linha defendida no presente texto. Além de receber tratamento distinto dos benefícios e incentivos tributários pela LRF (arts. 15, 16, 17 e 26), é importante destacar também que a concessão de subvenções e subsídios encontra-se fortemente limitada pela Lei nº 4320/1964 (arts. 12/21). Para a correta delimitação e um aprofundamento dos conceitos de subsídio, subvenção, benefício e incentivo tributário, conferir: *Incentivos Tributários: Conceituação, limites e controle* (BOMFIM, 2015, p. 55/94).

tributação, não visam a estimular ou fomentar condutas dos contribuintes, mas sim aliviar a carga tributária ou mitigar situações adversas ou dificuldades enfrentadas por determinados contribuintes. São também conhecidos como alívios tributários ou "*tax relief*" (BORDIN, 2003, p. 19)[5]. Um exemplo interessante de benefício tributário é a isenção de imposto de renda para portadores de determinadas moléstias graves previstas em lei.

Vê-se, portanto, que o caráter indutor da norma é traço distintivo entre os benefícios e incentivos tributários, devendo servir, outrossim, como medida para análise dos resultados produzidos pela política desonerativa.

III. A Importância e as Espécies de Controle sobre os Incentivos Tributários

Consoante o ensinamento do Barão de Montesquieu (2000, p. 165), a natureza das coisas revela que o detentor do poder, invariavelmente, é levado a dele abusar, razão pela qual é necessário que o Poder limite o Poder, a fim de que seja evitada a tendência natural de que dele se abuse.

É nesse contexto que se estrutura, ganha força e se consolida a função de controle. Apesar da possibilidade de se encontrar algumas formas rudimentares dessa atividade nas antigas Grécia e Roma, é possível afirmar que o princípio do controle é uma das principais características do Estado Democrático de Direito. Realmente, as democracias modernas dispõem de vários mecanismos de controle mútuo, baseados em instâncias relativamente autônomas, com poderes de revisão recíprocos, com a finalidade de que a atividade estatal submeta-se sempre à supremacia do interesse público (MILESKI, 2011, p. 168)[6].

Os incentivos tributários, por óbvio, não estão imunes à fiscalização e análise por parte das três esferas de Poder. Muito pelo contrário. Em virtude da sua forma de instituição, bem como por não constarem da peça orçamentária (ao contrário das despesas diretas), deve ser exigido maior rigor e monitoramento quanto à sua concessão e seus resultados.

No que tange ao equacionamento das contas públicas, o exame dessa espécie de renúncia de receita é essencial, pois permite a extinção ou revogação de incentivos eventualmente ineficientes ou ineficazes.

No que concerne à justiça tributária, a análise dessa despesa pública indireta também se impõe, já que a outorga de desonerações tributárias importa em exceção ao mandamento constitucional da generalidade da tributação, razão pela qual essas exceções devem buscar amparo direto ou indireto no texto constitucional.

---

5 No mesmo sentido é o pensamento de Francisco Carlos Ribeiro de Almeida (2000, p. 28).

6 Como bem destacado por Helio Saul Mileski, embora de origem francesa, a expressão controle incorporou-se definitivamente ao nosso vernáculo, figurando como atividade própria e essencial aos modernos Estados Democráticos de Direito (2011, p. 169).

III.1. O controle exercido no âmbito do poder executivo e do poder legislativo[7]

A maior parte dos incentivos tributários depende de lei específica e exclusiva para sua instituição[8], razão pela qual é possível afirmar que o Poder Legislativo tem grande participação e responsabilidade na fiscalização e monitoramento dessa espécie de desoneração tributária. Ou pelo menos deveria ter.

Nesse contexto, um dos pontos mais importantes a ser analisado diz respeito à compatibilidade do projeto de lei que venha a instituir uma renúncia de receita tributária com os mandamentos esculpidos pelo artigo 14 da Lei de Responsabilidade Fiscal. Conforme a regra plasmada pelo citado dispositivo legal, o projeto de Lei que concede um incentivo tributário deve comprovar que a renúncia de receita foi considerada na estimativa de Receita da Lei Orçamentária Anual ou que foram instituídas medidas de caráter compensatório[9] destinadas a aumentar a receita e manter a neutralidade orçamentária (art. 14 da LRF)[10].

A necessidade de inclusão das renúncias de receitas decorrentes da concessão de incentivos tributários na estimativa de receita da Lei Orçamentária Anual é algo salutar, pois permite que os gastos tributários decorrentes dessa espécie desonerativa sejam considerados e discutidos quando da tramitação da peça orçamentária, conferindo maior transparência e legitimidade às hipóteses desse gasto público indireto.

Não obstante a importância da fiscalização e análise acerca dos requisitos acima mencionados, legislativo e executivo também devem se preocupar com aspectos materiais relacionados à outorga de um incentivo tributário.

Nesse contexto, deve ser lembrado que, para a maior parte das ordens constitucionais contemporâneas, a capacidade econômica dos contribuintes é o critério

---

7 A análise desse ponto ficará restrita ao âmbito dos Poderes Executivo e Legislativo Federais.

8 150, § 6º, da CF/88: "*§ 6º Qualquer subsídio ou isenção, redução de base de cálculo, concessão de crédito presumido, anistia ou remissão, relativos a impostos, taxas ou contribuições, só poderá ser concedido mediante lei específica, federal, estadual ou municipal, que regule exclusivamente as matérias acima enumeradas ou o correspondente tributo ou contribuição, sem prejuízo do disposto no art. 155, § 2.º, XII, g. (Redação dada pela Emenda Constitucional nº 3, de 1993)*".

9 Além de estar acompanhada da estimativa do impacto orçamentário-financeiro no exercício em que deva iniciar sua vigência e nos dois seguintes, conforme regramento expresso do caput do artigo 14 da LRF. O mesmo dispositivo legal impõe também que o incentivo tributário concedido deve respeitar o disposto na Lei de Diretrizes Orçamentárias.

10 Na linha das limitações à concessão de incentivos tributários que devem ser observadas no trâmite do processo legislativo, deve ser destacada a Proposta de Emenda Constitucional nº 241/2016 (PEC nº 55/2016 no Senado Federal), que pretende alterar dispositivos constitucionais e estabelecer um novo regime fiscal no âmbito da União. Dentre as inovações previstas na citada PEC, destaca-se: 1) a constitucionalização da imposição de que os diplomas legislativos que estabeleçam renúncias de receitas tributárias estejam acompanhados da estimativa do impacto orçamentário e financeiro; 2) vedação à concessão ou ampliação de benefício ou incentivo tributário, no caso de descumprimento do limite de despesa fixado pela citada emenda para o Poder Executivo; c) possibilidade de suspensão na tramitação de proposição legislativa que acarrete aumento de renúncias tributárias, a fim de se verificar sua compatibilidade com o novo regime fiscal.

fundamental que preside a repartição dos encargos tributários (GODOI, 1999, p. 183). Dito de outra forma: na atualidade, o principal critério de comparação em matéria tributária, que orienta e preside a repartição dos encargos, é a capacidade econômica dos cidadãos, ou seja, executivo e legislativo precisam sim analisar se o objetivo ou fim buscado através da instituição de uma renúncia tributária justifica excepcionar a regra geral da isonomia e capacidade contributiva.

Sem prejuízo da atuação de outras comissões no âmbito de suas atribuições, atualmente, a análise dos aspectos orçamentário-financeiros, bem como dos aspectos materiais, referentes aos Projetos de Lei que instituem desonerações de tributos federais é de responsabilidade da Comissão de Finanças e Tributação da Câmara dos Deputados, conforme previsão expressa do Regimento Interno dessa casa do Congresso Nacional, e da Comissão de Assuntos Econômicos do Senado Federal[11].

Conquanto não se possa negar a importância do trabalho realizado pelas citadas comissões[12], algumas observações se fazem necessárias.

Em primeiro lugar, a transparência e a responsabilidade na gestão fiscal impõem que as metodologias de cálculo para as estimativas de impacto orçamentário-financeiro (art. 14, caput, da LRF), estimativa de receita da Lei Orçamentária Anual (art. 14, I, LRF) e medidas de compensação (art. 14, II, LRF) sejam definidas de forma clara e objetiva e explicitadas nos projetos de lei, bem como façam parte das discussões travadas pela Comissão de Finanças e Tributação.

Muito embora se reconheça as dificuldades para a realização adequada das estimativas citadas acima, é preciso que haja uma definição clara e objetiva de sua metodologia, assim como se busque um constante aperfeiçoamento na realização desses cálculos, de forma a aproximá-los o máximo possível da realidade[13].

Além da definição clara e objetiva das metodologias utilizadas para a realização das estimativas exigidas pela Lei de Responsabilidade Fiscal, a transparência

---

11 Art. 53 do Regimento Interno da Câmara dos Deputados e art. 99, IV, do Regimento Interno do Senado Federal.

12 A título de exemplo, é interessante destacar que informações constantes do relatório de atividades da Comissão de Finanças e Tributação da Câmara dos Deputados nos anos de 2013 e 2014 dão conta que 47% – 2013 – e 10% – 2014 – das proposições analisadas tiveram parecer de inadequação por incompatibilidade orçamentário-financeira. Nesse sentido, conferir o sítio eletrônico: http://www2.camara.leg.br/atividade-legislativa/comissoes/comissoespermanentes/cft/documentos/relatorios-de-atividades, acesso em 13/05/2016.

13 Consoante será visto mais a frente, a falta de uma metodologia adequada para a realização dessas estimativas não passou despercebida pelo Tribunal de Contas da União, no curso do processo nº 015.052/2009-7, que tinha como objeto a apuração dos procedimentos adotados para a concessão e ampliação dos incentivos tributários. O levantamento realizado culminou, inclusive, com uma proposta de encaminhamento a alguns órgãos públicos federais, onde se recomendou expressamente à Receita Federal do Brasil, Secretaria de Orçamento Federal e Secretaria do Tesouro Nacional que definam de forma objetiva uma metodologia para a elaboração das estimativas exigidas pelo artigo 14 da Lei de Responsabilidade Fiscal.

na gestão do gasto tributário também exige a explicitação da metodologia adotada na exposição de motivos do projeto de lei ou em sua justificativa, de forma a permitir seu conhecimento e discussão por parte dos parlamentares e da população em geral.

Outro ponto problemático diz respeito a pouca ou nenhuma preocupação em pluralizar o debate quando da concessão dessa espécie de desoneração tributária. Com efeito, a imensa maioria dessa espécie de despesa pública indireta é outorgada sem uma maior participação popular ou dos diversos segmentos econômicos envolvidos. Tal fato é, no mínimo, curioso, pois o natural seria que o Poder Legislativo promovesse uma ampla discussão, inclusive com a participação dos mais diversos atores e setores envolvidos (por exemplo, utilizando-se de audiências públicas), acerca da instituição dos incentivos tributários discutidos, de forma a pluralizar o máximo possível o debate, especialmente porque a concessão dessa espécie de desoneração tributária importa, em maior ou menor grau, em afastamento dos princípios da isonomia e generalidade na tributação.

Por último, é essencial que essa espécie de renúncia tributária tenha sua eficiência e resultados analisados, pois a instituição e manutenção dessas espécies de gasto público indireto dependem da produção dos resultados que legitimaram sua outorga. Em função disso, é necessário que os Projetos de Lei, Medidas Provisórias e decretos que tratem de incentivos tributários delimitem de forma clara as finalidades e objetivos pretendidos pela desoneração concedida, assim como estabeleçam parâmetros para que seus resultados e eficiência possam ser controlados.

Dessa forma, por exemplo, medidas desnecessárias ou evidentemente não aptas a atingir os fins ou valores constitucionais consagrados pelo texto constitucional não devem ser chanceladas pelo legislativo. No mesmo sentido, medidas claramente inviáveis do ponto de vista financeiro, ou seja, mais custosas do que o próprio investimento direto por parte do Estado também não se justificam.

Evidentemente, não se pode exigir precisão matemática, contudo, algum embasamento ou referencial deve instruir as escolhas legislativas (ou do executivo). Mais que isso. Os dados que instruem as escolhas do legislativo e do executivo devem estar disponíveis, de forma a privilegiar a transparência na gestão fiscal e possibilitar a posterior verificação da eficiência e dos resultados.

Ora, o mínimo que se pode exigir de uma gestão fiscal democrática e responsável é que a concessão de desonerações tributárias tenha efetiva preocupação com os resultados ou objetivos delineados, bem como estabeleça parâmetros claros para a análise da eficiência dos resultados pretendidos com as medidas concedidas. Além disso, estudos e documentos que justifiquem as escolhas das medidas adotadas quanto à aptidão, necessidade e eficiência devem estar disponíveis para fácil consulta, inclusive por parte dos cidadãos, de forma a legitimar as escolhas efetuadas.

Entretanto, essa não tem sido a praxe na instituição dessa espécie de despesa pública indireta na esfera federal, tanto pelo legislativo quanto pelo executivo, consoante tem sido apontado pelo TCU, conforme será visto na próxima seção do presente texto[14].

Diante do que foi visto, é possível afirmar que a fiscalização e o controle dos incentivos tributários no âmbito dos Poderes Legislativo e Executivo federal têm muito a melhorar.

III.2. O controle exercido no âmbito do tribunal de contas[15]

Além da análise prévia quanto aos aspectos constitucionais e legais, que ocorre na fase de proposição dos incentivos tributários, o Poder Legislativo também possui atribuição constitucional para realizar a fiscalização / controle sobre essa espécie de renúncia de receita após sua concessão.

Esse tipo de atividade configura uma espécie de exame a posteriori, já na fruição dos incentivos tributários (no curso ou após o exercício financeiro), inclusive quanto à sua eficiência para atingir os objetivos pretendidos. Trata-se da imposição constitucional de fiscalização contábil, financeira, orçamentária, operacional e patrimonial, com base nos princípios da legalidade, legitimidade e economicidade.

Esse tipo de verificação, que é conhecida como controle externo, se dá com auxílio do Tribunal de Contas, com fundamento no artigo 70 da Constituição Federal de 1988, e será analisado a partir de agora[16].

O denominado Controle Externo sobre a execução financeira e orçamentária é realizado por meio de órgãos que não procedem à execução do orçamento: Congresso Nacional e Tribunal de Contas[17]. Esse tipo de atividade não afasta, contudo, a necessidade e o dever de controle interno, a cargo de cada um dos Poderes (Executivo, Legislativo e Judiciário)[18].

---

14 Conforme será visto adiante, as auditorias realizadas pelo Tribunal de Contas da União, no bojo do processo nº 018.259/2013-8, revelaram que as normas instituidoras de renúncias tributárias (na esfera federal) não estipulam claramente os objetivos, metas e indicadores da política pública relacionada ao incentivo tributário, fato que prejudica a gestão das políticas públicas relacionadas à desoneração, bem como o monitoramento e a transparência da utilização dos recursos públicos. No mesmo processo, a Corte de Contas afirmou expressamente que o Governo Federal não realiza nenhuma avaliação específica quanto aos resultados dessa espécie de gasto público indireto. Em razão disso, foram expedidas recomendações a diversos órgãos públicos federais, a fim de que criassem mecanismos de acompanhamento e avaliação dos incentivos tributários concedidos, com a finalidade de apurar se as desonerações tributárias alcançam os fins para os quais foram estabelecidas.

15 Mais uma vez, é preciso destacar que a análise ficará restrita ao âmbito federal, ou seja, à atuação do Tribunal de Contas da União.

16 Art. 70. A fiscalização contábil, financeira, orçamentária, operacional e patrimonial da União e das entidades da administração direta e indireta, quanto à legalidade, legitimidade, economicidade, aplicação das subvenções e renúncia de receitas, será exercida pelo Congresso Nacional, mediante controle externo, e pelo sistema de controle interno de cada Poder.

17 "Art. 71. O controle externo, a cargo do Congresso Nacional, será exercido com o auxílio do Tribunal de Contas da União, ao qual compete."

18 "Art. 74. Os Poderes Legislativo, Executivo e Judiciário manterão, de forma integrada, sistema de controle interno com a finalidade de:"

Ainda de acordo com o já citado artigo 70 da Constituição Federal de 1988, todas essas espécies de fiscalização devem ser exercidas segundo aspectos de legalidade, legitimidade e economicidade, tendo como objeto não só as subvenções, como também as renúncias de receita. Considerando que a renúncia de receitas é uma consequência da concessão de incentivos tributários, parece evidente que essa espécie de desoneração tributária também é passível de exame por parte do Tribunal de Contas.

Conforme exposto, a fiscalização contábil, financeira, orçamentária, operacional e patrimonial deve ser realizada de forma a verificar se os atos praticados pelos gestores públicos adequam-se ao princípio da legalidade.

Modernamente, contudo, esse tipo de investigação envolve não só análise de adequação do ato à lei, mas também da adequação do ato à ordem jurídica determinada constitucionalmente (MILESKI, 2011, p. 290)[19].

Evidentemente, a apreciação de constitucionalidade realizada pelo Tribunal de Contas não tem o condão de retirar do mundo jurídico as leis e atos jurídicos analisados. Nada obstante, tal apreciação produz o efeito prático de negar execução aos atos e leis analisados, obstando a continuidade de sua utilização, de forma a evitar prejuízos de ordem jurídica, econômica e financeira (MILESKI, 2011, p. 291)[20].

Interessante destacar, nesse ponto, que o Tribunal de Contas possui atribuição constitucional para examinar se a instituição de determinada desoneração tributária atendeu ao disposto na Constituição Federal, assim como o disposto nas leis que regulam a matéria, especialmente a compatibilidade entre a Lei que criou essa espécie de renúncia de receita e a Lei de Responsabilidade Fiscal.

Além da análise quanto à legalidade, o artigo 70 da Constituição Federal de 1988 autoriza que seja examinada a legitimidade dos atos de renúncia de receita. Trata-se de uma verificação que ultrapassa o exame do ato sob o aspecto puramente formal, alcançando a análise do ato sob o aspecto substancial, aproximando-se da ideia de justiça e moralidade.

Atualmente, não se pode negar, na linha do entendimento de Helio Saul Mileski (2011, p. 292/293)[21], que a fiscalização sob o aspecto da legitimidade permite investigar elementos ideológicos e teleológicos que orientaram a prática do ato examinado, de forma a identificar eventuais desvios de finalidade ou de poder, de fraude à lei ou de ações contrárias a princípios de direito.

---

19 A rigor, a matéria não constitui novidade, pois já se encontra sumulada no âmbito do STF há algum tempo, no enunciado nº 347: *"O Tribunal de Contas, no exercício de suas atribuições, pode apreciar a constitucionalidade das leis e dos atos do poder público."*

20 No mesmo sentido, Valdecir Pascoal ressalta que o Tribunal de Contas NÃO DECLARA a lei inconstitucional, mas, se for o caso, deve deixar de aplicá-la, julgando o caso à luz da Constituição Federal (2010, p. 147).

21 Esse também é o pensamento de Diogo de Figueiredo Moreira Neto, que salienta a necessidade de que a gestão fiscal pública, em tempos de democracia substantiva, seja cada vez mais permeada por políticas públicas legítimas, que devem transcender o mero crivo tradicional da legalidade, exigindo também eficiência, moralidade, prudência, responsabilidade e responsividade (2005, p. 111).

No que tange aos incentivos tributários, o Tribunal de Contas poderá, então, investigar se a sua concessão está direcionada a atingir alguma finalidade ou objetivo constitucional, pois, do contrário, conforme mencionado linhas atrás, não será justificável que se afaste a isonomia ou igualdade tributária, que é princípio nuclear do sistema tributário.

Além da legalidade e legitimidade, a fiscalização contábil, financeira, orçamentária, operacional e patrimonial deve atentar para a economicidade, ou seja, deve ser perquirido se o gasto público (incluindo-se, por óbvio, o gasto tributário) concretizou-se de forma menos custosa para o Estado. Significa dizer que a administração deve ser eficiente, de maneira a atingir o maior benefício para os cidadãos pelo menor custo, minimizando custos e despesas e maximizando a receita e a arrecadação (MILESKI, 2011, p. 293)[22].

Para Ricardo Lobo Torres, o princípio da economicidade permite que os Tribunais de Contas controlem as renúncias tributárias sob o aspecto da adequação entre os fins almejados pela lei concessiva e os resultados efetivamente alcançados, bem como analisem a adequação entre os custos suportados pelo Estado com a concessão do incentivo e o benefício econômico e social realmente produzido (2008, p. 280).

Nessa mesma linha, o Regimento Interno do Tribunal de Contas da União (art. 257, § único) prescreve que a fiscalização sobre a renúncia de receitas terá como objetivos, dentre outros, verificar a eficiência, eficácia, economicidade e o real benefício socioeconômico dos incentivos tributários concedidos.

Indiscutivelmente, a partir de 2010, o Tribunal de Contas da União tem contribuído de forma decisiva para o desenvolvimento e aperfeiçoamento do controle sobre a instituição e manutenção dessa espécie de despesa pública indireta.

Por certo, a análise empreendida no processo nº 015.052/2009-7[23] foi reveladora e de extrema importância para o desenvolvimento e aperfeiçoamento do exame sobre esse tipo de despesa pública indireta.

Após a constatação de que as renúncias tributárias não vinham sendo consideradas nas Leis Orçamentárias Anuais, conforme prescreve expressamente o artigo 14, I, da LRF, a Corte de Contas da União passou a analisar se eram estabelecidas medidas de compensação para as desonerações, conforme prescreve o artigo 14, II, da LRF.

No curso dos trabalhos, constatou-se que somente a partir de 2009, o artigo 14, II, da Lei de Responsabilidade Fiscal começou a ser cumprido. Até 2009, o Poder Executivo Federal adotava diversos subterfúgios para burlar o mandamento legal, tais como: a) ajustes na programação orçamentária b) utilização de um suposto excesso na

---

22 Na mesma linha, Ricardo Lobo Torres sustenta que a economicidade significa a análise da eficiência na gestão e execução orçamentária, consubstanciada na minimização dos gastos públicos e maximização das receitas e da arrecadação. Ainda segundo o mestre, embora originária da linguagem dos economistas, a economicidade corresponde, no discurso jurídico, ao de justiça (2008, p. 278/279).

23 https://contas.tcu.gov.br/juris/Web/Juris/ConsultarTextual2/Jurisprudencia.faces?grupoPesquisa=JURISPRUDENCIA&textoPesquisa=PROC:1505220097.

arrecadação. Tais medidas não foram chanceladas pelo Tribunal de Contas da União, que consignou expressamente que as medidas de compensação estão previstas expressamente pelo artigo 14, II, da LRF[24], não havendo espaço para interpretação mais ampla das hipóteses legais.

Infelizmente, no bojo do mesmo processo (processo nº 015.052/2009-7), constatou-se também o descumprimento de regras que se referem diretamente à otimização do princípio da transparência.

Decerto, no decorrer dos trabalhos, constatou-se que o Poder Executivo Federal não havia explicitado (nos anos de 2009 e 2010) as medidas de compensação a renúncias de receitas, nos demonstrativos ou informações complementares, que devem acompanhar a Lei Orçamentária Anual, tampouco havia instruído o anexo de Metas Fiscais, que deve acompanhar o Projeto de Lei de Diretrizes Orçamentárias, com o adequado demonstrativo das medidas de compensação para as renúncias de receitas.

Não é despiciendo ressaltar que a ausência de tais demonstrativos, além de violar flagrantemente a transparência na gestão e concessão dos incentivos tributários, também colide frontalmente com o disposto nos artigos 4º, § 2º, inciso V, e 5º, II, da Lei de Responsabilidade Fiscal.

Mas não é só isso! Também se apurou que o relatório quadrimestral a que se refere o artigo 9º, § 4º, da LRF, não continha a especificação das medidas de compensação implantadas no quadrimestre analisado, de forma a cumprir o artigo 14 da LRF. Trata-se, pois, de mais um dispositivo relacionado à transparência e controle desse gasto público que não vinha sendo cumprido pelo governo federal.

Outra conclusão extraída do acórdão diz respeito à falta de sistematização dos procedimentos de outorga dos incentivos tributários. Realmente, o Tribunal de Contas da União observou que não havia uma sistematização adequada para a instituição dessa espécie de despesa pública indireta. De fato, o TCU constatou que não existia uma delimitação clara dos órgãos envolvidos na concessão de cada desoneração tributária, tampouco as competências de cada um. Tais fatos, conforme observou o acórdão já citado, enfraqueciam bastante a transparência e o controle desses instrumentos de política pública.

Como se pode perceber dos comentários feitos acima, quando do trabalho realizado no processo nº 015.052/2009-7, o Tribunal de Contas se deparou com uma

24 Art. 14. A concessão ou ampliação de incentivo ou benefício de natureza tributária da qual decorra renúncia de receita deverá estar acompanhada de estimativa do impacto orçamentário-financeiro no exercício em que deva iniciar sua vigência e nos dois seguintes, atender ao disposto na lei de diretrizes orçamentárias e a pelo menos uma das seguintes condições:
I – demonstração pelo proponente de que a renúncia foi considerada na estimativa de receita da lei orçamentária, na forma do art. 12, e de que não afetará as metas de resultados fiscais previstas no anexo próprio da lei de diretrizes orçamentárias;
II – estar acompanhada de medidas de compensação, no período mencionado no caput, por meio do aumento de receita, proveniente da elevação de alíquotas, ampliação da base de cálculo, majoração ou criação de tributo ou contribuição.

situação extremamente preocupante no que tange à outorga das desonerações tributárias em nível federal. Não havia sequer uma sistematização dos procedimentos a serem adotados quando da concessão dessa espécie de renúncia de receita. Além disso, restou cabalmente demonstrado o descumprimento de diversos dispositivos legais referentes à matéria. Em função desses fatos, foram expedidas diversas recomendações e determinações, com a finalidade de corrigir os problemas encontrados, sendo que a maioria dos problemas foi objeto de providências por parte dos órgãos envolvidos[25].

No ano de 2011, em outros dois processos, a Corte de Contas da União voltou a examinar os incentivos tributários federais. Dessa vez, a questão da falta de análise dos resultados desse gasto público federal mereceu atenção especial.

Nessa linha, a constatação mais importante extraída dos acórdãos prolatados nos processos nº 018.011/2010-1 – Acórdão 1385/2011[26] – e nº 030.315/2010-7 – Acórdão 3137/2011[27], é a ausência quase que total de verificação sobre o resultado da política de desoneração, razão pela qual, mais uma vez, o Tribunal de Contas da União expediu recomendações aos órgãos envolvidos, a fim de que fossem tomadas providências que permitissem maior fiscalização ou acompanhamento dos resultados das políticas públicas.

No ano de 2014, essa espécie de despesa pública indireta voltou a ser debatida pelo TCU, no âmbito do processo TC nº 018.259/2013-8 (Acórdão 1205/2014)[28], o qual, sem dúvida nenhuma marca o início de uma fase ainda mais importante de atuação do Tribunal de Contas da União.

O levantamento empreendido pelo processo 018.259/2013-8 demonstra um claro desejo de aprimorar as investigações e os estudos efetuados anteriormente em outros processos, de forma a contribuir para que a verificação e a análise dos incentivos tributários não se restrinjam a aspectos de conformidade com a lei, mas também contemplem aspectos relacionados à impessoalidade, transparência, publicidade e integração dos dados e sistemas envolvidos, bem como os resultados alcançados com sua concessão.

Durante as auditorias, inspeções e audiências realizadas, o Tribunal de Contas da União tomou ciência de que não existe nenhuma norma formal que disponha sobre o

---

25 O cumprimento das recomendações e determinações expedidas pelo Tribunal de Contas da União nesse processo foi objeto de processo de acompanhamento específico. Esse processo de acompanhamento recebeu o número 012.606/2012-0.

26 https://contas.tcu.gov.br/juris/Web/Juris/ConsultarTextual2/Jurisprudencia.faces?grupoPesquisa=JURISPRUDENCIA&textoPesquisa=PROC:1801120101.

27 https://contas.tcu.gov.br/juris/Web/Juris/ConsultarTextual2/Jurisprudencia.faces?grupoPesquisa=JURISPRUDENCIA&textoPesquisa=PROC:3031520107.

28 https://contas.tcu.gov.br/juris/Web/Juris/ConsultarTextual2/Jurisprudencia.faces?grupoPesquisa=JURISPRUDENCIA&textoPesquisa=PROC:1825920138.

rito administrativo que deva ser seguido para a criação dessa despesa pública indireta, os órgãos envolvidos e suas responsabilidades[29].

Diante dessa constatação, o Tribunal de Contas da União registrou que o processo de instituição dessa espécie de gasto público indireto (no âmbito do Poder Executivo Federal) continua sem uma disciplina formal, fato que acarreta ausência de transparência sobre os órgãos participantes e sobre suas respectivas responsabilidades, prejudicando, sobremaneira o monitoramento e análise desses recursos.

Muito embora exista alguma vinculação dos incentivos tributários a determinadas áreas de atuação do Governo Federal (saúde, educação, ciência, etc), a maior parte das normas que instituem essa espécie desonerativa sequer faz menção ao órgão gestor responsável, fato que dificulta ainda mais a gestão e análise dessa espécie de despesa pública indireta.

Nada obstante, identificados os órgãos gestores responsáveis, o Tribunal de Contas da União buscou apurar a existência de regras de gestão e controle das renúncias de receita, analisando, até mesmo, os regimentos internos dos respectivos órgãos. Infelizmente, chegou-se à conclusão que a maior parte dos órgãos analisados não possui regramento ou normatização que trate expressamente da gestão e fiscalização desse gasto público.

Por certo, o exame da atuação dos órgãos centrais (Casa Civil da Presidência da República, Ministério da Fazenda e Ministério do Planejamento), da Controladoria Geral da União e dos órgãos gestores (órgãos ou divisões diretamente relacionadas aos incentivos tributários) revelou que pouquíssimos deles efetuavam algum tipo de avaliação sistemática e individualizada dos objetivos que se buscava atingir com essa despesa pública indireta[30].

Também chamou a atenção do Tribunal de Contas o fato das normas que criam essa espécie de gasto público indireto não estipularem claramente os objetivos, metas e indicadores da política pública relacionada ao incentivo tributário, nem mesmo em suas exposições de motivos. Veja que a definição de objetivos e metas de forma clara facilita bastante a gestão dos recursos públicos, bem como a fiscalização e o controle dos resultados conseguidos a política de desoneração. Sua ausência, por outro lado, dificulta sobremaneira a análise do atingimento ou não dos resultados pretendidos por essa espécie de renúncia tributária.

---

29 Nesse ponto, cabe uma pequena ressalva à Portaria do Ministério da Fazenda nº 453/2013, que atribuiu à Receita Federal do Brasil competência para estimar o impacto das renúncias de receitas constantes de projetos de lei dos tributos por ela administrados, bem como analisar, nesses mesmos projetos, se os requisitos exigidos pela LRF (art. 14) foram devidamente respeitados.

30 Também foi empreendida análise quanto a uma possível atribuição da Receita Federal do Brasil para a gestão e fiscalização de renúncias tributárias. A partir daí, restou consignado que a verificação acerca dos resultados e da eficiência dessa espécie desonerativa não se enquadra entre as atribuições regimentais desse órgão, que tem sua atuação limitada somente à ocorrência ou não das hipóteses de incidência previstas na legislação tributária.

É interessante destacar também que, apesar de ter acolhido a argumentação da Receita Federal do Brasil, no que tange à impossibilidade de se definir uma única metodologia de cálculo para as estimativas de impacto orçamentário-financeiro desse gasto público, devido à multiplicidade e diversidade de situações e incentivos em exame, o Tribunal de Contas entendeu que a Receita Federal do Brasil deveria (em nome da Transparência) disponibilizar, em seu sítio eletrônico, na rede mundial de computadores, a metodologia de cálculo de cada uma das desonerações tributárias constantes dos demonstrativos de gastos tributários do governo federal, bem como indicar os pressupostos utilizados para enquadrar cada incentivo / benefício como gastos tributários.

Outra constatação preocupante refere-se à falta de contabilização das renúncias tributárias, a qual, inclusive, foi objeto de observação no Relatório e Parecer Prévio sobre as contas do Governo Federal, relativas ao ano de 2012, onde restou consignada a precariedade das demonstrações contábeis relacionadas a esse tipo de desoneração tributária. Além da violação à legalidade (art. 15, VII, da Lei nº 10180/2001 e art. 3º do Decreto 6976/2009), a Corte de Contas da União consignou expressamente que a falta de contabilização dessa despesa pública indireta reduz a transparência, as condições de fiscalização e o controle social.

Diante disso, o Tribunal de Contas da União chegou à estarrecedora conclusão de que a maioria dos órgãos acima mencionados não realiza sequer análises rudimentares quanto aos objetivos e resultados dessa espécie de despesa pública indireta, bem como existem diversas violações ao princípio da transparência na gestão fiscal.

Conforme bem destacado no processo TC nº 018.259/2013-8 (Acórdão 1205/2014), a falta de avaliação dos resultados produzidos pelas renúncias tributárias acaba por inviabilizar eventual extinção de um incentivo por conta de seus resultados insatisfatórios ou que não justifiquem sua manutenção. Em virtude de todos esses fatos, foram expedidas diversas recomendações e determinações aos órgãos responsáveis[31].

Embora seja possível notar uma evolução na fiscalização e controle dos incentivos tributários pelo Tribunal de Contas da União[32], indiscutivelmente, há muito a ser melhorado ainda.

Em primeiro lugar, em nenhum dos acórdãos examinados houve qualquer discussão sobre o mérito das renúncias de receita, que, como já se disse, também deve ser passível de análise. A autorização constitucional para fiscalização e verificação dos aspectos de legitimidade e economicidade dessa espécie de gasto público indireto per-

31 As recomendações e determinações expedidas deram origem a um processo específico (nº 033.150/2015-0), onde têm sido objeto de monitoramento. Algumas determinações já foram cumpridas, outras ainda não. Conferir: https://contas.tcu.gov.br/juris/Web/Juris/ConsultarTextual2/Jurisprudencia.faces?grupoPesquisa=JURISPRUDENCIA&textoPesquisa=PROC:3315020150.

32 Como visto acima, a fiscalização e controle dos incentivos tributários por parte do Tribunal de Contas se iniciou focada em aspectos meramente formais, avançando para questões que envolvem princípios e o efetivo resultado das desonerações concedidas.

mite que o Tribunal de Contas discuta o próprio mérito dessa espécie de desoneração (analisando, por exemplo, as medidas de indução sob o viés da proporcionalidade e de seu custo real). No entanto, nos acórdãos pesquisados, não se notou preocupação efetiva com esses aspectos.

Em segundo lugar, não obstante constatar diversas irregularidades, o TCU mostrou-se um tanto quanto parcimonioso na aplicação de penalidades. Decerto, em rápida pesquisa nos acórdãos citados no presente texto, não foi possível encontrar menção à aplicação de qualquer tipo de penalidade aos responsáveis pelas condutas violadoras dos dispositivos legais e constitucionais.

III.3. O controle dos incentivos tributários pelo poder judiciário[33]

A exemplo do que ocorre no âmbito dos Poderes Legislativo e Executivo, também é possível ao Poder Judiciário perquirir se os requisitos formais para a concessão de incentivos tributários foram devidamente cumpridos.

Nesse contexto, deve ser analisado, por exemplo, se esse tipo de despesa pública indireta foi instituída através do instrumento normativo adequado (ato do Poder Legislativo – art. 150, § 6º, CF/88 – ato do Poder Executivo – art. 153, § 1º, da CF/88 e art. 177, § 4º, I, "b", CF/88 – ou convênio entre os Estados – art. 155, § 2º, XII, "g" e art. 155, § 4º, IV, "c") e pelo ente que detém competência tributária e legislativa para tratar da matéria[34].

Ainda sob o aspecto formal, também cabe ao judiciário examinar se os requisitos exigidos pela Lei de Responsabilidade Fiscal para a instituição desse gasto público indireto foram devidamente cumpridos (por exemplo, art. 14 da LRF)[35].

Nesse ponto, deve ser assentado algo que tem importância fundamental: a Constituição Federal de 1988, em seu Título IV, Capítulo II, elegeu a Lei Complementar como veículo legislativo adequado para estabelecer normas sobre Finanças Públicas

---

33 Mais uma vez, a análise ficará restrita às renúncias tributárias concedidas no âmbito da União, isto é, incentivos tributários federais.

34 No que concerne à necessidade de concomitância de competências (tributária e legislativa), Luís Eduardo Schoueri (2012, p. 351) afirma que *"as normas tributárias indutoras sujeitam-se: I) por força do veículo pelo qual se introduzem no mundo jurídico, às regras de repartição de competências tributárias; II) por força da matéria que regulam, às regras de competência legislativa"*

35 Conquanto a análise desse ponto seja focada no âmbito federal, como já dito, é relevante destacar uma importante decisão liminar proferida, em outubro de 2016, no bojo de ação civil pública ajuizada na Justiça Estadual do Rio de Janeiro, processo nº 0334903-24.2016.8.19.0001, onde foi concedida antecipação de tutela, determinando, dentre outras coisas, que o Estado do Rio de Janeiro se abstenha de conceder, ampliar ou renovar benefícios ou incentivos fiscais ou tributários, até a realização de estudos de impacto financeiro e orçamentário de todas as renúncias concedidas (assim como seu cotejo com uma avaliação técnica dos resultados sociais e econômicos produzidos pelas renúncias) e sua inclusão nas leis orçamentárias anuais e de diretrizes orçamentárias. Disponível para acesso – 05/11/2016 – em: http://www4.tjrj.jus.br/consultaProcessoWebV2/consultaProc.do?v=2&FLAGNOME=&back=1&tipoConsulta=publica&numProcesso=2016.001.288729-1.

e Gestão Financeira e Patrimonial da administração direta e indireta (artigos 163, I e 165, § 9º, II, da CF/88).

Nessa conjuntura, a Lei Complementar nº 101/2000 (Lei de Responsabilidade Fiscal – LRF) estabeleceu normas gerais de finanças públicas voltadas para a responsabilidade na gestão fiscal, funcionando como vetor de integração entre os princípios constitucionais e a legislação ordinária, de forma a uniformizar o sistema de finanças públicas das três esferas de entes federados, conforme muito bem destacado por Carlos Valder do Nascimento (2012, p. 50).

Os requisitos exigidos pela Lei de Responsabilidade Fiscal para a concessão de incentivos tributários (art. 14, da LRF) têm, portanto, natureza de normas gerais sobre finanças públicas, sendo possível inseri-los também dentre normas relacionadas à gestão financeira e patrimonial da administração direta e orçamento.

Tais afirmações são suficientes para assentar a plena aplicabilidade dos citados requisitos a todos os entes federados (União, Estado, Distrito Federal e Municípios), que devem, quando da instituição de renúncias tributárias, respeitar os requisitos previstos na LRF[36], de acordo com a exigência da Constituição Federal de 1988, sendo possível afirmar que essas normas possuem natureza de normas gerais sobre orçamento, finanças públicas, gestão financeira e patrimonial da administração direta e direito financeiro, matérias de competência da União (art. 24, I e II, §§ 1º e 2º c/c 165, § 9º, II, da CF/88).

Nesse ponto, é possível concluir, na esteira do que é defendido por Carlos Valder do Nascimento (2012, p. 51), que a Lei de Responsabilidade Fiscal cumpre os desígnios constitucionais, pois harmoniza o condomínio legislativo e empresta coerência aos sistemas normativos das pessoas políticas responsáveis pela gestão de recursos públicos. Trata-se de autêntica Lei Nacional[37], que possui conteúdo voltado para a disciplina da gestão pública.

Conquanto não se desconheça a importância e a força da corrente doutrinária que defende a existência de hierarquia entre Lei Complementar e Lei Ordinária, parece mais correto o entendimento que defende que Lei Complementar e Lei Ordinária possuem campos de competência distintos, ou seja, eventual conflito entre Lei Complementar e Lei Ordinária deve ser resolvido com base na verificação dos campos

---

36 Não se deve olvidar que a Lei de Responsabilidade Fiscal obriga União, Estados, Distrito Federal e Municípios, conforme previsão expressa de seu artigo 1º, § 2º. Nessa senda, não é despiciendo ressaltar, a exemplo do que é defendido por Weder de Oliveira, que sua obrigatoriedade a todos os entes federados se dá (também e principalmente) em virtude de seu caráter de norma geral de direito financeiro, matéria de competência legislativa concorrente, conforme regra prevista no artigo 24, da Constituição Federal de 1988 (2013, p. 216).

37 "No âmbito da competência legislativa concorrente melhor seria falar, então, em direito nacional, em vez de direito federal, visto que as leis que veiculam normas gerais constituem verdadeiras leis nacionais, as quais condicionam não apenas o conteúdo das leis estaduais, distritais e municipais, mas também o das leis federais propriamente ditas, válidas para a União" (DE OLIVEIRA, 2013, p. 1091/1092).

constitucionais de competência, não havendo que se falar em hierarquia entre esses diplomas legais.

Dessa forma, eventual Lei Ordinária Federal que contrarie os requisitos previstos (pela LRF) para a concessão dessa despesa pública indireta pode ser declarada inconstitucional, já que invade esfera de competência atribuída constitucionalmente à Lei Complementar, conforme se percebe da análise em conjunto dos artigos 24, I, II, e §§ 1º e 2º, c/c art. 165, § 9º, II, da CF/88. Um exemplo dessa situação pode ser encontrado nos casos em que uma Lei Ordinária Federal estabelece uma desoneração tributária sem atentar para a necessidade de estabelecer medidas compensatórias, na forma exigida pela Lei de Responsabilidade Fiscal.

Um segundo ponto que deve ser investigado diz respeito ao campo de atuação do judiciário no controle das renúncias tributárias frente ao princípio da proporcionalidade, ou em outras palavras: até que ponto pode ir o judiciário na análise da compatibilidade entre os incentivos tributários e os limites impostos pela isonomia, capacidade contributiva e ordem econômica?

Esse ponto de investigação refere-se diretamente à intrincada questão da utilização dessa espécie de gasto público indireto como vetor de políticas públicas, a possibilidade de seu exame pelo judiciário e o princípio da separação de poderes.

No Brasil, com o advento da Constituição Federal de 1988, e, sobretudo nos últimos anos, tem se notado uma crescente judicialização de importantes questões políticas, sociais e econômicas, as quais invariavelmente acabam sendo decididas de forma final pelo judiciário. Tal fenômeno marca uma ruptura com os paradigmas então existentes, mormente no que concerne às funções atribuídas a cada um dos poderes, bem como a forma como se relacionam.

Na realidade, essa expansão da jurisdição e do discurso jurídico acaba por transferir poder das instâncias tradicionais, como o Executivo e Legislativo, para o Judiciário, tornando ainda mais difícil a fixação de limites claros entre a atividade de criação e a aplicação do direito (BARROSO, 2012).

Não obstante as sensíveis mudanças ocorridas no Brasil nos últimos 50 anos, continua sendo possível afirmar que, em regra, a escolha de políticas públicas e a definição de seus conteúdos cabem (primordialmente) ao Poder Legislativo e ao Poder Executivo.

Isso, tanto em função da lógica democrática adotada pela Constituição Federal de 1988 (Art. 1º, *caput,* da CF/88*)*, quanto em virtude da divisão e separação das funções dos Poderes (*"Art. 2º da CF/88: São Poderes da União, independentes e harmônicos entre si, o Legislativo, o Executivo e o Judiciário"*), os quais possuem atribuições definidas de forma pormenorizada pela Carta Constitucional de 1988 (arts. 44/75 – do Poder Legislativo; arts. 76/91 – do Poder Executivo; arts. 92/126 – do Poder Judiciário).

Em outras palavras: em princípio, deve ficar a cargo do executivo e do legislativo a escolha de como corrigir as imperfeições do mercado ou buscar a concretização dos objetivos e fins previstos pelo texto constitucional, cabendo também a esses poderes definir o conteúdo das normas tributárias, se for esse o meio escolhido, para a consecução daqueles fins. Não deve o judiciário, portanto, exceto em situações específicas, ignorar essas normas e estabelecer regulação diversa daquela que compõe o mérito da regulação estabelecido pelo Legislativo ou Executivo (ÁVILA, 2009, p. 165).

Conforme lição de Luís Roberto Barroso, observadas as regras e princípios constitucionais, o Poder Legislativo e o Poder Executivo estão livres para fazer as escolhas que lhe pareçam as melhores, as quais não devem ser objeto de controle judicial, a menos que tenha ocorrido alguma ilegalidade ou inconstitucionalidade (2011, p. 444)[38].

Essa liberdade de escolha se insere dentro daquilo que no Direito Administrativo chama-se Poder Discricionário, que envolve a prerrogativa de escolha entre as condutas que traduzam maior conveniência e oportunidade para o interesse público (CARVALHO FILHO, 2010, p. 54).

Contudo, Legislativo e Executivo não possuem liberdade irrestrita. Realmente, a própria Constituição estabelece alguns limites à liberdade de atuação do Poder Legislativo e do Poder Executivo: de um lado, através das normas constitucionais que estabelecem competências, dividindo as esferas de atribuição entre os Poderes Constituídos (competência tributária); de outro, por intermédio de normas constitucionais que estabelecem regras e princípios que garantem direitos fundamentais aos contribuintes e regulam a ordem econômica; e, por último, por meio de normas constitucionais que estabelecem fins a serem atingidos pela atuação do Estado, que acabam também por limitar a atuação do legislador e do administrador, que ficam materialmente vinculados aos fins anteriormente escolhidos (por exemplo, IPTU e ITR progressivos para atender à função social da propriedade).

Percebe-se, portanto, que a escolha de se utilizar desonerações tributárias, como forma de estimular ou desestimular determinados comportamentos, insere-se dentro da esfera de competência dos Poderes Executivo e Legislativo, ficando suas escolhas, desde que atendidos os requisitos constitucionais, imunes à ingerência do Poder Judiciário (BOMFIM, 2015, p. 251).

De fato, respeitadas as regras de competência constitucional, os limites constitucionais tributários e o regramento da ordem econômica, bem como atendidas as finalidades constitucionais, os Poderes Legislativo e Executivo têm liberdade para escolher a medida de comparação mais adequada à finalidade extrafiscal perseguida (ÁVILA, 2009, p. 169).

Contudo, em alguns casos a utilização de incentivos tributários acabará por confrontar a capacidade contributiva, isonomia tributária ou cânones da ordem econômica. Diante dessas situações, é possível sim que o judiciário fiscalize e controle a compatibilidade entre capacidade contributiva, isonomia, câ-

---

38 O reconhecimento de que juízes e tribunais podem atuar de forma criativa em determinadas situações não importa em autorização para que a vontade do judiciário sempre sobreponha a vontade do executivo e do legislativo. A preferência pela vontade manifestada pelo Poder Executivo e pelo Poder Legislativo concretiza a separação de poderes, a segurança jurídica e a isonomia (BARROSO, 2011, p. 444/445).

nones da ordem econômica e a medida indutora, sob o enfoque do princípio da proporcionalidade[39].

Percebe-se, então, que a simples existência ou menção a uma função extrafiscal (indutora) não tem o condão de eliminar a possibilidade de exame por parte do Poder Judiciário, afetando-lhe, quando muito, apenas a qualidade e extensão (ÁVILA, 2009, p. 169).

Dentro dessa linha, é possível afirmar, então, que a submissão das desonerações tributárias ao crivo do princípio da proporcionalidade impõe-se para sua compatibilização com os princípios constitucionais da isonomia e da capacidade contributiva, assim como com os princípios da ordem econômica, permitindo, outrossim, um controle mais objetivo e transparente dessas medidas pela sociedade, de forma a se evitar a concessão de medidas não albergadas diretamente ou indiretamente pela constituição.

Nesse contexto, em primeiro lugar, o critério ou medida escolhida deve provocar efeitos que contribuam para a promoção gradual da finalidade extrafiscal.

Fala-se, assim, em medida de comparação adequada (ÁVILA, 2009, p. 162)[40]. Uma norma que diminua a alíquota de IPVA para proprietários de veículos automotores movidos a gás mostra-se, por exemplo, adequada a promover a defesa do meio ambiente, na forma autorizada pela Constituição Federal (art. 170, VI, da Constituição Federal de 1988).

Nesse ponto, é importante destacar que a máxima da adequação tem, na verdade, a natureza de um critério negativo, isto é, a exigência de adequação não determina tudo, mas excluiu algumas coisas, servindo para eliminar *de plano* os meios evidentemente inadequados (ALEXY, 2008, p. 590)[41].

Necessária é a medida que, dentre todas as medidas igualmente adequadas e disponíveis, provoca a menor restrição possível no que tange aos demais princípios em jogo, como, por exemplo, o da igualdade (ÁVILA, 2009, p. 162). Ao contrário do

39 Conforme precisa advertência de Humberto Ávila, a tese do não controle das escolhas efetuadas pelo Poder Legislativo e pelo Poder Executivo, sustentada de forma simples, além de atentar contra a função de guardião da Constituição atribuída ao STF, viola a plena realização do princípio democrático e dos direitos fundamentais, bem como a concretização do princípio da universalidade de jurisdição (2010, p. 368).

40 Claudio Pereira Souza Neto e Daniel Sarmento destacam que a adequação impõe o preenchimento simultâneo de duas exigências, quais sejam: a) que o fim perseguido pela atividade estatal seja legítimo; e b) que o meio escolhido seja, ao menos, apto para o atingimento do fim buscado pela atuação estatal (2012, p. 470).

41 No que tange à análise da adequação das medidas escolhidas para o alcance dos fins pretendidos, mostra-se precisa a observação de Cláudio Pereira Souza Neto e Daniel Sarmento, que salientam que deve prevalecer um conceito *fraco* de adequação, ou seja, medida adequada é aquela que contribui de alguma maneira para atingir o fim pretendido. Tal posicionamento parece acertado e coerente com a linha que é defendida nesse trabalho, onde se sustenta uma atuação mais contida do judiciário, prestando maior deferência às escolhas efetuadas pelo legislativo e executivo (2012, p. 473).

que ocorre com a adequação, aqui não ocorre uma simples eliminação de meios. Nada obstante, ao legislador / executivo também não é imposta categoricamente a adoção do meio que intervém em menor intensidade, sendo-lhe garantida prerrogativa de avaliação e decisão para escolher entre diversos caminhos potencialmente adequados para atingir a finalidade eleita (ALEXY, 2008, p. 591)[42].

Proporcional (*stricto sensu*) é a medida de comparação em que os efeitos positivos, decorrentes da adoção da medida, aferidos pelo grau de importância e de promoção da finalidade extrafiscal, superem os efeitos negativos decorrentes da sua utilização (ÁVILA, 2009, p. 163).

Veja que o exame da proporcionalidade *stricto sensu* é feita com base em uma ponderação entre o peso da finalidade extrafiscal que é buscada e a eventual restrição à igualdade ou a outro princípio constitucional afetado pela norma indutora (VELLOSO, 2010, p. 316).

A ideia da proporcionalidade impõe a máxima realização dos direitos fundamentais não apenas em face das possibilidades fáticas, mas também em relação às possibilidades jurídicas, as quais são determinadas pelos princípios colidentes (ALEXY, 2008, p. 593)[43].

Delineadas as noções essenciais da proporcionalidade (*lato sensu*), é importante destacar que dentro da análise, conformação e concretização da adequação, necessidade e proporcionalidade *stricto sensu* dos incentivos tributários face à isonomia, capacidade contributiva e cânones da ordem econômica, executivo, legislativo e judiciário estão sujeitos a limitações, em razão da lógica democrática adotada por nossa Constituição.

De início, é importante assentar que deve ser reconhecido ao Poder Legislativo e ao Poder Executivo, em virtude de sua legitimação democrática, uma certa liberdade

---

42 Para Alexy, adequação e necessidade determinam a máxima realização com base nas possibilidades fáticas (2008, p. 588). De forma mais precisa, Daniel SARMENTO e Cláudio Pereira SOUZA NETO (2012, p. 476) salientam que o Poder Judiciário deve respeitar a margem de apreciação dos órgãos responsáveis pela escolha da medida, evitando imiscuir-se nas esferas de decisão política e técnica dos demais poderes estatais. Em outras palavras: o judiciário deve se limitar à invalidação de medidas evidentemente excessivas.

43 Segundo Robert Alexy (2008, p. 593), a tarefa de ponderação entre os princípios colidentes deve observar duas máximas: em primeiro lugar, quanto maior for o grau de não satisfação ou afetação de um dos princípios, tanto maior deverá ser a importância da satisfação do outro princípio envolvido. Em segundo lugar, quanto mais pesada for a intervenção em um direito fundamental, tanto maior deverá ser a certeza das premissas sobre as quais essa intervenção baseia-se. Conquanto as máximas apresentadas por Robert Alexy possam ajudar na solução de problemas práticos, mais uma vez, Daniel SARMENTO e Cláudio Pereira SOUZA NETO (2012, p. 479) são precisos, ressalvando de forma expressa que o Judiciário deve adotar uma postura de autocontenção, somente devendo invalidar medidas adotadas pelo Poder Executivo e Poder Legislativo, quando for patente que as restrições aos direitos ou interesses por ela atingidos não foram compensadas pela promoção dos interesses favorecidos. Segundo os autores, em caso de "empate ponderativo" ou de incerteza na avaliação jurisdicional, a medida deve ser mantida.

de configuração ou margem de apreciação relativamente aos seus atos. Isso significa que esses poderes possuem a faculdade de escolher entre mais de uma premissa concreta duvidosa que servirá de justificativa para restringir um direito fundamental (ÁVILA, 2010, p. 366), estimular ou desestimular determinada conduta.

Exemplificando, é possível afirmar que Poder Executivo e Poder Legislativo possuem liberdade de escolha sobre qual setor econômico pretendem estimular, com a finalidade de gerar mais empregos, assim como qual meio será utilizado para atingir esse objetivo: desonerações tributárias, subvenções ou subsídios.

Além disso, como bem destaca Humberto Ávila (2010, p. 367), também deve ser reconhecida aos Poderes Legislativo e Executivo uma margem de prognose quanto aos efeitos da adoção de uma determinada medida, que, naturalmente, deve almejar resultados direta ou indiretamente previstos no texto constitucional.

Contudo, seguindo o raciocínio que vem sendo desenvolvido no presente estudo, o exercício dessas prerrogativas decorrentes do princípio democrático, por óbvio, não deve ficar imune ao exame por parte do Poder Judiciário. Nada obstante, é preciso verificar que situações justificam ou impõem maior controle por parte do Poder Judiciário, assim como em que situações esse controle deve ser menor.

Em primeiro lugar, quanto mais técnica for a questão ou mais duvidoso for o efeito da medida, menor deve ser a possibilidade de ingerência por parte do judiciário (por exemplo, os efeitos de determinada medida sobre a economia ou mercado de trabalho). Isso, porque se presume que o executivo e o legislativo, dentro de um regime democrático, tenham baseado suas escolhas em estudos técnicos ou científicos, amplamente debatidos entre os atores sociais que, dentro de um debate alicerçado em argumentações racionais, tenham optado por determinada medida.

Nessas situações (debate sujeito à argumentação racional e escolha alicerçada em dados empíricos, técnicos e científicos) deve ser reconhecida ao legislativo e ao executivo uma margem de avaliação, tanto das premissas empíricas que serão utilizadas na tomada de decisão, quanto dos possíveis efeitos que a medida irá provocar, como já dito.

Conforme preciosa lição de Humberto Ávila (2009, p. 170/171), quanto mais duvidoso for o efeito futuro da medida, bem como difícil e técnico for o tratamento da matéria, tanto maior será a liberdade de conformação do Poder Legislativo e do Poder Executivo, e menor a possibilidade de ingerência do Poder Judiciário[44].

Caberá ao Poder Judiciário, então, verificar se o Poder Executivo e Poder Legislativo fizeram uma análise objetiva e sustentável do material fático e técnico existente, se esgotaram as fontes de conhecimento para prever os efeitos da maneira mais

44 Claudio Pereira de Souza Neto e Daniel Sarmento também defendem que o judiciário adote uma postura de autocontenção jurisdicional na avaliação de questões de caráter eminentemente técnico, assim como nas análises das prognoses legislativas. Nesses casos, o judiciário somente deve invalidar medidas que forem manifestamente inadequadas (2012).

segura possível, e se se orientaram pelo estágio atual da técnica e da ciência (ÁVILA, 2009, p. 171)[45].

Por outro lado, o âmbito de controle por parte do Poder Judiciário será tanto maior quanto for: a) a evidência de equívoco quanto às premissas escolhidas e as prognoses realizadas; b) a restrição e a importância do bem jurídico constitucionalmente protegido (ÁVILA, 2010, p. 367). Em outros termos: maior será a possibilidade de controle diante de premissas ou prognoses evidentemente equivocadas, assim como diante de restrições envolvendo, por exemplo, o bem jurídico vida.

Em segundo lugar, a garantia de liberdade de conformação do legislador e do administrador não pode ser vista desvinculada do resultado produzido pelo incentivo tributário, ou seja, constatada de forma irrefutável a ineficiência ou ineficácia da medida estabelecida, para o fim pretendido, deverá o legislador ou administrador empreender os esforços necessários para superar o estado de inconstitucionalidade com a presteza necessária (MENDES, 1998, p. 475).

Explique-se: conquanto seja reconhecida ao legislativo e ao executivo uma substancial liberdade de conformação nos casos de efeito futuro duvidoso (prognose) ou matéria estritamente técnica, a ineficiência ou ineficácia dessa despesa pública indireta (que, por exemplo, não foi capaz de gerar os postos de trabalho esperados), constatada de forma irrefutável com passar do tempo, torna sua manutenção ilegítima, impondo-se sua revogação ou extirpação do sistema jurídico, inclusive por meio do Poder Judiciário[46].

Com efeito, muito embora essa situação revele uma hipótese de renúncia tributária concedida (em sua gênese) de forma legítima e constitucional, o transcurso do tempo demonstrou sua ineficiência ou ineficácia, impondo-se sua retirada do mundo jurídico (pois sua manutenção consagraria verdadeiro privilégio odioso), seja por intermédio de lei ou ato administrativo, seja por meio de declaração judicial de inconstitucionalidade superveniente do incentivo tributário, naturalmente, com efeitos *ex nunc*.

---

45 Infelizmente, os Poderes Legislativo e Executivo não têm por hábito disponibilizar (pelo menos em seus sítios eletrônicos) os documentos e estudos utilizados para embasar suas escolhas ou opções em matéria de incentivos tributários. Conquanto a situação seja preocupante e revele uma grave mácula quanto à transparência do gasto tributário, esse fato não tem o condão de permitir que o Poder Judiciário substitua as escolhas regulamente realizadas por aqueles Poderes.

46 Analisando a questão do déficit na fixação de prognoses legislativas pelo legislador, no âmbito da Corte Constitucional Alemã, Gilmar Ferreira Mendes revela que a citada Corte adota posição diferenciada, avaliando se a prognose se revela falha de início ou se se cuida de um erro de prognóstico somente constatável com o passar do tempo, aduzindo que somente no primeiro caso o déficit de prognose ensejaria a nulidade da lei (1998, p. 474/475). De forma contrária, Cláudio Pereira de Souza Neto e Daniel Sarmento entendem que também é possível o controle de medidas a partir de uma perspectiva *ex post,* que pode considerar a experiência concreta da medida analisada, bem como eventuais mudanças técnicas ocorridas desde sua implementação. Nessas hipóteses, como bem salientam os autores, não se trata de punir o órgão que realizou a escolha e formulou a política pública, mas sim de impedir que restrições a direitos fundamentais continuem surtindo efeitos, sem que se obtenha qualquer proveito com a medida adotada (2012, p. 474).

Em terceiro lugar, a liberdade do Poder Executivo e do Poder Legislativo será tanto menor quanto mais ligado a características pessoais e de desenvolvimento do homem for o critério de diferenciação adotado (por exemplo, raça, cor, origem, ocupação profissional, etc).

Nesses casos, a adoção de medidas de comparação demandará um ônus argumentativo superior ou adicional por parte do Poder Executivo e do Poder Legislativo, haja vista o próprio Poder Constituinte já ter manifestado a opção pela não utilização (em regra) desses critérios de comparação (ÁVILA, 2009, p. 173)[47]. Diante dessas hipóteses, deverá ser reconhecida ao judiciário uma possibilidade de atuação mais ampla, já que essas discriminações presumem-se inconstitucionais.

Em quarto lugar, na eventualidade de o próprio Poder Executivo ou Legislativo estabelecer (no ato de concessão dessa espécie de desoneração tributária) metas a serem cumpridas ou resultados a serem atingidos, não há que se falar, a rigor, em qualquer tomada de decisão por parte do Poder Judiciário. Nessas situações, o Poder Judiciário tão somente estará dando cumprimento ao que anteriormente ficou definido por parte do legislador ou administrador. Veja que nesses casos não há que se falar em ampliação do espaço da Constituição (em detrimento da deliberação democrática), tampouco da legitimidade ou não do judiciário para intervir nas políticas públicas[48].

Nesse contexto, não se pode olvidar da precisa observação feita por Luís Roberto Barroso (2011, p. 443), que adverte que a constitucionalização exacerbada, especialmente pela via interpretativa do ativismo judicial, pode trazer consequências negativas, dentre as quais: a) de natureza política: com o esvaziamento do poder das maiorias, pelo engessamento da legislação ordinária; b) de natureza metodológica: com o decisionismo judicial, potencializado pela textura aberta e vaga das normas constitucionais[49].

---

47 Humberto Ávila (2009, p. 173) entende que igual ônus argumentativo se impõe quando o critério de diferenciação escolhido puder repercutir e diminuir a eficácia de princípios constitucionais, tais como a livre concorrência, liberdade de exercício da atividade econômica, proteção da família, etc.

48 No mesmo sentido, embora o texto trate do controle das políticas públicas em matéria de direitos fundamentais, é o pensamento de Ana Paula de Barcellos, conforme se vê na seguinte passagem: *"(...) Existindo as metas, a obrigação de prestar contas acerca de seu cumprimento, bem como das razões para o seu eventual descumprimento, não sofre, a rigor, qualquer repercussão das críticas acima. Note-se que não se estará, aqui, tomando qualquer decisão propriamente dita, de modo que não há que se discutir sobre a ampliação do espaço da Constituição – em detrimento do espaço da deliberação democrática – ou da legitimidade do judiciário para interferir em políticas públicas. Também não são relevantes as dificuldades operacionais a que se fez referência acima"* (2006, p. 48).

49 Evidentemente, a avaliação da validade da norma não pode tornar-se uma forma velada de o magistrado substituir as escolhas políticas do legislativo por suas próprias escolhas. A declaração de inconstitucionalidade deve ser sempre a última das opções, preservando-se o ato que é passível de compatibilização com a ordem jurídica constitucional, mesmo quando, aos olhos do juiz, o tratamento do caso merecesse outra solução do ponto de vista político. Trata-se da conjugação do princípio da presunção de constitucionalidade das leis e da separação de poderes (BARROSO, 2011,

Por último, é importante mencionar que, nas vezes em que foi instado a se manifestar sobre esse gasto público indireto, o Poder Judiciário, no âmbito do STF, limitou-se, na maior parte dos casos, a reafirmar o caráter discricionário do ato praticado pelo Poder Legislativo ou Executivo. Infelizmente, a utilização de argumentos meramente retóricos e pouco objetivos demonstra um claro *déficit* na análise dos incentivos tributários por parte do judiciário[50], eis que a simples menção à finalidade extrafiscal, como já dito, não deve ter o condão de tornar o ato insuscetível de verificação e / ou controle, afetando, quando muito, apenas a extensão e qualidade dessa atividade[51].

IV. Conclusões

Ao final da pesquisa desenvolvida, é possível extrair as seguintes conclusões:

O preciso enquadramento do gasto público é essencial para a correta aplicação dos dispositivos da Lei de Responsabilidade Fiscal. Nessa linha, impõe-se que a figura dos incentivos tributários seja cirurgicamente delimitada, afastando-se a utilização de expressões generalistas e de pouco rigor técnico.

Os incentivos tributários são espécies de normas extrafiscais, que estabelecem tratamento diferenciado entre sujeitos passivos, instituindo desonerações tributárias, com a finalidade de estimular ou desestimular os contribuintes a adotar determinadas condutas de interesse do Estado.

O controle dessa espécie despesa pública indireta pelos Poderes Executivo e Legislativo federal tem muito a melhorar, especialmente no que concerne à otimização do princípio da transparência, cumprimento dos requisitos exigidos pela LRF, assim como no que tange a uma maior preocupação com os resultados e com a eficiência desse gasto público indireto.

O Tribunal de Contas da União tem contribuído de forma decisiva para o desenvolvimento e aperfeiçoamento do exame sobre a concessão e manutenção das renúncias tributárias. Contudo, no que se refere ao mérito das políticas de desoneração,

p. 115). Seguindo linha parecida, Cláudio Pereira de Souza Neto e Daniel Sarmento também defendem que o Poder Judiciário deve adotar uma postura de autocontenção jurisdicional, nos casos em que estiver apreciando necessidade, adequação e proporcionalidade das escolhas realizadas pelo Poder Executivo e Poder Legislativo (2012, p. 466/480).

50 Nessa linha, conferir: RE 149.659; RE 159.026; RE 344.331; ADI 1643, dentre outros.

51 No âmbito estadual, deve ser elogiada a decisão liminar citada linhas acima, no bojo de ação civil pública ajuizada no Rio de Janeiro, processo nº 0334903-24.2016.8.19.0001, onde foi concedida antecipação de tutela, com base em diversos fundamentos, dentre os quais, violação ao princípio da proporcionalidade, determinando, que o Estado do Rio de Janeiro se abstenha de conceder, ampliar ou renovar benefícios ou incentivos fiscais ou tributários, até a realização de estudos de impacto financeiro e orçamentário de todas as renúncias concedidas, assim como seu cotejo com uma avaliação técnica dos resultados sociais e econômicos produzidos. Trata-se de decisão inovadora, que irá, certamente, contribuir substancialmente para um controle mais efetivo dos incentivos tributários pelo poder judiciário brasileiro.

o TCU não tem realizado qualquer tipo de controle, tampouco tem analisado essa espécie de gasto público indireto sob o enfoque do princípio da proporcionalidade.

Observadas as regras e princípios constitucionais, os Poderes Legislativo e Executivo estão livres para fazer as escolhas que lhe pareçam as melhores, inclusive optando, se for o caso, por implementar políticas públicas através de incentivos tributários. Essas escolhas, desde que atendidos os requisitos constitucionais e legais, devem ficar imunes à ingerência do Judiciário.

A simples menção à finalidade extrafiscal não tem o condão de eliminar a possibilidade de análise por parte do Poder Judiciário dessa espécie de desoneração tributária, afetando-lhe, quando muito, apenas a qualidade e extensão dessa atividade.

V. Referências Bibliográficas

ALEXY, Robert. *Teoria dos Direitos Fundamentais*. Tradução de Virgílio Afonso da Silva. 2. ed. São Paulo: Malheiros, 2008.

ALMEIDA, Francisco Carlos Ribeiro de. Uma abordagem Estruturada da Renúncia da Receita Pública Federal. *Revista do Tribunal de Contas da União*. Brasília, v. 31, n. 84, p. 19-62, abr./ jun. 2000.

ÁVILA, Humberto. *Teoria da Igualdade Tributária*. 2. ed. São Paulo: Malheiros, 2009.

______. Sistema Constitucional Tributário. 4. ed. São Paulo: Saraiva, 2010.

BARCELLOS, Ana Paula de. Constitucionalização das Políticas Públicas em Matéria de Direitos Fundamentais: O Controle Político-Social e o Controle Jurídico no Espaço Democrático. *Revista de Direito do Estado*, p. 17-54, jul./set. de 2006.

BARROSO, Luís Roberto. *Curso de Direito Constitucional Contemporâneo*. 3. ed. São Paulo: Saraiva, 2011.

_______ Constituição, Democracia e Supremacia Judicial: Direito e Política no Brasil Contemporâneo, *Revista da Faculdade de Direito da Uerj*, v. 2, nº 21, jan./jun. 2012.Disponível em:http://www.e-publicacoes.uerj.br/index.php/rfduerj/article/view/1794/2297.

BOMFIM, Gilson Pacheco. *Incentivos Tributários: Conceituação, Limites e Controle*. Rio de Janeiro: Lumen Juris, 2015.

BORDIN, Luís Carlos Vitali. *ICMS: Gastos Tributários e Receita Potencial*. Brasília, DF: ESAF, 2003.

CARVALHO FILHO, José dos Santos. *Manual de Direito Administrativo*. 23. ed. Rio de Janeiro: Lumen Juris, 2010.

DE OLIVEIRA, Weder. *Curso de Responsabilidade Fiscal – Direito, Orçamento e Finanças Públicas. Volume I*. Belo Horizonte: Fórum, 2013.

GODOI, Marciano Seabra de. *Justiça, Igualdade e Direito Tributário*. São Paulo: Dialética, 1999.

MARTINS, Ives Gandra da Silva.; NASCIMENTO, Carlos Valder do. *Comentários à Lei de Responsabilidade Fiscal*. São Paulo: Saraiva, 2012.

MENDES, Gilmar Ferreira. *Direitos Fundamentais e Controle de Constitucionalidade – Estudos de Direito Constitucional*. São Paulo: Celso Bastos Editor, 1998.

MILESKI, Helio Saul. *O controle da Gestão Pública*. 2. ed. Belo Horizonte: Fórum, 2011.

MONTESQUIEU, Charles de Secondat. *O Espírito das Leis*. Tradução de Cristina Muracho. 2. ed.São Paulo: Martins Fontes, 2000.

NETO, Digo Figueiredo Moreira. O Parlamento e a Sociedade como Destinatários do Trabalho dos Tribunais de Contas. In: *O Novo Tribunal de Contas: Órgão Protetor dos Direitos Fundamentais*. Belo Horizonte: Fórum, 2005.

PASCOAL, Valdecir. *Direito Financeiro e Controle Externo*. Rio de Janeiro: Elsevier, 2010.

SARMENTO, Daniel; SOUZA NETO, Cláudio Pereira de. *Direito Constitucional: Teoria, história e métodos de trabalho*. Belo Horizonte: Fórum, 2012.

SCHOUERI, Luís Eduardo. *Direito Tributário*. São Paulo: Saraiva, 2012.

TORRES, Ricardo Lobo. *Tratado de Direito Constitucional Financeiro e Tributário – Volume V – O Orçamento na Constituição*. 3. ed. Rio de Janeiro: Renovar, 2008.

VELLOSO, Andrei Pitten. *O princípio da Isonomia Tributária – Da teoria da igualdade ao controle das desigualdades impositivas*. Porto Alegre: Livraria do Advogado, 2010.

Insegurança, Ilegitimidade e Litigiosidade – A Legalidade Tributária como Ela é e as Políticas Públicas Para uma Juridicidade Tributária

João Rafael L. Gândara de Carvalho

SUMÁRIO: I. Introdução – a legalidade e o seu legado. **II.** A legalidade tributária como ela é: **II.1.** A insegurança jurídica e a inflação normativa; **II.2.** A crise de legitimidade; **II.3.** A litigiosidade excessiva. **III.** Conclusão – as políticas públicas e os caminhos para uma juridicidade tributária.

I. Introdução – A legalidade e o seu Legado

É vedado à União, aos Estados, ao Distrito Federal e aos Municípios exigir tributo sem lei que o estabeleça. Com essa máxima categórica, a Constituição Federal de 1988 ("CF/1988") inaugura as limitações constitucionais ao poder de tributar e dá o primeiro passo na ordem normativa para a concepção de um Direito Tributário, no Brasil. Para existir tributo válido, é preciso lei. Sem lei, o que existe é confisco e apropriação ilegítima do Estado sobre patrimônio dos cidadãos, mas não tributo. E é por isso que a ordem constitucional não tolera a existência de um tributo, dissociado de um Direito Tributário.

Historicamente, também foi assim. O tributo é um instituto milenar, quiçá tenha nascido antes da escrita, e, consequentemente, até antes da História[1]. Mas, o Direito Tributário, não. A ideia de um conjunto de normas, com pretensão de ordenar e legitimar a cobrança de tributos, isto é, um Direito Tributário, é muito mais recente. Embora já se tenha notícias de limitações ao poder de criar tributos anteriores[2], há certo consenso de que é a Magna Carta, de 1215, assinada pelo Rei João Sem Terra, da Inglaterra, o marco histórico da legalidade tributária e, por conseguinte, do surgimento de um Direito Tributário[3].

A Magna Carta previa a necessidade de uma autorização prévia dos barões para que o rei pudesse cobrar tributos. É evidente que o Direito Tributário evoluiu consideravelmente desde então. Embora no Estado Patrimonialista, que se seguiu por muitos séculos desde a Idade Média até o Estado Liberal, a legalidade tributária tenha

1 Com efeito, numa perspectiva histórica, pode-se contemplar a existência de tributos desde tempos imemoriais. As mais primitivas formas de organização social já relatavam alguma espécie de cobrança para os gastos coletivos, como os dízimos, cobrados no século XIII a.C. sobre frutos, carnes, óleo e mel.", em Luis Eduardo Schoueri, Direito Tributário. São Paulo: Saraiva, 2011, p. 15.

2 Op. cit., p. 269-274.

3 Cf. por todos Luciano Amaro, Direito Tributário Brasileiro. 11ª edição. São Paulo: Saraiva, 2005, p. 111.

tido seus avanços e retrocessos[4], é com o Iluminismo e as Revoluções Liberais que a ideia de legalidade volta a ser central para o Direito e especialmente para o Direito Tributário. "No taxation without representation" era o lema dos colonos americanos, que motivaram diversas rebeliões contra as imposições tributárias inglesas, culminando com a Independência dos Estados Unidos.

A Revolução Francesa também se ocupou do Direito Tributário. No artigo XIII da Declaração de Direito do Homem e do Cidadão está expresso que "Para manutenção da força pública e para as despesas da administração, é indispensável uma contribuição comum; ela deve ser igualmente repartida entre todos os cidadãos em razão de sua capacidade". Na Constituição francesa de 1791, está expressamente inserida, nas competências exclusivas do Poder Legislativo, a função de estabelecer tributos. Desde então, o princípio da legalidade tributária se constitucionalizou e se difundiu pelos sistemas jurídicos de todo o mundo[5]. Mesmo países com constituições sucintas e com poucas disposições diretamente aplicáveis ao Direito Tributário geralmente preveem expressamente o princípio da legalidade tributária[6].

É possível conceber o princípio da legalidade tributária como possuindo três principais funções: (i) conferir segurança jurídica à instituição e à cobrança de tributos; (ii) assegurar legitimidade à tributação; e (iii) dotar de estabilidade o sistema tributário. Vejamos cada uma dessas funções mais em detalhe.

A segurança jurídica é propiciada a partir da existência de regras prévias, claras e conhecidas, contidas na lei que regula o tributo, fixando sua hipótese de incidência, sua base de cálculo, sua alíquota e seus respectivos sujeitos passivos. A legalidade tributária é, nesse aspecto, uma reserva de lei em sentido estrito. Isto é, a CF/1988 já delimita previamente que a fonte normativa primária do Direito Tributário, para definição dos parâmetros essenciais para instituição e cobrança de tributos, emana do

4 Os retrocessos se dão pela consolidação do absolutismo real, na formação do Estado moderno e do Estado de Polícia, que, com apoio nas ideias de Maquiavel e Jean Bodin, tornaram a exigência do tributo uma questão de razão de estado, imposto pelas necessidades do Estado, prescindindo da autorização da corte, ao contrário do modelo anterior, do Estado Patrimonial, como explica Ricardo Lobo Torres. Tratado de Direito Constitucional Financeiro e Tributário – Valores e princípios constitucionais tributários. Rio de Janeiro: Renovar, 2005, p. 404/406.

5 Sobre o tema conferir o estudo da professora Ana Paula Dourado "Separation of Powers in Tax Law" editado pela European Association of Tax Law Professors – "EATLP", do Congresso de Santiago de Compostela, em que se faz um panorama geral a respeito da competência para legislar sobre matéria tributária em diversos países do mundo.

6 Não é, evidentemente, o caso do Brasil, em que a CF/1988 é marcada pela rigidez e pelo caráter analítico, contemplando limitações ao poder de tributar, regras expressas que prevêem a divisão de competências no âmbito da federação e mesmo o perfil constitucional de várias espécies tributárias. Além disso, a legalidade encontra-se positivada em diversos dispositivos ao longo do texto constitucional, como nos artigos 5º, inciso II e 37, caput, mas ganha um reforço específico e destacado no Direito Constitucional Tributário, ao abrir o capítulo das limitações constitucionais ao poder de tributar.

Poder Legislativo[7]. Consequentemente, a própria Constituição subtrai essas decisões fundamentais do Poder Executivo e do Poder Judiciário, impedindo que, na prática, por meio da regulamentação ou da aplicação da lei, acabem sendo definidas hipóteses de incidência de tributos não previamente fixadas em lei.

A legitimidade para cobrança de tributos também é conferida pelo princípio da legalidade tributária. A legitimidade, aliás, relaciona-se à própria construção histórica do princípio da legalidade tributária. Inicialmente, a legalidade surge como uma forma de limitar a vontade do soberano ao tornar necessária a prévia autorização para cobrança de tributos. Posteriormente, a legalidade tributária se transforma em suporte democrático à instituição e regulação de tributos. O tributo vale na medida em que foi aprovado direta ou indiretamente pelos seus contribuintes. A lei, como expressão da "vontade geral", conferiria uma espécie de batismo popular, para assegurar a validade de uma norma que traz embutida uma certa dose de rejeição social[8]. A legalidade aqui se revela como um consentimento para a tributação e, nesse aspecto, relaciona-se às ideias de autogoverno, de autorregulação e de controle social da tributação, ínsitas à democracia[9].

Por sua vez, a estabilidade almejada pelo princípio da legalidade é garantida na medida em que a lei é produto de um consenso parlamentar alcançado em uma determinada conjuntura política para se regulamentar uma matéria com pretensão de permanência e continuidade[10]. É dizer, a lei é elaborada, discutida e aprovada sob um procedimento que permite diversas modificações em seu texto por parlamentares e deve contar com uma adesão mínima da maioria do Parlamento. Daí por que a lei encerra consensos, ainda que mínimos, sobre como determinada matéria deve ser regulada. Além disso, as leis têm uma vocação de durabilidade, isto é, são concebidas para durarem por períodos razoavelmente longos, até que a vontade política que lhes deu origem se modifique ou não mais subsista, para que se altere ou, em última análise, se revogue a lei.

---

7 Como se verá a seguir, a CF/1988 admite expressamente a criação de tributos pelo Poder Executivo, por meio de medida provisória, mas impõe a aprovação dessas medidas pelo Congresso Nacional para que a regulação nelas prevista possa ser inserida definitivamente no ordenamento jurídico e não produza apenas efeitos temporários, durante o período da vigência da medida provisória.

8 Celso Ribeiro Bastos; Ives Gandra Martins. Comentários à Constituição do Brasil: promulgada em 5 de outubro de 1988, São Paulo: Saraiva, 1988, p. 15.

9 Ana Paula de Barcellos explica que uma dos aspectos mais relevantes de uma democracia é a possibilidade de controle social dos atos do Poder Público, defendendo a importância do dever de informação como meio de permitir esse controle, em "Papéis do Direito Constitucional no Fomento do Controle Social Democrático: Algumas Propostas sobre o Tema da Informação", disponível na internet em <http://www.lrbarroso.com.br/pt/noticias/ana_paula_de%20_barcellos_informacao.pdf>. Acesso em 27.10.2011.

10 Sobre a estabilidade das relações jurídicas como desdobramento da segurança jurídica, cf. Luis Roberto Barroso "A segurança jurídica na era da velocidade e do pragmatismo (Reflexões sobre direito adquirido, ponderação de interesses, papel do Poder Judiciário e dos meios de comunicação)", disponível na internet em <http://www.professordelfino.adv.br/artigos/CONVIDADOS2.pdf>, acesso em 27.10.2011.

Em princípio, essa estabilidade normativa é obtida em um grau muito mais elevado por meio da lei do que por meio de uma regulação administrativa ou mesmo do que por uma decisão judicial. No Poder Executivo, a estrutura hierarquizada e burocrática poderia ensejar alterações constantes na legislação tributária, a partir de mudanças nos órgãos de cúpula da Administração Fiscal (exoneráveis "ad nutum") ou mesmo ao sabor da conveniência arrecadatória de momento. Por sua vez, o Poder Judiciário, enquanto órgão que tem por função aplicar a lei ao caso concreto em situações contingentes, está mais afeito às particularidades fáticas do caso e a controvérsia da lide que tem que solucionar, o que se traduz em uma tendência mais casuística do que uniformizadora e estabilizadora[11].

Segurança Jurídica, legitimidade e estabilidade. Esses são os ideais a serem promovidos pelo princípio da legalidade tributária. Esta é a legalidade tributária como ela deve ser. Mas, o que se tem verificado no Direito Brasileiro Tributário nos últimos anos é um cenário bastante diferente, senão oposto a esse. A lei tributária, de uma forma geral, não consegue promover ou minimamente assegurar esse estado ideal de coisas.

A legalidade tributária, como ela verdadeiramente é, não promove segurança jurídica, pois convive com uma inflação normativa[12] sem precedentes, que não permite ao contribuinte saber ao certo, quais são suas obrigações tributárias e o que deve fazer para cumpri-las adequadamente. A lei tributária também perdeu consideravelmente a sua função legitimadora, tendo em vista que, ao invés de uma participação ativa do Poder Legislativo em matéria tributária, o que se tem visto é um Poder Executivo protagonista nesse seara, legislando por meio de medidas provisórias, aprovadas sem maiores discussões no Congresso ou diversos atos regulatórios que, na prática, dão a tônica de um Direito Tributário cada vez mais autoritário e distanciado de uma efetiva

11 Não se está aqui sugerindo que a posição do Poder Judiciário tenha sempre que ser particularista ou casuística. Tanto é assim que há décadas já existem institutos processuais para uniformização de jurisprudência e é louvável que a jurisprudência de certa forma tenha essa pretensão de universalização, de modo a aplicar a solução de um caso determinado a todos os outros casos semelhantes. É nessa linha, inclusive, que o sistema jurídico brasileiro vem adotando mecanismos processuais como a repercussão geral e os recursos representativos da controvérsia. O que aqui se defende, com base em uma constatação teórica e empírica é que o Poder Judiciário tem por natureza uma função que é voltada para um caso determinado e não para o todo, isto é, tem suas atenções voltadas para a microjustiça e não para a macrojustiça, o que acaba invariavelmente tornando as orientações jurisprudenciais mais pontuais, concretas e tomadas a partir de diversas premissas, que a diferenciam bastante de uma lei, que é, por definição, geral, abstrata e motivadas por determinados ideais a serem atingidos (v. Luis Roberto Barroso e Ana Paula de Barcellos, "Da falta de efetividade à judicialização excessiva: direito à saúde, fornecimento gratuito de medicamentos e parâmetros para a atuação judicial", disponível na internet em <http://www.lrbarroso.com.br/pt/noticias/medicamentos.pdf>, acesso em 27.10.2011.

12 Hugo de Brito Machado chega ao ponto de dizer que "a melhor reforma tributária que se pode fazer no Brasil, atualmente, começaria por um período de pelo menos um ano sem qualquer mudança na legislação, para que fosse possível conhecer e avaliar as leis em vigor. Muitas das quais nem ao menos conhecemos", em "Inflação Normativa", disponível na internet em <http://www.dominiopublico.gov.br/download/texto/bd000024.pdf>, acesso em 2.11.2011.

elaboração democrática. Por fim, o que se verifica como resultado de tudo isso não é, evidentemente, um cenário de estabilidade, mas de frequente litigiosidade em matéria tributária, com o ingresso de milhões de contribuintes no Poder Judiciário para discutir o sentido e o alcance das mais variadas normas tributárias.

Para melhor compreensão desse cenário, é válido aprofundar o diagnóstico, principalmente por ser ele o fio condutor para proposição de políticas públicas para uma retomada da legalidade tributária como ela deve ser, isto é, para uma maior segurança, legitimidade e estabilidade do Direito Tributário.

II. A Legalidade Tributária como ela é

II.1. A Insegurança Jurídica e a Inflação Normativa

A lei tributária teria primordialmente a função de conferir segurança às relações formadas sob a sua égide. A existência de regras prévias, claras e certas prevendo os fatos que ensejam a cobrança de tributos eliminariam maiores complicações para cumprimento de obrigações tributárias. Bastaria ao contribuinte recorrer à lei para verificar como deve pagar os seus tributos e prestar informações ao Fisco.

Mas hoje, esse ideal é praticamente uma ficção. O que impera no Direito Tributário Brasileiro é uma verdadeira inflação normativa, que vai do texto constitucional[13], passando pelas leis tributárias e medidas provisórias, até espraiar-se por uma infinidade de normas infralegais, como regulamentos, instruções normativas, resoluções, portarias, pareceres normativos, elaborados pelos mais variados órgãos da Administração Tributária. E, para se agravar ainda mais, essa pletora de normas se multiplica pelo tamanho da federação brasileira, em suas esferas, o que envolve União Federal, Estados, Distrito Federal e Municípios.

Na prática, isso significa que, de acordo com estudos recentes[14], uma empresa média brasileira leva 2.600 horas por ano para cumprir com suas obrigações tributárias, deixando o País no último lugar de um ranking de 177 países no quesito tempo dedicado para cumprir as obrigações tributárias, com 500 horas a mais do que a Ucrânia, que ocupa a penúltima posição posição e em situação bastante diferente da Índia, por exemplo, também uma economia emergente integrante do grupo dos BRIC, em que uma mesma empresa levaria 257 horas para cumprir esse quesito.

O que se verifica, portanto, é que o Direito Tributário Brasileiro conta com uma pluralidade de fontes normativas, mas em uma extensão ímpar se comparada a outros

---

13 Sobre o tema, cf. Fernando Lemme Weiss, A Inflação Constitucional Brasileira: estudo sobre a exagerada dimensão dos sistemas tributário e orçamentário na Constituição de 1988. Rio de Janeiro: Freitas Bastos Editora, 2008.

14 O estudo denominado "Paying Taxes 2008 – The global picture" foi coordenado pelo Banco Mundial e pela empresa de auditoria PriceWaterhouseCoopers e encontra-se disponível para consulta na internet em <http://www.doingbusiness.org/reports/thematic-reports/paying-taxes/~/media/FPDKM/Doing%20Business/Documents/Special-Reports/DB08-Paying-Taxes.pdf>, acessado em 1º.11.2011.

ramos do Direito, mesmo do Direito Público. Esse fenômeno tem algumas causas e explicações. Vejamos algumas delas.

Primeiramente, é preciso destacar que no sistema jurídico brasileiro além da lei ordinária como espécie normativa aptas a criar e instituir tributos como regra geral, há a possibilidade de sua criação por meio de medida provisória. Embora houvesse alguma discussão doutrinária acerca da possibilidade de instituição de tributos por meio de medida provisória[15], o Supremo Tribunal Federal ("STF")[16] admitiu a constitucionalidade dessa forma de legislar sobre tributos fundada, sobretudo, na "força de lei" de que são dotadas constitucionalmente as medidas provisórias. Após a Emenda Constitucional nº 32/2001, que deu novo regramento constitucional a essa espécie normativa, a possibilidade de instituição de tributos por meio de medidas provisórias está expressa no próprio texto constitucional, no artigo 62, § 2º, da CF/1988, que traz regra própria aplicável aos impostos[17].

A questão das medidas provisórias será retomada abaixo, quando formos tratar dos problemas da legitimidade relacionados à legalidade tributária. Por ora, cabe assentar que a existência de medidas provisórias, que entram em vigor de imediato, com força de lei, permitem ao Poder Executivo regular matérias tributárias sem maiores entraves políticos, de uma forma consideravelmente mais simples e rápida do que pela observância do processo legislativo ordinário. E isso, evidentemente, tem contribuído para a mencionada inflação de normas tributárias que tem se visto no Direito Tributário Brasileiro.

Em segundo lugar, o que se verifica é uma atuação cada vez maior do Poder Executivo na regulamentação da lei tributária. Embora, no Direito Tributário, prevaleça a noção de que a atuação da Administração Tributária se limita à regulamentação executiva[18], não sendo cabível o regulamento autônomo em matéria tributária, o que se tem verificado nos últimos anos é uma certa flexibilização dessa ideia[19]. A partir de uma visão da lei tributária

15 Cf., por todos, a exposição da professora Misabel Derzi, na atualização da obra de Aliomar Baleeiro, Direito Tributário Brasileiro. 11ª edição. Rio de Janeiro: Forense, 2005, p. 51-57.

16 Cf., STF, RE nº 234.463-7/MG, Primeira Turma, Rel. Min. Sepúlveda Pertence, DJ 11.2.2000.

17 A despeito de alguma resistência por parte de doutrinadores que viam na medida provisória um instituto típico do sistema parlamentar de governo, no qual seria editada pelo primeiro-ministro, na qualidade de chefe de governo, que conta com o apoio e o voto de confiança do Parlamento para governar. Uma rejeição de medida provisória pelo Parlamento nesse sistema significa, portanto, um abalo no próprio apoio dos parlamentares ao governo, podendo até mesmo culminar na queda do gabinete ministerial. Esse tipo de controle não é aplicável em um sistema de governo presidencialista, como a adotado pela CF/1988.

18 Cf., por todos, Roque Antonio Carrazza, O regulamento no direito tributário brasileiro. São Paulo: Revista dos Tribunais, 1981.

19 Nesse contexto, resta superada a ideia, ainda arraigada em nossa doutrina, de que o regulamento em nada inovaria na ordem jurídica, uma vez que lhe cabe não só dispor sobre os detalhes não reservados ao legislador, como, principalmente, interpretar os conceitos indeterminados contidos na lei, a partir de uma valoração objetiva", Ricardo Lodi. Limitações Constitucionais ao Poder de Tributar. Rio de Janeiro: Editora Lumen Juris, 2010, p. 50.

contendo tipos abertos e conceitos indeterminados tem se admitido uma atuação complementar do Poder Executivo nessa seara, desde que vinculado à Constituição, e, necessariamente, à lei (reserva absoluta de lei). Nessa ordem de ideias, o regulamento tributário pode densificar e concretizar conceitos, até como forma de uniformizar a interpretação da legislação tributária, desde que os aspectos fundamentais e essenciais da hipótese de incidência tributária estejam previstos na lei e sejam observados, em uma regulamentação *secundum legem* e até *praeter legem*, mas não *contra legem*[20].

De certa forma, o STF tem reconhecido a validade dessa forma de regulamentação, como ocorreu no caso em que considerou constitucional a Lei n.º 7.787/1989 que, ao disciplinar a contribuição social destinada a custear o Seguro de Acidente do Trabalho ("SAT") previu alíquotas diferenciadas do tributo de acordo com o grau de risco da atividade preponderante do estabelecimento (leve, médio e grave), deixando a cargo do Poder Executivo a definição das atividades que se enquadram em cada uma dessas classificações de risco[21].

O fato é que essa expansão regulatória da lei tributária por parte do Poder Executivo e o seu distanciamento do Poder Legislativo tem sido a realidade inexorável em um mundo cada vez mais complexo[22].

Por um lado, os fatos do mundo da vida a serem tributados se tornam mais complexos, demandando conhecimento específico e expertise técnica até mesmo como forma de se viabilizar a tributação (por exemplo, a tributação setorial da energia elétrica, do petróleo e de seus derivados, das telecomunicações). O Poder Legislativo não apresenta capacidade técnica e institucional para lidar com essas complexidades específicas, o que acaba deslocando a regulação dessas matérias para o Poder Executivo[23]. Por outro lado, e até como corolário de uma realidade econômica mais complexa, os próprios tributos e os sistema tributários se tornam mais complexos, contemplando previsões normativas específicas para regular determinadas situações pontuais e prevendo procedimentos fiscais mais elaborados e sofisticados para a fiscalização e cobrança de tributos[24].

---

20 Idem. Ibidem, p. 51.

21 RE 343.446-SC, Plenário, Rel. Min. Carlos Velloso, DJ 4.4.2003.

22 José Casalta Nabais. O Dever Fundamental de Pagar Impostos: contributo para a compreensão constitucional do estado fiscal contemporâneo. Coimbra: Almedina, 2004, p. 334-337.

23 Sobre a relação entre lei e regulamento no campo da regulação técnica, cf. Gustavo Binenbojm e André Rodrigues Cyrino "Entre a Política e a Expertise: a repartição de competências entre o governo e a Anatel na Lei Geral de Telecomunicações", disponível na internet em <http://www.direitodoestado.com/revista/REDAE-16-NOVEMBRO-2008-GUSTAVO%20BINENBOJM.pdf>, acesso em 9.10.2011.

24 Nesse sentido, o que se tem visto é uma expansão considerável das obrigações acessórias que têm de ser cumpridas pelos contribuintes. São diversos documentos e livros fiscais que precisam ser escriturados pelo contribuinte e transmitidos ao Fisco com uma enorme gama de informações sobre as atividades do contribuinte. Essa é possivelmente uma das maiores dificuldades enfrentadas pelos contribuintes brasileiros, que têm de mobilizar um contingente considerável de tempo, pessoas e recursos para cumprimento dessas obrigações.

O que se tem verificado na prática, no entanto, é que a regulamentação legislativa mais do que estabelecer os meios para implementação da lei, em uma regulamentação tipicamente executiva, tem com frequência, (i) normatizado previsões legislativas lacunosas, que indiretamente delegam ao Poder Executivo os poderes para legislar plenamente sobre determinada matéria (v.g., lei que autoriza o Poder Executivo a conceder um benefício fiscal determinado, nas condições a serem por ele especificadas); (ii) complementado a legislação (v.g., definindo e concretizando um conceito indeterminado utilizado pela lei); e (iii) estabelecido condições e requisitos especialmente formais para aquisição de direitos não previstos na lei (v.g., estabelecendo a necessidade de entrega de relatórios e determinadas declarações como condição para usufruir de um determinado regime especial de tributação).

Nesse ponto, a inflação normativa acaba esvaziando a lei tributária e deslocando o eixo regulatório da lei para o regulamento. É bem de ver que não se está aqui cogitando do fenômeno da "deslegalização", plenamente recepcionado no âmbito do Direito Administrativo[25], que convive harmonicamente com uma reserva relativa de lei, de que trata o artigo 37, caput, da CF/1988, em que a lei pode fixar apenas um âmbito normativo e traçar as diretrizes gerais da regulação, a serem desenvolvidas materialmente pela Administração Pública. Cumpre ressaltar que, mesmo os tributaristas que admitem um papel normativo mais substantivo do regulamento em matéria tributária, reconhecem que no Direito Tributário brasileiro, vigora a reserva absoluta de lei[26], o que implica dizer que determinados aspectos essenciais do tributo devem necessariamente estar fixados em lei, nos termos dos artigos 150, inciso I, da CF/1988 e 97 do CTN, e não no regulamento.

Além desse esvaziamento da lei tributária, o que se constata é uma perda de uniformidade e de sistematização da regulação tributária, feita de forma isolada por vários órgãos. Como se não bastasse a pletora de normas acerca de determinadas matérias, são expedidas normas distintas por órgãos diversos da Administração em momentos diferentes e sem uma consolidação das normas em vigor. Isso faz com que o contribuinte tenha que conviver em um verdadeiro "cipoal normativo", que não permite saber muitas vezes ao certo, de uma forma prática e segura, qual a(s) norma(s) tributária(s) que está(ão) em vigor e se aplica(m) a determinada operação ou negócio que está realizando. A par de ter que recorrer aos critérios clássicos para resolução de antinomias, como o hierárquico, o cronológico e o da especialidade, o contribuinte tem que muitas vezes lidar com situações em que um mesmo ente defende posições

25 Sobre o tema da legalidade e da deslegalização no Direito Administrativo, cf., Alexandre Aragão, "A Concepção Pós-Positivista do Princípio da Legalidade", Revista de Direito Administrativo, Rio de Janeiro: Renovar, 2004, nº 236, abril/junho de 2004.

26 V., por todos, Ricardo Lodi. Op. cit., p. 50-51. Contra: Sérgio André Rocha, A Deslegalização no Direito Tributário Brasileiro Contemporâneo: Segurança Jurídica, Legalidade, Conceitos Indeterminados, Tipicidade e Liberdade de Conformação da Administração Pública. In: Ricardo Lodi; Sergio André Rocha (Coords.). Legalidade e Tipicidade no Direito Tributário. São Paulo: Quartier Latin, 2008, p. 220-259.

diferentes no âmbito administrativo e judicial (v.g., no âmbito da Fiscalização, no âmbito do tribunal administrativo e no âmbito da Procuradoria da Fazenda).

Todas essas situações bem demonstram que, diante de uma inflação normativa endêmica, torna-se cada vez mais fictícia a ideia de que bastaria recorrer à lei tributária que rege determinada situação para que o contribuinte possa, de forma prática e segura, ter conhecimento de suas obrigações tributárias e orientar as suas ações. Até mesmo os especialistas em matéria tributária discutem a vigência, a aplicação e a forma de interpretação de diversas disposições do sistema, havendo mais divergências do que consensos até sobre questões básicas e fundamentais (v.g., o prazo decadencial para glosa de créditos de tributos sujeitos ao lançamento por homologação, não havendo posição consolidada, mesmo passados mais de quarenta anos da aprovação do CTN, se seria aplicável o artigo 150, par. 4º., ou 173, inciso I, do CTN). Assim, o brocardo jurídico segundo o qual ninguém pode invocar o desconhecimento da lei para se escusar de seu descumprimento ("Ignorantia iuris neminem excusat"), soa um tanto retórico e sobretudo injusto.

Em terceiro lugar, no plano estadual, mais especificamente do ICMS, o que se tem visto é uma ampla atuação do Poder Executivo dos Estados por meio do Conselho Nacional de Política Fazendária ("CONFAZ"). O CONFAZ foi criado inicialmente, como uma reunião entre os representantes do Governo de todos os Estados e do Distrito Federal, sob a presidência de representantes do Governo Federal, para deliberar e aprovar convênios a respeito de isenções e demais incentivos fiscais em matéria de ICMS. A ideia inicial da criação do CONFAZ era permitir que esses benefícios fiscais fossem concedidos apenas após a aprovação das unidades federativas, para se evitar a denominada "guerra fiscal" entre os Estados e o Distrito Federal.

Sem ingressar no relevante debate sobre a eficácia atual desse modelo[27], o que se tem verificado na prática é a aprovação de convênios e protocolos no âmbito do CONFAZ não apenas para regular a concessão de benefícios fiscais, mas para uniformizar a legislação nacional do ICMS, dispondo acerca de normas gerais do imposto. Basta ver que as normas de ICMS para tributação de combustíveis e lubrificantes, derivados ou não de petróleo, baseada na substituição tributária, são tratadas por convênio. Da mesma forma, o tratamento tributário das prestações de serviço móvel celular, na modalidade pré-paga, é basicamente regido por um convênio de ICMS. Mais recentemen-

---

27 O fato é que ele vem dando claros sinais de desgaste e não vem se revelando mais capaz de impedir a guerra fiscal. Na prática, os Estados e o Distrito Federal concedem benefícios fiscais sem amparo em convênio, estimulando o contribuinte a usufruírem desses benefícios fiscais, mas, em diversas oportunidades, o STF vem declarando a inconstitucionalidade dos convênios, deixando um vácuo normativo, especialmente com relação ao passado, notadamente no que diz respeito à possibilidade ou não de cobrança dos valores não pagos pelo contribuinte por parte do Estado que concedeu o benefício fiscal, eventualmente acrescido de juros, correção monetária e multa. Há, inclusive, uma ação de descumprimento de preceito fundamental (ADPF nº 198/DF) questionando a recepção do modelo da Lei Complementar nº 24/1975, notadamente a exigência do quórum de unanimidade para aprovação dos convênios.

te, foi editado um convênio para disciplinar a tributação em operações interestaduais com mercadorias e serviços destinados a não contribuintes do ICMS, notadamente nas transações do comércio eletrônico. Em suma, o que a experiência tem demonstrado é que os Estados e o Distrito Federal vêm, por meio do Poder Executivo, no âmbito do CONFAZ, definindo normais gerais em matéria de ICMS, independentemente de lei formal ou material a respeito do assunto, criando uma regulação mais voltada para as formas de arrecadação convenientes e oportunas para a Administração Tributária do que produto de um consenso político democrático com os contribuintes.

II.2. A Crise de Legitimidade

A ideia de legalidade como um meio de se conferir legitimidade à cobrança e arrecadação de tributos também se encontra em profunda crise no Direito Tributário brasileiro. A hipertrofia do Poder Executivo nessa seara, conjugada a uma atrofia do Poder Legislativo é uma realidade já há alguns anos, no cenário nacional.

As medidas provisórias, que constituem uma das causas da inflação normativa no Direito Tributário, podem ser também consideradas como um dos fatores da crise de legitimidade do Direito Tributário.

O que se tem visto é que o caminho natural para legislar sobre tributos no Brasil, especialmente em âmbito federal[28], tem sido a edição sucessiva de medidas provisórias. Salvo, evidentemente, aqueles casos nos quais é constitucionalmente vedada a edição de medidas provisórias, o que se percebe é que se encontra em desuso o encaminhamento de projetos de lei tributária ao Congresso Nacional por parte do Poder Executivo. Assuntos complexos e controversos, de grande relevância para o Direito Tributário, são invariavelmente regulados diretamente por meio de medidas provisórias. Como exemplos de assuntos que foram regulados por medida provisória nos últimos anos podem ser citados: a tributação pelo imposto de renda e pela contribuição social do lucro líquido dos lucros auferidos no exterior por sociedades coligadas e controladas por empresas domiciliadas no Brasil; o regime não cumulativo das contribuições sociais do PIS e da COFINS; a regulamentação da norma geral antielisiva incluída no artigo 116, parágrafo único, do Código Tributário Nacional ("CTN"), as regras sobre subcapitalização das empresas e os seus respectivos efeitos para tributação da renda e do lucro líquido e toda a convergência do sistema tributário federal às novas práticas contábeis do IFRS.

Para se ter uma ideia da percepção geral que os contribuintes têm das medidas provisórias em matéria tributária, vale mencionar que a Medida Provisória nº 252, de 15 de junho de 2005, que previa a concessão de benefícios e incentivos fiscais a determinados setores econômicos, acabou ficando conhecida como a "MP do Bem". Daí se

---

28 É de se registrar o cabimento de medidas provisórias nas esferas estadual e municipal, consoante reconhecido pela jurisprudência do STF. Mas não há dúvida de que é no cenário federal que se verifica o maior número de medidas provisórias editadas, especialmente em matéria tributária.

pode inferir, por meio de um raciocínio *a contrario sensu*, a pecha que todas as outras medidas provisórias geralmente têm em matéria tributária.

Em boa parte, essa crise de legitimidade da legalidade tributária decorre do próprio déficit de representatividade do Poder Legislativo[29], que atravessa uma grave crise institucional, política e até mesmo moral. Sem entrar em maiores detalhes acerca dessa crise, o fato é que a atuação legislativa, propriamente dita, em termos de política fiscal, encontra-se bastante reduzida. Invariavelmente, o que tem ocorrido é que o Poder Executivo edita uma medida provisória ou encaminha um projeto de lei tributária ao Poder Legislativo, geralmente acompanhado de uma mensagem que trata da necessidade (i) de incremento da arrecadação[30]; (ii) de estímulo a determinada atividade ou setor econômico por meio da concessão de incentivos fiscais[31]; (iii) de correção e eventual punição de determinadas prática considerada abusiva por parte de alguns contribuintes[32].

A reação do Poder Legislativo dificilmente tem sido a de promover um intenso debate institucional ou mesmo social sobre a proposta do Executivo, ou de realizar muitas emendas e alterações no texto proposto. Mas, muito pelo contrário, o que

---

29 O tema do déficit democrático do Poder Legislativo é uma realidade e tem sido tratado como uma das marcas do atual Estado brasileiro (v. Luís Roberto Barroso. "Vinte Anos da Constituição Brasileira de 1988: O Estado a que Chegamos", disponível na internet em <http://www.migalhas.com.br/arquivo_artigo/art20081127-03.pdf>, acessado em 1º.11.2011.

30 Nesse caso, geralmente a mensagem se reveste de uma tônica parcial que procura espelhar a situação precária de um determinado serviço público, sem demonstrar outras alternativas orçamentárias para custear o serviço ou ocultando uma face virtuosa desse serviço. Por exemplo, a situação da saúde costuma ser utilizada com frequência para se pleitear o aumento de tributos. Foi essa a motivação utilizada para criação da extinta contribuição provisória sobre movimentações financeiras ("CPMF"). Criada para financiar a saúde, tinha suas receitas destinadas para outras finalidades. Agora, há projetos para reintroduzi-la sob a denominação de Contribuição Social para a Saúde ("CSS"). Pouco se fala nesses casos que existem diversas outras contribuições sociais para financiar a seguridade social, e, por conseguinte, a saúde na condição de atividade integrante da seguridade social, como o PIS, a COFINS e a CSLL. Tampouco se procura fazer um retrato fiel à realidade, demonstrando a existência de hospitais de excelência da rede pública e que outras medidas poderiam ser tomadas para se aprimorar o sistema que não apenas aumentar os recursos a ele destinados.

31 Nesse caso, a marca da legislação é muitas vezes o casuísmo que trata de um setor específico, sem maiores visões de uma política fiscal mais ampla e das repercussões da carga tributária sobre outros setores.

32 Muitas vezes, por conta de uma prática inadequada por parte de certos contribuintes, ao invés de medidas pontuais, o Estado se vale de uma regulamentação geral, que acaba por afetar todos os contribuintes. Tome-se o exemplo recente da previsão de multas para o caso de indeferimento de pedidos de ressarcimento e de declarações de compensação não homologadas, instituída pela Medida Provisória nº 472/2010, convertida na Lei Federal nº 12.246/2010. Isto é, o contribuinte que pleiteia um crédito perante a Receita Federal do Brasil e tem o seu pleito indeferido é penalizado não apenas com o indeferimento do pedido, mas com uma multa. A justificativa para essa punição seria o aumento desses pedidos, alguns deles sem fundamento, como se o direito de petição pudesse culminar em uma multa. E como se o abuso de alguns determinados contribuintes pudesse legitimar uma punição geral e abstrata para todos.

se vê na prática são muito poucas iniciativas parlamentares de sucesso em matéria tributária.

Possivelmente, a complexidade do sistema tributário brasileiro e a tecnicidade das discussões envolvidas, que demandam um conhecimento muito específico para se propor alterações na legislação tributária, sejam uma causa para essa pouca atuação. Com efeito, o Poder Executivo, nesse aspecto, tem uma capacidade institucional muito mais desenvolvida do que o Poder Legislativo para tratar de matéria tributária. Não só é o Poder Executivo que administra e executa o orçamento, mas quem fiscaliza e arrecada tributos, dispondo de órgãos estruturados e especializados para essas funções.

Ademais, é na aplicação prática da lei tributária, e não necessariamente na sua formulação, que se verificam as controvérsias, as inconsistências e a necessidade de normatização de determinadas situações. Daí porque o Poder Executivo está muitas vezes mais próximo e mais atento às situações contingentes que precisam ser objeto de regulação em Direito Tributário do que o Poder Legislativo.

Diante dessa tensão, o que tem prevalecido na prática é menos uma atividade legislativa por parte do Poder Legislativo e mais de monitoramento e invariavelmente de chancela de leis tributárias elaboradas pelo Poder Executivo. E não se pode negar que, em certa medida, esse modelo contribui para que o Direito Tributário ganhe contornos menos legítimos e mais autoritários, na medida em que é elaborado mais visando às necessidades e às pretensões do governo e menos às possibilidades e aos anseios do contribuinte. Cabe destacar que não se discute aqui a legitimidade democrática do Poder Executivo, especialmente em face da sua eleição majoritária, submetida ao sufrágio popular. O que se constata é que o Poder Executivo costuma ter uma agenda e um plano de governo específicos em matéria tributária, que podem não necessariamente coincidir com as pretensões ou mesmo atentar às situações especiais dos contribuintes. Nesse cenário, o Poder Legislativo e sua composição, em tese mais representativa e mais aberta ao pluralismo político, poderia contrabalancear essa equação, por meio de mecanismos de controle de freios e contrapesos típicos da separação dos poderes.

Contudo, dado o cenário de retração na atividade do Poder Legislativo, essa não é a realidade do Direito Tributário brasileiro. Na verdade, o que se percebe é um descompasso entre o cenário social e a representatividade dos contribuintes em geral no Congresso Nacional. O déficit de representatividade democrática na deliberação sobre tributos é digno de nota. O espaço de elaboração de leis tributárias tornou-se, na atualidade, um espaço fechado e infenso a uma participação mais ativa e direta dos contribuintes, que são, em última análise, os que arcam e se beneficiam com a política tributária. Na verdade, o que sói ocorrer na prática é que há mais discussão e atividade política e social em torno, por exemplo, da fixação de tarifas e preços públicos dos serviços de água, esgoto e transportes, do que em se tratando de tributos, ainda que incidente sobre essas mesmas atividades. De certo modo, fica relativizada, assim, ideia geral de que o regime jurídico dos tributos seria mais rígido e democrático do que o regime jurídico dos preços públicos.

Quando se vê alguma atividade por parte do Poder Legislativo para atender às aspirações e necessidades dos contribuintes, não se trata de uma medida que procure alcançar todos os contribuintes de uma forma geral. Talvez isso explique as dificuldades de uma reforma tributária ou mesmo a aprovação do Código Nacional de Defesa do Contribuinte[33]. O que se tem visto, na verdade, é a produção legislativa voltada para atender alguma necessidade específica, pontual, sem a fixação de um marco legislativo geral.

Assim, uma das marcas do Direito Tributário brasileiro tem sido uma legislação, em geral, casuística, com regimes tributários próprios e específicos para atender determinadas demandas e especificidades de determinados contribuintes, em prejuízo de uma unidade sistemática, uniformidade de tratamento e até mesmo considerações de justiça tributária.

Um exemplo pode esclarecer bem essa ideia. Pince-se o caso da sistemática não-cumulativa das contribuições sociais PIS e COFINS. Esses tributos foram originalmente concebidos na CF/1988 como tributos sobre o faturamento e, posteriormente, sobre as receitas brutas das empresas. Uma das reclamações muito frequentes entre os contribuintes então era de que essa tributação era extremamente onerosa e gerava um efeito cumulativo. Isto é, o tributo incidia "em cascata", na medida em que o PIS e a COFINS incidentes sobre a receita representavam um custo que era repassado na cadeia econômica, de modo que essas contribuições incidiam sobre elas mesmas. Para tentar minimizar esses efeitos econômicos nocivos, foi criada a sistemática não cumulativa dessas contribuições, por meio de medidas provisórias, posteriormente convertidas nas Leis Federais nºs 10.637/2002 e 10.833/2003, tendo havido até mesmo alteração constitucional por meio da Emenda Constitucional nº 42/2003 para incluir a não cumulatividade dessas contribuições na Constituição. Em linhas gerais, a criação do regime não cumulativo importou no aumento geral das alíquotas dessas contribuições, conjugada com a possibilidade de os contribuintes apurarem créditos sobre determinados custos e despesas, previstos na legislação, para compensar com o montante devido a título de PIS e COFINS. No entanto, o regime cumulativo das referidas contribuições ficou mantido em alguns casos e para determinados contribuintes.

De uma forma geral, o que se verifica é que essa sistemática não cumulativa foi idealizada pensando-se, em geral, nos contribuintes que se dedicam à atividade industrial, os quais foram atingidos por um aumento de alíquota desses tributos, mas, em compensação, podem aproveitar créditos das referida contribuições sobre o valor dos insumos utilizados em seus produtos, bem como sobre o valor de máquinas e equipamentos adquiridos. Alguns contribuintes, como, por exemplo, as instituições financeiras, que seriam claramente oneradas pela sua sujeição à sistemática não cumulativa, na medida em que só apurariam créditos em raras situações previstas na legislação, foram expressamente excluídos do regime não cumulativo do PIS e da

33 O Projeto de Lei Complementar nº 646/1999 encontra-se em tramitação no Congresso Nacional há mais de quinze anos sem conseguir ser aprovado.

COFINS. No entanto, outros contribuintes, como os prestadores de serviços, notadamente os profissionais liberais, que também praticamente não poderiam se valer do aproveitamento de créditos dessas contribuições, acabaram sendo incluídos no regime não cumulativo.

Ou seja, o modelo da legislação foi estruturado a partir de um determinado grupo de contribuintes. Um segundo grupo de contribuintes, talvez contando com uma forte representatividade política conseguiu ter os seus anseios e pretensões ouvidos e, portanto, não foi prejudicado pela legislação. Mas, um terceiro grupo, talvez por se encontrar sub-representado politicamente, acabou vindo a ser gravemente prejudicado pela legislação[34].

De uma forma geral, a legislação do PIS e da COFINS, especialmente as Leis Federais nºs 10.637 e 10.833 são um retrato fiel de uma legislação bastante casuística, que prevê regramentos específicos, quase que feitos sob medidas para determinadas situações. É o caso, por exemplo, do inciso X do artigo 3º tanto da Lei Federal nº 10.637 como da 10.833, incluído pela Lei Federal nº 11.898/2009 que dispõe sobre aproveitamento de crédito das referidas contribuições sobre o valor do "vale-transporte, vale-refeição ou vale-alimentação, fardamento ou uniforme fornecidos aos empregados por pessoa jurídica que explore as atividades de prestação de serviços de limpeza, conservação e manutenção". Uma situação bastante peculiar e específica que certamente deixa de lado outras situações igualmente relevantes que mereceriam o aproveitamento de créditos para que se pudesse falar em uma efetiva não cumulatividade dessas contribuições.

Vale dizer, para utilizar uma imagem bastante marcante, a legislação tributária se transforma em uma grande "colcha de retalhos", em prejuízo da unidade, coerência e sistematicidade jurídica. Para se utilizar outra imagem ainda mais marcante e talvez menos ingênua, a lei tributária passa a ser o resultado de uma "luta-livre", em que determinados grupos procuram projetar seus interesses na legislação tributária, que passa a ser guiada por parâmetros outros, diversos da segurança jurídica, justiça, igualdade e capacidade contributiva, esses sim vetores constitucionais legítimos pelos quais o Direito Tributário deveria se pautar.

Essa perda de legitimidade da lei tributária se verifica também pela dificuldade de formação de grandes consensos parlamentares que possam, de algum modo, afetar o protagonismo do Poder Executivo em matéria tributária. Ultimamente, é possível dizer que os consensos existentes em matéria tributária se limitam a uma força política significativa no Poder Legislativo para se impedir a criação de novos tributos ou se evitar uma prorrogação indefinida dos já existentes, bem como para a concessão de anistias e parcelamentos tributários.

---

34 Muitos desses contribuintes, prestadores de serviço, acabaram entrando em juízo alegando que as leis federais em questão violariam a isonomia, justamente por terem sido incluídos em um determinado regime tributário que, ao invés de lhe trazer vantagens fiscais, ou ao menos neutralidade fiscal, lhes conferiu um tratamento muito mais gravoso sem qualquer motivo específico e razoável para tanto. No entanto, o Poder Judiciário, grosso modo, entendeu que não estaria configurada a violação à isonomia alegada.

Um episódio que marca bem a primeira espécie de consenso foi a extinção, ou melhor, a não prorrogação da CPMF, em 2007, por meio da rejeição, no Senado, do projeto de emenda constitucional que prorrogava mais uma vez a vigência desse tributo, quando passados onze anos de sua criação em caráter provisório. Mais recentemente, em 2015 e 2016, a resistência à recriação da CPMF, no bojo do ajuste fiscal que se tentou realizar no início do segundo mandado da Presidente Dilma Roussef, também é igualmente simbólico, tendo se convertido até mesmo em um *slogan* das manifestações *pro-impeachment*[35].

Por sua vez, marcas indeléveis dessa segunda espécie de consenso foram os sucessivos parcelamentos e anistias federais concedidos nos últimos anos, a exemplo do "REFIS" (Lei Federal nº 9.964/2000), "PAES" (Lei Federal nº 10.684/2003), "PAEX" (Medida Provisória nº 303/2006) e o "Refis da Crise" (Lei Federal nº 11.941/2009).

Geralmente essas medidas do Poder Legislativo são criticadas pelo Poder Executivo, notadamente pelos corpos técnicos e jurídicos da Fazenda, sob o argumento de que elas beneficiam o mau contribuinte, que não paga os seus tributos em dia na expectativa de uma anistia no curto prazo, em detrimento daqueles contribuintes que cumprem com sua obrigações em dia. Esse argumento parte de uma premissa de que todos os débitos tributários são certos, líquidos e incontroversamente devidos. E perde boa parte de sua força quando se constata que nem todos os débitos cobrados pela Fazenda se revestem dessa qualidade. Aliás, quando se verifica a situação crítica de insegurança, ilegitimidade, e litigiosidade endêmica em torno da lei tributária, que fixa, em última análise, os deveres do contribuinte, as leis de anistia e parcelamento passam a ser compreendidas em um cenário diverso. Afinal, se a legislação tributária é complexa e confusa, se o contribuinte não tem fácil acesso aos meios para sua modificação e se o débito tributário é objeto de controvérsia judicial, não parece tão incoerente ou absurda a concessão de parcelamentos e anistias com alguma frequência como uma espécie de transação para se encerrarem litígios.

Com efeito, uma das molas propulsoras das leis de anistia e parcelamento é a judicialização excessiva que tem se verificado em matéria tributária nos últimos anos, que leva à concessão de parcelamentos e anistias rotineiras, principalmente quando os contribuintes saem derrotados de uma grande disputa tributária nos Tribunais. Ou seja, as anistias e parcelamentos servem, nesse caso, como uma forma de se estimular o pagamento de débitos controversos e se extinguir o litígio judicial, por meio da concessão de vantagens financeiras aos contribuintes.

II.3. A Litigiosidade Excessiva

A litigiosidade excessiva na seara tributária aparece como uma consequência dos dois problemas anteriormente analisados: a insegurança gerada pela inflação normativa e a ilegitimidade da lei tributária.

---

35 A referência aqui é a figura do pato de borracha em frente à FIESP, em alusão à expressão de que a população não iria "pagar o pato, com aumento de impostos".

Por um lado, o Direito Tributário brasileiro é altamente constitucionalizado, formal e materialmente, e convive com uma significativa inflação normativa. Se a constitucionalização cria limitações superiores, rígidas e estruturais para a lei tributária, a inflação normativa torna a legislação complexa, obscura, abrindo-a a múltiplos questionamentos em torno da vigência, validade e interpretação de normas. Assim, a interpretação e a aplicação de uma lei tributária costuma envolver, em alguma medida, (i) a interpretação de normas constitucionais que direta e indiretamente tratam da matéria legislada – havendo um considerável número de princípios e regras constitucionais aplicáveis em matéria tributária; (ii) a interpretação da própria lei e a sua relação com as demais disposições legais existentes no ordenamento jurídico (que não são poucas); e (iii) a relação dessa lei com os atos normativos infralegais anteriores e posteriores relacionados à matéria regulada (dos mais diversos órgãos técnicos da Administração Tributária). Como se vê, a interpretação de uma lei tributária é uma operação complexa, que trabalha em vários planos normativos. E isso, certamente, contribui para que as controvérsias jurídicas se proliferem, acirrando os ânimos entre o Fisco e os contribuintes, diante da multiplicidade de soluções jurídicas possíveis e razoáveis.

Esse cenário acaba conduzindo à judicialização das questões e basta uma simples análise da jurisprudência dos Tribunais brasileiros para se verificar que as controvérsias tributárias respondem por boa parte dos litígios. O Supremo Tribunal Federal, dado o elevado grau de constitucionalização do Direito Tributário, é responsável, em boa parte, por dirimir em última instância conflitos tributários entre União, Estados e Municípios e os contribuintes, quando não conflitos entre os próprios entes e os contribuintes, como é o caso da denominada "guerra fiscal" entre os Estados em torno do ICMS. O Superior Tribunal de Justiça também dedica boa parte de seu tempo a questões tributárias[36]. As questões tributárias certamente contribuem para que a União Federal, os Estados e os Municípios liderem as estatísticas de pessoas que mais figuram em juízo[37]. É que a lei tributária, pelo seu caráter de geral, alcança milhares de contribuintes, suscitando litígios em massa.

Por outro lado, a crise de legitimidade da lei tributária agrava esse quadro. Se o contribuinte não encontra espaço democrático para ser ouvido e influenciar a tomada de decisões em Direito Tributário, parece natural que o caminho da resistência acabe culminando no Poder Judiciário. Não se está tratando aqui de uma atividade de resistência deliberada à legislação fiscal, numa espécie de desobediência civil. Mas, muito pelo contrário, a referência aqui é a uma resistência de caráter jurídico por parte do contribuinte, isto é, fundada em razões de Direito. Trata-se aqui daquele contribuinte que entende que a lei tributária ou a interpretação pretendida

---

36 Basta ver que a Primeira Seção do Tribunal, a quem compete processar e julgar causas que tratem, grosso modo, de temas de Direito Público dedica boa parte de suas decisões a questões tributárias.

37 A lista dos maiores litigantes no Poder Judiciário brasileiro pode ser encontrada no estudo do Conselho Nacional de Justiça, disponível na internet em <http://www.cnj.jus.br/images/pesquisas-judiciarias/pesquisa_100_maiores_litigantes.pdf>, acesso em 2.11.2011.

pelo Fisco viola seus direitos e, consequentemente, ingressa em juízo para discutir a validade da exigência fiscal.

Nesse contexto, por mais contraditório que possa parecer, o Poder Judiciário converte-se em um espaço democrático para o contribuinte. Não no sentido de uma democracia que consiste em soberania da vontade popular, mas na concepção de que uma democracia pressupõe que aqueles que serão afetados por uma decisão possam influenciar no resultado dessa decisão. É nessa linha de ideias que o devido processo legal, a ampla defesa e o contraditório, inerentes a um processo judicial democrático, permitem que o contribuinte traga razões para que o Poder Judiciário invalide uma determinada disposição da lei tributária ou mesmo adote uma interpretação diversa daquela defendida pelo Fisco.

É evidente que o espaço político dentro de um processo judicial é restrito e que a argumentação normativa no âmbito do Poder Judiciário gravita em torno dos critérios de validade jurídica, sendo muito mais técnico, específico, concreto e limitado do que o espaço legislativo, que permite uma argumentação muito mais aberta, variada, abstrata e vaga, inserida em uma esfera de debate que se move por interesses políticos, visando o bem comum. Mas, não se pode deixar de anotar que, nos últimos tempos, tem-se assistido a uma aproximação dessas duas esferas, cabendo-se falar tanto em uma judicialização da política como também em uma politização do direito[38].

Em linhas gerais, o primeiro fenômeno pode ser em parte atribuído à constitucionalização do Direito em geral, que torna as atividades do Poder Executivo e do Poder Legislativo cada vez mais sujeitas a critérios jurídicos, submetendo suas decisões a mecanismos de controle por parte do Poder Judiciário. O segundo fenômeno, por sua vez, abrange a ótica inversa e denota a forma como elementos políticos externos ao Direito influenciam e condicionam a sua aplicação, a partir da constatação de que a solução de casos concretos, especialmente dos casos difíceis, é menos uma decisão judicial puramente técnica, produto de uma razão objetiva, e mais fruto de escolhas e valorações subjetivas, ainda que fundadas racionalmente[39].

De todo o modo, o processo judicial passa a ser um dos caminhos para que o contribuinte seja ouvido e seus argumentos e críticas a respeito da lei tributária sejam devidamente analisados e tenham a sua procedência verificada.

Neste ponto, cabe destacar que a ampliação dos legitimados para deflagração do controle concentrado de constitucionalidade tem desempenhado um papel rele-

38 Sobre o tema da politização do direito e da judicialização da política, cf. Luiz Werneck Vianna, Maria Alice Resende de Carvalho, Manuel Palacios Cunha Melo e Marcelo Baumann Burgos, A judicialização da política e das relações sociais no Brasil, Revan, 1999 e Luís Roberto Barroso, "Constituição, Democracia e Supremacia Judicial: Direito e Política no Brasil Contemporâneo", disponível na internet em <http://www.lrbarroso.com.br/pt/noticias/constituicao_democracia_e_supremacia_judicial_11032010.pdf>, acesso em 1º.11.2011.

39 Nesse sentido, Patrícia Perrone Campos Mello, Nos Bastidores do STF. Rio de Janeiro: Forense, 2015.

vante para a discussão de temas tributários direto pelo Supremo Tribunal Federal. Nesse sentido, tem sido muito importante a atuação dos partidos políticos, das associações, das entidades de classe de contribuintes e da própria Ordem dos Advogados do Brasil, todos bastante atuantes no que concerne ao ajuizamento de ações diretas de inconstitucionalidade contra atos normativos tributários dos mais diversos. O sistema difuso do controle de constitucionalidade também existente no Direito brasileiro permite a qualquer contribuinte discutir, perante qualquer juiz ou tribunal, a questão da inconstitucionalidade da lei. Além disso, institutos processuais como o mandado de segurança, ações anulatórias e embargos à execução fiscal, e as tutelas de urgência permitem a discussão de tributos e a suspensão de sua exigibilidade, em alguns casos até independentemente de garantia.

Outra importante contribuição para uma expansão da judicialização de matérias tributárias tem sido a figura do *amicus curiae*. Essa figura tem permitido que contribuintes, individualmente ou mesmo reunidos em entidades de classe, possam atuar tanto no âmbito do controle concentrado de constitucionalidade quanto, mais recentemente, no âmbito do controle difuso de constitucionalidade, mais especificamente na repercussão geral das questões debatidas pelo Supremo Tribunal Federal e até mesmo no julgamento de recursos representativos da controvérsia no Superior Tribunal de Justiça. O *amicus curiae* tem facilitado o acesso à Justiça dos contribuintes de forma geral, oferecendo visibilidade e um canal aberto para influir nas decisões tomadas pelos Tribunais Superiores em questões tributárias relevantes. O novo Código de Processo Civil aprimora e expande as hipóteses de participação do *amicus curiae*.

Todos esses institutos permitem que os contribuintes tenham acesso ao Poder Judiciário para discutir questões tributárias. Em certa medida, portanto, pode ser muito mais fácil ao contribuinte ser ouvido por algum dos onze ministros da Suprema Corte do que por um das centenas de parlamentares do Congresso Nacional para discutir uma determinada questão tributária.

Se, por um lado, todas essas causas viabilizam uma participação mais efetiva do contribuinte que leva a questão tributária ao Poder Judiciário, há outras questões que conduzem ao agravamento da litigiosidade em matéria tributária. Em princípio, o crédito tributário é, por definição, indisponível, o que significa dizer que a Fazenda Pública não pode deliberadamente optar por cobrá-lo ou não. Em juízo, essa indisponibilidade se traduz na impossibilidade de a Fazenda Pública transigir quando se trata de matéria tributária. O problema é que esse paradigma da indisponibilidade do crédito público parte do pressuposto de que o crédito tributário, uma vez constituído, seria certo, líquido e exigível, e, consequentemente, estaria imune a controvérsias jurídicas acerca de sua existência, o que é longe de ser a realidade. O segundo problema consiste no comportamento que adotam a Fazenda Pública e, por via reflexa, o contribuinte, quando em litígio judicial. Há uma tendência a que ambos se utilizem de todos os recursos disponíveis previstos no sistema processual, recorrendo até a última instância possível. Vale dizer, se não há espaço para acordos e apenas um deve sagrar-se vencedor ao final da lide, a regra é sempre exaurir os recursos até para que se esgotem as chances de vitória.

Essa mentalidade estimula e acirra os litígios tributários e, salvo quando aparece a oportunidade de se avaliar a possibilidade de adesão a um programa de anistia ou parcelamento, a regra geral é que, uma vez em litígio, o contribuinte permaneça litigando com a Fazenda, na falta de outras formas de composição da lide.

Toda essa litigiosidade, evidentemente, produz consequências. Uma delas é a dificuldade de arrecadação, uma vez que os débitos tributários controversos não são imediatamente revertidos em proveito do erário[40] e essa contingência permanece até o final do processo, que leva muitos anos, em função da recorribilidade compulsiva mencionada acima.

Outro desdobramento dessa litigiosidade excessiva é a existência de um estado de permanente tensão e insegurança. Isso porque, a qualquer momento, um dos lados sairá vencedor e o outro perdedor no conflito, mas haverá uma série de fatos ocorridos e efeitos consumados ao longo dessa disputa judicial[41], que não necessariamente estarão resolvidos ou justamente equacionados ao final do processo.

Em suma, a experiência demonstra que um litígio processual costuma servir para resolver uma questão específica, mas invariavelmente gera outros problemas, que poderão ensejar novos e diversos litígios. E o círculo não tem fim.

III. Conclusão – A política Fiscal e os Caminhos para uma Juridicidade Tributária

Como se pode ver, o diagnóstico feito acima sobre a situação da lei no Direito Tributário brasileiro não é definitivamente dos melhores. Um instituto que visaria assegurar segurança jurídica aos contribuintes, conferir legitimidade à tributação e dotar de estabilidade o sistema tributário, convive com uma situação de inflação normativa, crise de legitimidade e litigiosidade excessiva.

As soluções para esse problema não são fáceis tampouco. Obviamente, não está em jogo a revogação do princípio da legalidade ou mesmo o esvaziamento de seu

---

40 É bem verdade que a legislação em vigor permite a utilização de depósitos judiciais pelos entes públicos. No entanto, outras modalidades de garantia como cartas de fiança bancária e seguro garantia não são liquidados de imediato. Cabe destacar ainda que, a partir da Lei Federal nº 9.703/1998 os depósitos judiciais ficam disponíveis no caixa da União Federal, devendo ser imediatamente restituídos ao contribuinte, caso este venha a se sagrar vencedor ao final do processo. Como era de se esperar, no atual cenário de litigiosidade, essa sistemática de arrecadação dos depósitos judiciais acabou sendo também objeto de controvérsia judicial, mas o STF a reputou constitucional. Posteriormente, a Lei Complementar nº 151/2015 expandiu a utilização de depósitos em controvérsias tributárias e não tributárias envolvendo os Estados e os Municípios. A constitucionalidade dessa medida está sob discussão no STF na ADI nº 5.463.

41 Por exemplo, as transações realizadas e os preços fixados com base em uma legislação fiscal posteriormente declarada inválida acarretam problemas de ordem econômica sobre a incorreta e injusta alocação de recursos. Da mesma forma, diante de contingências tributárias, os valores patrimoniais e demonstrações financeiras de empresas ficam profundamente impactados, sujeitos à oscilações que uma determinada discussão pode significar um lucro formidável ou uma perda irreparável para a atividade.

conteúdo normativo. Essa medida, além de ser absurda e padecer de inconstitucionalidade flagrante, retiraria o que a legalidade tem de mais virtuoso, que é a sua vocação para conferir previsibilidade, legitimidade e estabilidade ao Direito Tributário. Talvez a solução, ou melhor dizendo, as soluções estejam em corrigir esses vícios e distorções apontados acima. É fato que algumas dessas soluções demandam mudanças culturais e políticas mais amplas. Em alguma medida, um resgate pleno do sentido democrático e pluralista da legalidade tributária envolve uma reforma estrutural profunda no Poder Legislativo, para lhe devolver a representatividade popular e o prestígio político, em declínio atualmente.

De toda forma, existem determinados institutos e parâmetros jurídicos que podem ser aplicados, sem maiores reformas na legislação, como formas de, se não solucionar o problema, ao menos melhorar substancialmente o cenário atual. Aprofundar essas medidas escaparia os estreitos limites deste trabalho, que pretende servir mais como um diagnóstico para políticas públicas a respeito do tema. Mas, é possível vislumbrar algumas medidas que podem ser adotadas, nas diversas etapas do procedimento legislativo, partindo do momento de elaboração da lei tributária, passando pela deliberação em torno dela até a se ultimar com a sua aprovação.

As bases em que se fundam essas medidas são (i) o estímulo à participação direta dos contribuintes no processo legislativo tributário, por meio de órgãos representativos que possam exercer maior influência na formulação da legislação tributária; (ii) um controle mais estrito sobre a juridicidade de atos normativos emanados exclusivamente do Poder Executivo; e (iii) a construção de espaços plurais e democráticos nas esferas deliberativas e decisórias do Poder Legislativo e do Poder Executivo, com a nomeação de representantes da sociedade civil para atuarem de forma independente como uma espécie de *ombudsman/ouvidor* tributário[42].

No momento de elaboração da lei tributária, o estímulo à participação direta dos contribuintes na elaboração da legislação tributária permite uma proximidade maior entre o sujeito que cria a norma e o sujeito que é o seu destinatário e tem de cumpri-la. A realização de audiências públicas[43] e a criação de comissões de profis-

---

42 Essa figura de um ouvidor independente da Administração, para examinar e lidar com reclamações dos contribuintes existe na legislação de vários países, notadamente países nórdicos. A experiência parece ser bem-sucedida como noticiam os reports de países que adotam essa prática, tida como um bom exemplo de defesa dos direitos fundamentais dos contribuintes pela International Fiscal Association em seu Congresso de 2015 em Berna, na Suíça (Cahiers de droit fiscal international, volume 100 B: the practical protection of taxpayers' fundamental rights. Rotterdam: IFA, 2015.)

43 Nesse sentido, a existência de reuniões e encontros periódicos das principais e das mais atuantes entidades de classe nacional, no Congresso, contribuiria para a criação de espaços democráticos para elaboração de políticas tributárias. E essas ferramentas estão à disposição do Poder Legislativo, que pode realizar audiências públicas com entidades da sociedade civil ou solicitar depoimentos de qualquer autoridade ou cidadão (artigo 58, § 2º, incisos II e V da CF/1988). Essa faculdade é realizada apenas em circunstâncias excepcionais, como aconteceu, por exemplo, nas audiências públicas realizadas quando da conversão em lei da MP nº 627/2013, mas deveriam ocorrer de forma rotineira em todos os casos de alteração da legislação tributária.

sionais e de especialistas a respeito do tema para elaboração de projetos de lei[44] são medidas úteis e que podem contribuir consideravelmente. Um controle mais estrito sobre os requisitos formais de "relevância" e "urgência" para a edição de medidas provisórias em matéria tributária também pode ser apropriado, notadamente por meio da declaração da inconstitucionalidade formal daquelas medidas provisórias que manifestamente não atendam a esses requisitos, como acontece com boa parte das medidas provisórias em matéria tributária. Com isso, permite-se uma melhor reflexão prévia sobre matérias importantes, de enorme impacto fiscal, que é preferível à sua aprovação às pressas, sem maiores debates, com efeitos imprevisíveis e de difícil solução no tempo. A existência de Convênios do CONFAZ criando normas gerais em matéria de ICMS, tanto mais de forma "autorizativa" e "facultativa", é prática de manifesta inconstitucionalidade, que deve ser coibida em respeito ao artigo 146, inciso III, da CF/1988.

No momento de deliberação da lei e até mesmo no momento de sua regulamentação, uma participação mais direta do contribuinte é peça-chave para o resgate do caráter legitimador e consensual da legalidade tributária. Aqui também é fundamental o papel das associações, das entidades de classe e da própria Ordem dos Advogados do Brasil. A participação direta do contribuinte, por meio de entidades de classes e de especialistas na legislação tributária, é crucial, uma vez que, na condição de destinatário da norma tributária, o contribuinte tem condições, muitas vezes melhores do que o legislador e o administrador, de (i) verificar os impactos positivos e negativos da legislação sobre sua atividade; (ii) apontar eventuais falhas, omissões ou distorções da legislação sob deliberação; e (iii) sugerir alterações na legislação, para corrigir, aperfeiçoar ou mesmo acrescentar questões relevantes não tratadas pela legislação. Isso qualifica o debate e permite leis tributárias mais justas e razoáveis, minimizando-se a litigiosidade em um momento posterior. A ideia é criar um espaço plural e democrático, nos moldes do que ocorre no âmbito da regulação setorial por meio das agências reguladoras independentes. Se já existe um espaço para pluralidade no âmbito da Administração Tributária, no momento do julgamento de litígios tributários, como ocorre no caso dos conselhos de contribuintes de composição paritária, faz todo sentido que esse modelo seja de alguma forma estendido à etapa prévia de deliberação em torno da lei tributária e da sua regulação.

A adoção dessas medidas conferiria maior dose de legitimidade à lei tributária. Assim, eventual controle do Poder Executivo, por meio de sanção ou veto, em momento posterior a essa deliberação, seria mais indicado e menos autoritário do que a simples imposição de medidas provisórias e decretos como meio ordinários de se

---

44 O CTN foi elaborado nesses moldes, por meio de uma comissão integrada pela participação dos renomados tributaristas como Rubens Gomes de Souza e Gilberto de Ulhoa Canto, nos anos 50. Embora tenha sido aprovado há mais de cinquenta anos, o CTN ainda permanece em vigor no que toca a boa parte dos seus dispositivos. E, embora seu texto não seja imune a críticas, é fato que constitui até hoje um marco legal sólido do Direito Tributário, em certa medida até mais perene do que a própria Constituição.

"legislar" em matéria tributária. Além disso, o ônus político do veto a uma legislação consensual seria maior, assim como a força para a sua derrubada.

A legalidade é um princípio central do Direito Tributário que passa por uma grave crise institucional. Ela precisa ser repensada e reestruturada à luz da realidade existente. Políticas públicas para recuperação do seu valor plural e participativo podem ser um caminho, se não para resolver o problema da inflação normativa, da crise de legitimidade e da elevada litigiosidade no Direito Tributário brasileiro, pelo menos, para contribuir para algumas melhoras. É dessa permanente construção que vive a democracia e é dela que se poderá fazer da legalidade, algum dia, um tributo ao contribuinte.

Referências Bibliográficas

AMARO, Luciano. Direito Tributário Brasileiro. 11ª edição. São Paulo: Editora Saraiva, 2005.

ARAGÃO, Alexandre. Agências reguladoras e a evolução do direito administrativo econômico. Rio de Janeiro: Forense, 2002.

________. "A Concepção Pós-Positivista do Princípio da Legalidade", Revista de Direito Administrativo, Rio de Janeiro: Renovar, 2004, nº 236, abril/junho de 2004.

ÁVILA, Humberto Bergmann. Teoria dos Princípios: da definição à aplicação dos princípios. São Paulo: Malheiros, 2005.

BALEEIRO, Aliomar. Direito Tributário Brasileiro, atualizada por Misabel Abreu Machado Derzi. 11ª edição. Rio de Janeiro: Forense, 2005.

BARCELLOS, Ana Paula de. "Papéis do Direito Constitucional no Fomento do Controle Social Democrático: Algumas Propostas sobre o Tema da Informação", disponível na internet em <http://www.lrbarroso.com.br/pt/noticias/ana_paula_de%20_barcellos_informacao.pdf>. Acesso em 27.10.2011.

BARROSO, Luís Roberto. "A segurança jurídica na era da velocidade e do pragmatismo (Reflexões sobre direito adquirido, ponderação de interesses, papel do Poder Judiciário e dos meios de comunicação)", disponível na internet em <http://www.professordelfino.adv.br/artigos/CONVIDADOS2.pdf>. Acesso em 27.10.2011.

________. "Vinte Anos da Constituição Brasileira de 1988: O Estado a que Chegamos", disponível na internet em <http://www.migalhas.com.br/arquivo_artigo/art20081127-03.pdf>. Acesso em 1º.11.2011.

________. "Constituição, Democracia e Supremacia Judicial: Direito e Política no Brasil Contemporâneo", disponível na internet em <http://www.lrbarroso.com.br/pt/noticias/constituicao_democracia_e_supremacia_judicial_11032010.pdf>, acesso em 1º.11.2011.

________. BARCELLOS, Ana Paula de. "Da falta de efetividade à judicialização excessiva: direito à saúde, fornecimento gratuito de medicamentos e parâmetros para a atuação judicial", disponível na internet em <http://www.lrbarroso.com.br/pt/noticias/medicamentos.pdf>. Acesso em 27.10.2011.

BASTOS, Celso Ribeiro; MARTINS, Ives Gandra. Comentários à Constituição do Brasil: promulgada em 5 de outubro de 1988. São Paulo: Saraiva, 1988.

BINENBOJM, Gustavo. A Nova Jurisdição Constitucional Brasileira. 2ª edição. Rio de Janeiro: Renovar, 2004

________. Uma Teoria do Direito Administrativo: direitos fundamentais, democracia e constitucionalização. Rio de Janeiro, Renovar, 2008.

________. CYRINO, André Rodrigues. "Entre a Política e a Expertise: a repartição de competências entre o governo e a Anatel na Lei Geral de Telecomunicações", disponível na internet em <http://www.di-

reitodoestado.com/revista/REDAE-16-NOVEMBRO-2008-GUSTAVO%20BINENBOJM.pdf>. Acesso em 9.10.2011.

BRASIL. Conselho Nacional de Justiça. Departamento de Pesquisa Judiciária. "100 Maiores Litigantes". Disponível na internet em <http://www.cnj.jus.br/images/pesquisas-judiciarias/pesquisa_100_maiores_litigantes.pdf>. Acesso em 2.11.2011.

Cahiers de droit fiscal international, volume 100 B: the practical protection of taxpayers' fundamental rights. Rotterdam: IFA, 2015.

CARRAZZA, Roque Antonio, O regulamento no direito tributário brasileiro. São Paulo: Revista dos Tribunais, 1981.

DOURADO, Ana Paula (Org.). "Separation of Powers in Tax Law". Amsterdam: EATLP, 2010.

GONZÁLEZ, Maria Nélida de Gómez; LIMA, Clóvis Ricardo Montenegro de. Informação e democracia: a reflexão contemporânea da ética e da política, Brasília: Instituto Brasileiro de Informação em Ciência e Tecnologia, 2010. Disponível na internet em <http://www.ibict.br/publicacoes/infodemocracia.pdf>. Acesso em 1º.11.2011.

MACHADO, Hugo de Brito. "Inflação Normativa", disponível na internet em <http://www.dominiopublico.gov.br/download/texto/bd000024.pdf>. Acesso em 2.11.2011.

MELLO, Patrícia Perrone Campos. Nos Bastidores do STF. Rio de Janeiro: Forense, 2015.

MORAES, Alexandre de. Direito Constitucional. 16ª edição. São Paulo: Editora Atlas, 2005.

NABAIS, José Casalta. O Dever Fundamental de Pagar Impostos: contributo para a compreensão constitucional do estado fiscal contemporâneo. Coimbra: Almedina, 2004.

RIBEIRO, Ricardo Lodi. Limitações Constitucionais ao Poder de Tributar. Rio de Janeiro, Lumen Juris, 2010.

SCHOUERI, Luis Eduardo. Direito Tributário. São Paulo: Editora Saraiva, 2011.

THE WORLD BANK; PRICEWATERHOUSECOOPERS. "Paying Taxes 2008 – The global picture". Disponível na internet em <http://www.doingbusiness.org/reports/thematic-reports/paying-taxes/~/media/FPDKM/Doing%20Business/Documents/Special-Reports/DB08-Paying-Taxes.pdf>. Acesso em 1º.11.2011.

TORRES, Ricardo Lobo. Tratado de Direito Constitucional Financeiro e Tributário – Valores e princípios constitucionais tributários. Rio de Janeiro: Renovar, 2005.

_________. Curso de Direito Financeiro e Tributário. 12ª edição. Rio de Janeiro: Renovar, 2005, p 235.

WEISS, Fernando Lemme. A Inflação Constitucional Brasileira: estudo sobre a exagerada dimensão dos sistemas tributário e orçamentário na Constituição de 1988. Rio de Janeiro: Freitas Bastos Editora, 2008.

VIANNA Luiz Werneck (Org.) A judicialização da política e das relações sociais no Brasil, Revan, 1999.

Tributação, Justiça e Eficiência – Uma combinação possível para uma teoria da tributação ótima

Jorge Celso Fleming de Almeida Filho

1. Introdução

Há duas verdades inquestionáveis sobre o sistema tributário brasileiro: a primeira é que ele *deve ser* eficiente; a segunda, é que ele *não é* eficiente. Este desencontro entre o ôntico (*ser-fático*) e o deôntico (*dever ser-normativo*) reforça a necessidade de afirmação do princípio da eficiência tributária tendente a orientar as ações ligadas à tributação (na vertente da receita) e ao controle do gasto público (na vertente da despesa).

Os problemas inerentes ao sistema tributário brasileiro são por todos conhecidos: *(i)* complexidade resultante de uma quantidade excessiva de normas, tributos e obrigações acessórias; *(ii)* multi-incidência tributária, ou seja, muitos tributos incidentes sobre a mesma base e sobre outros tributos; *(iii)* tributação excessiva sobre folha de pagamento; *(iv)* guerra fiscal; *(v)* desoneração incompleta dos investimentos e das exportações, em prejuízo da geração de emprego e da competitividade internacional; *(vi)* carga tributária situada em torno de 35% do produto interno bruto, percentual elevado, sobretudo quando considerada a péssima qualidade dos serviços públicos essenciais prestados a população, notadamente os ligados a saúde, segurança, infraestrutura e educação; *(vii)* o significativo caráter regressivo do sistema tributário causado principalmente pela grande quantidade de tributos indiretos (ICMS, ISS e IPI) – que recaem normalmente sobre consumo, e cuja sistemática de cobrança não é capaz de aferir adequadamente a capacidade contributiva, limitando-se, no caso do IPI e do ICMS, a aplicação do princípio da seletividade em função da essencialidade do produto[1];

1 Além de pesada, a tributação no Brasil é também complexa e injusta: ao mirar o consumo, penaliza as faixas de menor renda. Os brasileiros são mais onerados sobre o que consomem do que sobre sua renda. Um tributo cobrado na compra de determinado produto ou serviço pesa proporcionalmente mais no bolso do cidadão pobre do que no do rico. Já a tributação sobre a renda ou sobre o patrimônio é mais justa, pois varia de acordo com a capacidade que cada um tem de contribuir. Atento ao efeito regressivo da tributação, o economista Thomas Piketty, no *best-seller* O Capital no Século XXI, defendeu a tributação progressiva das rendas, heranças e patrimônio como forma

(viii) corrupção[2]; e (ix) irresponsabilidade no planejamento e execução da política tributária pela falta de análise de impacto orçamentário e de mercado.

É, de fato, um sistema excessivamente complexo e oneroso, que tem atravancado o desenvolvimento do País.

Os problemas são fáceis de enunciar e difíceis de contornar. A fluidez, a imprevisibilidade e a complexidade da sociedade de riscos[3] exigem que as questões afetas à tributação sejam enfrentadas de modo multidisciplinar e com uma metodologia plural.

Um sistema tributário eficiente deve reunir as seguintes características: (i) *eficiência econômica*; (ii) *simplicidade administrativa*; (iii) *flexibilidade*; (iv) *responsabilidade política*; e (v) *equidade*[4].

O propósito deste artigo é simples: é demonstrar que a atuação da administração tributária deve ser direcionada à eficiência, principalmente a econômica, mas sem perder de vista seu compromisso com a justiça distributiva[5]. A par disto, torna-se necessário focar na *eficiência econômica*, respondendo às seguintes questões:

(a) Existe um princípio constitucional tributário que pugne pela eficiência? Em caso positivo, qual o seu fundamento constitucional?

(b) O mercado, compreendido como a dimensão econômica da sociedade, é influenciado pela tributação? Existe tributo neutro?

(c) É possível uma teoria da tributação que harmonize princípios de equidade e eficiência econômica?

(d) Quais os efeitos da tributação sobre a economia?

Seguem-se algumas considerações sobre tributação, justiça e eficiência visando à conciliação destes conceitos[6].

2. Tributação

O enfoque dado à tributação tem sido diverso ao longo do tempo. No estado liberal clássico (estado "guarda noturno"), o tributo era visto como o preço da liberda-

---

de impedir a acumulação crescente de riquezas, em que os 0,1% dos mais ricos detém 20% do patrimônio global, os 1% que estão na parte superior da pirâmide social, perto de 50% e os 10% superiores, entre 80 a 90%. PIKETTY, Thomas. O Capital no Século XXI. Ed. Intrinseca. 2014. p. 427. RIBEIRO. Ricardo Lodi. Piketty e a reforma igualitária no Brasil. *In*: Revista de Finanças Públicas, Tributação e Desenvolvimento – RFPTD, v. 3, nº 3, 2015.

---

2 ALMEIDA. Jorge Celso Fleming de. *Lei anticorrupção e compliance nas empresas: breves considerações sobre a Lei nº 12.846/2013*. Revista de Direito Administrativo da Associação dos Procuradores do Estado do Rio de Janeiro (APERJ). Volume XXV. Controle da Administração Pública. 2016. p. 321-363.

3 BECK, Ulrich. *La Sociedad Del Riesgo – Hacia una nueva modernidad*. Trad. Jorge Navarro, Daniel Jiménez e María Rosa Barros. Bracelona: Paidós, 1998.

4 SCHOUERI, Luís Eduardo. *Direito Tributário*. Ed. Saraiva. 2011. 1 ed. p. 38.

5 DWORKIN, Ronald. *A virtude soberana*. A teoria e a Pratica da igualdade. São Paulo. Martins Fontes. 2005, p. 64.

6 CASAMIGLIA, Albert. *Eficiencia y Derecho*. *Doxa*, nº 4, 1987, p. 271

de. No estado social, como o preço da igualdade. Atualmente, em uma visão liberal-igualitária, própria do estado democrático de direito, podemos falar do tributo como o preço de uma vida boa[7]. Esta nova concepção é fortalecida pelo princípio da eficiência e, em última análise, pelo direito fundamental à boa-administração.

O Estado[8] não é um fim em si mesmo, mas um meio para a satisfação das necessidades do povo organizado politicamente sobre determinado território. Não é por outro motivo que se inclui entre os elementos do Estado a finalidade, que é a realização do bem comum[9] por meio do uso responsável das receitas tributárias. Não se cobra tributos por mero deleite, mas para que com os recursos arrecadados o Estado dê às pessoas a melhor vida possível.

Esse modelo de Estado Antropocêntrico[10] tem o princípio da dignidade da pessoa

---

7 LEGALE FERREIRA, Siddharta. "A constitucionalização do direito tributário: a justiça fiscal numa visão liberal igualitária". Mimeo.

8 O termo "Estado" foi empregado em *O príncipe* de Maquiavel, escrito em 1513: " Todos os Estados, todos os governos que tiveram e têm autoridade sobre os homens, foram ou são ou república ou principados". Sobre o tema, há uma versão em português disponível em: <http://www.culturabrasil.org/oprincipe.htm#prc01>. Acesso em 15-08-2013. Cf. tb. BONAVIDES, Paulo. *Teoria do Estado.* 5º ed. revisada e ampliada. Editora Malheiros, 2004, p. 30. DALLARI, Dalmo de Abreu. *Elementos de Teoria Geral do Estado.* 21ª ed. São Paulo: Saraiva, 2000, p. 51.

9 De acordo com os filósofos contratualistas clássicos, o Estado forma-se por meio de um contrato social. Pode-se entender por contrato social o pacto pelo qual os indivíduos, inicialmente livres no estado de natureza, renunciam parte de sua liberdade individual em nome de uma organização política que funcionaria como uma entidade central dotada de autoridade sobre todos e que em contrapartida, deveria promover a ordem e o respeito aos direitos. Entre os vários teóricos contratualistas, destacam-se: Thomas Hobbes (1588-1679), com o *Leviatã* de 1651; John Locke (1632-1704), com *Dois Tratados sobre o governo Civil* e *Ensaio sobre o entendimento humano*, ambos de 1690; Jean-Jacques Rousseau (1712-1778), com *O Contrato Social* (1762) e *O Discurso sobre a desigualdade* (1753).

10 HÄBERLE, Peter. "Novos Horizontes e desafios do constitucionalismo". In: *Revista de Direito do Estado*. Rio de Janeiro: Renovar, 2007, ano 2, n. 6, p. 99. Modelo Antropocêntrico tem como elemento central a pessoa humana, ao contrário da ideia de estado organicista, que via nos indivíduos órgãos a serviço do Estado. No Estado organicista, não havia igualdade intrínseca entre as pessoas. O Estado era encarado sob a perspectiva *ex parte príncipe* e não *ex parte populi,* como deve ser o Estado Constitucional de Direito. O indivíduo era visto apenas como uma parte do todo social, cujos direitos poderiam ser livremente sacrificados em favor do bem comum. Como se o mais importante fosse o Estado e não os seus integrantes. No constitucionalismo democrático, a prioridade é a pessoa humana. Sobre o organicismo, cf. ZIPPELIUS, Reinhold. *Teoria Geral do Estado.* Tradução: Karin Praefke-Aires Coutinho. 3ª ed. Lisboa: Fundação Caloustre Gulbenkian, 1997, p. 35 *et seq.* Para Hegel, por exemplo, os indivíduos têm no Estado o seu mais elevado ser, daí a ideia organicista de superioridade intrínseca do bem comum assegurado pelo Estado sobre as liberdades individuais. O organicismo hegeliano representou a matriz teórica dos grandes sistemas políticos totalitários do século XX: o nazi-fascismo e o comunismo. Cf. BINENBOJM, Gustavo. *Uma Teoria do Direito Administrativo:* direitos fundamentais, democracia e constitucionalização. Rio de Janeiro: Renovar, 2006, p. 82. Em sentido diametralmente oposto ao organicismo (holismo), está o individualismo (atomismo) pautado na supremacia incondicional dos interesses privados dos membros de uma comunidade política sobre os da coletividade, considerada em seu conjunto. Este individualismo exacerbado é sustentado, por exemplo, pelos

humana[11] como um de seus princípios fundamentais (art. 1º, III da CRFB/88). Por meio dele, o ser humano é colocado no epicentro de todo o ordenamento jurídico, sendo reconhecido como centro e fim do direito, de forma que o Estado existe para o homem e não o homem para o Estado.

Estado e Direito[12] não podem ser analisados de forma dissociada das necessidades éticas e econômicas da sociedade[13]. Cabe ao Estado promover desenvolvimento econômico e social de forma a erradicar a pobreza e marginalização, bem assim reduzir desigualdades sociais e regionais por meio da redistribuição de riqueza e do fomento à atividade econômica geradora de emprego.

Do mesmo modo, por meio do Direito, o Estado deve garantir um ambiente de segurança e respeitabilidade, infenso ao engano, à frustração, à surpresa ruim, à arbitrariedade[14] e a qualquer forma de ineficiência.

Porém, tais objetivos estatais só podem ser atingidos se houver recursos financeiros, auferidos em sua maior parte por meio da arrecadação tributária, principal fonte de financiamento do estado fiscal[15].

Daí o reconhecimento do dever fundamental de pagar tributo[16], como dever inerente a manutenção do Estado Democrático de Direito[17]. Os direitos, compreendidos

---

teóricos do libertarianismo. SOUZA NETO, Cláudio Pereira de, SARMENTO, Daniel. *Direito Constitucional:* teoria, história e métodos de trabalho. Belo Horizonte: Editora Fórum, 2012, p. 238.

---

11 BARROSO, Luis Roberto. *Dignidade da Pessoa Humana no Direito Constitucional Contemporâneo.* A Construção de um Conceito Jurídico à Luz da Jurisprudência Mundial. Belo Horizonte: Editora Fórum, 2012.

12 O Direito é a ferramenta de trabalho por meio da qual o Estado buscou inicialmente, através de regras de conduta, reprimir os instintos, abrindo caminho para o processo civilizatório. É parte da totalidade das nossas relações sociais, do meio em que vivemos, da nossa cultura. BARROSO, Luis Roberto. *Direito Constitucional Contemporâneo*, Saraiva, 2009, p.3.

13 FERRARA, Francesco. *Interpretação e Aplicação das Leis.* Trad. Manuel A. D. de Andrade. Livraria Acadêmica Saraiva. 1934. p. XXXI.

14 ÁVILA, Humberto. *Segurança Jurídica*: entre permanência mudança e realização no Direito Tributário. São Paulo: Método, 2011, p. 294.

15 O Estado Fiscal é a projeção financeiro do Estado de Direito. Ricardo Lobo Torres sistematiza as etapas de evolução do estado financeiro da seguinte forma: (i) Estado Patrimonial, (ii) Estado de Polícia; e (iii) Estado de Fiscal, que conheceu três fases distintas: Estado Fiscal Minimalista, Estado Social Fiscal e Estado Democrático e Social Fiscal. TORRES, Ricardo Lobo. Curso de Direito Financeiro e Tributário. 10ª ed. Rio de Janeiro: Renovar, 2003, p. 7-10.

16 NABAIS, José Cassalta. *O Dever Fundamental de Pagar Imposto*. Coimbra: Almedina, 1998, p. 678. NABAIS, José Cassalta. *Por um Estado Fiscal Suportável:* Estudos de Direito Fiscal. Coimbra: Almedina, 2005, p. 21; 25-26.

17 "(...) a economia moderna na qual ganhamos nosso salário, compramos nossa casa, temos a nossa conta bancária, economizamos para aposentadoria e acumulamos bens pessoais, e na qual usamos nossos recursos para consumir ou investir, seria impossível sem a estrutura fornecida pelo governo, que é sustentado pelos impostos. Isso não significa que os impostos não devem ser objeto de avaliação – significa apenas que o alvo da avaliação deve ser o sistema de direitos de propriedade cuja existência eles possibilitam." MURPHY, Liam; NAGEL, Thomas. *O mito da propriedade*. Tradução: Marcelo Brandão Cipolla. São Paulo: Martins Fontes, 2005, p. 11.

como liberdades privadas com custos públicos, implicam o comprometimento de todos os cidadãos detentores de capacidade contributiva com o sustento do Estado.

Pagar tributo é comprar civilização, porque os tributos representam o preço dos direitos[18]. A atividade financeira é pressuposto necessário à existência do Estado e do Direito. Sem tributo não há Estado e sem Estado não existirá Direito.

O tributo é o meio necessário à satisfação da liberdade humana. Eis o paradoxo: perde-se liberdade para ganhar liberdade. Cabe ao administrado o dever suprir o Estado de recursos necessários para promoção do bem comum e, ao Estado, prover um ambiente social favorável para que o cidadão possa desenvolver todas as suas potencialidades.

A tributação acaba sendo um remédio necessário à sobrevivência do Estado e do Direito, seja pelo seu efeito arrecadador ou regulador. Mas, como se sabe, o poder de tributar não pode chegar à desmedida do poder de destruir[19]. A tributação para ser eficiente deve trazer mais benefícios do que malefícios à sociedade, compreendida em sua pluralidade.

O tributo é o principal veículo de financiamento dos gastos públicos, de intervenção (incentivando ou desestimulando atividade econômica) e de redistribuição. Por isso, não pode ser encarado como um vão sacrifício do cidadão, nem como um poder ilimitado do Estado.

O *dever* fundamental de pagar tributo implica o reconhecimento de um *direito* fundamental a uma boa administração. Direitos e deveres são indissociáveis. Mas, por algum desvio de percurso, atualmente eles se encontram divorciados.

Por serem "faces da mesma moeda", é recomendável uma maior aproximação entre o *direito fundamental à boa administração* e o *dever fundamental de pagar tributo*. É sempre importante trazer à memória das partes de uma relação seus *direitos* e *deveres*. Assim, busca-se fortalecer os compromissos entre o fisco e os contribuintes, de modo que cada qual desempenhe seu papel da maneira mais eficiente possível.

3. Justiça e Eficiência

A eficiência tributária é uma exigência que integra a ideia de Justiça fiscal e que está intimamente ligada a um princípio mais amplo: o da boa administração[20].

---

18 Tributo é o preço que se paga para viver em sociedade. Neste sentido, cabe mencionar a célebre frase do Juiz da Suprema Corte norte-americana Oliver Wendell Holmes: "tributos são o que pagamos por uma sociedade civilizada". A frase no original (*"taxes are what we pay for a civilized society"*) está insculpida na entrada do prédio da Receita Federal norte-americana, em Washington, DC.

19 Min. OROSIMBO NONATO em citação ao Chief Justice JOHN MARSHALL, quando do julgamento, em 1819, do célebre caso "McCulloch v. Maryland". Cf. RE 18.331/SP, RE 374981/RS – Informativo STF nº 381.

20 Trata-se de um direito-garantia, pois serve à defesa de outros direitos. Caracteriza-se por propiciar a interrelação entre normas constitucionais da parte dogmática (definidoras de direito) e as normas constitucionais orgânicas (de organização e funcionamento dos diversos órgãos constitucio-

O princípio da eficiência é um princípio pré-dado (implícito), pois não se pode conceber um Estado ineficiente, negligente, contraprodutivo, capaz de piorar a vida das pessoas, como uma verdadeira "pedra de tropeço", um estorvo, ou uma criatura que se rebela contra o criador[21].

A explicitação do princípio da eficiência no caput do art. 37 da CRFB/88[22], por meio da Emenda Constitucional 19/98, à primeira vista, parece se tratar de mero "adorno" posto no texto constitucional, por não ter trazido grandes inovações em termos de vinculação dos agentes públicos a um padrão de realização das finalidades públicas[23].

Acresce-se a isso a existência de diversos dispositivos constitucionais[24], e até jurisprudência dos tribunais superiores[25], que já apontavam, direta ou indiretamente,

nais). O direito fundamental a boa-administração foi inaugurado na Carta de Direitos Fundamentais da União Europeia (Carta de Nice). Foi consagrado também no art. 16 da Constituição Finlandesa de 1919. Cf. MORGADO, Cíntia. "Direito à Boa Administração, Recíproca dependência entre direitos fundamentais, organização e procedimento". In: *Revista de Direito da Procuradoria Geral do Estado*, 2010, nº 65, p. 78 e 79. MELLO, Celso Antônio Bandeira de. *Curso de Direito Administrativo*, 2006. p. 109-110: " (...), anote-se que este princípio da eficiência é uma faceta de um princípio mais amplo já superiormente tratado, de há muito, no Direito italiano: o princípio da 'boa administração'".

21 MODESTO, Paulo. "Notas para um Debate sobre o Princípio Constitucional da Eficiência". In: Revista Diálogo Jurídico. Salvador: CAJ – Centro de Atualizações Jurídicas, 2001, maio, v. 1, nº 2, p. 2. Disponível em: <http://www.direitopublico.com.br/pdf_2/DIALOGO-JURIDICO-02-MAIO-2001-PAULO-MODESTO.pdf.>. Acesso em 30-05-2016.

22 Art. 37, *caput,* da CRFB/88: "A administração pública direta e indireta de qualquer dos Poderes da União, dos Estados, do Distrito Federal e dos Municípios obedecerá aos princípios de legalidade, impessoalidade, moralidade, publicidade e eficiência e, também, ao seguinte: ".

23 MELLO, Celso Antônio Bandeira de. *Curso de Direito Administrativo*. São Paulo: Malheiros, 2006, p. 109-110:

24 Art. 74. "Os Poderes Legislativo, Executivo e Judiciário manterão, de forma integrada, sistema de controle interno com a finalidade de: (...) II – comprovar a legalidade e avaliar os resultados, quanto à eficácia e eficiência, da gestão orçamentária, financeira e patrimonial nos órgãos e entidades da administração federal, bem como da aplicação de recursos públicos por entidades de direito privado"; Art. 144, § 7º – "A lei disciplinará a organização e o funcionamento dos órgãos responsáveis pela segurança pública, de maneira a garantir a eficiência de suas atividades; Art. 52, XV – avaliar periodicamente a funcionalidade do Sistema Tributário Nacional, em sua estrutura e seus componentes, e o desempenho das administrações tributárias da União, dos Estados e do Distrito Federal e dos Municípios".; e Art. 37, XXII – "as administrações tributárias da União, dos Estados, do Distrito Federal e dos Municípios, atividades essenciais ao funcionamento do Estado, exercidas por servidores de carreiras específicas, terão recursos prioritários para a realização de suas atividades e atuarão de forma integrada, inclusive com o compartilhamento de cadastros e de informações fiscais, na forma da lei ou convênio".

25 Seguem-se algumas referências ao princípio da eficiência constantes de decisões do STF e do STJ, proferidas antes da Emenda Constitucional nº 19/98: Órgão Julgador: STF, RMS-2201. Relator (a) Ministro: Abner de Vasconcelos. Julgamento: 07/01/1954. São Paulo – SP. Órgão Julgador: STJ, RESP 169876/SP (RECURSO ESPECIAL nº 98/0023955-3), Relator (a) Ministro: José Delgado. Julgamento: 05-12-2006. DF – Brasília. Órgão Julgador: STJ, ROMS 5590/DF, Recurso Ordinário em Mandado de Segurança (95/0016776-0). Relator(a) Ministro: Luiz Vicente Cernicchiaro. Julgamento: 10/06/1996.

para ideias como economicidade, racionalização, não burocratização, idoneidade, qualidade, otimização, busca do melhor, priorização, integração, funcionalidade, desempenho, presteza, precisão, perfeição e rendimento funcional[26].

Entretanto, a positivação do dever de eficiência no seleto rol dos princípios norteadores da atuação da Administração não foi desnecessária se considerado o seu caráter de reforço à ideia de boa-administração, além das razões históricas, pragmáticas, políticas e do natural efeito simbólico[27].

Com efeito, a previsão constitucional do princípio da eficiência não foi despicienda, principalmente se considerado o fato de que a burocracia faz parte do histórico da Administração Pública Brasileira[28].

Em linhas gerais, tornar eficiente é racionalizar o processo, produzindo a maior quantidade de resultados com a menor utilização de meios[29].

É conhecida a diferença entre eficiência e efetividade. Nas palavras de *Peter Drucker*[30]: *"eficiência e fazer as coisas bem-feitas. Eficácia e fazer as coisas certas."*

---

26 MEIRELLES, Hely Lopes. *Direito Administrativo Brasileiro.* 20ª ed. São Paulo: Malheiros, 1995, p. 90. ÁVILA, Humberto. *Sistema Constitucional Tributário.* 4ª ed. São Paulo: Saraiva, 2010, p. 441. LEAL, Fernando. "Propostas para uma abordagem teórico-metodológica do dever constitucional de eficiência". In: *Revista Brasileira de Direito Público.* Belo Horizonte, 2006, julho – setembro, ano 4, nº 14, p. 2.

27 Marcelo Neves trata da função simbólica de textos constitucionais carentes de concretização normativo-jurídica. NEVES, Marcelo. *A constitucionalização simbólica.* São Paulo: Martins Fontes, 2011, p. 33-42 e 53-54.

28 ROCHA, Sergio André. *Processo Administrativo Fiscal – Controle Administrativo do Lançamento Fiscal.* 4ª ed. Rio de Janeiro: Lumen Juris, 2010, p. 77.

29 José Afonso da Silva explica que essa racionalização importa em "medir os custos que a satisfação das necessidades públicas importam em grau ao de utilidade alcançado" e que, quanto à Administração Pública, deve se orientar em "conseguir melhores resultados com meios escassos de que se dispõe a menor custo". Portanto, "O princípio da eficiência administrativa consiste na organização racional dos meios e recursos humanos, materiais e institucionais para a prestação de serviços públicos de qualidade em condições econômicas e de igualdade dos consumidores." SILVA. José Afonso da. *Curso de Direito Constitucional Positivo.* 34ª ed. São Paulo: Malheiros, 2011, p. 672; e, do mesmo autor, *Comentário contextual à Constituição.* 7ª ed. São Paulo: Malheiros, 2010, p. 342. Em termos semelhantes, Alexandre Santos do Aragão explica que a eficiência não deve ser entendida apenas como maximização do lucro, mas sim como um melhor exercício das missões de interesse coletivo que incumbe ao Estado, que deve obter a maior realização prática possível das finalidades do ordenamento jurídico, com os menores ônus possíveis, tanto para o próprio Estado, especialmente de índole financeira, como para as liberdades dos cidadãos. " ARAGÃO, Alexandre Santos de. "Interpretação consequencialista e análise econômica do direito público à luz dos princípios constitucionais da eficiência e da economicidade". In: SOUZA NETO, Cláudio Pereira de; SARMENTO, Daniel; BINENBOJM, Gustavo. *Vinte Anos da Constituição Federal de 1988.* Rio de Janeiro: Lumen Juris, 2009, p. 297.

30 Considerado o pai da administração moderna, Peter Ferdinand Drucker (1909 – 2005) é autor de importantes obras como: *Concept of de Corporation* (1945) – *A study of General Motors; The Post-Captalist Society* (1993); *Management Challenges of the 21st Century* (1999); e *Managing in the Next Society* (2002).

Eficiência é maximizar o fim com o mínimo de recursos (*efficiency*); e efetividade significa atingir um fim ao máximo com determinado meio (*effectiveness*)[31].

Segundo Marcos Juruena Villela Souto, a eficiência deve ser avaliada sob três aspectos, a saber: *o administrativo*, que significa agir sempre que presente o interesse público; *o técnico,* com o emprego dos meios adequados ao atendimento das necessidades públicas; e *o financeiro*, que é a aplicação do princípio da economicidade[32].

Ricardo Lodo Torres classifica o princípio da eficiência tributária como um *princípio de legitimação*[33]. Humberto Ávila, por seu turno, o considera um postulado ou norma de segundo grau[34].

Importa, nesta quadra, saber que o conceito jurídico de eficiência impõe à Administração Pública um dever de boa-administração, valor que deve ser buscado na maior medida possível dentro das possibilidades fáticas e jurídicas.

A eficiência surge como princípio econômico. Só recentemente, com a globalização e o neoliberalismo, é que ganha conotação de princípio jurídico[35]. No Brasil, isso se deu com a reforma gerencial iniciada com a edição da Emenda Constitucional 19/98, que juridicizou o princípio da eficiência como uma exigência inerente a toda atividade pública[36], inclusive a tributária.

A eficiência jurídica – essencial para uma democracia de qualidade – nada mais é do que a eficiência econômica juridicizada pela promoção de princípios e valores constitucionais. Segundo Daniella Bandeira, "a eficiência econômica vislumbrada pela atividade produtiva somente se justifica como eficiência jurídica de mercado se forem observados os princípios da dignidade da pessoa humana e da justiça"[37].

O Estado deve ser comprometido com a qualidade da democracia que adota. Uma democracia de qualidade deve ser capaz de promover princípios e objetivos posi-

---

31 ÁVILA, Humberto, *Sistema Constitucional Tributário*, Saraiva, 4ª ed., 2010, p. 442

32 SOUTO, Marcos Juruena Villela. *Direito Administrativo Regulatório*. Rio de Janeiro: Lumen Juris, 2002, p. 184.

33 Também são princípios de legitimação o princípio da razoabilidade, simplificação, praticabilidade, economicidade e transparência. TORRES, Ricardo Lobo. *Tratado constitucional financeira e tributário:* valores e princípios constitucionais tributários. Rio de Janeiro: Renovar, 2005, v. II, p. 200, 221; 263.

34 ÁVILA, Humberto. "Moralidade, razoabilidade e eficiência na atividade administrativa". In: *Revista Eletrônica de Direito do Estado,* 2005, nº 4, p. 3. Disponível em: <http://www.direitodoestado.com/revista/REDE-4-OUTUBRO-2005-HUMBERTO%20AVILA.pdf>. Acesso em 30-05-2016.

35 TORRES, Ricardo Lobo. "Princípio da Eficiência". In. TORRES, Ricardo Lobo; KATAOKA, Eduardo Takeme; GALDINO, Flavio (Orgs.). *Dicionário de Princípios Jurídicos*. Rio de Janeiro: Campus, 2011, p. 400.

36 O art. 8º do novo CPC de 2015 também prevê o principio da eficiência. Art. 8º Ao aplicar o ordenamento jurídico, o juiz atenderá aos fins sociais e às exigências do bem comum, resguardando e promovendo a dignidade da pessoa humana e observando a proporcionalidade, a razoabilidade, a legalidade, a publicidade e a eficiência.

37 Sobre a eficiência jurídica como instrumento para uma democracia de qualidade, FREITAS, Daniela Bandeira de. "Eficiência jurídica no mercado: um instrumento a serviço da democracia". In: FREITAS, Daniela Bandeira de; VALLE, Vanice Regina Lírio do (Coord.). *Direito administrativo e democracia econômica*. Belo Horizonte: Fórum, 2012, p. 102;104.

tivados pela ordem constitucional, sem se descuidar das demandas por eficiência econômica inerente à lógica do mercado. O mercado, compreendido como a dimensão econômica da sociedade, deve ser considerado pelo Estado na criação e implementação das políticas públicas[38].

Isso porque a eficiência de determinado setor do mercado funciona como importante instrumento de efetivação de bem-estar e desenvolvimento social e econômico, notadamente quando considerado seu potencial de gerar emprego[39].

Tributação eficiente é aquela que é boa para o fisco e recompensadora para o contribuinte. Aplicável a ambos os polos (fisco/contribuinte) da relação jurídica tributária, o princípio da eficiência é avesso a concepções "pró-fisco" ou "pró-contribuinte" da tributação.

A tributação "pró-contribuinte" acarretará redução das receitas tributárias, e, consequentemente, falta de recursos para implementação de políticas públicas. Por outro lado, uma tributação "pró-fisco", só preocupada em cumprir com os objetivos financeiros do governo (visão funcionalista)[40], trará: (i) ineficiência econômica, com a

---

38 A noção de políticas públicas pode ser compreendida como o programa de intervenção estatal a partir da sistematização de ações do Estado voltadas para a consecução de determinados fins setoriais ou gerais, baseados na articulação entre a sociedade, o próprio Estado e o mercado. Cf. DIAS. Jean Carlos. "Políticas Públicas e Questão Ambiental". In: *Revista de Direito Ambiental*. São Paulo: Revista dos Tribunais, 2003, junho – setembro, ano 8, nº 31, p. 121. Sobre o tema, cf. tb. TUTUNGI JÚNIOR. Nicola. *Ação Civil Pública e Políticas Públicas*. Implicações na tensão entre o Estado-Administrador e o Estado-Juiz. Rio de Janeiro: Lumen Juris, 2012, p. 173-192.

39 Amartya Sen, em sua obra "desenvolvimento como liberdade", abordar os "papéis constitutivo e instrumental da liberdade no desenvolvimento". Afirma o autor que as liberdades instrumentais "contribuem, direta ou indiretamente, para liberdade global que as pessoas têm para viver como desejariam. " Amartya elenca os seguintes tipos de liberdades instrumentais: (i) liberdades políticas; (ii) facilidades econômicas; (iii) oportunidades sociais; e (iv) garantias de transparência e segurança protetora. Comentando as facilidades econômicas, o autor afirma que "à medida que o processo de desenvolvimento econômico aumenta a renda e a riqueza de um país, estas se refletem no correspondente aumento de intitulamentos econômicos da população. Deve ser óbvio que, na relação entre a renda e a riqueza nacional, de um lado, e, de outro, os intitulamentos econômicos dos indivíduos (ou famílias), as considerações distributivas são importantes em adição as agregativas. O modo como as rendas adicionais geradas são distribuídas claramente fará diferença. SEN, Amartya. *Desenvolvimento como Liberdade*. Tradução: Lauro Teixeira Motta. São Paulo: Companhia das Letras, 2000, p. 54-56.

40 Não se deve buscar na análise econômica da tributação uma forma de promoção dos objetivos financeiros do Estado. Um "bom" exemplo desta visão funcionalista da tributação foi a "interpretação econômica do fato gerador", teoria influenciada pela chamada jurisprudência dos interesses, defendida por Enno Becker, autor do anteprojeto do Código Tributário alemão (*Reichsabgabenordnung*-RAO) de 1919, cujo § 1 tinha a seguinte redação: "Na interpretação das leis tributárias, devem ser observadas sua finalidade, seu significado econômico e o desenvolvimento das relações". RIBEIRO, Ricardo Lodi. *Justiça, Interpretação e Elisão Tributária*. Rio de Janeiro: Lumen Juris, 2003, p. 13; CALIENDO, Paulo. *Direito tributário e análise econômica do direito:* uma visão crítica. Rio de Janeiro: Campus, 2008, p. 107; CARVALHO, Cristiano. "Análise Econômica da Tributação". In: TIMM, Luciano Benetti. *Direito e Economia no Brasil*. São Paulo: Atlas, 2012, p. 247.

redução na produção e circulação de bens e serviços, e (ii) redução na arrecadação, seja em razão do encolhimento da atividade econômica, seja por conta da redução da vontade de contribuir dos indivíduos sujeitos à tributação, que significa aumento da evasão decorrente do aumento da má-vontade tributária.

A relação fisco/contribuinte deve ser regida pela lógica do "vencer-vencer", pois a derrota de qualquer das partes acarretará, mais cedo ou mais tarde, a falência da relação[41].

A eficiência tributária deve ser abordada na vertente da receita, como eficiência na tributação, e na vertente da despesa, como eficiência no gasto público[42].

Na vertente da despesa, o princípio da economicidade surge como exigência relativa à eficiência. A economicidade está estabelecida no art. 70 da CRFB[43] como um dos critérios para fiscalização das contas do governo e da administração direta e indireta.

A Administração deve fazer mais com menos. Isto requer maior controle da capacidade dispenditiva do Estado. Antes de se pensar em aumentar ou instituir tributos, é preciso melhorar a qualidade do gasto por meio de uma gestão mais eficiente. O Brasil precisa de mais eficiência e não de mais tributo.

Os gastos do Estado devem ser compatíveis com a capacidade contributiva dos cidadãos-contribuintes, não se justificando, em nome da maior necessidade de recursos por parte do Estado, o comprometimento da economia popular, nem violação ao princípio da legalidade e ao direito de propriedade. Importa perquirir quanto cada contribuinte individualmente e a sociedade como um todo podem suportar em termos de carga tributária, independentemente de quanto o Estado necessite para financiamento das despesas públicas[44].

Também é necessário que a alocação das receitas oriundas da tributação seja vantajosa para os contribuintes, de forma que os recursos utilizados para o

---

41 A expressão retórica corrente "juiz fiscalista" é um "ferro de madeira", uma contradição em termos e um agravo à função jurisdicional. A interpretação e a aplicação de normas fiscais não devem ser *a priori* nem pró-Fisco nem contra Fisco, mas em prol da lei. Cf. BORGES, José Souto Maior. "Um Ensaio Interdisciplinar em Direito Tributário: Superação da Dogmática". In: Revista Dialética de Direito Tributário. São Paulo, 2013, nº 211, p. 120.

42 TORRES, op. cit., p. 399.

43 Art. 70 da CRFB. A fiscalização contábil, financeira, orçamentária, operacional e patrimonial da União e das entidades da administração direta e indireta, quanto à legalidade, legitimidade, economicidade, aplicação das subvenções e renúncia de receitas, será exercida pelo Congresso Nacional, mediante controle externo, e pelo sistema de controle interno de cada Poder.

44 Nas palavras do professor Ricardo Lodi Ribeiro: "nota-se aí uma mudança de paradigma, na passagem do Estado Social para o Estado Social e Democrático de Direito. Não vale mais pesquisar quanto o Estado vai gastar para se atingir o ideal de justiça fiscal, e qual será o quinhão de cada cidadão para atingir este montante, como na época da teoria da interpretação econômica do fato gerador. Ao contrário, o ideal de justiça hoje se realiza na investigação de quanto cada cidadão pode contribuir com as despesas públicas, servindo a capacidade contributiva de cada um, e da sociedade como um todo, como limite as despesas públicas. RIBEIRO, Ricardo Lodi. *Limitações Constitucionais ao Poder de Tributar*. 2011 p.147.

pagamento de tributo seja mais úteis nas mãos do Estado do que nas mãos do cidadão.

O princípio da eficiência exige que não se empreguem recursos de forma pública se seu uso privado seria melhor, e vice-versa[45]. É possível um aumento da motivação do administrado em contribuir com o pagamento de tributos, por meio de uma política de gastos públicos mais atentos as reais necessidades dos contribuintes.

O desperdício fiscal operado na vertente da despesa, além de violar os princípios da economicidade, gera efeitos colaterais na arrecadação. A aplicação abusiva de recursos tributários desestimula o cidadão no sentido de contribuir para as despesas públicas, pois atinge diretamente a justificação da tributação, comprometendo o sentimento de justiça fiscal.

Seguem-se alguns atos causadores de injustiça fiscal, que tanto mal faz a eficiência da tributação: incompetência, despotismo, corrupção, indolência e indiferença de políticos e administradores públicos, falta de planejamento ou planejamento defeituoso, mania de patrocinar interesses individuais e de grupos à custa do Estado, e, em última instância de toda comunidade[46].

Outra questão a ser considerada é a alta carga tributária, que, por vezes, surge como resultado da má-alocação dos recursos públicos. Uma carga tributária injusta, porquanto desproporcional em face do princípio da capacidade contributiva, tem efeitos negativos sobre a eficiência da tributação[47]. A maior cobrança fiscal exercida sobre os cidadãos também aumenta à má-vontade tributária, afetando o sentimento de justiça (fiscal) do contribuinte[48], aumentando sua natural resistência ao pagamento de tributo.

A ética na relação jurídica tributária é uma ética de "mão dupla". Deve ser exigida tanto do contribuinte quanto do Fisco, para que haja justiça fiscal, estabilidade social e confiança na atuação do Estado[49].

---

45 MURPHY, Liam e NAGEL, Thomas. *O mito da propriedade*. Tradução: Marcelo Brandão Cipolla. São Paulo: Martins Fontes, 2005.

46 TIPKE, Klaus; LANG, Joachim. *Direito Tributário (Steurrecht)*. Tradução: Luiz Dória Furquim. Porto Alegre: Editor Sergio Fabris, 2008, p. 186.

47 "O país cresce menos com tanto imposto". Esta frase consta no painel do "impostômetro" instalado no prédio da sede da ACSP (Associação Comercial de São Paulo) que informa o total dos tributos pagos pelos brasileiros aos governos federal, estadual e municipal. O imposto metro registrará cerca de 900 bilhões em tributos pagos de 01 de janeiro a 27 de julho de 2013. In: *Informoney*. Disponível em: <http://www.infomoney.com.br/minhas-financas/impostos/noticia/2883990/impostometro-deve-registrar-900-bilhoes-sabado>. Acesso em 26-07-2013.

48 Comentando a "conexão entre a moral tributária do Estado e a do contribuinte", *Klaus Tipke* comenta: "Não se trata aqui de analisar se uma incorreta moral tributária do Estado pode justificar uma incorreta moral dos contribuintes. O que interessa verificar é se a má atuação do Estado influi direto de forma negativa sobre a moral do contribuinte" (tradução livre). TIPKE, Klaus. *Moral tributaria del Estado y de los contribuyentes* – Ética fiscal del contribuyente. Tradução: Pedro M. Herrera Molina – Marcial Pons, Madrid: Ediciones Jurídicas y Sociales, S. A, 2002, p. 121.

49 DELGADO, José Augusto. *"Os Direitos Fundamentais do Contribuinte"*. In: *Revista Tributária e de Finanças Públicas*. São Paulo, 2004, setembro-outubro, ano 12, p. 9-68.

A permanente tensão entre o fisco e contribuinte não é sem razão. Esta tensão possui caráter ético, político e, fundamentalmente, econômico. Não se trata de uma simples tensão jurídica[50]. É que o governo tende a confundir eficiência da política tributária com eficiência na arrecadação. Equívoco que consiste em tomar o princípio da eficiência no sentido de princípio da máxima arrecadação[51].

A eficiência meramente arrecadatória é uma patologia do sistema e não se insere no que se pode chamar de princípio da eficiência tributária. Enquanto esta é comprometida com o desenvolvimento nacional como um todo, aquela se preocupa apenas com a retirada de cada vez mais recursos da sociedade. A finalidade de uma autêntica política tributária deve ser: a promover justiça fiscal e o desenvolvimento econômico, nortear a alocação de recursos, assegurar o pleno emprego e o equilíbrio no balanço dos pagamentos internacionais, combater a inflação e permitir a coordenação fiscal entre as finalidades política, jurídica e administrativa dos governos[52].

Os aspectos fundamentais do princípio da eficiência tributária podem, então, ser assim sintetizados[53]:

(a) *capacidade dispenditiva do Estado,* que se relaciona a correta utilização dos tributos arrecadados para o bem da comunidade. Deste modo, deve haver uma proporcionalidade entre a extensão e a qualidade dos serviços públicos prestados à comunidade e o nível de imposição tributária;

(b) *capacidade contributiva da sociedade* a exigir a adoção de uma política tributária capaz de gerar *justiça fiscal e desenvolvimento econômico e social.* A arrecadação, mesmo sendo necessária, não autoriza que o Estado venha a ultrapassar os limites da capacidade contributiva, devendo também promover os estímulos necessários para que a sociedade progrida;

(c) *combate à sonegação* de modo que uns não sejam sacrificados pagando mais tributo por conta do descaso de outros, o que prejudica a competitividade. O legislador e o administrador também devem estar voltados à concepção de medidas tendentes ao combater à elisão fiscal abusiva e à evasão fiscal, bem como à moralização da Administração Fazendária, visando uma política tributária mais transparente e focada no atendimento dos direitos de toda a sociedade.

(d) *combate às complexidades desnecessárias.* A praticidade e simplificação administrativa acabam sendo uma via de mão dupla, pois servem para reduzir tanto o

---

50 DAUDT. Gabriel Pithan. *As possibilidades da constituição no âmbito do direito tributário.* Porto Alegre: RPGE, 2004, julho-dezembro, v. 28, n. 60, p. 9-26. Disponível em: <http://www.pge.rs.gov.br/upload/revista_pge_60.pdf>. Acesso em 30-05-2016.

51 MACHADO, Hugo de Brito. "Princípio da eficiência em matéria tributária". In: MARTINS, Ives Gandra da Silva. *Princípio da eficiência em matéria tributária.* São Paulo: Revista dos Tribunais, 2006, p. 53.

52 MARTINS, Ives Gandra da Silva. "Princípio da eficiência em matéria tributária". In: MARTINS, Ives Gandra da Silva. *Princípio da eficiência em matéria tributária.* São Paulo: Revista dos Tribunais, 2006, p. 33-34.

53 MARTINS, Ives Gandra da Silva. Op. cit, p. 31.

custo de arrecadação para o fisco quanto o custo de conformação (custos indiretos) para o particular.

A eficiência é princípio de conteúdo dinâmico, variável no tempo e no espaço. A administração tributária deve se adequar as mudanças sociais, sob pena de perder em eficiência. Se o contexto é de sociedade de massas, a administração tributária deve aplicar uma gestão de massas. Por outro lado, a falta de previsibilidade da sociedade de riscos clama por uma metodologia mais fluida e plural, atenta as consequências, mas sem prescindir dos valores.

Apesar de atualmente se encontrar expresso no *caput* do art. 37 da CRFB, fato é que o princípio da eficiência tem raízes não jurídicas. Por isto, é imprescindível buscar apoio em outras disciplinas, como forma de se verificar o respeito ao referido princípio, cujo conteúdo não é unívoco[54]. Neste sentido, a Economia merece especial atenção, por ser disciplina afim ao tema, e, portanto, bastante úteis para dar vida ao debate jurídico, enriquecendo-o com dados da realidade.

O tema posto não pode ser abordado sem uma análise atenta das relações entre o Direito e outros ramos do conhecimento, notadamente a Economia. Os problemas advindos da complexidade da sociedade de risco clamam por soluções multidisciplinares, o que tem servido de estímulo ao desenvolvimento de um novo método de investigação chamado de análise econômica do direito[55].

---

54 AMARAL, Antônio Carlos Cintra do. "O princípio da eficiência no direito administrativo". In: *Revista Diálogo Jurídico*. Salvador: CAJ – Centro de Atualização Jurídica, 2002, junho-agosto, nº 14. Disponível em: < http://www.direitopublico.com.br/pdf_14/DIALOGO-JURIDICO-14-JUNHO-AGOSTO-2002-ANTONIO-CARLOS-CINTRA-AMARAL.pdf>. Acesso em 30-05-2016.

55 A expressão "Análise Econômica do Direito" remete-nos ao seu autor mais conhecido: Richard Posner. Cf. POSNER, Richard. Economic Analysis of Law. Nova Iorque: Little Brown and Co., 1977. Registre-se também dois autores que contribuíram para a criação e avanço da Law and economics: Ronald H. Coase, em seu artigo *"The problem of social cost"*, e Guido Calabresi, com a publicação do artigo *"Some thoughts on Risk Distribution and the Law of Torts"*. Ronald H. Coase é Professor de Economia na Universidade de Chicago. O ensaio intitulado *"O Problema do Custo Social"* foi publicado no *Journal of Law and Economics* (Outubro, 1960). Há uma versão traduzida que pode ser encontrada no site: <http://services.bepress.com/cgi/viewcontent.cgi?article=1035&context=lacjls>. A análise econômica do direito tem um longo curso no pensamento norte-americano. A sua primeira vaga está estreitamente ligada à escola econômica neoliberal, com o seu centro em Chicago. Para esta escola, as transações humanas são o produto de uma liberdade de escolha racional e constituem um dado da natureza humana que não pode ser ignorado. Por isso, a liberdade de mercado produz sempre vantagens, pois os contraentes, se decidem negociar, em geral ganham ambos com isso, pelo menos do seu ponto de vista. As consequências desta assunção, para o direito, são que, a menos que haja prejuízos para terceiros (externalidades), a negociação no mercado deva ser fomentada pelo direito (e, não impedida, limitada ou dificultada, tornada onerosa); o Estado, por meio do Direito, deveria incentivar a negociação, ou mesmo impor, como norma supletiva ou mesmo obrigatória, a solução que resultaria do mercado. A intervenção do direito haveria de ser mínima e, nesse mínimo, adequar-se às normas do mercado. HESPANHA. Antônio Manuel. *O caleidoscópio do direito: o direito e a justiça nos dias e no mundo de hoje*. Coimbra: Almedina, 2009, p. 231-233.

4. Análise Econômica do Direito Tributário

A análise econômica da tributação surge do casamento entre Direito tributário e a Economia[56]. Por meio desta união, é possível verificar como a tributação *é* (análise ontológica) e como a tributação *deve ser* (análise deontológica). A economia traz luzes à tributação, auxiliando a formulação de políticas públicas, na medida em que possibilita uma manipulação mais eficiente das normas tributárias por parte do legislador e aplicador do direito.

Esse estudo transdisciplinar deve se iniciar pela análise do acoplamento estrutural entre o sistema jurídico e o sistema econômico, de modo a maximizar a análise de seus objetos[57], conforme proposto pela teoria dos sistemas autopoiéticos de Niklas Luhmann[58].

O sistema assegura seu fechamento ao fazer como que ocorra uma autorreferência em todas as operações. Ao se referirem em cada operação a si mesmos, tornam-se autônomos diante de seu contexto. Em outras palavras: o fechamento do sistema na forma autopoiética significa que, a partir de si mesmo, Direito gera o Direito, e Economia gera Economia.

Direito e Economia são sistemas autorreferenciais, pois se caracterizam pela autoprodução de seus próprios elementos. São sistemas que se reproduzem por si mesmos criando suas próprias regras, cada um com seu código próprio. O sistema jurídico trabalha com o código binário jurídico/antijurídico. O sistema econômico opera com o código escassez / riqueza.

O direito, como todo sistema autopiético[59], é normativamente fechado e cognitivamente aberto. Ele é fechado na sua organização interna, naquela função que

---

56 O objetivo é fazer uma análise econômica de alguns aspectos da tributação. Ao contrário do que ocorre nos EUA, a doutrina pátria tem estudado o Direito Tributário de modo dissociado da Economia. As causas deste afastamento podem ser assim resumidas: (i) forte influência do positivismo jurídico no cenário latino-americano; e (ii) maior influência da *Civil Law* continental Europeia do que do direito norte-americano. CARVALHO, Cristiano. "Análise Econômica da Tributação". In: TIMM, Luciano Benetti. *Direito e Economia no Brasil*. São Paulo: Atlas, 2012, p. 246-265.

57 CARVALHO, Cristiano. *Ficções Jurídicas no Direito Tributário*. São Paulo: Noeses. 2008, p. 262.

58 LUHMANN, Niklas. *Sociologia do Direito,* p. 354 *et seq*. Do mesmo autor: *A unidade do sistema jurídico*. p. 139. *Apud* GÜNTER, Klaus. *Teoria da Argumentação no Direito e na Moral. Justificação e aplicação.* 2 ed. *Rio de Janeiro:* Forense & Gen, 2011, p. 251 e 252. Cf. também RIBEIRO, Ricardo Lodi, *Temas de Direito Constitucional Tributário*. Rio de Janeiro: Lumen Juris, 2009, p. 320.

59 Um sistema autopoiético é um sistema comunicacional complexo e dinâmico. São dinâmicos porque têm a capacidade de se autorregular. São complexos porque, além da capacidade de se autorregular, também produzem seus próprios elementos. Nestes termos, um sistema complexo (ou autopoiético) precisa ter três atributos: (a) *autorregulação* – que consiste na capacidade de trocar de mensagem com o ambiente ou outros sistemas. O *feedback* recebido aciona os mecanismos internos calibradores do sistema, o qual passa a dirigir sua ação para manutenção do seu equilíbrio interno (homeostase), evitando, assim, a perda de sua estrutura (entropia); (b) *autogeração* – capacidade de produzir seus próprios elementos, substituindo aqueles que no decorrer de sua atividade, se avariaram ou se desintegraram; (c) *autorreferencialidade* – capacidade de conter em si mesmo, as regras para sua autogeração. CARVALHO, Cristiano. Op. cit., p. 20, 21 e 261.

não pode ser substituída, controlada, nem dirigida por outro sistema. No entanto, seu fechamento autopoiético exige posturas cognitivas em relação ao ambiente externo.

A comunicação com outros sistemas ocorre por meio de acoplamentos estruturais. Neste ambiente, a tributação serve de ponto de contato entre o sistema econômico e o político. A constituição, por sua vez, faz o acoplamento entre o sistema político e o jurídico, na medida em que constitucionalizar algo é transformar política em direito.

Tais acoplamentos, ao mesmo tempo em que salvaguardam a autopoiése de cada sistema, fixando seus limites, também estabelecem as possibilidades de relacionamento entre os sistemas, mantendo, assim, a higidez de cada sistema[60].

A lei tributária ao juridicizar o código escassez/riqueza, dentro dos limites fixados na constituição, acaba por estabelecer o fato gerador da obrigação tributária definindo o que pode ou não ser tributado. Assim, concluiu Ricardo Lodi[61]: "o fato gerador do tributo oferece o acoplamento estrutural entre o direito e a economia na seara da tributação".

No entanto, há que se tomar cuidado para que o direito não cause um excessivo "ruído" na economia, o que poderia ocasionar uma instabilidade indesejada e, com isso, ineficiência. É aqui que entra em cena o princípio da capacidade contributiva, servindo como elemento calibrador deste acoplamento estrutural[62].

A análise econômica do Direito Tributário não se restringe aos aspectos financeiros da tributação. A Economia se une ao Direito para abrir suas fronteiras e não para bitolá-lo aos interesses financeiros do Estado.

A *Law and Economics*[63] revela a insuficiência da análise eminentemente jurídica, presa a justificações formais abstratas e desatentas ao mundo real, para o enfrentamento dos problemas jurídicos. É uma releitura da dogmática tradicional com uma visão holística, concretista e consequencialista[64].

---

60 RIBEIRO, Ricardo Lodi, *Temas de Direito Constitucional Tributário*. Rio de Janeiro: Lumen Juris, 2009, p.320.

61 RIBEIRO, Ricardo Lodi, op. cit., p. 321.

62 CARVALHO. Cristiano. *Ficções Jurídicas no Direito Tributário*. São Paulo: Noeses. 2008, p. 263.

63 KLEIN, Vinicius. "Posner não é a única opção". In: RIBEIRO, Márcia Carla Pereira; KLEIN, Vinicius (org.). *O que é Análise Econômica do Direito*. Belo Horizonte: Editora Fórum, 2011, p. 177.

64 Daniela Bandeira bem sintetizou os efeitos da análise econômica sobre o direito. "Percebeu-se que para uma compreensão plena do fenômeno jurídico e para que seus supostos critérios de justiça se tornassem operacionalizáveis, seriam necessárias não apenas justificativas teóricas para a aferição de adequação abstrata entre meios e fins, mas teorias superiores à mera intuição que auxiliassem juízos de diagnóstico e prognose, permitindo, em algum grau, a avaliação mais acurada das consequências prováveis de uma decisão jurídica ou de alguma política pública dentro do contexto legal, político, social, econômico e institucional em que esta seria implementada". FREITAS, Daniela Bandeira de. "Eficiência jurídica no mercado: um instrumento a serviço da democracia". In: FREITAS, Daniela Bandeira de; VALLE, Vanice Regina Lírio do (Coord.). *Direito administrativo e democracia econômica*. Belo Horizonte: Editora Fórum, 2012, p. 80 e 81.

Além de atenuar o reducionismo economicista e o formalismo jurídico, a interação entre Direito e Economia também se projeta sobre a hermenêutica no sentido de desfazer o corte entre interpretação econômica e jurídica.

A interpretação é ao mesmo tempo jurídica e econômica, pois a finalidade econômica não foge ao domínio da norma jurídica[65]. A consequência desta interação é o surgimento de disciplinas como Economia Política, do Direito e do Setor público, cujos estudos são relevantes para o planejamento estatal e para economicidade dos tributos[66].

As normas jurídicas devem ser analisadas pelos incentivos que estabelecem e de como as pessoas alteram seu comportamento em resposta a esses incentivos.

Todas as pessoas em todas as atividades que impliquem uma escolha são maximizadoras racionais de suas próprias satisfações. Quando o aplicador se deparar com mais de uma solução possível, ele fará uma escolha racional, considerando a relação custo-benefício entre as opções dadas pela literalidade do texto normativo. A eficiência das decisões no âmbito do direito tem reflexos diretos na melhor ou pior alocação de recursos disponíveis.

A escolha racional para a alocação eficiente de recursos escassos deve estar presente em quaisquer decisões humanas, sejam estas decisões ligadas ao sistema econômico ou não. Não se trata de mover os governantes por cálculos de "utilidade", mas estimular o uso da tributação como instrumento de eficiência econômica, redistribuição de renda e de promoção do bem-estar social.

Neste sentido, será eficiente a decisão que propiciar o maior retorno possível levando-se em consideração os custos envolvidos no processo. Não se podem ignorar as consequências ocasionadas no mundo real pelas normas e decisões jurídicas, inclusive suas modificações. Não pode o direito ser visto como mero instrumento de coerção, devendo também servir de mecanismo gerador de riqueza e desenvolvimento econômico e social.

Há que se refutar, nesta oportunidade, a tese de que o juiz, por ser operador centrado no sistema, não poderia lidar diretamente com interesses econômicos, nem tampouco se voltar para o futuro, atitudes estas que seriam reservadas ao legislador.

---

65 A hermenêutica concretista deve considerar as variáveis relacionadas ao texto, contexto e intérprete. (i) Fatores relacionados ao *texto*: os comandos normativos não são absolutamente claros, sendo a vagueza e imprecisão características da linguagem jurídica que decorrem de sua textura mais ou menos aberta; (ii) Fatores relacionados ao *contexto*: a realidade subjacente e os "fatores reais de poder" devem ser integrados ao texto normativo, influenciando a decisão do intérprete, por meio de uma argumentação tópica que tem como limite as possibilidades dadas pela literalidade do texto. Os resultados práticos desta ou daquela interpretação devem ser considerados na escolha da norma de decisão; e (iii) Fatores relacionados ao *intérprete*: Não existe intérprete neutro. A neutralidade não pertence ao mundo dos viventes. O intérprete é um ser histórico, contextualizado, que possui sua visão própria de mundo, com suas frustrações e paixões. É um *ser-no-mundo*. Sendo assim, a pré-compreensão do intérprete e sua visão de mundo também influenciarão a leitura do texto normativo.

66 TORRES, Ricardo Lobo. *Normas de Interpretação do Direito Tributário*. 3ª ed. Rio de Janeiro: Renovar, 2000, p. 215.

De fato, o legislador encontra-se mais próximo da periferia do sistema jurídico (autopoiético) e, portanto, mais apto a colher informações de cunho político e econômico de outros sistemas. Embora limitado pela constituição, o legislador volta-se para o futuro, normatizando comportamentos sob o código lícito/ilícito[67].

Sendo assim, deve-se atentar para a capacidade institucional dos diversos agentes estatais. O legislador tem melhores condições de promover objetivos distributivos por meio da criação e modificação das leis, ao passo que o judiciário tem maior pendor para promoção da eficiência quando da interpretação da lei.

Observe-se que a influência do argumento econômico não significa a subversão do sistema jurídico, porquanto este seja dotado de autogeração e autorreferencialidade, como decorrência de seu caráter autopoiético. Significa, sim, que o sistema do direito irá trocar mensagem com o sistema econômico e, a partir daí, dirigir suas ações visando manter seu equilíbrio interno, com base em seu poder de autorregulação.

Note-se que tais considerações econômicas em nada violam a juridicidade, pois sempre deverão ser respeitados os limites possíveis dados pela literalidade da Lei e da Constituição.

São nas indeterminações conceituais e cláusulas gerais que a Economia revela sua maior importância, fornecendo parâmetros precisos, além de demonstrar os verdadeiros resultados da aplicação ou não do regramento legal, tendo como uma de suas maiores contribuições a possibilidade de converter disputas muito abstratas entre justiça, moral e equidade em disputas por eficiência econômica[68].

A interação entre direito e economia corrobora o uso do argumento pragmático-consequencialista de cunho econômico, que não significa interpretação pró-fisco à mercê dos interesses financeiros do Estado[69].

Isto posto, conclui-se que cabe a norma jurídica, auxiliada pelas potentes lentes da economia, promover um ambiente de eficiência econômica.

5. Uma Teoria da Tributação Ótima

O conflito entre os objetivos de equidade e eficiência está no centro de toda questão tributária. O tributo pode ser eficiente, mas não equitativo, porquanto seja

67 Estas são considerações feitas pela ilustre professora Misabel Abreu Machado Derzi em seu prefácio à obra de Fábio Martins acerca do uso do argumento pragmático ou consequencialista de cunho econômico nas modulações em matéria tributária. Cf. ANDRADE, Fábio Martins de. *Modulação em Matéria Tributária*. O Argumento Pragmático Consequencialista de Cunho Econômico e as Decisões do STF. São Paulo: Quartier Latin, 2011, Prefácio.

68 CARVALHO, Cristiano. A Superação de Regras Jurídicas na Atividade Jurisdicional: um modelo maximizador. 2009. Disponível em: <http://escholarship.org/uc/item/4h7508fp.>. Acesso em 30-05-2016.

69 CARVALHO, Cristiano. "Análise Econômica da Tributação". In: TIMM, Luciano Benetti. *Direito e Economia no Brasil*. São Paulo: Atlas, 2012, p. 248.

concentrador de renda. Por outro lado, ele pode promover equidade, por melhorar a distribuição de renda, mas não ser eficiente do ponto de vista econômico.

Há um dilema (*trade-off*) entre equidade e eficiência. Promover eficiência significa abrir mão de um pouco de equidade, e priorizar equidade significa abdicar de um pouco de eficiência.

A teoria da tributação ótima[70] consiste em identificar a melhor combinação entre justiça e eficiência de modo que o governo consiga, respeitado o princípio da capacidade contributiva, arrecadar uma dada receita e alcançar determinados objetivos distributivos ao menor custo possível em termos de perda de eficiência econômica.

Além de ser capaz de obter receita para financiar os gastos públicos, espera-se que um sistema tributário obedeça a premissas de *eficiência* e *equidade*. Para tanto, ele deve reunir as seguintes características: (i) os tributos devem ser estabelecidos de modo a minimizar sua interferência no sistema de mercado, a fim de não torná-lo (mais) ineficiente (*princípio da neutralidade*); (ii) a distribuição do ônus tributário deve ser equitativa entre os diversos indivíduos de uma sociedade (*princípio da equidade*); (iii) os tributos devem ser universais, cobrados sem distinção para indivíduos em situações similares (*princípio da equidade*); e (iv) cada indivíduo deve ser taxado conforme sua capacidade contributiva (*princípio da equidade*).

Cabe ao Estado promover o bem-estar social e econômico dos cidadãos, como verdadeiros destinatários do sistema jurídico-político. Ocorre que para se atingir tal objetivo por vezes é necessário conciliar objetivos antagônicos ligados, de um lado, à eficiência econômica (eficiência de mercado) e, do outro, à equidade (justiça redistributiva).

Uma sociedade justa deve buscar algum compromisso entre eficiência e distribuição[71]. A atuação do Estado não se justifica por razões de ganho utilitário, somente, mas por valores intrínsecos. Por vezes, a própria constituição concede especial tutela a determinados grupos, como a família, ao idoso, ao portador de deficiência, etc. São fundamentos de moralidade política que ganharam consagração constitucional e, por isso, devem ser promovidos pelo Estado.

Facilitar inclusão de deficientes no mercado de trabalho, por exemplo, é função do Estado, mesmo que isto não seja justificado por razões de ganho social utilitário. A mesma lógica se aplica ao tratamento fiscal mais vantajoso as pessoas portadoras de doenças graves ou deficientes.

Uma teoria da tributação ótima[72] deve harmonizar equidade (distribuição) e eficiência. A proposta é conciliar determinados objetivos distributivos ao menor custo possível em termos de perda de eficiência econômica.

---

70 SIQUEIRA, Rosane Bezerra; NOGUEIRA, José Ricardo; BARBOSA, Ana Luiza Neves de Holanda. *Teoria da tributação ótima*. In BIDERMAN, Ciro e ARVATE, Paulo. *Economia do Setor Público no Brasil*. Ed. Campus. 2005. p. 174.

71 DWORKIN, Ronald. *A virtude soberana*. A teoria e a Pratica da igualdade. São Paulo: Martins Fontes. 2005, p. 64.

72 SIQUEIRA, Rosane Bezerra; NOGUEIRA, José Ricardo; BARBOSA, Ana Luiza Neves de Holanda. "Teoria da tributação ótima". In: BIDERMAN, Ciro; ARVATE, Paulo. *Economia do Setor Público no Brasil*. Rio de Janeiro: Campus, 2005, p. 174.

O conflito entre os objetivos de equidade e eficiência está no centro de toda questão tributária. Uma teoria da tributação ótima[73] consiste em identificar a melhor combinação entre eficiência econômica e justiça fiscal[74], de modo que o governo consiga arrecadar uma dada receita, respeitando a capacidade contributiva, e, ainda, alcançar determinados objetivos distributivos ao menor custo possível em termos de perda de eficiência econômica.

Nada obstante a tensão entre justiça e eficiência, é possível uma solução conciliadora. Para isso, o Direito deve ser visto como um sistema modulador de eficiência e equidade, ponderando exigências de eficiência econômica e de distribuição de renda[75].

6. O Princípio da Neutralidade Possível

O conceito de neutralidade fiscal relaciona-se com o de neutralidade econômica. O princípio da neutralidade diz que os impactos gerados pelo ônus tributário não devem alterar – ou intervir o mínimo possível – a alocação de recursos na economia.

Os tributos não devem interferir ou distorcer os preços relativos (preço de um produto em relação aos outros) dos bens e serviços. Tributo neutro é aquele que não implica mudança de comportamento nos agentes econômicos. No entanto, como se verá, esta ideia de tributação neutra é utópica.

No Estado Liberal, a arrecadação era encarada apenas como uma forma para fazer frente aos gastos públicos. O Estado abstinha-se do exercício de qualquer poder econômico, deixando os agentes econômicos livres para se autodeterminarem, intervindo somente quando solicitado para garantir a observância das regras naturais do mercado.

Esse modelo de finanças neutras foi substituído pelas finanças funcionais com o advento do Estado social, que passou a influenciar as conjunturas em nome da promoção do bem-estar social. Neste cenário, as normas constitucionais da ordem econômica e social passaram a servir de diretriz na condução estatal das políticas públicas de incentivo ao desenvolvimento da sociedade. Agrega-se, assim, uma função extra a tributação: a função regulatória.

A política fiscal, além de principal responsável pela obtenção de recursos para implementação de políticas públicas[76], também é indutora de comportamento. A tri-

---

73 SIQUEIRA, op. cit., p. 174.

74 Segundo DWORKIN: *"É afinal uma ideia conhecida em teoria política que a sociedade justa encontrará algum compromisso entre a eficácia e a distribuição"*. DWORKIN, Ronald. *A virtude soberana.* A teoria e a prática da igualdade. São Paulo. Martins Fontes, 2005, p. 64.

75 CALIENDO, Paulo. *Direito tributário e análise econômica do direito:* uma visão crítica. Rio de Janeiro: Campus. 2008. p.77. CASAMIGLIA, Albert. "Eficiencia y Derecho". In: *Doxa*, 1987, nº 4, p. 271.

76 Cabe ao governo nos propiciar bens e serviços a serem financiados por várias maneiras: emissão de moeda, lançamento de títulos públicos, empréstimos e a tributação. No entanto, a tributação é o mais famoso e atuante meio de financiamento de gasto público. Não é por outro motivo que Benjamim Franklin, ex-presidente norte-americano em meados do século XVIII, disse: "neste mundo nada é certo a não ser a morte e os impostos".

butação é uma das mais fortes intromissões do sistema jurídico na liberdade individual, sendo potentes estimuladores ou inibidores das ações dos indivíduos a ela sujeitos. Nestes termos, mostra-se relevante estudar a relação entre a norma jurídica tributária e o comportamento individual[77].

Todo tributo tem além de sua função arrecadatória (função fiscal) uma função indutora de comportamento (função extrafiscal)[78]. Os tributos são utilizados não apenas com finalidade fiscal (obtenção de receita), mas também com finalidade extrafiscal, o que ocorre quando se tributa pesadamente os latifúndios improdutivos, para forçar o cumprimento da função social da propriedade, ou quando se estabelece elevada alíquota para a importação de determinada mercadoria, visando à proteção da indústria nacional.

Ocorre que não existe tributo factível[79] que seja puro, no sentido de realizar tão só a fiscalidade, ou, unicamente, a extrafiscalidade. Os dois objetivos convivem harmonicamente na mesma figura impositiva, sendo apenas lícito verificar que, por vezes, um predomina sobre o outro, ao que podemos chamar de tributo tipicamente fiscal ou tipicamente extrafiscal[80].

É fato que a tributação introduz distorções na economia, influenciando o comportamento dos agentes econômicos privados, que tendem a exercer seu poder econômico dentro de um espaço de competição que lhe pareça mais favorável. Se a tributação se aplica a um comportamento do contribuinte, basta que este comportamento não seja adotado para afastar a tributação. Conclui-se, então, que o legislador tributário estimula ou não comportamentos.

O tributo não distorcivo, também chamado de tributo *lump sum*[81], é aquele cuja incidência independe do comportamento do contribuinte. Não há nada que os indivíduos possam fazer para alterar a carga tributária que recaia sobre eles. Este tipo de

---

77 CARVALHO, Cristiano. "Análise Econômica da Tributação". In: TIMM, Luciano Benetti. *Direito e Economia no Brasil*. São Paulo: Atlas, 2012, p. 246.

78 SCHOUERI, Luís Eduardo. *Direito Tributário*. São Paulo: Saraiva, 2011, p. 33.

79 Usa-se o termo factível para deixar de lado os tributos *lump sum*, ou seja, não distorcível, pois os tributos são essencialmente distorcíveis.

80 CARVALHO, Paulo de Barros. *Curso de Direito Tributário*. 14ª ed. São Paulo: Saraiva, 2002, p. 228-229.

81 Vejamos a diferença entre o tributo *Lump-sum e o Excise tax*: *Lump-sum tax* (ou tributo por montante único) é um tipo ideal de tributo (sem levar em conta considerações de equidade) em que cada indivíduo paga um valor fixo, independentemente do montante da sua renda e do seu consumo. O tributo *lump sum* não interfere na eficiência econômica das trocas, pois todos estão pagando o mesmo valor para o governo e têm suas rendas reduzidas no mesmo montante. Assim, se a economia está em um ótimo de Pareto e é cobrado um imposto do tipo *lump-sum*, a eficiência econômica não será prejudicada. Por isso, o *lump-sum tax* é considerado um imposto neutro (imposto eficiente). Um *excise tax* é uma sobretaxa tributária que é acrescentada ao preço de cada unidade de um produto. São exemplos de *excises taxes* o ICMS, o IPI e o ISS, que são impostos que incidem sobre os preços dos produtos vendidos. O *lump-sum tax* altera o orçamento disponível (renda) para o consumidor, reduzindo-o. O *excise tax* não interfere no orçamento disponível, mas interfere na relação entre os preços dos bens. Ou seja, o *excise tax* aumenta para o consumidor o custo de oportunidade do bem que está sendo taxado.

tributo é baseado em características inalteráveis dos indivíduos, como, por exemplo, a cor dos olhos, sexo, idade, como também ocorre na tributação *per capita*[82], i.e., cobrado de todos os habitantes de uma localidade.

Os tributos *lump sum* são eficientes do ponto de vista econômico, porque não afetam a neutralidade do sistema econômico na medida em que possibilitam que as decisões de mercado sejam tomadas exclusivamente por critérios econômicos.

Embora eficientes e tecnicamente viáveis, os tributos não distorcivos são injustos porque não diferenciam a capacidade contributiva de cada sujeito passivo, o que acarreta consequências distributivas indesejáveis.

Percebe-se, a partir deste conflito entre equidade e eficiência na tributação, que objetivos distributivos não podem ser atingidos sem certo grau de sacrifício em termos de eficiência econômica.

Pelo exposto, conclui-se que um sistema tributário eficiente é aquele cujas normas não estimulam a não neutralidade. A tributação não deve buscar a neutralidade pura, mas a neutralidade possível. Significa que o Estado deve arrecadar tributos, implementando sua política fiscal, influenciando o mínimo possível na tomada de decisão dos agentes econômicos e no sistema de formação de preços[83].

7. O "*peso morto*" da Tributação e as Falhas de Mercado

Para se chegar a uma distribuição mais equânime de recursos disponíveis, devem ser alteradas as condições iniciais dos agentes, por meio de intervenção nas condições preexistentes no mercado.

Se um tributo recai sobre determinados bens de consumo e o comerciante (ou produtor) repassa o seu custo ao consumidor embutindo-o no preço final, o consumidor provavelmente alterará seu comportamento, adquirindo menos daquele bem ou substituindo-o por outro mais barato, se a sua demanda for elástica[84].

---

82 SIQUEIRA, Rosane Bezerra; NOGUEIRA, José Ricardo; BARBOSA, Ana Luiza Neves de Holanda. "*Teoria da tributação ótima*". In: BIDERMAN, Ciro; ARVATE, Paulo. *Economia do Setor Público no Brasil*. Rio de Janeiro: Campus, 2005, p. 173-174.

83 CALIENDO, Paulo. *Direito tributário e análise econômica do direito*: uma visão crítica. Rio de Janeiro: Campus, 2008, p. 106-130.

84 A elasticidade do preço da demanda mede a sensibilidade da quantidade demandada quando se faz variação de preço. De modo menos técnico, é a variação percentual na demanda de um bem em função da variação percentual dos preços. Nos bens de demanda elástica, uma pequena variação no preço causa uma grande variação na quantidade demandada. Ou seja, a variação na quantidade demandada é proporcionalmente maior que a variação no preço. A grande maioria dos bens é de demanda elástica. Existem também os de demanda inelástica, como a insulina. Neste caso, o efeito é inverso. Uma grande variação no preço causa uma pequena variação na quantidade demandada. Alfred Marshall, importante economista do século XIX, estabeleceu as seguintes relações entre os bens e suas respectivas elasticidades: (i) quanto mais essencial o bem, mais inelástica será sua demanda; (ii) quanto mais bens substitutos houver mais elástica será sua demanda; (ii) quanto menor o peso do bem no orçamento, mais inelástica será sua demanda; (iii) No longo prazo, a elas-

Essa distorção causada pela tributação afetará o equilíbrio entre oferta e demanda[85].

O aumento de preço decorrente da tributação acarretará a redução da quantidade demandada, desequilibrando a relação entre oferta e procura. Esta distorção causada pela tributação fará surgir uma área entre as retas de oferta e demanda que representa a perda do excedente do consumidor[86] (que gasta mais) e do produtor (que vende menos).

A tributação reduz o excedente do consumidor e do produtor, transferindo receita do setor privado para o setor público. Como esta perda de excedente, decorrente da ineficiência econômica causada pela tributação, não vai para ninguém, a chamamos de *peso morto*[87] da tributação.

O peso morto da tributação é o excesso de perda de excedente dos produtores e consumidores sobre a receita tributária. Em outras palavras, as perdas suportadas pelos compradores e vendedores decorrentes da cobrança de tributo superam a receita obtida pelo governo e o *quantum* desta diferença é o montante do *peso morto.* Este *peso morto* implica redução de bem-estar social, que significa menos riqueza para a sociedade em razão da diminuição da produção e do consumo.

Há estudos que buscam encontrar o ponto ótimo de eficiência. O teorema de Coase propõe que, na ausência de custos de transação, a solução mais eficiente é atingida independentemente de quem arque com as responsabilidades.

---

ticidade preço da demanda tende a ser maior que no curto prazo; e (iv) quanto maior o número de possibilidades de uso de um determinado bem, tanto maior será sua elasticidade, pois o número de substitutos que ele possui também será alto.

85 Este equilíbrio ocorre quando o produtor oferece a quantidade de bens que os consumidores pretendem adquirir. Este equilíbrio entre oferta e demanda é característico de um mercado de concorrência perfeita. Nesta situação, nem a demanda nem a oferta isoladamente determinam o preço. O preço adotado é aquele obtido no mercado. Os produtores maximizam os lucros de seu negócio, produzindo até o ponto em que o custo marginal (o incremento do custo total pela produção de uma unidade a mais) for igual a receita marginal (variação da receita total obtida pela venda de uma unidade adicional de produto. Quando a receita marginal torna-se menor que o custo marginal, deve-se reduzir a produção para evitar prejuízos. Outra característica de um mercado de concorrência perfeita é a atomicidade, decorrente da presença de grande número de pequenos vendedores e compradores, de modo que cada um isoladamente não tem condições de alterar o sistema de preços. Diante deste cenário, podemos dizer que empresas e consumidores são tomadores (ou aceitadores) de preços (*price-takers*). Há outras situações que caracterizam um mercado de concorrência perfeita. No entanto, como fogem aos limites deste trabalho, somente mencionaremos: produto homogêneo, perfeito conhecimento de preços e perfeita mobilidade de recursos.

86 Excedente do consumidor é o benefício total que o consumidor recebe além daquilo que ele pagou pela mercadoria. É o que o consumidor estaria disposto a pagar menos o que ele efetivamente pagou. É, portanto, uma medida de bem-estar do consumidor. Por outro lado, o excedente do produtor é a quantia que ele recebe pelo bem menos o seu custo de produção.

87 Este estudo se deve ao economista Frank Ramsey. *A contribution to the theory of taxation, The economic journal*, v. 37, nº 145, 1927.

A eficiência no sentido de Pareto – "ótimo de Pareto" – ocorrerá quando não for possível realocar recursos na economia de forma a aumentar o bem-estar de um indivíduo, sem reduzir o bem-estar do outro. Em outras palavras: uma distribuição é considerada eficiente quando não é possível redistribuir recursos, melhorando a situação de pelo menos uma pessoa, sem que nenhuma outra pessoa tenha sua situação piorada. Uma vez encontrado este ponto ótimo (ponto Pareto-eficiente), qualquer mudança implicará em perda de eficiência.

O "ótimo de Pareto" é uma situação em que a economia funciona com eficiência econômica, ou seja, o mercado competitivo está em equilíbrio (curva de demanda intercepta a curva de oferta). Neste caso os excedentes dos consumidores e produtores são maximizados e não temos peso morto. Daí, o porquê de se chamar a eficiência econômica de eficiência de Pareto[88].

Como forma de aperfeiçoamento da teoria proposta por Pareto, temos o critério de Kaldor-Hicks, que tem em Richard Posner seu maior divulgador. Buscando a maximização da riqueza, o critério de Kaldor-Hicks enuncia que uma distribuição de recursos pode ser considerada eficiente se aqueles que tiverem sua situação melhorada puderem compensar aqueles que tiveram sua situação piorada com a mudança na alocação de recursos, de modo que estes fiquem tão bem como antes da alteração, considerando seus próprios julgamentos, e aqueles fiquem em melhor situação, também em seu próprio julgamento. Trata-se, portanto, de critério menos rígido e mais satisfatório que o proposto por Pareto.

Se a economia está equilibrada em um "ótimo de Pareto" (situação de equilíbrio competitivo em que há maximização dos excedentes), a incidência de um tributo distorcivo (não neutro) trará piora no nível de eficiência econômica, causando peso morto, porque alterará a alocação eficiente preexistente.

Como a tributação não é neutra sempre haverá mudança na alocação preexistente. Se esta alocação preexistente significar um equilíbrio em um mercado competitivo, ela será um ótimo de Pareto (eficiente economicamente). Ao tributar e mudar a alocação eficiente preexistente, o não atendimento à neutralidade pode tornar o mercado (mais) ineficiente. É por isso que o princípio da neutralidade está intimamente ligado ao conceito de eficiência econômica (ótimo de Pareto).

Surge, então, um questionamento: Se todos os tributos factíveis são distorcivos, como buscar eficiência econômica por meio da tributação e ainda respeitar os direitos fundamentais dos contribuintes? Os efeitos negativos decorrentes da tributação em termos de perda de eficiência partem de um pressuposto de sistema eficiente, ou seja, competitivo, com equilíbrio entre oferta e demanda em condições ideais de mer-

88 Nas palavras do professor Ricardo Lobo Torres, "o economista W. Pareto foi o responsável pela formulação mais refinada do princípio, que ficou conhecida como 'ótimo de Pareto': a eficiência consiste na situação em que é impossível melhorar a utilidade de uma das pessoas sem reduzir a de outra". TORRES, Ricardo Lobo. "Princípio da eficiência em matéria tributária". In: MARTINS, Ives Gandra da Silva. *Princípio da eficiência em matéria tributária.* São Paulo: Revista dos Tribunais, 2006, p. 71.

cado. No entanto, o mercado é falho, existem disparidades (ou "falhas de mercado")[89] entre as situações concretas da economia. É justamente nesta seara que a intervenção pela tributação pode trazer resultados positivos para o sistema econômico.

Explique-se: diferentemente do que entendia Adam Smith[90], com sua visão de mercado autorregulável, às vezes, a busca do interesse próprio de cada indivíduo pode causar danos à sociedade, em vez de promover o bem comum[91]. Isso ocorre porque o mercado é falho. As falhas de mercado são "situações em que a interação racional e autointeressada dos agentes econômicos não leva a resultados eficientes do ponto de vista do ganho social"[92].

Imaginemos uma economia que não esteja em níveis ótimos de eficiência, em razão de alguma falha de mercado. Diante disso, o governo, a fim de corrigir essa falha de mercado, pode decidir impor um tributo específico para corrigir a distorção existente. Veja que esse tributo, apesar de não ser neutro, pode melhorar a eficiência econômica, tendo em vista que ele visa à redução de uma falha de mercado.

Como os mercados apresentam falhas, às vezes não são capazes de andar com as "próprias pernas". Neste contexto, faz-se necessária a intervenção do governo na economia[93],

---

89 Falha de mercado é todo "defeito" no funcionamento do mercado. São exemplos de falhas de mercado: (i) falhas de incentivo: ligadas aos bens coletivos, de consumo não rival, ou seja, o fato de um bem ser consumido por um indivíduo não impede que outro também o consuma. Por exemplo: a segurança pública é oferecida a toda população; (ii) Falhas na origem física ou cultural: ligada a mobilidade dos fatores. Compradores e vendedores não estão dispostos em mudar suas preferências com rapidez. Exemplificando: a mudança no preço do sal dificilmente alteraria seu consumo; (iii) falhas de origem legal: assimetria da informação, decorre do desnível de informação entre compradores e vendedores; (iv) falhas de estrutura: ligada à concentração econômica, seja por meio de redução do número de compradores (monopsônio ou oligopsônio) ou no número de vendedores (monopólio ou oligopólio); (v) falhas de sinal; são as externalidades, que decorrem dos custos não internalizados de determinadas atividades. Exemplificando: escola instalada em rua comercial não internaliza em seu custo o aumento do trânsito que a escola gerará, desestimulando outros consumidores a frequentarem aquela localidade nos horários de entrada e saída dos estudantes. Cf. SCHOUERI, Luís Eduardo. *Direito Tributário*. São Paulo: Saraiva. 2011, p. 35-36.

90 Segundo este grande protagonista do liberalismo econômico, "não é da bondade do homem do talho, do cervejeiro ou do padeiro que podemos esperar nosso jantar, mas da consideração que eles têm pelo seu próprio interesse. Apelemos não para sua humanidade, mas para seu egoísmo, e nunca lhes falemos das nossas necessidades, mas das vantagens deles". SMITH, Adam. *Inquérito sobre a natureza e as causas das riquezas das nações*. Tradução: Luís Cristovão de Aguiar. 2ª ed. Lisboa: Ed. Calouste Gulbenkian, 1989, p. 95.

91 KRUGMAN, Paul; WELLS, Robin. *Introdução à Economia*. Tradução: Helga Hoffman. Rio de Janeiro: Campus, 2007, p. 3.

92 CARVALHO, Cristiano. "Análise Econômica da Tributação". In: TIMM, Luciano Benetti. *Direito e Economia no Brasil*. São Paulo: Atlas, 2012, p. 250.

93 Em sentido oposto: *Milton Friedman* (1912-2006), em tom de crítica, defendeu a ideia de que toda tentativa de corrigir as falhas de mercado por meio da ação do Estado pode implicar erros ainda maiores, em virtude dos custos decorrentes das falhas do governo, falhas estas derivadas de falhas no regime democrático e da forte influência dos grupos de interesse, que se valem da máquina pú-

por meio de suas instituições[94] e da tributação, com o objetivo de promover uma distribuição eficiente de recursos, facilitando o desenvolvimento e retificando as distorções do mercado[95].

8. Efeitos da Tributação na Ordem Econômica

O Estado, ao tributar, produz os seguintes efeitos na economia: (i) alocativos; (ii) distributivos; e (iii) estabilizador.

O efeito alocativo decorre do fato de que a tributação é naturalmente indutora de comportamento, ou seja, a incidência do tributo não é neutra na economia. A tributação tem reflexos na forma como a totalidade dos recursos será dividida entre o setor público e o privado.

A iniciativa privada nem sempre é capaz de prover os recursos necessários e almejados pela sociedade. Por meio do sistema de preços, o mercado atua visando estritamente às necessidades privadas. Assim, por vezes, alguns bens podem não ser disponibilizados pela inciativa privada, ou quando são disponibilizados, seu consumo não é estendido indefinidamente para todos os cidadãos, em razão dos preços cobrados.

Nestes casos, o Estado necessita intervir com o intuito de promover ajustes e alocar os recursos na produção e oferta de bens que objetivem o atendimento das necessidades da coletividade, mas que não são ofertados pela iniciativa privada. Em outras palavras: o governo, em sua função alocativa, produz bens (podem ser bens públicos, meritórios[96] ou até mesmo bens privados) a fim de corrigir as imperfeições nas alocações existentes e promover uma alocação mais eficiente.

blica para patrocinar interesses privados. No mesmo sentido, *Friedrich Hayek*, em um de seus livros mais famosos, *"O Caminho da Servidão"* (1944), defendeu que o crescente controle do estado é o caminho que leva à completa perda da liberdade, e indicava que os trabalhistas, em continuando no poder, levariam a Grã-Bretanha ao mesmo caminho dirigista que os nazistas haviam imposto à Alemanha. *Friedman* e *Hayek*, assim como vários outros economistas defensores do capitalismo laissez-faire, argumentaram que a política do *New Deal*, do Presidente *Franklin Delano Roosevelt*, ao invés de recuperar a economia e o bem estar da sociedade, teria prolongado a depressão econômica e social. Principalmente, segundo Friedman, por ter redirecionado os recursos escassos da época para investimentos não viáveis economicamente, ou seja, os desperdiçavam, o que teria diminuído a eficiência, a produtividade e a riqueza da sociedade. Milton Friedman foi um influente economista norte-americano da chamada Escola de Chicago, laureado com o Prêmio de Ciências Econômicas e autor de diversas obras dentre elas: *Free to Choose: A personal statement, with Rose Friedman* (1980); *Capitalism and freedom* (1962) e *The Methodology of Positive Economics* (1953).

94 Esta abordagem econômica do direito é defendida por Coleman. COLEMAN, Jules. *Risks and Wrongs*. New York: Cambridge University Press, 1992, p. 2-5.

95 Há ainda que se elencar como função do governo, e não especificamente da tributação, a função reguladora realizada principalmente por meio de agências reguladoras (ANATEL, ANTAQ, ANA, ANEEL, etc).

96 Temos como exemplo os bens meritórios (saúde e educação), que, por questões de mérito, devem ser disponibilizados a todos; os bens públicos (segurança nacional, pavimentação de ruas, iluminação

No exercício da sua função alocativa, o governo pode produzir diretamente produtos e serviços ou propiciar condições (por meio de isenção de impostos, subsídios, etc.) para que sejam viabilizados pelo setor privado.

Em paralelo, tem-se a redistribuição de renda que também faz parte da função alocativa do estado. Ao prover bens públicos ou meritórios, como saúde e educação, que beneficiam as camadas mais pobres da população, o governo também está redistribuindo renda.

Os impostos, principalmente os extrafiscais, assumem importante papel no que tange à função alocativa da tributação. Primeiro, por não terem o produto de sua arrecadação afetado a órgão, fundo ou despesa, sendo, portanto, destinados a custear serviços gerais, ou seja, serviços *uti universi*. Segundo, por serem extrafiscais, exercem função precípua de regular atividade econômica.

A função distributiva visa alcançar um nível de distribuição de riqueza ideal, baseado em crenças, valores e premissas que determinem essa distribuição, de acordo com a cultura de cada sociedade. O instrumento mais utilizado na distribuição é o sistema de tributos e transferências, especialmente os tributos progressivos, além de outros expedientes como a política de subsídios, salário mínimo, proteção tarifária, renúncia fiscal, transferências intergovernamentais, entre outros. Exemplo recente de política de distribuição de renda é o programa bolsa-família.

A política fiscal também se destina ao alcance ou manutenção da estabilidade econômica. Em sua função estabilizadora, cabe ao Estado, por meio de políticas macroeconômicas, manter níveis satisfatórios de emprego, renda, taxa de câmbio, inflação, equilibrar balanço de pagamento, taxa de crescimento econômico, etc.

O caráter corretivo da tributação também pode ser visualizado nos impostos seletivos, como é o caso do IPI e do ICMS, sobretudo no que se refere à redução das externalidades negativas[97]. Por outro lado, quando os impostos seletivos são cobrados sobre bens de luxo, o imposto seletivo tem finalidades distributivas

pública), que não são ofertados pela iniciativa privada em razão da não possibilidade de cobrança pelo seu uso; os bens que a iniciativa privada não têm interesse em explorar devido aos altos custos de implantação (energia nuclear, energia elétrica em algumas regiões, etc.); os negócios arriscados e que, portanto, podem afugentar a iniciativa privada (pesquisas de curas para doenças e novas tecnologias).

97 Essa tributação corretiva (pois corrige falhas de mercado) foi inicialmente proposta por Arthur Pigou, daí, o nome "imposto pigouviano". Externalidade negativa é um efeito externo de alguma transação econômica que traz algum custo para a sociedade como um todo. Transações que geram externalidades negativas são consideradas uma falha de mercado e pioram a eficiência econômica do mesmo. A solução dada por Pigou foi justamente à imposição de tributos corretivos, como forma de minimizar externalidades. Por exemplo, quando alguém fuma, isto gera uma externalidade negativa, pois ele "incomoda" e traz problemas de saúde a outras pessoas que estão em volta, além de sobrecarregar o sistema de saúde público. Quando o governo, por meio de um imposto seletivo, tributa mais pesadamente o cigarro, ele melhora os níveis de eficiência econômica do mercado, pois ele procura reduzir essa externalidade negativa, incluindo no preço do cigarro o custo não computado da externalidade. Outro exemplo é o caso das fábricas poluidoras, que seriam tributadas pela poluição que causassem, com o propósito de internalizar essas externalidades negativas, corrigindo então tais falhas de mercados.

Existe, portanto, uma contribuição positiva da tributação para correção das falhas de mercado. Seus efeitos alocativos, distributivos e estabilizadores podem aprimorar os mecanismos de mercado sem importar necessariamente em perda de eficiência econômica.

É perceptível o "duplo dividendo" deixado pela tributação: arrecada recursos para execução de políticas fiscais e regula o mercado induzindo comportamentos de acordo como a política econômica e, principalmente, com os programas de governo fixados na própria constituição. Não se contentando com a ideia de neutralidade pura (utópica, por natureza), o Estado passa a direcionar a economia impondo finalidades, fixando metas econômicas e promovendo políticas públicas.

9. Conclusão

A explicitação do princípio da eficiência no *caput do art.* 37 da CRFB/88, por meio da EC 19/98, reforça a ideia de boa-administração.

O princípio da eficiência tributária é a projeção da eficiência administrativa em âmbito tributário. É um princípio de legitimação que deve ser abordado na vertente da receita, como eficiência na tributação, e na vertente da despesa, como eficiência no gasto público.

A eficiência tributária é uma exigência que integra a ideia de justiça fiscal. A eficiência é dever da administração e direito dos contribuintes a ser incorporado ao seu estatuto jurídico. O *dever* fundamental de pagar tributo implica o reconhecimento de um *direito* fundamental a uma boa administração tributária.

O tributo é o ponto de contato entre a economia e o direito. A análise econômica do direito tributário tem o propósito de atenuar o formalismo jurídico exacerbado, possibilitando ao operador do direito enxergar o mundo de forma mais realista e pragmática com auxílio das potentes lentes da economia.

Um sistema tributário eficiente deve reunir as seguintes características: (i) eficiência econômica; (ii) simplicidade administrativa; (iii) flexibilidade; (iv) responsabilidade política; e (v) equidade.

Cabe à teoria da tributação ótima harmonizar equidade (distribuição) e eficiência. Tributo neutro é aquele que não implica mudança de comportamento nos agentes econômicos. A ideia de tributação neutra é utópica, pois objetivos distributivos não podem ser atingidos sem certo grau de sacrifício em termos de eficiência econômica. Para se chegar a uma distribuição mais equânime de recursos disponíveis, devem ser alteradas as condições iniciais dos agentes, por meio de intervenção nas condições preexistentes no mercado. Neste contexto, adota-se a ideia de neutralidade possível, que considera eficiente a tributação que não estimulam a não neutralidade, ou seja, que interfere o mínimo possível na eficiência econômica.

Apesar de não existir neutralidade pura, a tributação pode melhorar a eficiência econômica, quando visa à redução das falhas de mercado. Neste contexto, faz-se necessária a intervenção do governo exercendo determinadas funções tendentes a produção de efeitos na economia. O Estado, ao tributar, produz os seguintes efeitos na economia: (i) alocativo; (ii) distributivo; e (iii) estabilizador.

Efeito distributivo: promove redistribuição de renda, visando redução das desigualdades sociais e tirando mais de uns em favor de outros. Efeito alocativo: A economia não é indiferente à tributação. Como a tributação não é neutra, ela afeta o comportamento dos agentes econômicos, induzindo comportamentos. Efeito estabilizador: a política fiscal pode induzir resultados positivos em termos de política econômica, como manutenção de nível de emprego, estabilização dos preços, equilíbrio do balanço de pagamento etc.

É possível, portanto, identificar um "duplo dividendo" deixado pela tributação: arrecada recursos para execução de políticas fiscais e regula o mercado induzindo comportamentos de acordo como a política econômica e com os programas de governo.

10. Referências Bibliográficas

ALMEIDA. Jorge Celso Fleming de. Lei anticorrupção e *compliance* nas empresas: breves considerações sobre a Lei nº 12.846/2013. Revista de Direito Administrativo da Associação dos Procuradores do Estado do Rio de Janeiro (APERJ). Volume XXV. Controle da Administração Pública. 2016.

AMARAL, Antônio Carlos Cintra do. "O Princípio da eficiência no direito administrativo". In: *Revista Diálogo Jurídico*. Salvador: CAJ – Centro de Atualização Jurídica, 2002, junho-agosto, nº 14.

ANDRADE, Fábio Martins de. *Modulação em Matéria Tributária*. O Argumento Pragmático Consequencialista de Cunho Econômico e as Decisões do STF. São Paulo: Quartier Latin, 2011.

ARAGÃO, Alexandre Santos de. "Interpretação consequencialista e análise econômica do direito público à luz dos princípios constitucionais da eficiência e da economicidade". In: SOUZA NETO, Cláudio Pereira de; SARMENTO, Daniel; BINENBOJM, Gustavo. *Vinte Anos da Constituição Federal de 1988*. Rio de Janeiro: Lumen Juris, 2009.

ÁVILA, Humberto. *Segurança Jurídica*: Entre permanência mudança e realização no Direito Tributário. São Paulo: Método, 2011.

________. *"Sistema Constitucional Tributário"*. 4ª ed. São Paulo: Saraiva, 2010.

________. *"Moralidade, Razoabilidade e eficiência na atividade administrativa"*. In: *Revista Eletrônica de Direito do Estado*, 2005.

BARROSO, Luis Roberto. *Curso de Direito Constitucional Contemporâneo*. São Paulo: Saraiva, 2009.

________. *"Dignidade da Pessoa Humana no Direito Constitucional Contemporâneo"*. A construção de um Conceito Jurídico à Luz da Jurisprudência Mundial. Belo Horizonte. Editora Fórum, 2012.

BECK, Ulrich. *La Sociedad Del Riesgo* – Hacia una nueva modernidad. Tradução: Jorge Navarro, Daniel Jiménez e María Rosa Barros. Bracelona: Paidós, 1998.

BINENBOJM, Gustavo. *Uma Teoria do Direito Administrativo:* direitos fundamentais, democracia e constitucionalização. Rio de Janeiro: Renovar, 2006.

BONAVIDES, Paulo. *Teoria do Estado*. 5ª ed. Revisada e ampliada. São Paulo: Saraiva, 2000.

BORGES, José Souto Maior. "Um Ensaio Interdisciplinar em Direito Tributário: Superação da Dogmática". In: Revista Dialética de Direito Tributário. São Paulo, 2013, nº 211.

CALIENDO, Paulo. *Direito tributário e análise econômica do direito:* uma visão crítica. Rio de Janeiro: Campus, 2008.

CARVALHO, Cristiano. "Análise Econômica da Tributação". In: TIMM, Luciano Benetti. *Direito e Economia no Brasil*. São Paulo: Atlas, 2012.

________. "A Superação de Regras Jurídicas na Atividade jurisdicional: um modelo maximizador." 2009.

________. *"Ficções Jurídicas no Direito Tributário"*. São Paulo: Noeses. 2008, p262.

CARVALHO, Paulo de Barros. Curso de Direito Tributário. 14ª ed. São Paulo: Saraiva, 2002.

CASAMIGLIA, Albert. "Eficiencia y Derecho". In: *Doxa*, 1987, nº 4.

COLEMAN, Jules. Risks and Wrongs. New York: Cambridge University Press, 1992.

DALLARI, Dalmo de Abreu. *Elementos de Teoria Geral do Estado*. 21 ed. São Paulo: Editora Saraiva. 2000.

DAUDT. Gabriel Pithan. *As possibilidades da constituição no âmbito do direito tributário*. Porto Alegre: RPGE, 2004, julho-dezembro, v. 28, n.60, p. 9-26. Disponível em: <http://www.pge.rs.gov.br/upload/revista_pge_60.pdf>. Acesso em 30-05-2016.

DELGADO, José Augusto. *"Os Direitos Fundamentais do Contribuinte"*. In: *Revista Tributária e de Finanças Públicas*. São Paulo, 2004, setembro-outubro, ano 12.

DIAS. Jean Carlos. "Políticas Públicas e Questão Ambiental". In: Revista de Direito Ambiental. São Paulo: Revista dos Tribunais, 2003, Junho-Setembro, ano 8.

DWORKIN, Ronald. *A virtude soberana*. A teoria e a Prática da igualdade. São Paulo: Martins Fontes, 2005.

FERRARA, Francesco. *Interpretação e Aplicação das Leis*. Tradução: Manuel A. D. de Andrade. São Paulo: Livraria Acadêmica Saraiva, 1934.

FREITAS, Daniela Bandeira de. "Eficiência jurídica no mercado: um instrumento a serviço da democracia". In: FREITAS, Daniela Bandeira de; VALLE, Vanice Regina Lírio do (Coord.). *Direito administrativo e democracia econômica*. Belo Horizonte: Editora Fórum, 2012.

HÂBERLE, Peter. "Novos Horizontes e desafios do constitucionalismo". In: *Revista de Direito do Estado*. Rio de Janeiro: Renovar, 2007

HESPANHA. Antônio Manuel. *O caleidoscópio do direito*: o direito e a justiça nos dias e no mundo de hoje. Coimbra: Almedina, 2009.

KLEIN, Vinicius. "Poser não é a única opção". In: Ribeiro, Márcia Carla Pereira; Klein, Vinicius (org.). *O que é Análise Econômica do Direito*. Belo Horizonte: Editora Fórum, 2011, p. 177.

KRUGMAN, Paul; WELLS, Robin. Introdução à Economia. Tradução: Helga Hoffman. Rio de Janeiro: Campus, 2007.

LEGALE FERREIRA, Siddharta. "A constitucionalização do direito tributário: a justiça fiscal numa visão liberal igualitária, mimeo".

LUHMANN, Niklas. Sociologia o Direito, p. 354 et seq. Do mesmo autor: *A unidade do sistema jurídica*. P. 139. Apud Günter, Klaus. Teoria da Argumentação no Direito e na Moral. *Justificação e aplicação*. 2ª ed. Rio de Janeiro: Forense & Gen, 2011.

MACHADO, Hugo de Brito. "Princípio da eficiência em matéria tributária". In: MARTINS, Ives Gandra da Silva. *Princípio da eficiência em matéria tributária*. São Paulo: Revista dos Tribunais, 2006.

MARTINS, Ives Gandra da Silva. "Princípio da eficiência em matéria tributária". In: MARTINS, Ives Gandra da Silva (Org.). *Princípio da Eficiência em matéria tributária*. São Paulo: Revista dos Tribunais, 2006.

MEIRELLES, Hely Lopes. Direito Administrativo Brasileiro, 20ª ed. São Paulo: Malheiros, 1995.

MELLO, Celso Antônio Bandeira de. *Curso de Direito Administrativo*. São Paulo: Malheiros, 2006.

MURPHY, Liam; NAGEL, Thomas. *O mito da propriedade*. Tradução: Marcelo Brandão Cipolla. São Paulo: Martins Fontes, 2005.

NABAIS, José Casalta. *"O Dever Fundamental de Pagar Imposto"*. Coimbra: Almedina, 1998.

________. *"Por um Estado Fiscal Suportável:* Estudos de Direito Fiscal". Coimbra: Almedina, 2005.

NEVES, Marcelo. *A constitucionalização simbólica*. São Paulo: Martins Fontes, 2011.

PIKETTY, Thomas. O Capital no Século XXI. Ed. Intrinseca. 2014.

POSNER, Richard. Economic Analysis of Law. Nova Iorque: Little Brown and Co., 1977.

RIBEIRO, Ricardo Lodi. *"Justiça, Interpretação e Elisão tributária"*. Rio de Janeiro: Lumen Juris, 2003.

_________. *"Limitações Constitucionais ao Poder de Tributar"*. Rio de Janeiro: Lumen Juris, 2010.

_________. *"Temas de Direito Constitucional Tributário"*. Rio de Janeiro: Lumen Juris, 2009.

_________. Piketty e a reforma igualitária no Brasil. *In*: Revista de Finanças Públicas, Tributação e Desenvolvimento – RFPTD, v. 3, nº 3, 2015

ROCHA, Sergio André. *Processo Administrativo Fiscal*. Controle Administrativo do Lançamento Fiscal. 4ª ed. Rio de Janeiro: Lumen Juris, 2010.

SCHOUERI, Luís Eduardo. *Direito Tributário*. São Paulo: Saraiva, 2011.

SEN, Amartya. *Desenvolvimento como Liberdade*. Tradução: Lauro Teixeira Motta. São Paulo: Companhia das Letras, 2000.

SILVA. José Afonso da. Curso de Direito Constitucional Positivo. 34ª ed. São Paulo: Malheiros, 2011.

SIQUEIRA, Rosane Bezerra; NOGUEIRA, José Ricardo; BARBOSA, Ana Luiza Neves de Holanda. *Teoria da Tributação ótima*. In BIDERMAN, Ciro e ARVATE, Paulo. *Economia do Setor Público no Brasil*. Ed. Campus. 2005.

SMITH, Adam. *Inquérito sobre a natureza e as causas das riquezas das nações*. Tradução: Luís Cristovão de Aguiar. 2ª ed. Lisboa: Ed. Calouste Gulbenkian, 1989.

SOUTO, Marcos Juruena Villela. *Direito Administrativo Regulatório*. Rio de Janeiro: Lumen Juris, 2002.

SOUZA NETO, Cláudio Pereira de, SARMENTO, Daniel. *Direito Constitucional:* teoria, história e métodos de trabalho. Belo Horizonte: Editora Fórum, 2012

TIPKE, Klaus; Lang, Joachim. Direito Tributário (Steurrecht). Tradução: Luiz Dória Furquim. Porto Alegre: Editor Sergio Fabris, 2008.

_________. *"Moral Tributária del Estado y de los contribuyentes – Ética fiscal del contribuyente"*. Tradução Pedro M. Herrera Molina – Marcial Pons, Madrid: Ediciones Jurídicas y Socieales, S. A, 2002.

TORRES, Ricardo Lobo. *"Princípio da eficiência em matéria tributária"*. In: MARTINS, Ives Gandra da Silva. *Princípio da Eficiência em matéria tributária*. São Paulo: *Revista dos tribunais*, 2006.

_________. *"Normas de Interpretação do Direito Tributário"*. 3ª ed. Rio de Janeiro: Renovar, 2000, p. 215.

_________. *"Princípio da Eficiência"*. In. TORRES, Ricardo Lobo; KATAOKA, Eduardo Takeme; GALDINO, Flavio (orgs.). *Dicionário de Princípios Jurídicos*. Rio de Janeiro: Campus, 2011.

_________. *"Tratado constitucional financeira e tributário*: Valores e princípios constitucionais tributários". Rio de Janeiro: Renovar, 2005.

TUTUNGI JÚNIOR. Nicola. *Ação Civil Pública e Políticas Públicas*. Implicações na tensão entre o Estado-Administrador e o Estado-Juiz. Rio de Janeiro: Lumen Juris, 2012.

ZIPPELIUS, Reinhold. *Teoria Geral do Estado*. Tradução: Karin Praefke-Aires Coutinho. 3ª ed. Lisboa: Fundação Caloustre Gulbenkian, 1997.

Mínimo Existencial e os Limites de Gastos com Educação Para Efeito de Dedução do Imposto de Renda de Pessoa Física

Julio Cesar Santiago

"Para conseguir soltar as amarras da reprodução social, é preciso acabar com o mito de uma República 'meritocrática' e tornar a escola realmente democrática"
(Camille Peugny, professor de Sociologia na Universidade Paris VIII)

1. Introdução: Os Argumentos em Debate

A Ordem dos Advogados do Brasil (OAB) ingressou com Ação Direta de Inconstitucionalidade (ADI) nº 4.927 no Supremo Tribunal Federal (STF) suscitando a inconstitucionalidade dos valores estipulados pela União Federal para dedução com gastos na educação, para fins de apuração da base de cálculo do imposto de renda de pessoa física.[1]

De acordo com a OAB, os itens 7, 8 e 9 do inciso II do art. 8º da Lei nº 9.250/95 (com redação dada pela Lei nº 12.469/2011)[2], ao estabelecerem determinados limi-

---

1 A ADI 4927 tem como relatora a Ministra Rosa Weber e ainda não teve o julgamento iniciado.

2 Lei 9.250/95, art. 8º. A base de cálculo do imposto devido no ano-calendário será a diferença entre as somas:
I – de todos os rendimentos percebidos durante o ano-calendário, exceto os isentos, os não-tributáveis, os tributáveis exclusivamente na fonte e os sujeitos à tributação definitiva;
II – das deduções relativas:
(...)
b) a pagamentos de despesas com instrução do contribuinte e de seus dependentes, efetuados a estabelecimentos de ensino, relativamente à educação infantil, compreendendo as creches e as pré-escolas; ao ensino fundamental; ao ensino médio; à educação superior, compreendendo os cursos de graduação e de pós-graduação (mestrado, doutorado e especialização); e à educação profissional, compreendendo o ensino técnico e o tecnológico, até o limite anual individual de: (Redação dada pela Lei nº 11.482, de 2007)
(...)
7. R$ 3.091,35 (três mil, noventa e um reais e trinta e cinco centavos) para o ano-calendário de 2012; (Incluído pela Lei nº 12.469, de 2011)
8. R$ 3.230,46 (três mil, duzentos e trinta reais e quarenta e seis centavos) para o ano-calendário de 2013; (Incluído pela Lei nº 12.469, de 2011)
9. R$ 3.375,83 (três mil, trezentos e setenta e cinco reais e oitenta e três centavos) a partir do ano-calendário de 2014. (Incluído pela Lei nº 12.469, de 2011)"

tes à dedução de gastos com educação, ofendem a Constituição Federal. Em especial, "o conceito de renda (art. 153, III), a capacidade contributiva (art. 145, § 1º), o não-confisco tributário (art. 150, IV), o direito à educação (arts. 6º, *caput*, 23, V, 205, 208, 209 e 227), que a Constituição admite não ser plenamente garantido pelo Poder Publico (art. 150, VI, c), a dignidade humana (art. 1º, III), a proteção da família (art. 226) e a razoabilidade (art. 5º, LIV)."[3]

A OAB esclarece, preliminarmente, que sua demanda é quanto à "insuficiência quantitativa" estabelecida pela norma tributária. Contra o que denomina de limite simbólico estabelecido pela lei. Não visa, portanto, discutir a "insuficiência objetiva", que seria a decorrente do fato de determinadas atividades consideradas importantes não estarem contempladas pela norma. Como, por exemplo, a aquisição de material didático, as aulas particulares e os cursos de idiomas, de artes e pré-vestibulares.

Uma outra ressalva processual, é a de que a demanda não se equivale ao que fora decidido pelo STF no RE nº 388.312/MG (2011). No julgamento, o STF entendeu que não poderia atualizar os valores da tabela progressiva do imposto de renda pelos índices oficiais de inflação, pois lhe era vedado atuar como legislador positivo.

Para a OAB, diversamente, a ADI nº 4.927 é específica, pois trata "apenas das despesas com educação e se busca a declaração de inconstitucionalidade dos tetos de dedução impostos de maneira específica para os anos-bases de 2012 a 2014". Não pretende modificar nenhum índice oficial de atualização monetária. Não há, de outro lado, nenhum pedido de "supressão seletiva" de trechos da norma, que pudesse burlar a ideia de vedação à atuação de legislador positivo. Não existe, para a OAB, violação a esta ideia, quando se reduz a tributação do contribuinte, por meio da declaração de inconstitucionalidade de normas tributárias. O fato de uma declaração de inconstitucionalidade gerar o efeito de diminuição da tributação, não significaria atuação do STF como legislador positivo, ressalva.

Aduz a OAB, ainda preliminarmente, que não tem a intenção de discutir questões relacionadas a políticas públicas. Para a entidade, a questão referente à "proibição da exigência de IRPF sobre as quantias empregadas pelo cidadão na instrução privada" está fora deste âmbito. O tema relacionado à reserva do possível, portanto, não seria importante para o deslinde da controvérsia.

Ao discutir o mérito propriamente dito, a OAB afirma que a Constituição tratou a educação pública como um direito social, conferindo-lhe grande importância.[4] Ocorre que a gratuidade e universalidade somente são conferidas à educação básica. Embora haja a previsão de "progressiva universalização do ensino médio gratuito", não foi

---

3 Todos os excertos reproduzidos da manifestação da OAB foram extraídos da petição inicial na ADI nº 4.927/DF.

4 "A Constituição dá a máxima importância à educação, a qual define como direito social (art. 6º), direito de todos e dever do Estado, da família e da sociedade (arts. 205 e 227) e atribuição comum das três ordens de governo (art. 23, V)". (Petição Inicial OAB).

conferido pela Constituição igual tratamento ao ensino superior e técnico-profissionalizante. De outro lado, tomando por base dados do Instituto Nacional de Estudos e Pesquisas Educacionais Anísio Teixeira, haveria uma significativa participação das instituições privadas na educação básica brasileira, assim como no ensino superior.[5] Para a entidade, "a instrução pública não-universitária sofre de um déficit qualitativo em comparação com a particular" e o custo de uma escola particular cresce na medida em que cresce a qualidade da escola. Essa situação, então, justificaria a declaração de inconstitucionalidade do limite de dedutibilidade hoje existente, de acordo com os argumentos da inicial da ADI.

Ainda que afirme não querer entrar no campo da reserva do possível e da política pública, a OAB argumenta que o impacto no orçamento da União seria em torno de 4,37 bilhões. A entidade parte da hipótese de que todos os valores declarados com gastos em educação teriam sido tributados à alíquota máxima de 27,5%, em dados de 2010.[6] Esse valores seriam, consequentemente, ínfimos em face do investimento público em educação realizado no mesmo período de R$ 213,15 bilhões.

Para a OAB, o direito à educação não seria apenas um direito social, mas o próprio conteúdo do mínimo existencial, com eficácia imediata e ambivalente, na medida em que exigiriam prestações positivas e negativas do Estado. Em virtude desta constatação, questões orçamentárias não poderiam impedir a concretização do mínimo existencial.

De outro lado, a dedutibilidade das despesas com educação privada atende o conceito constitucional de renda, que seria "valor disponível após o abatimento de despesas essenciais à existência digna do contribuinte e de seus dependentes". A renda disponível seria, então, a renda considerada após a observação do mínimo existencial, do qual o direito à educação faz parte. Haveria, também, o respeito à capacidade contributiva, na medida em que a tributação só poderia incidir sobre a renda após a consideração do mínimo existencial. Incidindo antes da consideração do mínimo, portanto, haveria violação ao princípio do não-confisco.

Em contrapartida, tanto o Ministério Público Federal (MPF), quanto, de forma mais contundente, a Advocacia Geral da União (AGU), defenderam a constitucionalidade da norma, com vários argumentos, que serão aqui considerados em conjunto.

O primeiro argumento é relacionado à competência do STF. Sustenta-se que o STF não pode atuar como legislador positivo, em que pese a OAB tente tratar o tema fora desta temática. A dedutibilidade das despesas é um benefício fiscal, estando, portanto, na esfera de conveniência e oportunidade do Poder Legislativo. A dedução de

5 Quanto ao ensino superior, a petição inicial da OAB afirma que "das 1.852 instituições ativas em 2003, 1.652 eram privadas (com 2.750.652 alunos, ou 70,77% do total), e apenas 270 eram públicas (com 1.136.370 alunos, ou 29,23% do total)".

6 De acordo com a petição inicial da OAB "Os gastos com instrução declarados foram de R$ 31,37 bilhões, mas o teto legal limitou a dedução a R$ 15,46 bilhões. Houve, assim, R$ 15,91 bilhões em despesas com educação que não puderam ser abatidos pelos contribuintes."

imposto ou redução de base de cálculo de tributo devem ser, assim, disciplinadas por lei ordinária, nos termos do artigo 150, § 6° da CF.[7]

Quanto à alegação de confisco, defende-se que, segundo entendimento do STF, a ofensa ao princípio da vedação de tributo com efeito confiscatório somente pode ser aferida em função da totalidade dos tributos de cada ente tributante.[8] Não pode ser verificada, portanto, em função de cada tributo separadamente.

Sobre a isonomia e seu corolário capacidade contributiva, sustenta-se a favor da norma, que se fosse declarada a inconstitucionalidade do limite de dedução, aí sim, haveria violação aos princípios referidos. É que, segundo a tese, os contribuintes que possuem condições de arcar com o ensino privado sofreriam menor incidência do imposto de renda, violando, também, a progressividade e razoabilidade.

Quanto a atenção à educação, enquanto direito social, defende-se que o Estado brasileiro vem cumprindo a Constituição Federal, promovendo a gratuidade do ensino público e financiando estudantes carentes em cursos de ensino superior. O Estado tem reconhecido, também, a imunidade de impostos para entidades de educação sem fins lucrativos (CF, art. 150, VI, alínea "c", § 4°) e de contribuições para seguridade social para entidades beneficentes de assistência social (art. 195, § 7°), além de exigir a contribuição social geral das empresas do salário educação para o auxílio do custeio da educação fundamental (art. 212, § 5°).

De acordo com os defensores da norma, em 2010, 85,4% do total de alunos estavam matriculados em escolas públicas. Apenas 14,6% do total encontravam-se matriculados no ensino privado. Somente as pessoas de maior poder aquisitivo, minoria então, é que custeiam a educação própria ou dos dependentes em instituições privadas. Por essa razão, entende-se que se deveria buscar melhorias na oferta e qualidade das instituições públicas, tendo em vista que o Estado deve fornecer educação por meio do ensino público.

Assim, a ADI 4.927 seria uma forma de se interferir na política pública educacional, por meio do Judiciário, de modo a estabelecer a melhor forma de financiamento da educação privada se com um leve, um moderado ou um forte fomento estatal, mediante receitas tributárias oriundas da dedutibilidade dos gastos educacionais. O que, para os defensores da norma tributária atacada, seria judicializar a política pública, situação vedada pelo princípio da separação de poderes.

Quanto ao impacto orçamentário, de acordo com os defensores da norma, os valores informados pela OAB estariam subestimados, já que a perda de arrecadação seria em torno de R$ 50 bilhões por exercício. Para os três exercícios 2013, 2014 e 2015, a soma seria de R$ 150 bilhões. E de R$ 250 bilhões para os 5 últimos exercícios, para o caso de eventuais ações de repetição de indébito.[9]

---

7 O fundamento jurisprudencial citado pelos defensores para este argumento seria o julgamento do AI 724.817 – AgR, Rel. Min. Dias Toffoli e o RE 603.060 AgR –, Rel. Min. Cármen Lúcia.

8 O fundamento é ADI-MC nº 2.010, Rel. Min. Celso de Mello, j. 30.09.1999.

9 De acordo com a Nota RFB/Codac/Cobra/Oipef nº 109, de 23 de abril de 2013, citada na petição de defesa da norma da AGU.

A declaração de inconstitucionalidade, argumentam, também afetaria a repartição de receitas, uma vez que grande parcela do produto da arrecadação do imposto de renda deve ser destinada ao Fundo de Participação dos Estados e do Distrito Federal, ao Fundo de Participação dos Municípios e a programas de financiamento do setor produtivo das Regiões Norte, Nordeste e CentroOeste, de acordo com os planos regionais de desenvolvimento, conforme previstos no art. 159, I, CF.

Quanto ao conceito constitucional de renda, argumentam os defensores da norma que não existe um regramento sobre dedutibilidade com educação que se possa extrair do art. 153, III, da CF de modo a criar um dever constitucional para o Poder Legislativo. A disciplina da base de cálculo do tributo é tarefa do legislador infraconstitucional e não do poder constituinte. O conceito constitucional de renda estaria configurado, portanto, quando o contribuinte obtém a renda que, somente em momento posterior, será utilizada nos gastos com educação. Outro argumento é o de que a Constituição da República não concede imunidade tributária para as parcelas de rendas utilizadas nas despesas com o custeio da educação.

Como visto nesta breve exposição, são muitos os argumentos postos em debate: repartição de receitas, legislador positivo, política pública, ativismo judicial, reserva do possível, consequencialismo, mínimo existencial.

A questão referente à repartição de receitas, por exemplo, é um problema inerente a toda questão envolvendo imposto de renda ou IPI, diante da determinação do art. 159, CF, que transfere parcelas da arrecadação a Estados-membros e Municípios. A levar em conta esta situação, jamais poderia haver discussões sobre estes tributos no Judiciário, pois sempre impactaria a receita dos demais entes federados. Essa, portanto, não é uma interpretação abarcada pelo desejo constitucional ao prestigiar a separação de poderes.

O legislador constituinte não pretendeu que eventuais situações de inconstitucionalidades se mantivessem, se houvesse afetação da repartição de receitas. A repartição de receitas somente é válida diante de situações de constitucionalidade. O federalismo fiscal apenas sobrevive, portanto, em um cenário de constitucionalidade.

A questão relativa à vedação do STF a atuar como legislador positivo, perde um pouco de relevância, na medida em que o Judiciário é cada vez mais chamado a atuar nas questões relacionadas às políticas públicas. O ativismo judicial é uma realidade, portanto. O debate sobre o tema transfere-se da vedação à atuação pura e simples para os limites desse ativismo. Argumentos, então, que afirmem simplesmente que o "Judiciário não pode atuar como legislador positivo" ou que tentam demonstrar que não se trata de debate sobre a ideia de legislador positivo perdem força perante um cenário de carência e ausência de concretização de direitos pelos demais Poderes da República.

Certos temas como saúde e educação, por exemplo, necessariamente vão atrair o debate sobre políticas públicas, ainda que não se deseje tal discussão. Diante, então, de um quadro normativo de proteção insuficiente, o STF será chamado a atuar, adotando em certos casos postura hermenêutica criativa, ao pretender corrigir a norma. (CAMPOS, 2014, p. 328-9).

A questão dos limites desse ativismo judicial acaba trazendo à tona, em certo sentido, o debate sobre a reserva do possível. Isso porque existe o risco da ausência de efetividade da determinação judicial para que o Poder Executivo aja em determinada direção, se não houver estrutura material para atender a decisão. A própria argumentação da OAB, assim como a argumentação da AGU em torno da ideia do legislador positivo, por exemplo, transformam-se em tentativa de convencer o Judiciário dos valores envolvidos na questão. A OAB argumenta que se trata de R$ 4 bilhões e a AGU afirma que os valores circundam os R$ 250 bilhões. Essa situação necessariamente implica não só em reflexões sobre a reserva do possível na implementação de políticas públicas, mas também na própria forma de argumentação a partir de considerações econômicas sobre as consequências da decisão, o que se tem denominado de consequencialismo.[10]

Quanto à educação, de fato, a Constituição trata o tema como um direito social, no art. 6º.[11] Isso não significa que toda a forma de ensino seja considerada pelo texto constitucional como integrante do mínimo existencial. Embora desejado que todos tenham o melhor ensino possível, nos mais elevados graus do conhecimento, o fornecimento de tamanho apoio educacional encontra limites no próprio texto constitucional e na distinção que se deve fazer entre mínimo existencial e direito social. Diante disto, é possível afirmar que a própria Constituição delimitou o que considera como mínimo existencial educacional.

Esse é o tema de fundo mais importante para o deslinde do problema relacionado à dedutibilidade dos gastos com educação que devemos refletir.[12] Se o direito à educação é constitucionalmente reconhecido como um direito social, toda forma de educação deve ser custeada com recursos públicos? Existem limites constitucionais ao fornecimento de educação pelo Estado? Para responder esses questionamentos será preciso delimitar o conceito de mínimo existencial e, só então, identificar no texto constitucional como a situação foi tratada no que tange à educação.

2. O Conceito de Mínimo Existencial

A origem da divergência no debate em torno da ADI 4.927 advém da confusão quanto ao conceito de mínimo existencial, em especial relacionado ao seu conteúdo. Fica a impressão que se pretende utilizar o mínimo existencial como um trunfo,

---

10 "Philip Pettit, inaugurando obra realizada sobre o tema, explica o consequencialismo como a teoria que possibilita dizer se uma escolha particular é certa para um agente que deve tomar um decisão a partir das suas consequências relevantes". (ANDRADE, 2011, p. 75-76).

11 Art. 6º, CF/88: "São direitos sociais a educação, a saúde, a alimentação, o trabalho, a moradia, o transporte, o lazer, a segurança, a previdência social, a proteção à maternidade e à infância, a assistência aos desamparados, na forma desta Constituição."

12 A própria reflexão sobre a ideia de dedutibilidade demanda um cuidado extremo da doutrina, já que é possível vislumbrar nesse conceito algo além de simples benefício fiscal. O espaço deste trabalhado, contudo, nos obriga a deixar tamanha reflexão para uma outra oportunidade.

tal qual foi feito com o princípio da dignidade da pessoa humana.[13] Este importante princípio passou a servir para qualquer alegação, ainda que o debate não necessitasse de sua fundamentação. É preciso, portanto, desenvolver os estudos sobre o mínimo existencial, sob pena desse mecanismo de proteção do cidadão, principalmente dos menos afortunados, restar banalizado, consequentemente desacreditado.

O mínimo existencial, historicamente, tem sua origem na preocupação com a questão da pobreza. Antes, os pobres eram assistidos pela Igreja ou pela caridade dos mais ricos. Não havia uma preocupação do Estado em auxiliá-los, visto que os pobres não eram imunes à tributação. Apenas, posteriormente, com o Estado de Polícia, houve a preocupação institucional com os mais pobres, momento em que se iniciou a defesa da progressividade e limitação pelo mínimo existencial. Esse debate persiste até os dias atuais, com o Estado Democrático de Direito. O enfoque paternalista, no entanto, é colocado de lado e abre-se espaço para a teoria dos direitos humanos e do constitucionalismo. (TORRES, 2009, p. 3-7)

Com o mínimo existencial, pretende-se, ainda, rejeitar a filosofia do darwinismo social desenvolvida por Hebert Spencer. Essa teoria prega a proibição da intervenção estatal para auxiliar os mais necessitados, a partir da ideia de que os mais aptos é que devem sobreviver. Proteger as pessoas mais vulneráveis, portanto, atentaria contra essa máxima social darwinista. Essas ideias, ao menos no discurso, nunca foram recepcionadas no Brasil. (SARMENTO, 2016, p. 190-3). Com efeito, sempre houve uma preocupação com o auxílio aos mais vulneráveis, desde nossa constituição imperial.[14]

O mínimo existencial, embora tenha sua origem na preocupação com a pobreza, não protege apenas os pobres, uma vez que se fundamenta na dignidade da pessoa humana. Em um aspecto objetivo, o mínimo existencial é universal, pois deve proteger todas as pessoas, independente da riqueza. Assim, mesmo aquele que não se enquadraria na qualificação de pobre tem assegurado certos direitos que dizem respeito a sua saúde, um dos importantes componentes do mínimo existencial, como se verá adiante. Basta pensar em uma campanha de vacinação, para perceber que ela deve atender a todos, independente do grau de riqueza. No campo tributário, as imunidades tributárias exerceriam essa função de proteção do mínimo existencial, ao salvaguardarem certas liberdades do cidadão. (TORRES, 2009, p. 184). Apesar do exemplo da campanha de vacinação ser ligado à eficácia positiva, geralmente direitos ligados à eficácia negativa é que atendem a este aspecto objetivo, tal qual a imunidade tributária.

Em seu aspecto subjetivo, o mínimo existencial se destina aos mais pobres, principalmente quando demande uma atuação positiva do Estado, de modo a proteger o *status positivus libertatis* do cidadão, a que alude Ricardo Lobo Torres. (2009, p. 36).

---

13 Daniel Sarmento salienta que o princípio da dignidade da pessoa humana tem sido utilizado "para dar imponência ao decisionismo judicial, vestindo com linguagem pomposa qualquer decisão tida como politicamente correta" (SARMENTO, 2010, p. 264).

14 O art. 179, XXI, da Constituição de 1824 garantia o "socorro público" a todo cidadão brasileiro.

Daí o maior problema, pois uma atuação positiva do Estado geralmente esbarra no debate sobre a reserva do possível e questões orçamentárias, apesar de os direitos de eficácia negativa também demandarem custos. (HOLMES; SUNSTEIN, 2011, p. 57).

Importante registrar, portanto, que mínimo existencial não está necessária e exclusivamente ligado ao combate à pobreza. Em países em desenvolvimento ou mesmo subdesenvolvidos o mínimo existencial tem essa ligação por conta das precárias condições de vida ainda ali existentes, demandando maior atuação positiva do Estado. Ressalte-se, contudo, que mínimo existencial é uma teoria que deve ser vista como promotora da existência humana digna compatível com o desenvolvimento de uma comunidade.[15]

Ainda que o combate à pobreza possa ser um dos efeitos de se buscar a concretização do mínimo existencial, em espaços democráticos que o respeitam, o fato é que a pobreza é uma consequência da concentração de renda em certas camadas sociais. Mínimo existencial, conceitualmente mais amplo, se refere a todas as camadas sociais. Independente da renda.[16]

A expressão mínimo, de outro lado, pode levar ao equívoco de que se está falando de um conjunto mínimo de bens. Não é disso que se trata. A preocupação não se refere a um aspecto quantitativo. A percepção deve se voltar para o aspecto qualitativo. É a qualidade da existência que está em debate. E não o quanto de bens fornecidos a determinada parcela da sociedade. Não adianta, por exemplo, construir muitas escolas e não ter professor de qualidade para ensinar crianças e adolescentes. Não se quer com a teoria, portanto, o estabelecimento de uma esfera minimalista de proteção. Por essa razão, Daniel Sarmento sugere que a expressão deveria ser "garantias de condições básicas para a vida digna", embora reconheça o uso disseminado da expressão mínimo existencial. Essa disseminação é o motivo pelo qual prefere enfrentar a definição de seu conteúdo a discutir questões terminológicas. (2016, p. 212). No mesmo sentido, indo além da experiência física, Ana Paula de Barcellos alude à experiência espiritual e intelectual, como integrantes do "conjunto de situações materiais indispensáveis à existência humana digna". (2011, p. 247). A qualidade de vida, portanto, deve ser medida pela qualidade que o pobre leva, e não pelo estilo de vida do rico. (cf. YUNUS, 2008 p. 266-7).

O fato é que a Constituição trouxe diversos objetivos e finalidades que se identificam com uma preocupação em conferir direito ao mínimo existencial às pessoas. A forma e extensão como isso ocorrerá é que deve ser desvendada pelo intérprete. A remessa do problema à lei, consequentemente ao Poder Legislativo ou Executivo, seria uma inversão de valores. Seria não conferir à Constituição o seu status normativo. Se a Constituição consagra determinados valores, objetivos e finalidades relacionados

15 Comunidade aqui, embora ainda utópica, é empregada no sentido proposto por Zygmunt Bauman em que a boa vontade em ajudar é mais importante do que um contrato (BAUMAN, 2003, p. 8).

16 Fernando Zilveti parece definir o conceito de mínimo existencial a partir do conceito de renda: "O que vem a ser, então, o mínimo existencial? É a menor quantia de renda absolutamente necessária para a sobrevivência digna do contribuinte" (2004, p. 203).

ao mínimo existencial significa que ela quer conferir determinados limites à omissão e ação do Poder Público em benefícios de seus cidadãos. (BARCELLOS, 2011, p. 242).

Discute-se em doutrina qual seria o conteúdo do mínimo existencial. São tantos os bens jurídicos garantidos constitucionalmente, que, em princípio poderia se chegar à conclusão que não existiria o mínimo. Como dito linhas atrás, contudo, não se trata de buscar uma quantidade de bens, mas sim, a qualidade dos bens que são desejados para que se tenha uma vida digna. Praticamente é fazer com que o respeito ao mínimo existencial estabeleça um modo de convívio que se deseja em uma comunidade. (SANTIAGO, 2016, p. 60). Os poucos doutrinadores que escrevem sobre o tema no Brasil, concordam que a educação é um bem jurídico relevante para uma existência digna.

Daniel Sarmento, por exemplo, defende que o mínimo existencial não pode se limitar às condições necessárias à sobrevivência física,[17] devendo ser percebido de forma mais ampla, de modo a abranger o chamado "mínimo sociocultural" (2016, p. 210), por essa razão, "é inequívoco que o mínimo existencial abrange aspectos como acesso à educação, a vestimentas apropriadas, etc.". (2016, p. 216-7).

Ana Paula de Barcellos, apresenta uma proposta de concretização do mínimo existencial a partir da Constituição de 1988. Haveria quatro elementos que comporiam o conteúdo do mínimo existencial: três materiais e um instrumental. Os materiais seriam educação, saúde e assistência aos desamparados. O elemento instrumental seria o acesso à Justiça. (2011, p. 302-3). Quanto à educação, Ana Paula de Barcellos sustenta que integra o mínimo existencial não apenas a educação fundamental – como defendeu na primeira edição de sua obra *Eficácia Jurídica dos Princípios Fundamentais* – mas, o que se denominou, após a Emenda Constitucional nº 59/2009, de educação básica obrigatória (art. 208, I e VII). (2011, p. 306-7). O conteúdo seria mais amplo por envolver a pré-escola, o ensino fundamental e o ensino médio. Com a garantia de educação básica conferida pela Constituição, o indivíduo teria direito público subjetivo para exigir uma vaga em escola pública para ter acesso à educação básica em quaisquer dos níveis mencionados.

Ricardo Lobo Torres trata da educação ao refletir sobre as imunidades explícitas. Adverte que a norma da Constituição de 1967, art. 176, § 3º, era mais condizente com a proteção aos pobres e imunidade do mínimo existencial, pois garantia o ensino gratuito, no nível médio e superior, aos que demonstrassem efetivo aproveitamento e provassem falta ou insuficiência de recursos. (2009, p. 236). Para Ricardo Lobo Torres a afirmação do direito ao mínimo existencial em seu *status positivus libertatis* está espalhada pela Constituição e demais normas infraconstitucionais. De acordo com seu posicionamento seriam os seguintes bens jurídicos a compor positivamente o mínimo existencial: "direito à seguridade social, direito à educação, direito à moradia e direito à assistência jurídica". (2009, p. 244).

---

17 "De qualquer modo, tem-se como certo que a garantia efetiva de uma existência digna abrange mais do que a garantia da mera sobrevivência física, situando-se, portanto, além do limite da pobreza absoluta" (SARLET; FIGUEIREDO, 2010, p. 13-50).

Especificamente sobre educação, Ricardo Lobo Torres identifica um aparente conflito entre os art. 206, IV, e o art. 208 da Constituição. Em que pese o art. 206, IV, "estabelecer a gratuidade do ensino público em estabelecimentos oficiais", somente a educação básica obrigatória e gratuita seria direito público subjetivo, fazendo parte do rol de direitos fundamentais e do mínimo existencial. É o que se extrai do disposto no art. 208, I, e § 1º da Constituição. (2009, p. 276-77). Critica, contudo, o fato de a gratuidade ter sido estendida ao ensino superior, sem que houvesse recursos orçamentários para tanto. Essa circunstância, pois, prejudicou o orçamento das escolas primárias, beneficiando o ensino superior, consequentemente os mais ricos que se utilizam do serviço preferencialmente.

3. A Positivação do Mínimo Existencial à Educação

A educação, se promovida pelo Estado com uma preocupação qualitativa, conferindo oportunidade a todos, é um grande instrumento de mobilidade social.[18] É um instrumento de formação de cidadãos que cooperam uns com os outros e não de indivíduos autossuficientes. (RUSSEL, 1978, p. 09-11). O problema é que geralmente se relega ao ensino privado, consequentemente ao mercado, essa função, ficando os mais pobres abandonados à sorte do ensino público básico, que no Brasil, com raras exceções, ainda é de baixa qualidade se comparada com o setor privado. Uns, ainda que se omitam no exercício de sua conscientização, são capazes de um olhar crítico diante da realidade, pois educados em escolas privadas de qualidade. Outros, apenas uma atitude espontânea e ingênua diante do real, uma vez que são relegados ao abismo das escolas públicas. Uns conscientizados, outros permanecem apenas conscientes da realidade.[19]

Essa situação acaba transformando um excelente instrumento de igualdade em um instrumento que leva à desigualdade. Onde os que podem pagar correm para o ensino privado de qualidade, e os que não podem, são abandonados à própria sorte. Esse *apartheid* educacional fomenta a reprodução social que separa pobres de ricos. Não só no Brasil, como em outras partes do mundo. Na França da década de 2010, por exemplo, após a conclusão dos estudos, 70% dos filhos de operários ocupam cargos de operários, diferente do lado oposto da hierarquia social, na qual 70% dos filhos de executivos ocupam cargos de chefia. (PEUGNY, 2014, p. 15).

Infelizmente no Brasil as políticas voltadas para o pobre na área da educação beiram o assistencialismo, no pior sentido do termo. As escolas públicas são relegadas a um depósito de pobreza e ineficiência. Professores desinteressados e mal remunera-

18 "Em todos os países, por todos os continentes, um dos principais objetivos das instituições educativas e das despesas públicas de educação é possibilitar certa mobilidade social. O objetivo reivindicado é que todos possam ter acesso à formação, qualquer que seja sua origem social. Em que medida as instituições existentes realmente alcançam tais objetivos?" (PIKETTY, 2014, p. 471).

19 Sobre a distinção entre consciência e conscientização v. FREIRE, 2008, p. 30-31.

dos não teêm condições de motivar e educar os alunos. O resultado é que esses alunos dificilmente conseguirão um lugar nas melhores universidades, se conseguirem chegar a alguma. O mercado acaba por impedir qualquer chance de sobrevivência de um aluno que sempre estudou em escola pública de competir por uma vaga com alunos que estudaram em escolas particulares. Essa distinção acaba sendo reproduzida na busca por empregos. E a hipocrisia é sempre alimentada com histórias de sucesso de pobres que conseguiram ultrapassar a barreira da pobreza com muito esforço, como se a exceção da exceção pudesse ser a regra diante de uma estrutura social que relega os "perdedores" a uma vida de dificuldades. A culpa, diz a mensagem hipócrita, é de quem não se esforçou o suficiente, como se a "meritocracia" fosse algo absolutamente justo. Não se trata aqui, é preciso ressaltar, em conferir igualdade de resultados a todo custo, no qual aquele que não se esforça terá o mesmo resultado daquele que se esforça para uma vida digna, embora refletir sobre a desigualdade de resultados seja tão importante quanto a desigualdade de oportunidades.[20] Não é disso que se trata, pois do contrário põem-se em risco o incentivo à realização da atividade econômica. A questão é conferir igualdade de oportunidades, independente de origem social e econômica, às crianças e adolescentes. E a igualdade de oportunidades não pode ser apenas formal. De nada adianta colocar crianças e adolescentes em escolas públicas que não conseguem instruir adequadamente. (CHANG, 2013, p. 294-295).

No Exame Nacional do Ensino Médio (ENEM) de 2015, das 100 primeiras escolas no ranking elaborado pelo Ministério da Educação (MEC), 97 eram particulares. Somente 3 eram escolas públicas, conhecidas instituições federais, que primam pela qualidade e possuem orçamento diferenciado, ou seja, uma exceção. (RITO; VIEIRA, 2016). Esta situação influencia negativamente a mobilidade social, já que essa desigualdade entre escolas públicas e escolas particulares tende a se reproduzir no momento em que esses alunos buscam emprego, após os anos de estudos.

A educação é muito mais do que apenas transmissão de conhecimento. Se tornou uma questão de sobrevivência, um meio de inclusão social. Especialmente em países em desenvolvimento. A procedência da ADI nº 4.927, portanto, tem o perigo de separar ricos de pobres. Separar aqueles que tem condições de pagar pelo ensino particular, daqueles que não tem.

Um equívoco de premissa, todavia, está contido na ADI, relacionado ao argumento causal para o pedido de dedutibilidade integral dos gastos com educação privada: a péssima qualidade do ensino público. Se a qualidade do ensino público é ruim, por que não demandar o Estado para que a melhore? Por que não se valer, por exemplo, de fundamentos constitucionais e teses novas, como a que foi utilizada na ADPF nº 347 (STF, 2016)? Nesta ADPF se reconheceu o estado de coisas inconstitucional, com o objetivo de demandar políticas públicas mais efetivas e alocações orçamentárias mais justas, diante de violação massiva, generalizada e sistemática de direitos fundamen-

20 Sobre a importância das reflexões sobre a desigualdade de resultados v. ATKINSON, 2015, p. 31-34.

tais no sistema carcerário.[21] O Supremo Tribunal Federal, sempre que demandado, tem procurado tutelar os direitos fundamentais, valendo-se da dimensão positiva da prestação jurisdicional.[22] É evidente, portanto, que a educação pública é um direito fundamental que ao longo dos anos vem sendo negligenciada e, por essa razão, merece uma tutela mais efetiva.

O que importa para o presente trabalho, contudo, é que a constituição positivou o que considera mínimo existencial na educação. E o fez de modo menos extenso do que se pretende com a ADI nº 347.

De acordo com o art. 208, I, da Constituição atual, a educação básica é obrigatória e gratuita dos 4 aos 17 anos e para quem não teve acesso na idade própria. A educação básica faz surgir para o educando o direito a atendimento "por meio de programas suplementares de material didático-escolar, transporte, alimentação e assistência à saúde", conforme previsto no inciso V, art. 208, na redação dada pela EC nº 59/2009. A Constituição quis, portanto, conferir direito público subjetivo ao ensino básico em escola pública a todos os cidadãos (art. 208 § 1º, CF).

O que for pretendido além dessa educação pública obrigatória e gratuita, ingressa no campo do direito social. Campo que exige prestações positivas do Estado e escolhas políticas para o melhor meio de concretizar a educação além do mínimo existencial desejado pela Constituição.[23]

Não existe, portanto, garantido constitucionalmente, um direito fundamental à educação privada custeada com recursos públicos de forma ampla, por meio de dedutibilidades na base de cálculo do imposto de renda. O fato de o art. 209 da CF afirmar que o "ensino é livre à iniciativa privada", significa uma autorização constitucional para o exercício da atividade econômica de ensino educacional. Nesse âmbito, a única função do Estado é zelar para que o ensino privado seja prestado com respeito as leis existentes. A dedutibilidade permitida com os gastos com educação, seja qual for o motivo do gasto, é algo que ingressa no âmbito da política pública, sendo, assim, um benefício fiscal, fundamentado na ideia de colaboração entre Estado e sociedade para a promoção da educação.

A questão, então, passa a ser o que fazer quando a educação básica, obrigatória e gratuita, é insuficiente quantitativa e qualitativamente? O cidadão poderia buscar o ensino privado com a ajuda de recursos públicos? Parece que essa é a intensão da OAB ao tentar estabelecer uma imunidade relacionada ao mínimo existencial de parcela da renda do contribuinte. Só que de forma ampla, a ponto de não abarcar somente o ensino básico, mas, também, qualquer forma de fornecimento de educação. Da renda auferida pelo contribuinte, então, a parte destinada aos gastos com educação

---

21 Sobre o Estado de Coisas Inconstitucional v. CAMPOS, 2016.

22 "Essa dimensão (positiva) revela-se na atitude judicial de exigir do Estado o cumprimento de **deveres positivos**, inclusive do *dever de legislar*, voltados à tutela dos direitos fundamentais" (CAMPOS, 2014, p. 328).

23 Sobre a otimização dos direitos sociais v. TORRES, 2009, p. 130.

não poderia ser tributada, razão pela qual deveria ser deduzida da base de cálculo do imposto de renda.

Ocorre que, como já dito, essa solução não se extrai da Constituição, uma vez que a garantia do mínimo existencial na educação é garantido nas escolas públicas, mediante ensino básico obrigatório e gratuito. Assim, o correto seria que houvesse na ADI um pedido da alocação orçamentária justa para que se possa ter uma escola pública de qualidade, reconhecendo-se uma situação de massiva violação dos direitos à educação dos mais pobres.

4. Conclusão

Em uma primeira reflexão nos parece que não existe uma autorização ampla para que haja a dedutibilidade dos gastos com educação em instituições educacionais privadas, como pretende o pedido da ADI nº 4.927, valendo-se do argumento do mínimo existencial.

A justificativa é que a Constituição foi expressa em conferir direito público subjetivo a todos cidadãos ao acesso à educação básica pública e gratuita. Deste modo, qualquer cidadão que se sinta prejudicado com a deficiência na qualidade do ensino deve demandar o Estado para que forneça educação pública de qualidade.

No caso específico da ADI nº 4.927, a OAB poderia ter ingressado com uma demanda perante o STF para que fosse reconhecido o estado de coisas inconstitucional, diante da violação massiva, generalizada e sistemática do direito fundamental de todo cidadão à educação básica obrigatória e gratuita de qualidade. Um dos pedidos poderia ser, inclusive, a transferência de parte das verbas de publicidade para o orçamento da educação básica.

Será que só importa o jovem aluno consumidor de produtos privados? O aluno pobre, usuário de serviço público educacional, deve ser relegado ao esquecimento? Será que o Estado deve lavar as mãos da responsabilidade de educar o povo?

Reconheço, contudo, que é um tema difícil e qualquer conclusão apressada pode gerar injustiças enormes. Deste modo, o presente trabalho é apenas o início de um debate que não vai se encerrar com a decisão do STF na ADI nº 4.927.

Referência Bibliográfica

ANDRADE, Fábio Martins. *Modulação em Matéria Tributária*: o argumento pragmático ou consequencialista de cunho econômico e as decisões do STF. São Paulo: Quartier Latin, 2011.

ATKINSON, Anthony B. *Desigualdade*. O que pode ser feito? Tradução de Elisa Câmara. São Paulo: Leya, 2015.

BARCELLOS, Ana Paula. *A Eficácia Jurídica dos Princípios Constitucionais:* o princípio da dignidade da pessoa humana. 3. ed. Rio de Janeiro: Renovar, 2011.

BRASIL, STF, RE nº 388.312/MG, Rel. para o acórdão Min. CÁRMEN LÚCIA, DJe 11.10.2011.

_________. ADPF nº 347 MC, Relator: Min. Marco Aurélio, Tribunal Pleno, Julgado em 09/09/2015, Processo Eletrônico Dje-031 Divulg 18-02-2016 Public 19-02-2016.

CHANG, Ha-Joo. *23 Coisas que não nos Contaram sobre o Capitalismo*. Tradução de Claudia Gerpe Duarte. São Paulo: Cultrix, 2013.

CAMPOS, Carlos Alexandre de Azevedo. *Dimensões do Ativismo Judicial do STF*. Rio de Janeiro: Forense, 2014.

_______. *O Estado de Coisas Inconstitucional*. Salvador: Juspodium, 2016.

HOLMES, Stephen; SUNSTEIN, Cass R. *El Costo de los Derechos*. Tradução de Stella Mastrangelo. Buenos Aires: Siglo Veintiuno Editores, 2011.

PEUGNY, Camille. *O Destino vem do Berço*: desigualdade e reprodução social. Tradução de Vanina Carrara Sigrist. Campinas, SP: Papirus, 2014.

PIKETTY, Thomas. *O Capital no Século XXI*. Trad. Mônica Baumgarten de Bolle. Rio de Janeiro: Intríseca, 2014.

RITO, Cecília; VIEIRA, Maria Clara. *As melhores escolas no Enem*. VEJA *on line,* 4 out. 2016. Disponível em: <http://veja.abril.com.br/educacao/as-melhores-escolas-no-enem/>. Acesso em 7 out. 2016.

RUSSEL, Bertrand. *Educação e Ordem Social*. Tradução de Nathanael C. Caixeiro. Rio de Janeiro: Zahar, 1978.

SANTIAGO, Julio Cesar. Os Direitos Humanos e sua Percepção na Tributação: breves reflexões sobre o mínimo existencial. In: PAULA, Daniel Giotti; RIBEIRO, Ricardo Lodi. *Direito Tributário Inclusivo*. Rio de Janeiro: Multifoco, 2016.

SARLET, Ingo Wolfgang Sarlet; FIGUEIREDO, Mariana Filchtiner. Reserva do Possível, mínimo existencial e direito à saúde: algumas aproximações. In: SARLET, Ingo Wolfgang Sarlet; TIMM, Luciano Benetti (org.). *Direitos Fundamentais, Orçamento e Reserva do possível*. 2 ed. Porto Alegre: Livraria do Advogado, 2010.

SARMENTO, Daniel. *Por um Constitucionalismo Inclusivo*: História Constitucional Brasileira, Teoria da Constituição e Direitos Fundamentais. Rio de Janeiro: Lumen Juris, 2010.

_______. *Dignidade da Pessoa Humana*: conteúdo, trajetórias e metodologia. Belo Horizonte: Fórum, 2016.

TORRES, Ricardo Lobo. *O Direito ao Mínimo Existencial*. 2. tiragem (out 2009). Rio de Janeiro: Renovar, 2009.

YUNUS, Muhammad. *O Banqueiro dos Pobres*. Tradução de Maria Cristina Guimarães Cupertino. São Paulo: Ática, 2008.

ZILVETI, Fernando Aurélio. *Princípios de Direito Tributário e a Capacidade Contributiva*. São Paulo: Quartier Latin, 2004.

Políticas Públicas por Intermédio de Manipulação da Tributação: a harmonização de objetivos não arrecadatórios com a atividade fiscal do Estado

Julio Cesar Vieira Gomes

Introdução

A extrafiscalidade se exterioriza quando alguma medida de governo com manipulação de tributos não tem a arrecadação como sua finalidade imediata. Esse é o conceito tradicional que nos ensina a doutrina. Porém, como buscarei aqui demonstrar, as políticas públicas não devem ser examinadas apenas pelos seus resultados imediatos. Muitas das ações de governo conjugam objetivos a curto, médio e longo prazos. E o objetivo mais distante pode ser uma consequência natural e esperada dos objetivos mais próximos. Um plano de aumento do crescimento econômico pela concessão de benefícios fiscais, por exemplo, embora em um primeiro momento implique renúncia fiscal, terá como consequência natural um incremento da arrecadação.

Assim, diante da complexidade e abrangência das políticas públicas, muitas vezes não é importante a caracterização isolada de determinada medida como extrafiscal. A nosso ver, mais relevante para o exame dos efeitos sobre a tributação seria um estudo mais abrangente, onde também se considerassem objetivos de médio e longo prazo. Passamos então à apreciação de algumas passagens da doutrina sobre essa complexa relação entre tributação e outras áreas de atuação do governo, em especial, a Economia.

Para Alfredo Augusto Becker[1]:

> *"A principal finalidade de muitos tributos não será a de um instrumento de arrecadação de recursos para o custeio das despesas públicas, mas a de um instrumento de intervenção estatal no meio social e na economia privada..."*

E inspirado no pensamento de Keynes assevera o jurista gaúcho que:

> *"Um maior intervencionismo estatal na ordem social e na economia privada é necessidade inadiável, pois só deste modo se restituirá à pessoa humana a sua dignidade".*

---

1 BECKER, Alfredo Augusto. *Teoria Geral do Direito Tributário*. São Paulo: Saraiva, 1963. p. 587-589.

No mesmo sentido, Sacha Calmon Navarro Coêlho[2]:

"A extrafiscalidade é a utilização dos tributos para fins outros que não os da simples arrecadação de meios para o Estado. Nesta hipótese o tributo é instrumento de políticas econômicas, sociais, culturais, etc."

Feitas essas considerações iniciais, o desenvolvimento deste artigo tem a pretensão de apresentar um sentido mais amplo para a extrafiscalidade, não mais como uma finalidade estranha à atividade fiscal do Estado, mas como um de seus elementos, ao lado da arrecadação. Isso porque a política fiscal não só compreende as receitas como também os gastos públicos[3]:

A política orçamental ou política fiscal, é um ramo da política econômica que define o orçamento e seus componentes, os gastos públicos e impostos como variáveis de controle para garantir e manter a estabilidade econômica, amortecendo as flutuações dos ciclos econômicos e ajudando a manter uma economia crescente, o pleno emprego e a inflação baixa.

Assim, a partir dessa premissa, os objetivos de natureza econômica, sejam para o aumento da renda ou da busca do pleno emprego, não podem ser considerados extrafiscais tão só pelo fato de não terem a arrecadação como finalidade imediata. Para tais objetivos, a serem alcançados via manipulação da tributação, não há de se falar propriamente em extrafiscalidade, ao menos no conceito que aqui se defende.

Nesse sentido, merece citação o Professor José Marcos Domingues:[4]

Depois desta resenha da legislação, jurisprudência e doutrina, tanto brasileira como espanhola, acerca do conceito de tributo, percebe-se que em ambas as ordens jurídicas esta noção está regulada de forma bastante similar, respondendo à moderna concepção do direito financeiro e tributário, que propugna que entre ingressos e gastos públicos tenha que existir, necessariamente, uma íntima e profunda conexão, com o abandono do tradicional enfoque individualista deste ramo do ordenamento jurídico, em favor de uma visão redistributiva, cujo eixo central não estaria constituído tão só pelos ingressos tributários, mas pela interdependência, entre estes e os gastos públicos, [...]

Dentre os objetivos extrafiscais, selecionamos, propositalmente, o aumento da renda e emprego e a proteção ao meio ambiente. Embora com origens axiológicas distintas e, muitas vezes, consideradas inconciliáveis, a Constituição Federal veio a harmonizar o desenvolvimento econômico com a defesa do meio ambiente, estabelecendo o "desenvolvimento sustentável", conceito que reafirma a influência recíproca

2 COÊLHO, Sacha Calmon Navarro. *Manual de Direito Tributário*. Rio de Janeiro: Forense, 2001. p. 130.

3 SAMUELSON, Paul e NORDHAUS William D. *Macroeconomia*. São Paulo: McGraw-Hill Interramericana, 1997.

4 DOMINGUES, José Marcos. Conceito de Tributo: Uma Perspectiva Comparada Brasil-Espanha. Revista Tributária e de Finanças Públicas. São Paulo: Revista dos Tribunais, vol. 104, ano 2012. p. 323.

de duas áreas fundamentais – somente o desenvolvimento econômico preocupado com os impactos ambientais se sustenta ao longo do tempo.

A deterioração do meio ambiente, além dos efeitos negativos para a saúde e sobrevivência de todos os serem vivos, reduzirá as fontes de energia e matérias-primas necessárias ao setor produtivo:

> *O Poder Público tem na extrafiscalidade tributária uma maneira de conciliar desenvolvimento econômico e defesa do meio ambiente. Frise-se que a Constituição Federal de 1988 estabeleceu no artigo 170, incisos III e VI c/c artigo 225, a busca pelo já referido desenvolvimento sustentável.*[5]

Acreditamos que essa nova percepção da realidade alcance outras áreas, nas quais também estão outros objetivos extrafiscais, o que nos conduziria à mesma conclusão: talvez não existam conflitos entre si ou entre eles e a atividade arrecadatória do Estado.

Ao final, examinaremos também alguns limites que devem ser observados na formulação e implementação de políticas públicas por intermédio da manipulação da tributação, as ditas medidas extrafiscais.

1. Política Fiscal

Coincidente com o desenvolvimento do Estado do Bem-Estar Social, *Welfare State*, John Maynard Keynes trouxe importante contribuição para construção de um novo modelo econômico como resposta à crise do liberalismo, mais socialmente igualitário. Em sua obra "Teoria Geral do Emprego, do Juro e da Moeda"[6] defendia a intervenção do Estado na economia para a busca do pleno emprego e a promoção de políticas sociais. A "mão invisível" de Adam Smith[7] já estava paralítica. Como assinala o Professor James Marins[8], para Keynes, a política fiscal incutia objetivos de natureza econômica e social:

> *A política fiscal deveria ser utilizada para a intervenção direta na economia, promovendo a redistribuição de riquezas, e o pleno emprego. (Keynes) Incutia na política fiscal objetivos de natureza econômica e social, o que não era possível pela lógica econômica clássica. Portanto, apresentava grande ligação com a extrafiscalidade, pois vinculava a atividade financeira a objetivos que escapam à mera arrecadação.*

---

5 BERNARDI, Renato. Tributação Ecológica. Revista Seleções Jurídicas, dezembro/2007. COAD: Rio de Janeiro. p. 13-19.

6 KEYNES, John Maynard. *Teoria Geral do Emprego, do juro e da moeda*. 2ª edição. São Paulo: Nova Cultural, 1985.

7 SMITH, Adam. A Riqueza das Nações. Calouste Gulbenkian, 2006. 4ª ed.

8 MARINS, James. *Extrafiscalidade Socioambiental*. In: Revista Tributária e de Finanças Públicas. São Paulo: Editora Revista dos Tribunais. Jan.Fev./2010, n° 90, p. 81.

É nessa esteira de pensamento que se desenvolve esse trabalho. Considerando que as políticas econômicas do Estado têm como objetivos, em última instância, o aumento da renda e a busca do pleno emprego, com impacto positivo no desenvolvimento social, ao final também crescerá a arrecadação de impostos, sempre dependente do crescimento econômico.

Não é por outra razão que José Casalta Nabais denomina de extrafiscalidade imprópria os efeitos econômicos e sociais que são inevitáveis à maioria dos tributos, mas que não pertencem à finalidade principal[9]:

> *De um lado, há que separar a extrafiscalidade (...) em sentido próprio ou estrito, do fenômeno da extrafiscalidade inerente à generalidade das normas de direito fiscal (de tributação ou não tributação), traduzido seja no relevo das finalidades extrafiscais secundárias ou acessórias, (...) seja na constatação, atualmente praticamente inevitável, da presença de efeitos econômicos e sociais na generalidade de tais normas.*

Os benefícios fiscais de incentivo a determinados setores econômicos estão relacionados à atividade fiscal do Estado e, portanto, os fins extrafiscais seriam impróprios, pois conduzem ao incremento da arrecadação. É o que parece ter sido o prognóstico de Alfredo Augusto Becker[10]:

> *[...] na construção jurídica de todos e de cada tributo, nunca mais estará ausente o finalismo extrafiscal, nem será esquecido o fiscal. Ambos coexistirão sempre – agora de um modo consciente e desejado (...), apenas haverá maior ou menor prevalência neste ou naquele sentido, a fim de melhor estabelecer o equilíbrio econômico-social do orçamento cíclico.*

E que também mereceu a preocupação de Aliomar Baleeiro[11]:

> *[...] a questão não é tão simples, pois estudos mais aprofundados sobre esse tema demonstram que não é tão fácil distinguir os fins fiscais daqueles extrafiscais.*
> *A fiscalidade e a extrafiscalidade são grandezas que caminham em conjunto, tanto na fundamentação do dever tributário quanto na apuração de seus efeitos.*

Em nosso atual momento político, as medidas para o desenvolvimento econômico são noticiadas com periodicidade curtas nos diários econômicos. Nesse escopo também estão incluídas a busca do pleno emprego e a repartição da renda. Inúmeros são os exemplos de ações estatais para o desenvolvimento econômico que acabaram organizadas em um Programa de Aceleração do Crescimento – PAC. No sítio mantido

---

9 NABAIS, José Casalta. O dever fundamental de pagar impostos. Coimbra: Almedina, 1998. p. 630.

10 BECKER, Alfredo Augusto. Teoria Geral do Direito Tributário. São Paulo: Saraiva, 1963, p. 597.

11 BALEEIRO, Aliomar. *Limitações Constitucionais ao Poder de Tributar*. Atualizada por Misabel Abreu Machado Derzi. Rio de Janeiro: Forense, 2003. p. 577.

na internet, o Governo Federal informa as principais medidas institucionais e econômicas, das quais destacamos as seguintes passagens[12]:

> *Está em curso no Brasil um modelo de desenvolvimento econômico e social, que combina crescimento da economia com distribuição de renda e proporciona a diminuição da pobreza e a inclusão de milhões de brasileiros e brasileiras no mercado formal de trabalho."*
> *[...]*
> *"As medidas de desoneração tributária representaram, a princípio, uma renúncia fiscal de R$ 6,6 bilhões em 2007. Porém, com o estímulo ao investimento, provocado pela redução de impostos e contribuições, a arrecadação futura não será comprometida em consequência do crescimento econômico, permitindo novas desonerações ou aplicação de mais recursos em infra-estrutura, sem prejuízo da sustentabilidade fiscal do país.*

Recentemente foi publicada a Lei nº 12.546, de 14/12/2011, que substitui a base de cálculo das contribuições previdenciárias para a receita bruta, desonerando-se a folha de salários. A medida beneficia alguns setores da economia nacional tornando-os mais competitivos nas exportações, além de corrigir uma contradição, o pagamento de tributos sobre os salários prejudica a busca do pleno emprego.

Nossa conclusão também aqui é de que as medidas econômicas para o aumento da renda e a busca do pleno emprego, ainda que sejam através do manuseio da tributação, quando eficientes, terão efeitos positivos sobre a base contributiva que aumentará na proporção do desenvolvimento econômico.

2. Alguns Objetivos Extrafiscais

Como já salientado no capítulo anterior, a intervenção do Estado na economia para o crescimento da renda e emprego tem como um de seus instrumentos a política fiscal, onde, por sua vez, encontra-se a arrecadação de tributos. As ações para a proteção ao meio ambiente, com a preservação dos recursos naturais, em última instância, também se conjugam com as políticas econômicas e beneficiam as atuais e futuras gerações.

2.1. A busca do pleno emprego

A carta política brasileira consagra como um dos objetivos da sociedade a busca do pleno emprego, artigo 170, inciso VIII. Nesse sentido, para que se estimule o desenvolvimento econômico é necessária a intervenção do Estado na ordem econômica com políticas públicas que efetivamente reduzam a taxa de desemprego. Uma das ações é a concessão de benefícios fiscais aos setores que mais empregam mão de obra. Com isso, corrige-se um desequilíbrio iminente, as escolhas entre uma atividade ou outra não mais levarão em conta menores custos com mão de obra, o que prejudi-

12 Disponível em: http://www.pac.gov.br/sobre-o-pac/medidas.

caria a busca do pleno emprego. Como exemplo, podemos mencionar a desoneração da folha de pagamento e o SIMPLES.

a) Desoneração da folha de pagamento

De acordo com a Lei nº 8.212, de 24/07/91 as empresas estão obrigadas ao recolhimento da contribuição previdenciária de 20% da remuneração paga aos segurados empregados, juntamente com a contribuição deles descontadas, além de contribuições a título de seguro de acidente de trabalho e as devidas a outras entidades[13]. Não é difícil constatar o custo que isso representa para as empresas, o que desestimula a contratação de mão de obra, sobretudo aqueles trabalhadores cujas funções na empresa possam ser automatizadas.

Como alternativa imediata às intermináveis discussões sobre a reforma tributária, foi editada a MP nº 563, de 03/04/2012 que tratou de desonerar a folha de pagamento de vários setores da economia nacional. Trata-se, portanto, de política pública extrafiscal. Com a substituição da folha de pagamento como base de cálculo da contribuição previdenciária pela receita bruta das empresas espera-se que as contratações não sejam desestimuladas pelo custo tributário.

b) SIMPLES

Como assinalado pelo Professor Marcus de Freitas Gouvêa, nas microempresas e empresas de pequeno porte[14] o fator trabalho prevalece sobre o capital[15]. Como

---

13 Art. 30. (...)
I - a empresa é obrigada a:
a) arrecadar as contribuições dos segurados empregados e trabalhadores avulsos a seu serviço, descontando-as da respectiva remuneração;
b) recolher os valores arrecadados na forma da alínea *a* deste inciso, a contribuição a que se refere o inciso IV do art. 22 desta Lei, assim como as contribuições a seu cargo incidentes sobre as remunerações pagas, devidas ou creditadas, a qualquer título, aos segurados empregados, trabalhadores avulsos e contribuintes individuais a seu serviço até o dia 20 (vinte) do mês subsequente ao da competência;

14 A Lei Complementar nº 123, de 14/12/2006 conceitua microempresas e empresas de pequeno porte:
Art. 3º Para os efeitos desta Lei Complementar, consideram-se microempresas ou empresas de pequeno porte a sociedade empresária, a sociedade simples, a empresa individual de responsabilidade limitada e o empresário a que se refere o art. 966 da Lei nº 10.406, de 10 de janeiro de 2002 (Código Civil), devidamente registrados no Registro de Empresas Mercantis ou no Registro Civil de Pessoas Jurídicas, conforme o caso, desde que:
I - no caso da microempresa, aufira, em cada ano-calendário, receita bruta igual ou inferior a R$ 360.000,00 (trezentos e sessenta mil reais); e
II - no caso da empresa de pequeno porte, aufira, em cada ano-calendário, receita bruta superior a R$ 360.000,00 (trezentos e sessenta mil reais) e igual ou inferior a R$ 3.600.000,00 (três milhões e seiscentos mil reais).

15 GOUVÊA, Marcus de Freitas. *A Extrafiscalidade no Direito Tributário*. Belo Horizonte: Del Rey, 2006. p. 100.

conclusão, são essas empresas que, proporcionalmente ao seu tamanho, empregam mais mão de obra. Então seria legítimo que se buscasse o incentivo à criação dessas pequenas empresas. Do ponto de vista do pleno emprego, considerado o mesmo somatório de receita bruta, mais valem milhares de pequenas empresas do que dezenas de grandes empresas. Com esse propósito é que foi editada em uma primeira fase a lei do SIMPLES FEDERAL, Lei nº 9.317, de 05/12/96 e, posteriormente, um programa mais amplo, o SIMPLES NACIONAL, Lei Complementar nº 123, de 14/12/2006.

Esse texto não tem a finalidade de examinar analiticamente a sistemática do SIMPLES, mas apenas os efeitos do programa como incentivo à contratação de mão de obra.

As empresas optantes pelo programa tiveram considerável desoneração tributária com a adoção da receita bruta como única base de cálculo, substituindo todos os tributos a que antes se via obrigada: IRPJ, IPI, CSLL, COFINS, PIS, contribuição previdenciária, ICMS e ISS; e também redução de custos burocráticos, como a dispensa de escrituração contábil e outras simplificações operacionais.

É inegável que esses benefícios têm repercussão positiva sobre a economia. O tratamento favorecido, perfeitamente alinhado com o princípio da capacidade contributiva, reduz a injusta concorrência de pequenas empresas com aquelas que em razão da grande concentração de capital possuem poder de fixação de preços no mercado consumidor, o que, muitas vezes, não pode ser acompanhado pelas pequenas empresas, sempre em déficit persuasivo no mercado produtivo. Isto porque os custos junto a fornecedores são inversamente proporcionais ao volume de aquisições.

As empresas do SIMPLES, como antes assinalado, não contribuem para a previdência social sobre a folha de salários, mas, como todos os demais tributos a que estão obrigadas, sobre a receita bruta. Assim, possuírem dez empregados ou cem empregados não tem reflexo sobre o ônus com contribuições previdenciárias, o que incentiva as contratações.

Em pesquisa realizada pelo Instituto de Pesquisa Econômica Aplicada - IPEA concluiu-se sobre os impactos positivos do SIMPLES FEDERAL para o aumento do nível de emprego no país[16]:

> *Conclui-se que o Simples Federal, quando implementado, em 1997, contribuiu para aumentar o número de postos de trabalho nas firmas industriais. Apresentam-se evidências de que, entre as melhores condições oferecidas pelo programa, as empresas optantes aproveitaram sobretudo a redução da burocracia para empregar mais trabalhadores nesse momento.*
> *Além disso, os resultados sugerem que, em tal ano, esse benefício do programa também contribuiu para evitar o fechamento sobretudo das firmas menores. Em termos agregados, ambos os componentes mencionados anteriormente contribuem positivamente para a geração de emprego.*

16 CORSEUIL, Carlos Henrique L. e MOURA, Rodrigo Leandro. O impacto do simples federal no nível de emprego da indústria brasileira. Texto para Discussão nº 1.643. IPEA. Brasília, agosto de 2011. p. 21 e 22.

2.2. Proteção ao meio ambiente

Ainda que a proteção ao meio ambiente como finalidade extrafiscal não proporcione de imediato um crescimento econômico, não se nega que ao menos no médio e longo prazos será necessária para a sustentação do desenvolvimento da economia. Sem a preservação dos recursos naturais haverá escassez de matérias-primas e, com isso, a queda da produção industrial ou a dependência de importação de *commodities*, o que contrariaria toda nossa história econômica desde o Império. Preocupada com as gerações atuais e futuras, a Constituição Federal elevou ao mais alto nível axiológico o desenvolvimento sustentável. É nesse sentido que conclui o Professor Eros Roberto Grau[17]:

> *"O princípio da defesa do meio ambiente conforma a ordem econômica (mundo ser), informando substancialmente os princípios da garantia do desenvolvimento e do pleno emprego."*

As experiências com as *green taxes*, ou tributos verdes, espalham-se pelo mundo. Na Inglaterra, a política ambiental tributária baseia-se na voluntariedade dos participantes, com estímulos na forma de reduções de contribuições sociais; na Alemanha, há sobretaxas para os combustíveis fósseis, sendo o incremento na arrecadação compensado com reduções também de contribuições sociais. Já no Brasil, tivemos ações importantes nesse sentido desde a Lei nº 5.106/66 com o abatimento nos impostos de pessoas jurídicas dos gastos com reflorestamento; na década de 90, o Decreto nº 755/93 propiciava uma redução da poluição urbana com menor alíquota de IPI para os veículos movidos a álcool. Importante instrumento de incentivo à proteção ambiental é a introdução de critérios de caráter ambiental para os repasses aos municípios do ICMS arrecadado.[18]

3. O Aparente Conflito com o Princípio da Capacidade Contributiva

Quando o tema é a extrafiscalidade, o dissenso doutrinário entre os pensamentos de nossos juristas reside no conflito entre o interesse visado com a medida e a obediência ao princípio da capacidade contributiva. É comum que esses fins materiais outros, que podem ser sociais, culturais, urbanísticos, ambientais, econômicos, etc., desequilibrem a proporção entre riqueza e ônus tributário. É por essa razão que Klaus Tipke defende a excepcionalidade das medidas extrafiscais, somente seriam válidas quando outras sejam inviáveis[19]:

---

17 GRAU. Eros Roberto. *A ordem econômica na Constituição de 1988*. São Paulo: Malheiros, 2006. p. 251.

18 PARANÁ. Lei Complementar nº 59, de 01/10/91.

19 TIPKE, Klaus; YAMASHITA, Douglas. *Justiça fiscal e o princípio da capacidade contributiva*. São Paulo: Malheiros, 2002.

"...deve-se preferir a subvenção, pois a extrafiscalidade prejudica a lógica e coerência do Direito Tributário, pois enfraquece os princípios estruturais do Direito Tributário; sobretudo a igualdade expressada na capacidade contributiva."

Sobre os riscos da violação desmedida da capacidade contributiva adverte o Professor Ricardo Lodi Ribeiro que o princípio sofreu desprestígio, sobretudo nas décadas que se convencionou denominar de desenvolvimentistas. Nesse período, a simples alusão a outros valores constitucionais alinhados com a política da época era suficiente para afastá-lo. Embora reconheça a importância dos fins extrafiscais, propugna por um juízo de ponderação com os valores de justiça e igualdade subjacentes à capacidade contributiva[20]:

No entanto, não é suficiente a simples alusão a um objetivo extrafiscal ou à praticidade da arrecadação para afastar, como num passe de mágica, a aplicação da capacidade contributiva. A contradição entre esta e outros valores caros ao Direito é resolvida mediante a ponderação de interesses e a aplicação do princípio da razoabilidade.

Por sua vez, o Professor Ricardo Lobo Torres restringe os incentivos e as isenções à finalidade de equilíbrio no desenvolvimento econômico das regiões do país[21]:

Em síntese, as isenções e demais incentivos fiscais deixaram de ser a panaceia para o desenvolvimento econômico, sendo repudiadas pela Constituição Federal, salvo no caso de necessidade de promover o equilíbrio do desenvolvimento socioeconômico entre as diferentes regiões do país (art. 151, da CF).

Para o Professor Adilson Rodrigues Pires[22], a extrafiscalidade é uma das contradições do Direito Tributário. Diz o autor que

O resultado obtido com a medida, por ser na maioria dos casos inexpressivo e em alguns outros até inverso ao pretendido, não justifica a violação da lógica e coerência do sistema tributário.

Observa-se nos ensinamentos do ilustre professor uma estreita proximidade com o pensamento de Klaus Tipke:

Contudo, a política de incentivos não tem, efetivamente, servido como fator de transferência de recursos para as camadas mais pobres. O modelo atual, no Brasil, tem mostrado a suprema ineficácia das fórmulas de incentivo como instrumento de justiça. De maneira geral, os incentivos fiscais beneficiam em maior proporção os contribuintes de faixas de renda mais alta.

---

20 RIBEIRO, Ricardo Lodi. Temas de Direito Constitucional Tributário. Rio de Janeiro: Lumen Juris Editora, 2009. p. 222.

21 TORRES, Ricardo Lobo. Tratado de Direito Constitucional, Financeiro e Tributário: Valores e princípios constitucionais tributários. Rio de Janeiro: Renovar, 2005. p. 355.

22 PIRES, Adilson Rodrigues. *Contradições no Direito Tributário.* Rio de Janeiro: Forense, 1999. p. 69.

De fato, a manipulação da tributação para se atingirem outras finalidades pode não levar em consideração a proporcionalidade do ônus fiscal com a capacidade contributiva. Um dos exemplos, identificado pelo Professor Ricardo Lodi Ribeiro[23], é a diferenciação de alíquotas do IPTU em razão da localização do imóvel (artigo 156, § 1º, II da Constituição Federal). Segundo o Professor, a aplicação de alíquotas majoradas para imóveis mais modestos localizados em região valorizada da cidade violaria o princípio da capacidade contributiva, uma vez que, nesses casos, não corresponderia à medida de riqueza.

Outro exemplo consiste na diferenciação de alíquotas do IPVA em razão do combustível utilizado pelos veículos. A Lei nº 2.877, de 22 de dezembro de 1997, fixou a alíquota para veículos movidos a álcool em 2% e em 1% para os movidos a gás natural ou energia elétrica, contra os 4% sobre o valor venal pago pelos proprietários de veículos movidos a gasolina. Como se vê, não há qualquer relação entre o tipo de combustível e a capacidade contributiva do proprietário. Comparando-se um carro de luxo movido a álcool com um carro popular movido a gasolina chega-se à conclusão de que as alíquotas seriam regressivas para o primeiro proprietário que apresenta maior signo de riqueza. É certo que essa violação da capacidade contributiva não é gratuita. Busca-se com a redução de alíquotas para veículos que utilizam combustíveis menos poluentes ao meio ambiente, valor também elevado a princípio constitucional.[24]

Embora o princípio da capacidade contributiva não possa ser afastado por uma simples alusão a alguma outra finalidade, como se sua previsão constitucional apenas facultasse o legislador, deve-se também considerar que a tributação é atividade-meio do Estado e, assim, seria legítima a perseguição dos mesmos fins materiais que os recursos arrecadados suportariam, sem a necessidade de que esses recursos ingressem nos cofres públicos.

Para ilustrar nossa afirmação, temos como exemplo as isenções de IPTU para os imóveis tombados, condicionadas à conservação do imóvel. Essa é uma forma legítima de cumprimento dos artigos 23 e 225[25] da Constituição Federal, que estabelecem

---

23 RIBEIRO, Ricardo Lodi. Limitações Constitucionais ao Poder de Tributar. Rio de Janeiro: Lumen Juris Editora, 2010. p. 170.

24 Art. 170. A ordem econômica, fundada na valorização do trabalho humano e na livre iniciativa, tem por fim assegurar a todos existência digna, conforme os ditames da justiça social, observados os seguintes princípios:
[...]
VI - defesa do meio ambiente, inclusive mediante tratamento diferenciado conforme o impacto ambiental dos produtos e serviços e de seus processos de elaboração e prestação;
...
VIII - busca do pleno emprego;

25 Art. 23. É competência comum da União, dos Estados, do Distrito Federal e dos Municípios:
...
V - proporcionar os meios de acesso à cultura, à educação e à ciência;
VI - proteger o meio ambiente e combater a poluição em qualquer de suas formas;
Art. 225. Todos têm direito ao meio ambiente ecologicamente equilibrado, bem de uso comum do povo e essencial à sadia qualidade de vida, impondo-se ao Poder Público e à coletividade o dever de defendê-lo e preservá-lo para as presentes e futuras gerações.

competência a todos os entes da federação para proporcionar os meios de acesso das pessoas à cultura, à educação e à ciência, ainda que se admita uma possível violação ao princípio da capacidade contributiva. O imóvel tombado poderia ter alto valor econômico pela sua imponência e grandiosidade, bem como o proprietário, elevado poder aquisitivo, o que tornaria a renúncia fiscal uma medida regressiva em relação aos signos de riqueza, já que outros vizinhos não tão aquinhoados estariam normalmente pagando o imposto. Vê-se assim que é um exemplo de extrafiscalidade típica. O objetivo da medida não tem relação econômica, pois apenas almeja-se a efetivação do valor constitucional coincidente com a preservação de nossos registros histórico-culturais.

Observa-se que o mesmo objetivo poderia ser alcançado com os recursos orçamentários provenientes da arrecadação tributária. A conservação do imóvel seria através de serviços públicos ou, quando necessárias, obras públicas, ao invés de serem pelos próprios proprietários. De uma forma ou outra, a finalidade é a mesma, apenas houve uma escolha do meio empregado, competência discricionária essa legitimamente confiada ao ente público para a efetivação do valor constitucional.

Portanto, é oportuno trazer que a escolha por uma medida ou outra está relacionada com a liberdade de exercício da gestão pública. A renúncia fiscal pode ser inferior ao custo de aparelhamento do serviço público de conservação e restauração de imóveis tombados e, ainda que equivalentes, o investimento público somente beneficiaria os proprietários de imóveis tombados; portanto, não vejo diferença do ponto de vista da atividade fiscal arrecadar para depois realizar as despesas com os imóveis ou simplesmente não arrecadar o imposto sobre o imóvel sob a condição de que os proprietários promovam a conservação. Como se disse desde o início deste artigo, a atividade fiscal do Estado não só compreende as receitas como também os gastos públicos.

E do ponto de vista da eficiência administrativa, considerando que o incentivo fiscal beneficia o proprietário, ninguém mais interessado que ele mesmo pela conservação de seu imóvel. Por essa razão é que se reafirma a legitimidade dessas valorações realizadas pelo legislador ordinário. A análise não deve ser restrita aos aspectos econômicos, mas todos os demais que informam e conduzem à boa gestão pública.

Penso que essa redefinição da extrafiscalidade mostra-se mais alinhada com nossas políticas públicas contemporâneas, multidimensionais e com objetivos menos efêmeros.

4. Limites da Extrafiscalidade

Mas também se deve advertir que nem tudo se harmoniza. Como quaisquer ações públicas, as medidas extrafiscais devem respeitar certos limites, sejam eles jurídicos, práticos ou conjunturais.

Ao contrário de todas as passagens do texto até então, em que as políticas públicas buscavam incentivar as pessoas físicas ou jurídicas para determinado comportamento ou dissuadi-las de outros, nesta parte então trataremos da extrafiscalidade sob o aspecto negativo, ou seja, quando razões principiológicas, normativas, técnicas ou práticas a desaconselham. São os limites do campo de atuação do Estado na formulação e implementação de políticas que tenham a manipulação de tributos como objeto ou meio para a consecução das finalidades públicas.[26]

Adotaremos aqui os critérios de agrupamento dos limites conforme proposto pelo Professor Marcus de Freitas Gouvêa[27], embora existam outros igualmente coerentes, a exemplo da classificação trazida pela pesquisa realizada por Marciano Seabra Godoi na doutrina espanhola.[28]

Assim, teremos os limites jurídico-principiológicos, jurídico-normativos, limites lógicos e limites socioeconômicos.

4.1. Limites jurídico-principiológicos

São aqueles que concorrem com os princípios ou valores almejados com a medida extrafiscal que podem ser, a meu ver, de natureza tributária ou não. Quando, por exemplo, o objetivo seja a proteção ao meio ambiente, dever-se-á respeitar o próprio conceito de tributo, artigo 3º do Código Tributário Nacional[29], para que a medida não inclua alguma sanção tributária.

Somente é admissível a manipulação de alíquotas ou bases de cálculo. E alguma eventual imposição de penalidade estaria fora do Direito Tributário. As multas aplicadas previstas pela legislação são instrumentais para a constituição do crédito tributário e não para outras finalidades, sejam elas as de cunho social, ambiental, cultural, urbanístico etc.

Pela mesma razão também não seria admissível a criação de tributo que, a pretexto da eficiência para a realização do objetivo extrafiscal, não tenha como base alguma manifestação de riqueza.

Nesse sentido defende o Professor Ricardo Lodi Ribeiro:[30]

> *No entanto, como é quase consenso na moderna doutrina, não se pode afastar a aplicação da capacidade contributiva diante de um mero objetivo extrafiscal. É preciso, ao contrário, que o objeto extrafiscal seja razoável, e que prevaleça diante de um juízo de ponderação de valores entre a igualdade e a capacidade contributiva, a fim de que não sejam criados privilégios odiosos sob o pano da extrafiscalidade.*

---

26 GOUVÊA, Marcus de Freitas. *A Extrafiscalidade no Direito Tributário*. Belo Horizonte: Del Rey, 2006. p. 246.

27 Ibid. p. 248.

28 GODOI, Marciano Seabra. Extrafiscalidad y sus limites constitucionales. Revista Internacional de Direito Tributário. Belo Horizonte: Del Rey, v. 1, nº 1, jan./jun. 2004. p. 219 – 262.

29 Art. 3º Tributo é toda prestação pecuniária compulsória, em moeda ou cujo valor nela se possa exprimir, que não constitua sanção de ato ilícito, instituída em lei e cobrada mediante atividade administrativa plenamente vinculada.

30 RIBEIRO, Ricardo Lodi. *Limitações Constitucionais ao Poder de Tributar*. Rio de Janeiro: Lumen Juris Editora, 2010. p. 171.

A extrafiscalidade, na realidade, reafirma a conexão do Direito Tributário com os demais ramos e também com outras áreas do conhecimento, como a Economia, o meio ambiente, cultura, saúde e outros valores constitucionais que conferem unidade à ordem jurídica.

4.2. Limites jurídico-normativos

Essa categoria se diferencia da anterior pela espécie de norma jurídica em questão. Aqui a limitação decorre não de um princípio, mas de uma regra. Não é nosso propósito aprofundar a teoria sobre os princípios ou regras[31]. Em breves comentários, os princípios são comandos de otimização com elevada carga axiológica e, por essa razão, prevalecem a abertura e a subjetividade em sua interpretação e aplicação; enquanto as regras, nas palavras de Ronald Dworkin[32], são aplicadas ao modo "tudo ou nada".

Além das imunidades constitucionais, importante limitação normativa é a vedação à concessão de benefícios fiscais sobre tributos que não sejam da competência do ente público. Um exemplo seria lei federal conceder isenção de ICMS para produtos reciclados.[33]

4.3. Limites lógicos

Estão relacionados à aptidão de determinado tributo para se atingir o fim pretendido. É a aplicação do conceito da "adequação". Empiricamente, os meios empregados devem levar ao fim visado. Não se prestaria como meio adequado para a proteção ao meio ambiente a redução de alíquotas do imposto de renda, pois não há uma relação de causa-efeito ou de meio-fim. Para tanto, mais eficiente seria o legislador se valer da seletividade de produtos sujeitos aos impostos sobre a produção e circulação.

4.4. Limites sociais e econômicos

A medida extrafiscal deverá ser idônea para a finalidade a que se destina, o que se obtém pela sua formulação racional-participativa de todas as áreas envolvidas: social, política, econômica, ambiental e quaisquer outras que possam contribuir positivamente para o resultado esperado e, não menos importante, para a previsão dos impactos negativos.

Nesse sentido, temos que a realidade socioeconômica representa limites para a eficácia das pretensões da extrafiscalidade:[34]

---

31 Sugerimos para tanto a leitura do livro "Teoria dos Princípios – da definição à aplicação dos princípios jurídicos" do Professor Humberto Ávila, Malheiros Editores.

32 DWORKIN, Ronald. *The Model of Rules*. University of Chicago Law Review. P. 43. 1967.

33 Artigo 155, § 6º, da Constituição Federal.

34 GOUVÊA, Marcus de Freitas. A Extrafiscalidade no Direito Tributário. Belo Horizonte: Del Rey, 2006. p. 271.

> *Rejeitamos, pois, a tese da ineficácia geral das medidas extrafiscais, mas tomamos a realidade socioeconômica como limite fático ao seu manejo, considerando-a como advertência para a eficácia dos mecanismos extrafiscais.*

Como exemplo ilustrativo, podemos citar as elevadas alíquotas que incidem sobre o cigarro. Ninguém deixará de alimentar seu vício porque o cigarro é mais caro ou não. Muito mais importante para o fumante é a consciência e percepção sobre os males que o fumo lhe causa. A imposição de alíquotas estratosféricas sobre o cigarro desrespeita os limites lógico e social, pois se mostra inadequado e ineficaz.

A diferenciação de alíquotas somente se justifica pela essencialidade dos produtos e não como meio coercitivo ao consumo. Sobre essa questão foram precisas as críticas do saudoso mestre Alfredo Augusto Becker[35]:

> *Frequentemente o povo ou determinado grupo social não compreende as exigências do bem comum, não as pratica e nem está disposto a aceitá-las; isto acontece especialmente quando estão em jogo os tradicionais vícios da humanidade (luxúria, alcoolismo, avareza etc.), ou quando o Estado procura introduzir, em uma sociedade de temperamento demasiado individualista, princípios de solidariedade social.*
>
> *A imposição de regra jurídica que, de súbito e diretamente, proíba aqueles vícios ou obrigue a prática daqueles atos de solidariedade, poderá desencadear graves perturbações de ordem econômica, social ou moral, cujas consequências serão piores que aqueles vícios e egoísmo social.*

Uma medida, por meio da tributação, mais eficiente e oportuna talvez seja a criação de clínicas ou outros estabelecimentos de saúde especializados na ajuda aos fumantes para a superação de seus vícios, com o funcionamento financiado por taxa incidente sobre o consumo de cigarro. No caso, somente contribuiriam os consumidores que teriam à sua disposição o serviço público específico e divisível.[36] A meu ver não violaria o § 2º do artigo 145 da Constituição Federal, já que não adotamos no Brasil o imposto sobre o consumo, mas sobre a circulação de mercadorias:

> *Art. 145. [...]*
>
> *§ 2º - As taxas não poderão ter base de cálculo própria de impostos.*

5. Conclusão

A tributação é atividade-meio do Estado para a satisfação de necessidades públicas e realização de outros interesses da sociedade; portanto, situa-se apenas como

35 BECKER, Alfredo Augusto. Teoria Geral do Direito Tributário. São Paulo: Saraiva, 1963. p. 591.

36 CTN: Art. 77. As taxas cobradas pela União, pelos Estados, pelo Distrito Federal ou pelos Municípios, no âmbito de suas respectivas atribuições, têm como fato gerador o exercício regular do poder de polícia, ou a utilização, efetiva ou potencial, de serviço público específico e divisível, prestado ao contribuinte ou posto à sua disposição.

instrumento financeiro para a consecução de políticas, o que nos leva à conclusão de que é válida e aceitável a manipulação de tributos para que tais objetivos, tidos como extrafiscais no sentido tradicional, sejam alcançados.

É que, embora pareça um contrassenso, muitas vezes os interesses finalísticos das políticas públicas são facilitados não com a arrecadação, mas com a desoneração tributária.

Em outros casos, a redução de tributos como instrumento de incentivo a investimentos pode resultar no médio e longo prazos incrementos de arrecadação, o que se dá comumente com as políticas econômicas.

Nesse mesmo sentido, identificamos, ainda, que os *green taxes*, tributos verdes, contribuem para a preservação dos recursos naturais necessários à produção industrial, o que confere sustentação às economias mundiais; do contrário, a insistente deterioração do meio ambiente provocaria recessão econômica por escassez de matéria-prima e, consequentemente, redução da arrecadação de tributos.

Essas considerações, a nosso ver, despertam reflexão sobre o exame do que comumente se aponta como conflito com o princípio da capacidade contributiva. Como vimos, em muitos casos esses conflitos são apenas aparentes, pois são identificados quando nos limitamos aos efeitos imediatos das medidas de manipulação de tributos. Para que se faça esse exame, primeiro devemos compreender o que, de fato, deve ser caracterizado como extrafiscal, considerados os efeitos a curto, médio e longo prazos.

Superada essa fase, procede-se ao exame de ponderação entre o interesse extrafiscal e o princípio da capacidade contributiva. Aqui, considerada a sociedade de risco em que vivemos, ambivalente e imprevisível, promovemos uma análise holística de todas as relações de causas e efeitos, o que nos conduz a considerar todos os resultados possíveis das medidas extrafiscais, conduzindo-nos a maior segurança nas conclusões sobre a preponderância de um ou outro interesse.

De fato, defendemos uma maior tolerância à extrafiscalidade, mas sem, contudo, ignorar limites para a implementação da medida. Em nossa ordem jurídica constitucional, o Direito Tributário contém princípios e regras que informam a atividade fiscal do Estado e estabelecem limitações. A violação dessas normas, examinada pela ponderação, implica invalidação da medida por inconstitucionalidade. Também existem limites lógicos, quando há inadequação do meio escolhido para o resultado esperado. Assim sendo, não se justificaria a lesão ao princípio da capacidade contributiva. Não menos importante é a observância dos impactos da medida na ordem econômica e social, o que reafirma a necessidade de um exame mais abrangente das causas e efeitos para a segurança de nossas decisões.

Referências Bibliográficas

BALEEIRO, Aliomar. *Limitações Constitucionais ao Poder de Tributar*. Atualizada por Misabel Abreu Machado Derzi. Rio de Janeiro: Forense, 2003.

BECKER, Alfredo Augusto Becker. *Teoria Geral do Direito Tributário*. São Paulo: Saraiva, 1963.

BERNARDI, Renato. *Tributação Ecológica*. Revista Seleções Jurídicas, dezembro/2007. COAD: Rio de Janeiro.

COELHO, Sacha Calmon Navarro. *Manual de Direito Tributário*. Rio de Janeiro: Forense, 2001.

CORSEUIL, Carlos Henrique L. e MOURA, Rodrigo Leandro. *O impacto do simples federal no nível de emprego da indústria brasileira.* Texto para Discussão nº 1.643. IPEA. Brasília, agosto de 2011.

DOMINGUES, José Marcos. *Conceito de Tributo: Uma Perspectiva Comparada Brasil-Espanha*. Revista Tributária e de Finanças Públicas. São Paulo: Revista dos Tribunais, vol. 104, ano 2012.

DWORKIN, Ronald. *The Model of Rules*. University of Chicago Law Review. 1967.

GODOI, Marciano Seabra. *Extrafiscalidad y sus limites constitucionales*. Revista Internacional de Direito Tributário. Belo Horizonte: Del Rey, 2004, v. 1, nº 1.

GOUVÊA, Marcus de Freitas. *A Extrafiscalidade no Direito Tributário*. Belo Horizonte: Del Rey, 2006.

GRAU. Eros Roberto. *A ordem econômica na Constituição de 1988*. São Paulo: Malheiros, 2006.

KEYNES, John Maynard. *Teoria Geral do Emprego, do juro e da moeda*. 2ª edição. São Paulo: Nova Cultural, 1985.

MARINS, James. *Extrafiscalidade Socioambiental*. In: Revista Tributária e de Finanças Públicas. São Paulo: Editora Revista dos Tribunais. Jan.Fev./2010, n° 90.

NABAIS, José Casalta. *O dever fundamental de pagar impostos*. Coimbra: Almedina, 1998.

PARANÁ. Lei Complementar nº 59, de 01/10/91.

PIRES, Adilson Rodrigues. *Contradições no Direito Tributário.* Rio de Janeiro: Forense, 1999.

RIBEIRO, Ricardo Lodi. *Limitações Constitucionais ao Poder de Tributar*. Rio de Janeiro: Lumen Juris Editora, 2010.

_________. *Temas de Direito Constitucional Tributário*. Rio de Janeiro: Lumen Juris Editora, 2009.

SAMUELSON, Paul e NORDHAUS William D. *Macroeconomia*. São Paulo: McGraw-Hill Interramericana, 1997.

SMITH, Adam. *A Riqueza das Nações*. Calouste Gulbenkian, 2006. 4ª ed.

TIPKE, Klaus; YAMASHITA, Douglas. *Justiça fiscal e o princípio da capacidade contributiva*. São Paulo: Malheiros, 2002.

TORRES, Ricardo Lobo. *Tratado de Direito Constitucional, Financeiro e Tributário: Valores e princípios constitucionais tributários.* Rio de Janeiro: Renovar, 2005.

Tributação, Solidariedade Social e o Dever Fundamental de Pagar Tributos: A Função dos Tributos no Estado Democrático e Social de Direito[1]

Marcos Bueno Brandão da Penha

1. Introdução

Ainda é bastante comum encontrarmos na doutrina referências diretas ou indiretas ao tributo como uma "norma de rejeição social", de caráter odioso. Essa repulsa ao tributo decorre de uma visão ultraliberal do fenômeno tributário que não se justifica no contexto de um Estado Fiscal, mormente em um Estado Democrático e Social de Direito, como o brasileiro, que se vale quase que exclusivamente da tributação para financiar os serviços públicos e realizar os objetivos constitucionais da República em prol da coletividade.

Tendo em vista este papel fundamental da tributação para o pleno desenvolvimento do Estado Democrático de Direito e a realização de seus fins sociais, é equivocado associar à figura do tributo a um mero sacrifício dos cidadãos ou a uma penalidade. Essa postura ideológica, muito disseminada no Brasil, por certo influencia de forma também equivocada a interpretação e a aplicação de inúmeros institutos e normas tributárias.

Como se demonstrará adiante, o tributo, como uma contribuição para o bem comum e desenvolvimento da sociedade, encontra seu fundamento no princípio da solidariedade social, devendo ser visto como um dever fundamental, próprio da cidadania fiscal, e não como um castigo imposto pelo Estado aos cidadãos.

Pretende-se, no presente estudo, justamente formular uma crítica à essa visão liberal radical da tributação ainda encontrada na doutrina, analisando-se, também

---

1 O presente artigo corresponde, com adaptações, à reprodução de partes do livro "*Sanções não pecuniárias no Direito Tributário: análise crítica da doutrina e da jurisprudência acerca das denominadas sanções políticas*", publicado em 2016 pela Editora Lumen Juris, e de partes do artigo "*A solidariedade social como fundamento da progressividade dos impostos reais na Constituição Federal*", publicado na Revista de Finanças Públicas, Tributação e Desenvolvimento – RFPTD. v. 3, nº 3, 2015, todos do mesmo autor.

tendo em vista a função dos tributos no Estado Democrático e Social de Direito, a relação entre a tributação, o princípio da solidariedade social e o dever de fundamental de pagar de tributos.

2. Breves Considerações sobre a Dimensão Financeira do Estado Moderno: do Estado Patrimonial ao Estado Fiscal

O Estado Moderno, em sua dimensão financeira, desenvolveu-se desde a derrocada do feudalismo até os dias atuais sob diversas configurações: como Estado Patrimonial, até o final do século XVII e início do século XVIII, como Estado de Polícia, no século XVIII, como Estado Fiscal, já na época do capitalismo e do liberalismo, e como Estado Socialista (TORRES, 1991, p. 01).

O Estado Patrimonial caracteriza-se pelo patrimonialismo financeiro, decorrendo os recursos necessários à sua manutenção principalmente das receitas produzidas pela exploração do patrimônio do soberano, além de uma fiscalidade periférica do senhorio e da Igreja (TORRES, 1991, p. 01, 13-14). Nele, o Estado vale-se de seus próprios meios para obter os recursos de que necessita para sua subsistência (SCHOUERI, 2013, p. 24).

Já no Estado de Polícia, que substituiu o Estado Patrimonial, embora ainda se encontrem características deste último, verifica-se a acentuação do intervencionismo real, passando a autoridade a se utilizar de todos os meios disponíveis, inclusive o tributo, para dirigir a economia (SCHOUERI, 2013, p. 24). Assumindo a feição do absolutismo esclarecido, no Estado de Polícia há o aumento das receitas tributárias mediante a centralização da fiscalidade na pessoa do soberano, promotor do bem-estar social (TORRES, 1991, p. 01, 51-52).

Por sua vez, o Estado Fiscal, que do ponto de vista histórico coincide com o Estado de Direito (TORRES, 2009, v. 1, p. 521),[2] em substituição ao Estado de Polícia, caracteriza-se pelo seu modo de financiamento decorrer, prioritariamente, da arrecadação de tributos, não sendo o Estado o gerador da riqueza, e sim o cidadão, cabendo-lhe contribuir com uma parcela para o custeio das atividades estatais (SCHOUERI, 2013, p. 24). Verifica-se, nesse modelo de Estado, a indispensável separação entre a economia e o Estado, passando este último a depender financeiramente das riquezas produzidas pela sociedade (NABAIS, 2009, p. 196). Ao mesmo tempo, ao financiar a ação do Estado, o imposto legitima-se como condição de existência da própria sociedade (CHANEL, 2009, p. 30).

Nas palavras de Ricardo Lobo Torres,

> O que caracteriza a constituição do Estado Fiscal, como específica configuração do Estado de Direito, é o novo perfil da receita pública, que passou

---

2 Ressalta o festejado autor, citando Joseph Schumpeter, que a relação entre o Estado e o tributo é tão profunda que a expressão Estado Fiscal pode ser considerada pleonasmo. (TORRES, 2009, v. 1, p. 522).

> a se fundar nos empréstimos, autorizados e garantidos pelo Legislativo, e principalmente nos tributos – ingressos derivados do trabalho e do patrimônio do contribuinte –, ao revés de se apoiar nos ingressos originários do patrimônio do príncipe. (2009, v. 1, p. 524)

Diferenciando-se do Estado Fiscal, o Estado Socialista, por sua vez, caracteriza-se por extrair sua fonte de recursos dos rendimentos da atividade econômica produtiva por ele monopolizada, e não de impostos cobrados dos cidadãos (NABAIS, 2009, p. 193), exercendo o tributo papel praticamente irrelevante em razão da quase inexistência de propriedade privada (TORRES, 1991, p. 01).

Assim, pode-se afirmar que a expressão Estado Fiscal designa uma configuração de Estado Moderno caracterizado pela separação entre o Estado e a economia, cujo financiamento estatal indispensável para fazer frente às necessidades da própria sociedade se dá, principalmente, através da cobrança de impostos, ou seja, através da transferência de parte da riqueza decorrente do patrimônio do cidadão para que o Estado possa cumprir suas finalidades, e não através das receitas produzidas pelo exploração do próprio patrimônio público.

Por sua vez, deve-se destacar que o Estado Fiscal pode caracterizar-se tanto como um Estado Liberal clássico, mais preocupado com a neutralidade econômica e social, assentado numa tributação limitada ao estritamente necessário para o funcionamento de uma pequena máquina administrativa, quanto como um Estado Social, economicamente interventor e socialmente conformador, com uma base tributária alargada, necessária para a manutenção de uma estrutura também ampla (NABAIS, 2009, p. 194). Consequentemente, a dimensão do sistema tributário vai estar diretamente relacionada com o tamanho dos encargos e funções estatais (JUSTEN FILHO, 1998, p. 220).

Ricardo Lobo Torres (2009, v. 1, p. 532) ressalta, nesse ponto, que o Estado Fiscal Social também exibe características do liberalismo, porém com foco no aspecto social, não se limitando apenas a garantir as liberdades individuais, mas também entregando prestações positivas inspiradas nas ideias de justiça ou de utilidade.

É nesse contexto de Estado Fiscal, seja ele liberal ou social, e que tem na arrecadação tributária a principal fonte de financiamento para a satisfação das despesas públicas (RIBEIRO, 2013, p. 03), que não se justifica a visão da tributação como uma forma de espoliação do patrimônio particular. Veja-se: se já no Estado Fiscal de cunho liberal não se sustenta a repulsa à figura do tributo, revela-se ainda mais equivocada essa postura no Estado Democrático e Social de Direito, como o brasileiro. É o que se passa a demonstrar.

3. Crítica à Visão Ultraliberal (ou "Libertarista") do Fenômeno Tributário na Doutrina Brasileira: a Função dos Tributos no Estado Fiscal

Como foi dito, é bastante recorrente se encontrar na doutrina nacional referências diretas ou indiretas ao tributo como uma "norma de rejeição social", de caráter odioso, de mero sacrifício dos cidadãos. Enxerga-se a tributação como uma forma de o Estado espoliar o patrimônio dos contribuintes, de invadir ilegitimamente a propriedade do cidadão a partir de uma mera relação de poder.[3] Essa hostilidade aos tributos, que parte de uma ideologia de viés liberal radical, pode ser vista em inúmeros trabalhos e estudos doutrinários sobre Direito Tributário, ainda que implicitamente.[4]

Segundo Fernando Facury Scaff,

> na opinião comum dos juristas pátrios, o Direito Tributário representa o bolso do cidadão, possuidor de bens, valores e patrimônio, que o Estado arbitrário, atrabiliário e mau gestor do patrimônio público, lhe quer arrancar sob o peso de leis abusivas, que sempre violam a Constituição e, em última *ratio*, sua inviolável capacidade contributiva.
>
> O Estado, nessa ótica, é sempre um agente do mal, e o Fisco é uma entidade ignominiosa e que serve a propósitos escusos de seus componentes. O Direito Tributário é, portanto, uma espécie de espada através da qual o contribuinte individual luta contra o arbítrio do Estado, que tem a seu lado a possibilidade de editar leis em seu próprio proveito. O contribuinte, por sua vez, como o *outro* (jamais como um componente desse Estado) possui a Constituição, com um capítulo denominado *Limitações ao Poder de Tributar*, que serve como um código de limite para frear as desmedidas ambições fiscais arrecadatórias sobre seu bolso. (...)
>
> O estudo do Direito Tributário contemporâneo ainda se encontra nesta fase tipicamente iluminista, na crença de que o Estado é mau e o indivíduo é bom. É um entendimento tipicamente liberal, segundo o qual se crê que tudo deve se dar ao indivíduo, e que cada centavo retirado do bolso do cidadão será mal aplicado pelo Estado. [grifos do autor] (2006, p. 100-101)

Ives Gandra da Silva Martins é um dos renomados autores que trabalham a tributação sob este viés. No livro *Teoria da Imposição Tributária*, ele defende que a norma tributária é uma norma de rejeição social, já que, diferentemente das normas de aceitação social, as quais, por serem impregnadas de justiça, independem da existência de sanção para serem atendidas, as normas tributárias, por representarem espoliação

---

3 Segundo Marco Aurélio Greco (2009, p. 167), "o tributo encontra suas raízes históricas no uso da força; espólio de Guerra e ressarcimento pelo vencido das despesas realizadas pelo vencedor são figuras que remontam à Antiguidade e marcam a tensão inerente à relação Fisco/contribuinte. Esta circunstância impregna, em certa medida, a experiência tributária dos países ocidentais que passaram a ver no tributo a manifestação do exercício de poder pelo Estado, visto como um aparato."

4 Essa postura não é uma peculiaridade brasileira. Segundo GALLO, a percepção do tributo como elemento que altera os direitos de propriedade, que são o fundamento e a expressão da liberdade individual, e não como um instrumento de solidariedade, aparece muito claramente na Itália, mas também está presente em outros países Europeus e nos Estados Unidos. (2009, p. 118)

do Estado sobre os cidadãos, jamais seriam cumpridas sem a previsão de pesadas sanções (1998, p. 126-132).[5]

O referido autor concebe a tributação como uma restrição imposta pelo Estado aos direitos dos cidadãos, numa relação em que os cidadãos teriam subtraído parte de seu patrimônio para atender às "desmedidas" necessidades do Estado e os interesses dos ocupantes do Poder (MARTINS, 1998, p. 132).

Dessa forma, sustenta que os cidadãos, parte mais fraca da relação, devem ser protegidos da voracidade tributária do Estado, das "lanças penetrantes do sujeito ativo" e da "espada da imposição" (MARTINS, 1998, p. 57), mormente porque a tributação retira sempre mais do que as reais necessidades do Estado efetivamente exigem.[6] Ele equipara o tributo a uma sanção (MARTINS, 1998, p. 208),[7] defendendo, em consequência, que as normas tributárias devem ser interpretadas de forma mais favorável ao contribuinte (*in dubio pro* contribuinte).[8]

---

5 Merece destaque, sobre o ponto, os comentários feitos pelo próprio autor em outra obra acerca do seu entendimento: "Em meu livro Teoria da Imposição Tributária, procurei mostrar que a norma tributária é uma norma de rejeição social. Todos sabem que o Estado tira da sociedade mais do que necessitaria para prestar serviços públicos, a fim de custear os privilégios dos governantes. Parti de um debate entre Kelsen (Teoria da norma pura) e Cossio (Teoria egológica do Direito). Kelsen dizia que a norma principal era aquela que criava a sanção, pois, sem essa, a 'norma de comportamento' poderia não ser cumprida. Cossio refutou a argumentação, afirmando ser a norma de comportamento sempre primária, pois a sanção só deveria ser aplicada nos casos patológicos de seu não-cumprimento. Mostrei, em meu livro que os dois tinham razão. Nas normas de aceitação social, a norma de comportamento é a principal. Por exemplo, a norma de que se deve respeitar o direito à vida é norma principal. Mesmo que não houvesse uma norma sancionatória punindo quem violasse o direito à vida, nem por isto a grande maioria da comunidade sairia assassinando pessoas por falta da norma. Nas normas de rejeição social, todavia, as normas de sanção são as principais, porque sem elas ninguém as cumpriria. E o exemplo típico é a norma tributária, pois se não houvesse sanção ninguém cumpriria. E é por esta razão que a sanção é sempre muito violenta para os que deixam de pagar tributos, seja em nível de multa pecuniária, seja em nível de perda da liberdade. É que os governos sabem que espoliam os cidadãos e se não os ameaçarem com sanções pesadas terminarão não recebendo o que necessitam." (MARTINS, 2003, p. 156-157).

6 Segundo Ives Gandra da Silva Martins, embora se reconheça que as necessidades estatais devem ser arcadas com recursos tributários, "essas necessidades só em parte são de interesse público; noutra parte são do interesse privado dos detentores do poder, e, portanto, a exigência é superior e desmedida em relação às necessidades reais, adentrando assim no campo das normas de rejeição social." (1998, p. 132).

7 Afirma o autor: "Sob esta perspectiva [do tributo como norma de rejeição social], compreende-se o motivo pelo qual, no direito brasileiro, a sanção é causa da norma exigencial, incorporando-se na obrigação tributária ao mesmo nível que o tributo, pois passa a ser causa eficiente de seu cumprimento corrente. Confundem-se, inclusive, muitas vezes, suas própria estruturas e naturezas (sanção e tributo), (...)." (MARTINS, 1998, p. 132)

8 "(...) os princípios tributários pressupondo uma relação de subordinação não autorizam maleabilidade exegética, seja em sua regulamentação, seja em sua aplicação, assemelhando-se, por via de consequência, suas normas às normas próprias do direito penal." (MARTINS, 1998, p. 55).

A partir dessa forma de se entender a tributação, o Direito Tributário é visto apenas como um instrumento de defesa do cidadão, para proteger o contribuinte e seu patrimônio da sanha arrecadadora, da intromissão e dos abusos praticados pelo Estado. Enquanto o tributo é visto como uma intromissão indevida do Estado no patrimônio do indivíduo, o Direito Tributário é visto tão somente como uma forma de proteção contra o arbítrio estatal.[9]

Marçal Justen Filho aponta que esta postura de identificar o sistema constitucional tributário apenas como um conjunto de limites ao poder estatal de tributar, que se reporta a períodos anteriores ao Estado de Direito, nos quais o soberano tinha o domínio eminente sobre todos os bens, é a "ideologia oficial" no Brasil (1998, p. 218),[10] o que acaba por influenciar na interpretação e na aplicação dos diversos institutos e das normas tributárias ao fornecer um elenco específico de valores como fundamento da atividade tributária.[11]

Esse entendimento acerca do significado atual do tributo no ordenamento jurídico, que lembra a percepção da figura do imposto que prevalecia, por exemplo, na França até o século XVIII,[12] e que confunde o tributo com um castigo, uma agressão

9 A visão do Direito Tributário como mero instrumento de defesa do cidadão fica muito clara na seguinte passagem do mencionado livro "Teria da Imposição Tributária": "Por outro lado, a lei com eficácia complementar, em que o CTN se transformou, ao explicitar o campo hermenêutico da norma tributária, fê-lo com redução do campo de hospedagem, sempre que dúvida se pusesse, sendo inextensível o repertório exegético a favor do sujeito ativo da relação tributária, e extensível no concernente ao sujeito mais fraco dessa relação, o qual, sem a espada da imposição, tem que possuir o escudo da lei, como proteção aos desmandos de um manejo menos hábil da arma fiscal. Os arts. 108, § 1º, 111 e 112 do CTN dão uma visão suficientemente clara da inequívoca intenção do legislador de dotar, no Brasil, o sujeito mais débil da relação tributária, de armadura suficientemente rígida contra as lanças penetrantes do sujeito ativo, a fim de que os princípios da capacidade contributiva e da redistribuição de riquezas sejam contidos dentro das normas próprias daqueles outros da legalidade e da tipicidade de tributação." (MARTINS, 1998, p. 57)

10 Segundo o autor, "a ideologia oficial do direito tributário consiste na concepção de que a constitucionalização do sistema tributário visa defender o cidadão contra o Estado. Interpreta-se o sistema constitucional tributário como um conjunto de 'limites ao poder estatal de tributar'. Sob essa avaliação, a opção de transplantar o sistema tributário para o nível constitucional retrata a intenção de reduzir o poder estatal e assegurar o patrimônio dos cidadãos contra abusos perpetráveis por via de atos infraconstitucionais. Trata-se de evitar desmandos e abusos do Estado contra o 'contribuinte', identificado como '*cidadão*'. Essa abordagem reporta-se aos períodos anteriores ao Estado de Direito, em que vigorava a teoria do domínio eminente do soberano." [grifos do autor] (JUSTEN FILHO, 1998, p. 218)

11 "Há ideologia na precisa medida em que a interpretação-aplicação do direito assume um elenco determinado e específico e valores como fundamento de sua atividade. Seja no plano da atividade estatal de aplicação do direito, seja no âmbito do estudo doutrinário, assumir que o sistema constitucional tributário é um instrumento de defesa do cidadão contra o Estado significa tomar uma posição política. Esse fenômeno é muito mais significativo porque essa concepção política informa e permeia a atividade de interpretação-aplicação das normas tributárias." (JUSTEN FILHO, 1998, p. 219)

12 "Até o século XVIII, na França, a legitimidade do imposto como modo de financiamento ordinário do Estado permaneceu largamente contestada. (...) O imposto é percebido como uma ameaça para

arbitrária ao patrimônio e aos direitos dos cidadãos, é denominado de "libertarista" por Marciano Seabra de Godoi (2012, p. 195-197), que a critica justamente pela mensagem subliminar que carrega, no sentido de que o tributo seria "a apropriação destrutiva (visto que destinada a ser consumida pela máquina estatal) de um patrimônio que a ordem natural do direito e das coisas (perturbada pela avidez dos governantes) mandaria deixar nas mãos do contribuinte." (GODOI, 2012, p. 199-200)

Outra característica dessa postura libertarista apontada pelo autor é enxergar o Estado como completamente apartado da sociedade civil, associando o tributo a um recurso para o financiamento das atividades do Estado, como se o mesmo não tivesse qualquer relação com o financiamento de "toda uma gama de atividades direta ou indiretamente relacionadas com o próprio sistema de direitos individuais e coletivos assegurados na Constituição" (GODOI, 2012, p. 198). Segundo Marciano Seabra de Godoi:

> Um aspecto da postura libertarista está presente, por exemplo, nas ideias de Hugo de Brito Machado a respeito da finalidade do Direito Tributário. O tributo é visto pelo autor como algo responsável por "suprir os cofres públicos dos recursos financeiros necessários ao custeio das atividades do Estado". Esse tributo envolveria dois personagens: um deles "é a maior expressão de poder que se conhece" – O Estado, e o outro é o contribuinte, a parte mais fraca a ser protegida. Daí a afirmação de que "o Direito Tributário tem por finalidade limitar o poder de tributar e proteger o cidadão contra os abusos desse poder." (...) Assim como ocorre em Ives Gandra, Hugo de Brito Machado sempre descreve o tributo como um recurso "do Estado"; a arrecadação tributária sempre é descrita como "de recursos financeiros para o Estado", destinada ao "custeio das atividades do Estado". (2012, p. 198)

Todas essas formas de compreender a tributação partem de uma visão equivocada das funções e finalidades do Estado. Com efeito, diferentemente do que elas preconizam, o Estado não é um fim em si mesmo. Ele existe para atender as necessidades e cumprir as finalidades estabelecidas pela sociedade. Como lembra Ricardo Lobo Torres, "o Estado não tem o objetivo de enriquecer ou de aumentar o seu patrimônio. Arrecada para atingir certos objetivos de índole política, econômica ou administrativa." (2003, p. 05)

Ademais, essas concepções liberais radicais também baseiam-se na premissa de que os direitos de propriedade seriam direitos originais e naturais, elevados quase

o corpo social, um adiantamento em numerário cuja lógica não recorta a estruturação tradicional deste corpo. A imagem do cobrador do impostos é particularmente reveladora. O cobrador de impostos, ele mesmo ou por criaturas interpostas, é um mau conselheiro, que intercepta a comunicação entre o rei e os súditos. Ele desvia ao seu próprio favor o fluido vital que irriga o corpo social. Para estigmatizar este ser, a imagem do monstro parasite vem naturalmente sob a pluma: uma megera (mitologia), um roedor, uma zangão, sugador da seiva alimentar, e o 'vampiro', que apareceu em 1787, em um registro mais próximo." (CHANEL, 2009, p. 28-29)

a categoria de direitos absolutos. Segundo Franco Gallo, que classifica essas teorias como neoliberais e, em certos aspectos, libertárias, elas caracterizam-se por conferir uma importância excessiva ao direito de propriedade, tido como um elemento estrutural da liberdade individual. Assim, essas teorias defendem a intangibilidade da propriedade e a conservação da maior parte dos rendimentos do indivíduo como decorrentes de um direito original e natural do direito de propriedade (GALLO, 2009, p. 118-119).

O referido autor critica essas teorias, negando que haja uma identidade estrutural entre o indivíduo e a propriedade. Segundo ele, os direitos de propriedade pertencem aos indivíduos, mas não são intrínsecos a eles. Decorrem de uma "convenção social" estabelecida pelo próprio sistema fiscal, e não de uma lei natural. Assim, os direitos de propriedade vão se relacionar com outros direitos e valores, também previstos em "convenções sociais", que compete ao Estado promover, como o bem-estar geral e a segurança das expectativas (GALLO, 2009, p. 122).[13]

Dessa forma, a tributação, numa perspectiva constitucional e ética, não pode levar em conta apenas o seu impacto sobre a propriedade privada, considerada como um direito original e independente (GALLO, 2009, p. 122-123). Segundo ele, "a imposição deve, ao contrário, ser considerada como uma parte inseparável de um moderno sistema de direitos de propriedade (*rule of law*), direitos que as normas fiscais, elas mesmas contribuem para criar, limitar ou, conforme o caso, expandir, salvaguardar e proteger." (GALLO, 2009, p. 123)

Como consequência da inexistência de identidade entre direitos de propriedade e os indivíduos, Franco Gallo sustenta que não é possível se encontrar uma força moral do direito de propriedade exclusivamente no indivíduo que é o seu titular. Nesse caso, o direito de salvaguardar rendimentos e patrimônio dependerá, na verdade, de um conjunto de regras e instituições que o reconheça e garanta, o que é viabilizado através da tributação. Assim, torna-se inadequado se falar em patrimônio ou rendimento antes da tributação (2009, p. 124-125).

Liam Murphy e Thomas Nagel, discorrendo sobre a natureza convencional do direito de propriedade, ressaltam que, por ser uma convenção muito difundida no meio social, muitas vezes esquece-se de que se trata, como todos os demais direitos, de uma verdadeira convenção, e passa-se a tomar os direitos de propriedade ou a

13 Em outra oportunidade, afirmou o referido autor: "(...) los derechos patrimoniales pertenecen, sí, a la persona, pero no son connaturales a ella no con ella se identifican, siendo el fruto no de leyes de la naturaleza, sino de 'convenciones legales' definidas en el plano de las elecciones políticas. Vienen éstos, pues, reconocidos y tutelados como instrumentos esenciales de la autonomía privada, pero al mismo tiempo igualmente desvinculados de la persona en sí misma y ponderados, conformados y entretejidos con reglas y leyes diseñadas por el Estado para garantizar – en sede de reparto las cargas públicas entre todas las personas que tienen potencialidad económica – otros derechos, otros valores y otras formas de riqueza inmaterial expresión de la sociedad pluralista, como el bienestar general y la seguridad de las expectativas." (GALLO, 2011, p. 83)

posse de bens materiais como uma coisa natural (MURPHY; NAGEL, 2005, p. 12),[14] ignorando que, na economia moderna, "na qual ganhamos nosso salário, compramos nossa casa, temos nossa conta bancária, economizamos para a aposentadoria e acumulamos bens pessoais, e na qual usamos nossos recursos para consumir ou investir, seria impossível sem a estrutura fornecida pelo governo, que é sustentado pelos impostos." (2005, p. 11)

Desse modo, como quase todas as formas contemporâneas de renda e riqueza dependem de um sistema jurídico que é financiado por impostos, os autores afirmam que não se pode cogitar de um mercado sem governo nem de um governo sem impostos. Assim, tal como sustentado por Franco Gallo, Liam Murphy e Thomas Nagel concluem não ser possível que as pessoas tenham qualquer direito sobre a renda que acumulam antes de pagar impostos. Somente após a tributação é que se adquire direito sobre o que sobra (MURPHY; NAGEL, 2005, p. 46). Os referidos autores também criticam a análise da tributação com o viés libertarista, a qual, ao final, culmina na hostilidade em relação aos impostos:

> A análise tributária tem de libertar-se do libertarismo vulgar; este caracteriza-se como um conjunto de pressupostos irrefletidos e geralmente tácitos que não resistem a um exame atento, e tem de ser substituído pela concepção dos direitos de propriedade como algo que depende do sistema jurídico que os define. Uma vez que os impostos são um elemento absolutamente essencial desse sistema, a ideia de um direito natural à propriedade da renda pré-tributária – renda que nem sequer existiria sem o governo sustentado pelos impostos – simplesmente não tem sentido. A renda pré-tributária que cada um de nós "tem" inicialmente, e que o governo deve tirar de nós equitativamente, só tem realidade nos livros de contas. Não afirmamos que a questão da equidade não se imponha nesse contexto; pelo contrário, a justiça é um elemento essencial do sistema de direitos de propriedade. Mas afirmamos que essa questão não deve ser colocada dessa maneira.
>
> O sistema tributário não é como uma "vaquinha" feita pelos membros de um departamento para comprar um presente de casamento para um colega. Não é algo que se impõe sobre uma distribuição de bens proprietários já supostamente legítima. Antes, conta-se entre as condições que criam um conjunto de bens proprietários, cuja legitimidade só pode ser aferida pela avaliação da justiça do sistema como um todo, do qual fazem parte os impostos. Dentro desse contexto, é certo que as pessoas podem reivindicar

14 Segundo eles, "qualquer convenção, se estiver suficientemente difundida no meio social, pode chegar a ser universalmente vista como uma espécie de lei na natureza – um nível básico visto como o critério de qualquer avaliação e não como algo a ser avaliado. Os direitos de propriedade sempre tiveram o poder de provocar essa ilusão. (...) Quando estão suficiente arraigadas, a maioria das normas das convenções adquire a aparência de normas da natureza: seu caráter convencional se torna invisível." (2005, p. 12)

> legitimamente para si a renda que obtêm pelos meios usuais, o trabalho, o investimento e as doações – todavia, o sistema tributário é um elemento essencial do quadro estrutural que crias as expectativas legítimas nascidas dos contratos de emprego e outras transações econômicas; não é algo que se intromete *a posteriori* nesse quadro. (MURPHY; NAGEL, 2005, p. 51)

Na verdade, essas concepções de viés ultraliberal não se sustentam numa ordem liberal clássica e, muito menos, numa ordem social. Isso porque, como vimos, no contexto de um Estado Fiscal, seja ele liberal ou social, o tributo tem uma importância ímpar para o atendimento das necessidades coletivas, que vão variar de acordo com o modelo de Estado adotado, bem como para que sejam implementados e protegidos os direitos fundamentais.

Com efeito, como aponta Marciano Seabra de Godoi (2012, p. 200-201), no Estado Liberal clássico, no qual as responsabilidades estatais ficam circunscritas à defesa nacional, à segurança pública e à administração da justiça, os tributos são essenciais para custear a estrutura institucional que garante o exercício dos direitos negativos e liberdades públicas. Ou seja, ao invés de representarem uma diminuição dos direitos do cidadão, como sustentam os libertaristas, os tributos são o instrumento que garante a própria preservação desses direitos no Estado Liberal.[15]

Por sua vez, num Estado Social, no qual, indo além da garantia das liberdades individuais, busca-se a implementação de direitos sociais, a visão libertarista se apresenta ainda mais inadequada, já que, nesse contexto, a arrecadação tributária não somente é essencial para a viabilização desses direitos, como faz as vezes de "um instrumento de transformação social." (GODOI, 2012, p. 201). *In verbis*:

> Se a tese libertarista já é falha para explicar a inserção do tributo na ordem jurídica e social de um Estado liberal clássico, no contexto de um Estado Democrático de Direito a tese libertarista se revela ainda mais inepta. Os libertaristas parecem não se dar conta de que, se levarmos a sério o compromisso gravado na Constituição de 1988 de "assegurar o exercício dos direitos sociais ['educação, saúde, trabalho, moradia, lazer, segurança, previdência social, proteção à maternidade e à infância' – art. 6º] e individuais" (preâmbulo), de "erradicar a pobreza e marginalização e reduzir as desigualdades sociais e regionais" (art. 3º), então a atividade financeira do Estado (da qual

---

15 Segundo o autor: "É pelo vezo libertarista de ver o tributo somente pela face de ameaça a direitos do cidadão, e não sua outra face de substrato financeiro rigorosamente necessário para assegurar direitos ao mesmo cidadão, que Hugo de Brito afirma que a finalidade do Direito Tributário é 'proteger o cidadão contra os abusos do poder de tributar'. É certo que o poder de tributar deve ser limitado, e o Direito Constitucional-Tributário em grande medida corresponde a norma que definem tais limites. Mas reduzir a função do Direito Tributário a unicamente traçar limites que protejam o contribuinte *contra as garras do Estado* é um exagero de quem enxerga o tribute como uma operação cujo resultado é sempre uma subtração (e nunca uma criação ou preservação) de direitos dos cidadãos." [grifo do autor] (GODOI, 2012, p. 200-201)

> o tributo é um elemento central) deve ser vista como um instrumento de transformação social, necessário para conferir e preservar a legitimidade do regime político e dar eficácia aos direitos constitucionais dos cidadãos, e não como um capricho dos governantes que simplesmente retira recursos da atividade produtiva para desbaratá-la nas gargantas vorazes da *máquina estatal*. [grifo do autor] (GODOI, 2012, p. 201-202)

Marçal Justen Filho, após discorrer sobre a relação do "custo do Estado" e o tamanho do "sistema tributário", e apontar que é o bem-estar do cidadão que justifica a existência do sistema tributário, conclui:

> Ora, essa simples ordem de cogitações é suficiente para colocar em xeque a ideologia do "sistema tributário equivalente à proteção contra o Estado". Perde consistência a oposição "Estado-cidadão" quando se considerar o Estado como a via principal de fornecimento de serviços públicos à comunidade. A ideia de que o sistema tributário se destina a reduzir a apropriação tributária ao mínimo possível é incompatível com a ideologia do Estado prestador de serviços. Afinal, se o Estado não dispuser de recursos, estará frustrada a realização de sua função. (1998, p. 221)[16]

Neste ponto, é preciso destacar que, embora a Constituição da República de 1988 não contenha expressão nesse sentido, o Brasil caracteriza-se como um Estado Fiscal, já que obtém recursos para a manutenção do aparato estatal e prestação dos serviços públicos através da tributação. No caso, o amplo rol de direitos fundamentais dos indivíduos e liberdades econômicas previstas na Carta (p. ex., direito de propriedade, livre exercício de profissão, livre iniciativa, livre concorrência, etc.), bem como o desenho constitucional do Sistema Tributário Nacional, torna o Estado Brasileiro incompatível com um Estado Patrimonial ou um Estado Socialista.

Na verdade, além de Estado Fiscal, o fato é que a Carta de 1988 desenhou também um verdadeiro Estado Social, sem descuidar de elementos próprios do Estado Liberal, como a proteção da liberdade e da propriedade, ao estabelecer um Estado Democrático de Direito (art. 1°) [17] fundado na dignidade da pessoa humana e que tem

---

16 Note-se, neste ponto, que o autor não nega em seu estudo a relevância do direito tributário como instrumento de defesa do contribuinte em face do Estado, nem defende a supressão de garantias constitucionais. Na verdade, pretende o autor demonstrar a complexidade dos institutos e fenômenos ligados ao Direito Tributário, pleiteando uma abordagem ideológica mais ampla e integrada com outros valores essenciais que não apenas aquele de contenção das atividades estatais. Segundo ele, "o direito tributário não é apenas um conjunto de normas repressivas da atuação estatal, mas apresenta também uma função promocional." (JUSTEN FILHO, 1998, p. 233)

17 Art. 1º, da CR/88: "A República Federativa do Brasil, formada pela união indissolúvel dos Estados e Municípios e do Distrito Federal, constitui-se em Estado Democrático de Direito e tem como fundamentos: (...)"

como objetivo a construção de uma sociedade livre, justa e solidária, com vistas a erradicar a pobreza e a marginalização e reduzir as desigualdades sociais e regionais (art. 3º, incisos I e II[18]), além de afirmar inúmeros direitos sociais.[19] Resta evidente, portanto, o caráter socialmente conformador do Estado brasileiro.[20]

Nesse sentido, Humberto Ávila afirma que a Constituição Federal impôs ao Estado, "com certa prevalência axiológica abstrata, o dever de perseguir os ideais de dignidade e de solidariedade" (2005, p. 68).[21]

Assim sendo, caracterizando-se o Estado brasileiro como um Estado Democrático e Social de Direito, no qual a busca da redução das desigualdades sociais através da ideia de justiça distributiva é um dos objetivos da República, salta aos olhos a importância do tributo para a viabilização dos direitos sociais. Nessa linha, não há como se negar que a tributação efetivamente é instrumento de transformação social (v. JUSTEN FILHO, 1998, p. 223-224), na medida em que assegura os recursos necessários para arcar com os custos da implementação desses direitos.[22]

---

18 Art. 3º, incisos I e III, da CR/88: "Art. 3º Constituem objetivos fundamentais da República Federativa do Brasil: I – construir uma sociedade livre, justa e solidária; (...) III – erradicar a pobreza e a marginalização e reduzir as desigualdades sociais e regionais; (...).

19 Vide, por exemplo, o rol de direitos sociais consagrado no Capítulo II, do Título II da CR/88, bem como as disposições do Título VIII da Carta, que trata da Ordem Social.

20 Nas palavras de Tercio Sampaio Ferraz Júnior: "A experiência constitucional proporcionada pela Constituição brasileira de 1988 nesses dezessete anos é bastante significativa, no que diz respeito à instalação e à realização de um modelo de Estado. A proposta normativa, constante do preâmbulo, fala em Estado Democrático. Induz, obviamente, a que se pense, de um lado, nos tradicionais princípios do Estado de Direito (exercício de direitos sociais e individuais, liberdade, segurança, igualdade etc.), mas, de outro, nas exigências das necessidades de democratização da própria sociedade (que há de ser fraterna, pluralista, sem preconceitos, fundada na harmonia social etc.). Este reconhecimento da necessidade de democratização da própria sociedade, vista como um ente distinto do próprio Estado, mas ao mesmo tempo integrado no Estado, aponta para uma complicada síntese entre o Estado de Direito e o Estado Social ou *Welfare State*. Na verdade, este reconhecimento tem uma repercussão especial na forma constitucional do Estado. Deve-se ter em conta, nesses termos, a passagem marcadamente peculiar, na vida constitucional brasileira, de um Estado liberal burguês e sua expressão tradicional no Estado de Direito, para o chamado Estado Social." [grifo do autor] (2005, p. 208).

21 Contra a existência de uma prevalência axiológica, e sim a necessidade de ponderação, vide a posição de Marco Aurélio Greco, *in verbis*: "Neste passo, é importante lembrar que o artigo 1º da CF/88 deixa claro que o Brasil é um Estado Democrático de Direito; vale dizer, a reunião de elementos próprios do Estado de Direito (protetivo da propriedade, liberdade etc.) e do Estado Social (modificador da realidade em função da isonomia, solidariedade, etc.). A CF/88 assume feição nítida de uma solução de compromisso entre concepções distintas de Estado; compromisso que implica não haver prevalências genéricas de nenhum dos dois conjuntos de elementos (nem do Estado de Direito nem do Social), nas reconhece a necessidade de proceder a constantes ponderações de valores que podem levar episodicamente e diante de determinados casos concretos à prevalência de uns ou de outros." (2005, p. 172)

22 Como observa Marco Aurélio Greco, "não há como raciocinar sobre direitos fundamentais sem examinar os equivalentes deveres, dentre os quais, o dever de ratear o custo do Estado querido pela

Nesse contexto, é bastante pertinente a crítica formulada por Franco Gallo às teorias ultraliberais da tributação à luz da Constituição italiana e da maioria dos sistemas europeus, plenamente aplicável à realidade brasileira:

> [a teoria libertária] não parece estar em harmonia com os princípios fundamentais e constitucionais previstos para o sistema jurídico italiano e para a grande maioria dos sistemas europeus em matéria de garantias dos direitos civis e sociais. Conferindo uma importância excessiva ao direito de propriedade e a um certo fundamentalismo do mercado em nome da liberdade tão simplesmente, [ela] acusa o Estado de paternalismo em sua intervenção, e fazendo isso, deprecia inevitavelmente os valores da justiça social e, por consequência, da igualdade e da solidariedade.
>
> De modo geral, é possível constatar que a intervenção pública pode por vezes ser paternalista; mas, isto não é menos verdade que ela ser o resultado de um consentimento popular que a lei representa. Ela é indispensável não somente para ultrapassar os individualismos do mercado que se resultam, mas também para adotar as políticas concretas a fim de promover o desenvolvimento e garantir (outro dos direitos de liberdade, igualmente) o bem social sobre o plano da política fiscal. (...)
>
> Eu me limito aqui a relembrar que, depois de muito tempo, a experiência histórica e a evidência empírica nos convidam a refletir sobre o fato que uma sociedade fundada sobre a mistificação da (a intangibilidade da) propriedade absoluta e desprovida de toda intervenção da parte do Estado criador de impostos e redistribuidor e, pois, desprovido de toda finança pública sólida, seria uma sociedade a retroagir à fase que precedeu a revolução francesa. Uma sociedade sem dignidade humana, sem coesão social, sem consideração das relações interpessoais e com uma magra formação em termos de patrimônio humano. (2009, p. 120-121)

Portanto, principalmente à luz da Constituição de 1988, é absolutamente equivocada a visão libertarista da tributação, que concebe o tributo como uma norma de rejeição social, com caráter odioso. A incompatibilidade dessa visão com o Estado Democrático e Social de Direito é evidente. Os direitos, todos eles, sejam os de liberdade sejam os sociais, são garantidos pelo Estado e financiados através da tributação.

---

sociedade. Com efeito, na medida em que a sociedade quer um Estado que não seja proprietário de todos os bens (de cuja exploração resultariam recursos suficientes para seu funcionamento) e, mais, se ela pretende que esse Estado faça algo (p. ex., proveja à seguridade social), o dinheiro de que necessita deverá vir de alguma outra origem que não seja a mera exploração de seu patrimônio. Vale dizer, virá da tributação. Daí fala-se em 'Estado fiscal' como aquele que, para subsistir, necessita de tributos. Isto coloca em pauta o tema do dever fundamental de pagar tributos, como condição necessária da própria existência do Estado querido pela sociedade, tão bem examinado por José Casalta Nabais." (2005, p. 182).

4. O Fundamento dos Tributos no Estado Democrático e Social de Direito: a Solidariedade Social e o Dever Fundamental de Pagar Impostos

Afastadas as premissas que embasam as concepções libertárias do fenômeno tributário, as quais culminam na forma hostil como o tributo é visto por muitos autores e, em consequência, na interpretação e na aplicação das normas tributárias, o fato é que, ao contrário de representar uma espoliação do patrimônio dos contribuintes pelo Estado ou um mero sacrifício dos cidadãos, o tributo encontra seu fundamento no princípio da solidariedade social, bem como se apresenta, no Estado Democrático de Direito, como um verdadeiro dever fundamental dos cidadãos de contribuir, na medida de suas condições econômicas, para o custeio das atividades estatais em prol da coletividade, ou seja, das políticas públicas que viabilizem os direitos sociais constitucionalmente previstos.

Com efeito, num contexto de Estado Fiscal, no qual os recursos necessários para que o desempenho das inúmeras atividades estatais provêm da transferência de parcela da riqueza produzida pelos cidadãos, o dever de contribuir para as despesas das atividades desenvolvidas pelo Estado passa a ser considerado um dever fundamental,[23] um verdadeiro dever cívico,[24] disciplinado na própria Constituição e ligado diretamente à existência e manutenção da comunidade, tendo como destinatários todos os cidadãos que apresentem capacidade para contribuir.

Como observa Marciano Seabra de Godoi, "do Estado Fiscal decorre a imprescindibilidade do tributo, e a partir dessa imprescindibilidade delineia-se o dever fundamental de pagar *impostos* (o tributo por excelência no contexto do Estado Fiscal)." (2005, p. 157)

Nesse sentido, são esclarecedoras as conclusões de José Casalta Nabais:

> (...) o imposto não deve ser considerado, como foi tendência durante o século passado, mormente na Alemanha, uma simples relação de poder, em

23 Segundo José Casalta Nabais, "os deveres fundamentais constituem uma categoria jurídico-constitucional própria colocada ao lado e correlativa da dos direitos fundamentais, uma categoria que, como correctivo da liberdade, traduz a mobilização do homem e do cidadão para a realização dos objectivos do bem comum." Assim, prossegue o autor, pode-se "definir os deveres fundamentais como deveres jurídicos do homem e do cidadão que, por determinarem a posição fundamental do indivíduo, têm especial significado para a comunidade e podem por esta ser exigidos. Uma noção que, decomposta com base num certo paralelismo com o conceito de direitos fundamentais, nos apresenta os deveres fundamentais como posições jurídicas passivas, autónomas, subjectivas, individuais, universais e permanentes e essenciais." (2009, p. 185-186).

24 Pode-se definir cidadania como "a qualidade dos indivíduos que, enquanto membros ativos e passivos de um Estado-nação, são titulares ou destinatários de um determinado número de direitos e deveres universais e, por conseguinte, detentores de um específico nível de igualdade. Uma noção de cidadania, em que, como é fácil de ver, encontramos três elementos constitutivos, a saber: 1) a titularidade de um determinado número de direitos e deveres numa sociedade específica; 2) a pertença a uma determinada comunidade política (normalmente o Estado), em geral vinculada à ideia de nacionalidade; e 3) a possibilidade de contribuir para a vida pública dessa comunidade através da participação." (NABAIS, 2005, p. 119)

> que o estado faz exigências aos seus súditos e estes se sujeitam em consequência dessa relação. Noutros termos, o imposto não pode ser encarado, nem como um *mero poder* para o estado, nem simplesmente como *mero sacrifício* para os cidadãos, mas antes como o contributo indispensável a uma vida em comum e próspera de todos os membros da comunidade organizada em estado.
>
> Com efeito, um estado, para cumprir as suas tarefas, tem de socorrer-se de recursos ou meios de exigir dos seus cidadãos, constituindo justamente os impostos esses meios ou instrumentos de realização das tarefas estaduais. Por isso, a tributação não constitui, em si mesma, um objetivo (isto é, um objectivo originário ou primário) do estado, mas sim o meio que possibilita a este cumprir os seus objectivos (originários ou primários), actualmente consubstanciados em tarefas de estado de direito e tarefas de estado social, ou seja, em tarefas de estado de direito social. Um meio que, por um lado, pressupõe um certo tipo de estado do ponto de vista do seu suporte financeiro – um *estado fiscal* – e, de outro se traduz, atento o seu actual carácter social, na exigência de uma parte considerável do rendimento ou património, enquanto tais ou enquanto gastos ou consumidos na aquisição de bens e serviços, dos seus cidadãos. (...)
>
> Pelo que, o dever de pagar impostos constitui um dever fundamental como qualquer outro, com todas as consequências que uma tal qualificação implica. Um dever fundamental, porém, que tem por destinatários, não todos os cidadãos de um estado, mas apenas os fiscalmente capazes, (...).
>
> Há, isso sim, o dever de todos contribuírem, na medida de sua capacidade contributiva, para as despesas a realizar com as tarefas do estado. Como membros da comunidade, que constitui o estado, ainda que apenas em termos económicos (e não políticos), incumbe-lhes, pois, o dever fundamental de suportar os custos financeiros da mesma, o que pressupõe a opção por um estado fiscal, que assim serve de justificação ao conjunto dos impostos, constituindo estes o preço (e, seguramente, um dos preços mais baratos) a pagar pela manutenção da liberdade ou de uma sociedade civilizada. [grifo do autor] (2009, p. 185-186)

Esse dever fundamental de pagar em impostos, ou seja, de contribuir para o financiamento das atividades estatais em prol do interesse coletivo, fundamenta-se no princípio da solidariedade social, e não, por exemplo, na ameaça de sanção, como sustentam aqueles que defendem ser o tributo uma norma de rejeição social (cf. GODOI, 2005, p. 152).[25]

25 Em outro estudo, afirmou o autor: "No plano da fundamentação ética, desde os filósofos do Direito até acórdãos de cortes constitucionais contemporâneas reconhecem que a solidariedade social é o esteio da obrigação de pagar impostos, os quais possuem sim princípios materiais de justiça e

Com efeito, a solidariedade pode ser apontada, ao lado da liberdade, da segurança e da justiça, como um valor fundante do Estado de Direito, extraído dos princípios que inspiraram a Revolução Francesa: liberdade, igualdade e fraternidade (TORRES, 2003, p. 41). Embora não se possa falar em hierarquia entre esses valores, que devem estar em permanente interação e equilíbrio (TORRES, 2003, p. 46-47), a ideia de solidariedade ficou relegada a um segundo plano durante o auge do liberalismo, no século XIX e parte do século XX, tendo sido resgatada apenas recentemente com a reaproximação entre a ética e direito (TORRES, 2003, p. 180-181).

Marciano Seabra de Godoi, após ressaltar que o sentido jurídico da ideia de solidariedade social remonta à ideia próxima de justiça social, destaca que o discurso da solidariedade ganhou força principalmente com a derrocada do Estado Liberal e a afirmação do Estado Social, com a origem dos direitos sociais relacionados a prestações estatais positivas (2005, p. 142-145).

Nesse contexto de recuperação de importância, a ideia de solidariedade foi afirmada na Declaração Universal dos Direitos Humanos, de 1948,[26] e em diversas constituições europeias, como a italiana, a espanhola e a portuguesa. No Brasil, a solidariedade tem previsão expressa em nossa Constituição de 1988, especificamente no art. 3º, inciso I, o qual arrola, dentre os objetivos fundamentais da República, a construção de uma sociedade livre, justa e solidária.

Além de ser um valor fundante do Estado de Direito, a solidariedade também projeta-se como princípio no campo constitucional (TORRES, 2005, p. 199) e pode ser caracterizada como uma obrigação moral ou como um dever jurídico, informando e vinculando a liberdade, a igualdade e a justiça (TORRES, 2009, v. 1, p. 181).[27]

E justamente por também se caracterizar como um dever jurídico é que a solidariedade encontra amplo campo de atuação no Direito Tributário, já que o tributo, como visto, é um dever fundamental (TORRES, 2005, p. 181).[28]

---

por isso não podem ser considerados a priori como 'normas de rejeição social' (no sentido de que normas que não podem oferecer aos seus destinatários qualquer justificativa moral para seu cumprimento, sustentando-se única e exclusivamente na ameaça de sanção." (GODOI, 2012, p. 204.) No mesmo sentido, vide GRECO, 2009, p. 174.

26 Art. I – Todas as pessoas nascem livres e iguais em dignidade e direitos. São dotadas de razão e consciência e devem agir em relação umas às outras com espírito de fraternidade.

27 No mesmo sentido, Cláudio Sacchetto, analisando a Constituição italiana, que, como a nossa, traz em seu art. 2º disposição expressa acerca da solidariedade ("A República reconhece e garante os direitos invioláveis do homem, seja como indivíduo, seja nas formas pelas quais se desenvolve a sua personalidade e exige o cumprimento de deveres inderrogáveis de solidariedade política, econômica e social"), afirma que "a solidariedade, de fato, é um dever público constitucional, a realçar que ela deve permanecer sempre com garantia de unidade, mesmo diante de contingentes contraposições políticas." (SACCHETTO, 2005, p. 13)

28 Merecem registro as palavras de Emmanuel de Croy Chanel acerca da doutrina solidarista e a tributação: "De sua parte os republicanos vão encontrar no solidarismo um meio de justificar – e assim, enquadrar – o recurso ao imposto como um modo de correção social. O solidarismo, que reivindica,

Note-se que, embora o princípio da solidariedade tenha ganhado força e destaque a partir da afirmação do Estado Social, ele esteve presente no decorrer de todo o Estado Fiscal, seja no Estado Fiscal Liberal, seja no Estado Fiscal Social.

Segundo José Casalta Nabais, o Direito Tributário tem concretizado a ideia de solidariedade social ao longo de toda a evolução do Estado Fiscal. Segundo ele, no Estado Fiscal Liberal, o simples fato de se ter um Estado Fiscal, financiado principalmente por impostos propriamente ditos, e não por outras espécies tributárias contraprestacionais, como as taxas e contribuições, concretiza a ideia de solidariedade social, já que um conjunto de cidadãos com capacidade para contribuir suporta a totalidade dos serviços públicos de que se beneficiam todos os cidadãos, contribuintes ou não, não se pautando a tributação no princípio do benefício nem havendo a necessidade de equivalência das taxas. Daí se concluir que a simples existência de um Estado Fiscal já traga consigo a ideia de justiça distributiva, representada pela redistribuição dos rendimentos dos contribuintes para os que não sejam contribuintes. De todo modo, o autor português reforça que é no Estado Fiscal Social que se concretiza verdadeiramente a ideia de solidariedade, que passa a ser um objetivo do Estado, inclusive na área fiscal (NABAIS, 2005, p. 127-129).[29]

Nessa linha, a doutrina vai fundamentar a capacidade contributiva, projeção do princípio da igualdade no campo tributário, justamente no princípio da solidariedade social,[30] que vai informar a repartição de cargas públicas no Estado. Dela decorre, en-

---

além disso, ser uma alternativa ao 'liberalismo individualista' e ao coletivismo, define o homem como um ser por natureza social. Por transposição à sociedade, 'organismo contratual', das leis da biologia, os solidaristas demonstram a existência objetiva, científica, de uma lei da solidariedade. Do mesmo modo que a vida nasce e se desenvolve na solidariedade das funções de diferentes órgãos, da mesma forma a solidariedade social é uma condição do desenvolvimento físico, psíquico e moral do homem. A obrigação de solidariedade social não é então facultativa, ela não resulta senão de uma livre manifestação da vontade do indivíduo. Ela tem um caráter objetivo. Pelo simples fato de que ela existe, o homem é devedor para com a sociedade de uma obrigação de solidariedade. (...) Claramente, numa visão solidarista, serão todos os membros da sociedade chamados a quitar os encargos sociais (na ocorrência de encargos fiscais), recrutados pelo Estado, 'forma política de agrupamento humano'. A doutrina solidarista reencontra, assim, o princípio de um encargo fiscal em razão da pertinência a um corpo político." (2009, p. 70-71)

---

29 Em sentido semelhante, Cláudio Saccheto afirma: "Como corolário da solidariedade, no campo fiscal, surgiu a reconstrução do dever tributário como um *dever de concorrer* para a própria subsistência do Estado e não como uma prestação correspectiva-comutativa diante da distribuição de vantagens específicas para o obrigado. Pagar impostos é um *dever* constitucional. Este dever é inderrogável, o que indica que ninguém pode ser dispensado de respeitá-lo. (...) Foi um salto 'genérico' relativamente ao passado, quando o dever tributário era dominado pela lógica do princípio da contraprestação, do benefício ou da teoria comutativa, (...)" [grifo do autor] (2005, p. 21-22).

30 Em sentido contrário, merece registro o posicionamento de José Casalta Nabais, segundo o qual, como o princípio da capacidade contributiva encontrou fundamento de validade tanto no Estado Liberal quanto no Estado Social, o princípio do estado social não pode ser visto como o único possível de justificar a capacidade contributiva. (NABAIS, 2009, p. 447).

tão, a conclusão de que o dever constitucional de contribuir no Estado Fiscal é também um dever se solidariedade (GODOI, 2005, p. 156-157).[31]

Merecem destaque as palavras de Ricardo Lobo Torres:

> Mas é no campo da *capacidade contributiva* que se torna mais importante a solidariedade. O grande problema ético da capacidade contributiva é o da sua *fundamentação ou justificativa*. As explicações positivistas fundavam-se em ideias economicistas como a da igualdade de sacrifício. O causalismo sociológico das décadas de 30 e 40 também abandonou a fundamentação ética, pois, ao indicar a capacidade contributiva como causa última ou imediata dos impostos, recusava a possibilidade de se 'pretender descobrir as razões político-filosóficas dessa eleição por parte do legislador'. Com a reaproximação entre ética e direito, procura-se hoje justificar a *capacidade contributiva pelas ideias de solidariedade e fraternidade.* A solidariedade entre os cidadãos deve com que carga tributária recaia sobre os mais ricos, aliviando-se a incidência sobre os mais pobres e dela dispensando os que estão abaixo do nível mínimo de sobrevivência. É um valor moral jurisdicizável que fundamenta a capacidade contributiva e que sinaliza para a necessidade da correlação entre direitos e deveres fiscais. Não é causa jurídica da incidência dos impostos, mas *sua justificativa ético-jurídica.* [grifos do autor] (2005, p. 200)

Ao abordar o tema, Ricardo Lodi Ribeiro sustenta que o princípio da capacidade contributiva busca seu conteúdo no valor da solidariedade e da igualdade, bem como no direito fundamental de pagar tributo na mesma proporção daquele que possui a igual riqueza (2013, p. 146). Segundo ele, "é o princípio da Capacidade Contributiva que, baseado na Justiça Fiscal informada, no Estado Social, pela Solidariedade Social, dá conteúdo à ideia de Isonomia Tributária" (2013, p. 141).

Nas palavras de Luís Eduardo Schoueri,

> a solidariedade se concretiza quando todos participam dos custos da existência social, na medida de sua capacidade. Retoma-se, assim, a capacidade contributiva, na teoria das causas, não como fundamento, em si, da tributação, mas como reflexo, em matéria tributária, dos valores da justiça e da solidariedade. (2013, p. 202)[32]

---

31 Segundo Marciano Seabra de Godoi, a capacidade econômica é o "elo fundamental que une o tributo e a solidariedade social." (2005, p. 160).

32 Segundo SCHOUERI, o princípio da solidariedade está explicitado, no âmbito tributário, no princípio da capacidade contributiva. Afirma ele: "É em nome desse princípio [da solidariedade] que se afirma que o critério aceitável para a diferenciação dos contribuintes será aquele que atingir a máxima: cada um contribuirá com quanto puder para o bem de todos. Eis o objetivo da construção de uma nação fundada na solidariedade entre seus membros." (2013, p. 331) Para corroborar o po-

Assim, no Estado Fiscal, cujas necessidades públicas são eminentemente satisfeitas pelo Estado por meio de recursos obtidos junto aos cidadãos capazes de contribuir, mostra-se absolutamente inadequada visão do tributo como uma norma de rejeição social, com caráter odioso.

Como foi demonstrado, a tributação não deve ser encarada como uma "invasão" no patrimônio particular, como uma simples relação de poder/sujeição ou sacrifício dos cidadãos, e sim como uma contribuição para o bem comum e desenvolvimento da sociedade, decorrente de um dever fundamental que encontra seu fundamento no princípio da solidariedade social.[33]

Uma observação final se faz necessária: a afirmação da existência de um dever fundamental de pagar tributo, baseado na solidariedade social, não implica no afastamento dos limites formais e materiais da tributação. Também não implica na defesa da existência de uma supremacia *a priori* do interesse público do Estado, na vertente da arrecadação, sobre o particular, a justificar uma interpretação das normas tributárias sempre favorável ao Fisco.[34]

Como bem ressalvado por Marciano Seabra de Godoi (2005, p. 158-159), não se trata de uma "desculpa" ou "pretexto" para a violação dos limites existentes. Ao revés,

---

sicionamento, o referido autor menciona as lições de Francesco Moschetti e Andrea Amatucci, nos seguintes termos: "A relação da capacidade contributiva com a solidariedade é bem explorada por Moschetti, para quem o dever de concorrer para com as despesas públicas conforme a capacidade contributiva liga-se ao dever de solidariedade, compreendido como uma cooperação altruística voltada a fins de interesse coletivo. Andrea Amatucci também faz essa correlação, ao afirmar que num ordenamento que atribui ao Estado social e econômico o papel de reconhecer e garantir a propriedade privada, a liberdade de iniciativa e de atividade econômica e o dever de solidariedade, como síntese entre liberdade e sociedade, exige coerentemente um concurso às despesas consistente em um sacrifício mais que proporcional às riquezas de cada um." (2013, p. 331)

---

33 Nesse mesmo sentido, Marco Aurélio Greco afirma que, na perspectiva do Estado Social, a tributação não pode ser vista como mera técnica arrecadatória ou de proteção ao patrimônio, e sim também numa "perspectiva de viabilização da dimensão social do ser humano." (2005, p. 179). É o que também defende Franco Gallo: "Dentro de uma ótica diferente de cooperação e de solidariedade autênticas, que é específica das democracias ocidentais, a retirada fiscal não se configura como um aspecto de repressão e de expropriação do 'indivíduo' e de seus direitos libertários. A razão está que o indivíduo não se identifica mais unicamente com os direitos de propriedade (e, em geral, com todo outro título de posse). Ao contrário, ele deve estar considerado em sua complexidade do organismo político e social fazendo parte do contexto institucional. Na realidade, a imposição visa 'enriquecer' indiretamente os membros da sociedade. Ela é, de fato, o único instrumento que o operador público dispõe não somente para garantir e defender os direitos de propriedade, que é a função mais perceptível numa visão egoísta de salvaguarda dos direitos particulares e de expansão da liberdade, ela também individual, mas que, em uma ótica igualitária, não pode só justificar a tributação – mas também a fim de prosseguir (demandar) as políticas sociais de redistribuição e de alocação, assim como promover o desenvolvimento cultural e econômico em uma situação de estabilidade." (2009, p. 123)

34 A crítica de que muitas vezes as ideias de solidariedade social e do dever fundamental de pagar tributos é utilizada pelos autores para justificar a supremacia de um interesse arrecadatório do Estado é feita por Raquel Cavalcanti Ramos Machado (2007, p. 57-58).

essas ideias buscam justamente contestar a noção autoritária do Direito Tributário como um direito de império, cujas normas teriam como característica fundamental a tutela do interesse arrecadatório, e o dever de recolher impostos teria um caráter meramente formal e instrumental, reduzindo, em consequência, a possibilidade de discussão acerca do fenômeno tributário com base em princípios materiais de justiça.[35]

Se, por um lado, não há que se falar em uma supremacia do interesse público, por outro lado, as ideias de solidariedade social e do dever fundamental de pagar tributo evidenciam que o tributo não pode ser encarado como uma norma de rejeição social, de caráter odioso, de mero sacrifício dos cidadãos, nem que o Direito Tributário deve ser visto apenas como um instrumento de defesa do cidadão, para proteger o contribuinte e seu patrimônio da "indevida" intromissão do Estado, o que justificaria a defesa de uma postura inversa à defesa da supremacia do interesse público, ou seja, da existência mesmo de uma supremacia *a priori* do interesse privado, a justificar, na interpretação das normas tributárias, sempre a adoção daquela mais favorável ao contribuinte (*in dubio pro contribuinte*).

O fato "de ser devido ou não determinado tributo depende do que dispõe a legislação, que deve ser corretamente interpretada" (GODOI, 2012. p. 199-200), sendo equivocada tanto a invocação da existência de uma supremacia *a priori* do interesse arrecadatório como a defesa da necessidade de sempre se adotar o *in dubio pro contribuinte.*[36]

---

35 Nas palavras de Marciano Seabra de Godoi: "Poder-se-ia pensar que o reconhecimento de um dever fundamental de pagar impostos credenciaria o Estado a exigir dos contribuintes qualquer tipo de prestações tributárias, enfraquecendo os limites formais e materiais do poder de tributar. De outra parte, poder-se-ia concluir que a vinculação do tributo com a solidariedade constitui uma 'desculpa' ou um 'pretexto' para justificar a cobrança de exações com graves violações das limitações constitucionais do poder de tributar. A probabilidade dessas ilações alarmistas aumenta ainda mais tendo em conta a alta e crescente carga tributária vigente no País na última década, aliada a uma concepção já arraigada no senso comum e em setores da academia segundo a qual o tributo é essencialmente abusivo, uma 'norma de rejeição social', que agride os direitos do cidadão e que não se diferencia bem dos preceitos sancionadores. Ao contrário do que as ilações acima poderiam supor, a tendência de sublinhar as relações do tributo com a solidariedade social e de afirmar o dever fundamental de contribuir com os gastos públicos mediante o princípio da capacidade econômica veio à baila exatamente para afastar a noção autoritária do Direito Tributário como *direito de império,* composto por normas cuja característica fundamental radicava na tutela do interesse público arrecadatório, o que dava um caráter formal e instrumental ao dever de recolher impostos. Autores que manifestam clara adesão à solidariedade social como fundamento da capacidade econômica e do dever fundamental de contribuir criticam firmemente a elaboração dogmática do Direito Financeiro que situava o tributo no poder de império do Estado e reduzia drasticamente a possibilidade de o contribuinte proteger-se da tributação com base em princípios materiais de justiça." [grifo do autor] (2005, p. 158-159)

36 Como observa Marco Aurélio Greco, a Constituição não pode ser lida pela metade, ou seja, apenas sob a ótica da solidariedade social, sob pena de se incorrer em distorções tais como as cometidas por aqueles que leem a Constituição pensando na liberdade individual. A tributação justa demanda que os valores protetivos da liberdade e modificadores da solidariedade sejam lidos em conjunto (2005, p. 189).

5. Conclusão

Buscou-se, no presente estudo, demonstrar a inconsistência das teorias de viés liberal radical, ou mesmo libertaristas, que sustentam ser o tributo uma norma de rejeição social, de caráter odioso e de espoliação do patrimônio do contribuinte, de forma que o Direito Tributário seria exclusivamente um instrumento de defesa do cidadão, um meio de proteção do contribuinte e seu patrimônio contra o Estado.

A repulsa em relação ao tributo que decorre dessas concepções libertaristas, e que acaba por refletir na interpretação e na aplicação de diversos institutos de Direito Tributário, parte de premissas equivocadas, como, por exemplo, a de que o Estado estaria completamente apartado da sociedade civil, e de que o tributo financiaria as atividades do próprio Estado, e não da sociedade. Baseiam-se, também, na premissa de que os direitos de propriedade seriam direitos originais e naturais, quase absolutos, considerando-os como um elemento estrutural da liberdade individual.

Ora, como procuramos demonstrar, o Estado não é um fim em si mesmo. O Estado não existe por si e para si. Ele é uma criação da sociedade para atender suas necessidades e cumprir as finalidades por ela estabelecidas. E a tributação é o instrumento essencial dessa engrenagem, pois financia os custos dessas atividades desenvolvidas em prol da sociedade. Assim, no contexto de um Estado Fiscal, seja num Estado Liberal clássico ou num Estado Social, o tributo não é um instrumento de opressão do Estado contra o cidadão, de usurpação do patrimônio alheio. Ao revés, é o próprio instrumento que viabiliza a implementação das políticas públicas através da prestação dos serviços públicos.

Ademais, inexiste identidade estrutural entre o indivíduo e a propriedade. Os direitos de propriedade decorrem de convenções sociais, e não de uma lei natural. Os direitos de propriedade relacionam-se com outros direitos e valores, também previstos em convenções sociais, os quais compete ao Estado também promover. Em decorrência da inexistência de identidade entre direitos de propriedade e os indivíduos, não é possível se encontrar uma força moral do direito de propriedade exclusivamente no indivíduo que é o seu titular. Nesse caso, o direito de salvaguardar rendimentos e patrimônio dependerá, na verdade, de um conjunto regras e instituições que o reconheça e garanta, o que é viabilizado através da tributação. Assim, não se pode falar em patrimônio ou rendimento antes da tributação. Não há como se sustentar a existência de um direito sobre o patrimônio e a renda antes do pagamento dos impostos.

Como são os tributos que viabilizam a estrutura institucional que garante o exercício dos direitos previstos nas convenções sociais, inclusive os direitos de propriedade, a sua importância e essencialidade impedem que os mesmos sejam vistos de forma hostil, como um mero sacrifício dos cidadãos.

No âmbito de um Estado Democrático e Social de Direito, como o brasileiro, o qual, fundado da dignidade da pessoa humana, deve ir além da garantia das liberdades individuais, buscando também a implementação de direitos sociais e a construção de uma sociedade livre, justa e solidária, com vistas a erradicar a pobreza e a marginalização e reduzir as desigualdades sociais e regionais, a tributação ganha ainda mais relevância, sendo um efetivo instrumento de transformação social na medida em que assegura os recursos necessários para arcar com os custos da implementação desses direitos.

Nesse contexto, ao invés de representar uma espoliação do patrimônio dos contribuintes pelo Estado, o tributo vai encontrar seu fundamento no princípio da solidariedade social, apresentando-se, no Estado Democrático de Direito, como um verdadeiro dever fundamental dos cidadãos de contribuir, na medida de suas condições econômicas, para o custeio das atividades estatais em prol da coletividade, ou seja, das políticas públicas que viabilizem os direitos sociais constitucionalmente previstos.

6. Referências Bibliográficas

ÁVILA, Humberto. **Limites à Tributação com Base na Solidariedade Social**. *In*: GRECO, Marco Aurélio; GODOI, Marciano Seabra de (Coords.). **Solidariedade Social e Tributação**. São Paulo: Dialética, 2005.

CHANEL, Emmanuel de Crouy. **A Cidadania Fiscal**. *In*: FERRAZ, Roberto Catalano Botelho (Coord.). **Princípios e Limites da Tributação 2 – Os Princípios da Ordem Econômica e a Tributação**. São Paulo: Quartier Latin, 2009.

FERRAZ JÚNIOR, Tercio Sampaio. **Notas sobre Contribuições Sociais e Solidariedade no Contexto do Estado Democrático de Direito**. *In*: GRECO, Marco Aurélio; GODOI, Marciano Seabra de (Coords.). **Solidariedade Social e Tributação**. São Paulo: Dialética, 2005.

GALLO, Franco. **Las razones del fisco: ética y justicia en los tributos**. Trad. José A. Rozas y Francisco Cañal. Madrid: Marcial Pons, 2011.

________. **Justiça Social e Justiça Fiscal**. *In*: FERRAZ, Roberto Catalano Botelho (Coord.). **Princípios e Limites da Tributação 2 – Os Princípios da Ordem Econômica e a Tributação**. São Paulo: Quartier Latin, 2009.

GODOI, Marciano Seabra de. **Crítica à visão libertarista do tributo e do direito tributário**. *In*: GASSEN, Valcir. **Equidade e eficiência da matriz tributária brasileira. Diálogos sobre Estado, Constituição e Direito Tributário**. Brasília: Editora Consulex, 2012.

________. **Tributo e Solidariedade Social**. *In*: GRECO, Marco Aurélio; GODOI, Marciano Seabra de (Coords.). **Solidariedade Social e Tributação**. São Paulo: Dialética, 2005.

GRECO, Marco Aurélio. **Do Poder à Função Tributária**. *In*: FERRAZ, Roberto Catalano Botelho (Coord.). **Princípios e Limites da Tributação 2 – Os Princípios da Ordem Econômica e a Tributação**. São Paulo: Quartier Latin, 2009.

________. **Solidariedade Social e Tributação**. *In*: GRECO, Marco Aurélio; GODOI, Marciano Seabra de (Coords.). **Solidariedade Social e Tributação**. São Paulo: Dialética, 2005.

JUSTEN FILHO, Marçal. **Sistema Constitucional Tributário: uma aproximação ideológica**. *In*: Revista da Faculdade de Direito da UFPR, Curitiba, a. 30, nº 30, 1998.

MACHADO, Raquel Cavalcanti Ramos Machado. **Interesse Público e Direitos do Contribuinte**. São Paulo: Dialética, 2007.

MARTINS, Ives Gandra da Silva. **A era das contradições – Desafios para o novo milênio**. Lisboa: Universitária Editora, 2003.

________. **Teoria da Imposição Tributária**. 2ª ed. São Paulo: LTr, 1998.

MURPHY, Liam; NAGEL, Thomas. **O mito da propriedade: os impostos e a justiça**. Tradução de Marcelo Brandão Cipolla. São Paulo: Martins Fontes, 2005.

NABAIS, José Casalta. **O Dever Fundamental de Pagar Impostos: contributo para a compreensão constitucional do estado fiscal contemporâneo**. Coimbra: Almedina, 2009.

_________. **Solidariedade Social, Cidadania e Direito Fiscal**. *In*: GRECO, Marco Aurélio; GODOI, Marciano Seabra de (Coords.). **Solidariedade Social e Tributação**. São Paulo: Dialética, 2005.

RIBEIRO, Ricardo Lodi. **Tributos (teoria geral e espécies)**. Niterói, RJ: Impetus, 2013.

SACCHETTO, Cláudio. **O Dever de Solidariedade no Direito Tributário: o Ordenamento Italiano**. Tradução de Milene Eugênio Cavalcante Greco e Marco Aurélio Greco. *In*: GRECO, Marco Aurélio; GODOI, Marciano Seabra de (Coords.). **Solidariedade Social e Tributação**. São Paulo: Dialética, 2005.

SCAFF, Fernando Facury. **O jardim e a praça ou a dignidade da pessoa humana e o direito tributário e financeiro**. *In*: **Direito, Estado e Democracia. Entre a (in)efetividade e o imaginário social**. Revista do Instituto de Hermenêutica Jurídica, v. 4, 2006.

SCHOUERI, Luís Eduardo. **Direito Tributário**. 3ª ed. São Paulo: Saraiva: 2013.

TORRES, Ricardo Lobo. **A Ideia de Liberdade no Estado Patrimonial e no Estado Fiscal.** Rio de Janeiro: Renovar, 1991.

_________. **Curso de Direito Financeiro e Tributário.** 10ª ed. Rio de Janeiro: Renovar, 2003.

_________. **Existe um Princípio Estrutural da Solidariedade?** *In*: GRECO, Marco Aurélio; GODOI, Marciano Seabra de (Coords.). **Solidariedade Social e Tributação**. São Paulo: Dialética, 2005.

_________. **Tratado de Direito Constitucional Financeiro e Tributário, vol. I – Constituição Financeira, Sistema Tributário e Estado Fiscal.** Rio de Janeiro: Renovar, 2009.

A Proibição do Retrocesso Social como Limitação às Políticas Públicas: Critérios para a Averiguação do Retrocesso Social e Possibilidade de Controle na Esfera Judicial

Matheus Soares Leite

1. Introdução

A teoria da vedação ao retrocesso social é tema relativamente recente e que vem, aos poucos, ganhando destaque na doutrina nacional, especialmente em virtude do contexto de crise econômica e social vivenciado no ano de 2015, em contraponto à necessidade de se garantir o desenvolvimento e a concretização dos direitos fundamentais paulatinamente, de modo a não se admitir o regresso ao *status* anterior. A teoria da vedação ao retrocesso social surge então, como forma de garantir que os direitos sociais, integrantes do rol dos direitos fundamentais, sejam concretizados de maneira gradativa, não se admitindo seu retrocesso, externando certa obrigação de avanço social. Essa preocupação ganha ainda mais relevo no contexto de países de modernidade tardia tal como no Brasil, que ainda enfrenta grandes dificuldades na realização dos compromissos sociais assumidos pela Constituição de 1988, muitas vezes insculpidos em conteúdos programáticos. Desponta, dessa forma, a noção de retrocesso social como um ingrediente a mais que pode ser introduzido na análise da teoria a respeito da restrição aos direitos fundamentais.

É possível dividir metodologicamente a análise da teoria da vedação ao retrocesso social em duas partes, sendo a primeira delas no plano do direito interno e a segunda, por sua vez, no plano do direito internacional. No plano do direito interno, a doutrina brasileira tem conjugado esforços para defender a existência do princípio da vedação ao retrocesso social de forma implícita pela nossa Constituição, havendo uma tentativa de sistematizar os fundamentos que autorizam a conclusão pela sua existência, bem como a análise material dos limites da figura do retrocesso, sendo influenciada, sobremaneira, pelas doutrinas e jurisprudências alienígenas, notadamente as de Portugal, Alemanha e Itália. No plano do direito internacional, por sua vez, o estudo da temática já está mais avançado, havendo já certa sistematização quanto ao conteúdo, alcance e limites atinentes ao princípio da vedação ao retrocesso social, influenciado pela análise e interpretação de diversos acordos firmados no âmbito do direito internacional. Dentre eles, é possível citar os seguintes: Convenção Americana sobre Direitos Humanos em Matéria de Direitos Econômicos, Sociais e Culturais; Protocolo de San Salvador (Protocolo Adicional à Convenção Americana sobre Direitos Humanos em Matéria de Direitos Econômicos, Sociais e Culturais); Pacto Internacional de Direitos Econômicos, Sociais e Culturais (PIDESC); Pacto Internacional sobre Direitos Civis e Políticos. Com exceção da doutrina brasileira, a doutrina dos demais países da América do Sul tem voltado atenção especial para a temática do retrocesso social na esfera internacional, motivo pelo qual também se faz necessário o seu estudo, especialmente pelo fato da República Federativa do Brasil ter assinado, ratificado e incorporado os referidos tratados na ordem jurídica interna, assumindo, dessa forma, o compromisso quanto ao seu cumprimento não só no âmbito internacional, mas também no âmbito interno.

2. A Teoria da Vedação ao Retrocesso Social no Âmbito do Direito Interno

Os direitos fundamentais assumem uma importância categórica nas constituições dos diversos países, representando os direitos das liberdades, bem como os alicerces que dão suporte à própria Constituição, assegurando ao homem a existência em comunidade de forma digna, exigindo do Estado a sua observância e amparo irrestrito (PINTO, 2009). De nada adiantaria reconhecer a exigência de se concretizarem os direitos fundamentais de forma progressiva, se fosse admitido, posteriormente, o retorno ao nível de proteção e concretização anterior. Seria um contrassenso capaz de transformar a Constituição em um documento insignificante e sem valor jurídico algum, esvaziando por completo o conteúdo desses direitos, de modo que as normas estariam voltadas para uma expectativa de futuro que nunca chegaria. É preciso, portanto, concretizar os direitos fundamentais progressivamente e, apenas em casos extraordinários, admitir eventual retrocesso, dentro de certos limites, tudo isso em decorrência do Estado Social e Democrático de Direito, aliado ao princípio da dignidade da pessoa humana que orienta toda a sistemática da Constituição de 1988. Exige-se, portanto, que o Estado, por meio de políticas públicas, concretize os direitos fundamentais, garantido-lhes eficácia de modo gradual, não se admitindo condutas que impliquem no chamado retrocesso social (TAVEIRA, MARÇAL, 2013, p. 163).

2.1. *Em que consiste a teoria da vedação ao retrocesso social ou o princípio da vedação ao retrocesso social?*

Mas, em que consiste a teoria da vedação ao retrocesso social? Qual o seu conteúdo? Para o jurista português Joaquim José Gomes Canotilho (2002, p. 336), que utiliza a sugestiva expressão "efeito cliquet" dos direitos humanos, vedar o retrocesso significa assumir de plano que os direitos não podem retroagir, de modo que é inconstitucional qualquer medida tendente a revogar os direitos sociais já regulamentados, sem que haja outros meios alternativos compensatórios. O autor (CANOTILHO, 2003, p. 338) considera que "os direitos sociais e econômicos (ex.: direito dos trabalhadores, direito à assistência, direito à educação), uma vez obtido um determinado grau de realização, passam a constituir, simultaneamente, uma *garantia institucional* e um *direito subjetivo*". O princípio da vedação ao retrocesso social limita, dessa forma, a reversibilidade dos direitos adquiridos, constituindo um obstáculo a ser observado pelo legislador, ao mesmo tempo em que impõe um dever de alcançar, por meio de uma política pública adequada, os direitos e as expectativas alicerçadas, sendo inconstitucional qualquer medida que viole o núcleo essencial já efetivado (CANOTILHO, 2003, p. 339). Luís Roberto Barroso (2006, p. 158), de forma semelhante, liga a noção da vedação ao retrocesso à efetividade da norma que foi alcançada por meio de uma regulamentação. Trata-se, pois, de um princípio implícito decorrente do sistema jurídico-constitucional, de modo que se a regulamentação de um mandamento constitucional concretizar determinado direito, este se incorpora ao patrimônio jurídico da cidadania, não podendo ser suprimido de forma arbitrária, sob pena de promover um retrocesso (BARROSO, 2006, p. 158/159). Dessa forma,

> se o legislador infraconstitucional deu concretude a uma norma programática ou tornou viável o exercício de um direito que dependia de sua intermediação, não poderá simplesmente revogar o ato legislativo, fazendo a situação voltar ao estado de omissão legislativa anterior (BARROSO, 2006, p. 159).

Mário de Conto (2008, p. 83), por sua vez, atrela a noção da vedação ao retrocesso à noção de proteção dos direitos fundamentais, que englobaria as categorias de proibição do excesso (*übermassverbot*) e de proibição da proteção deficiente (*untermassverbot*), sendo que esta última exigiria, por parte do Estado, um "fazer" e um "não fazer", na busca da realização máxima dos direitos fundamentais sociais, bem como na abstenção em não atentar contra aqueles direitos fundamentais já implementados (CONTO, 2008, p. 83). Ingo Wolfgang Sarlet (2006, p. 332) ressalta a existência da vedação ao retrocesso, em sentido amplo, consagrada pela ordem jurídica interna, especialmente em virtude da opção do constituinte em proteger os direitos adquiridos, atos jurídicos perfeitos, coisa julgada, bem como na garantia contra a retroatividade, corolária do princípio da segurança jurídica, além das demais garantias contra as restrições legislativas dos direitos fundamentais. No mesmo sentido, insere-

-se a proteção contra o poder constituinte reformador imposta pelas limitações materiais ao poder de reforma (SARLET, 2006, p. 333). Em sentido restrito, por sua vez, a vedação ao regresso, encontra-se na mesma esteira dos demais autores já citados, no sentido de proibir que determinado direito, já implementado, possa ser esvaziado em seu conteúdo, eliminado de forma arbitrária, ocasionando situação de regresso concernente aos direitos fundamentais sociais (SARLET, 2006, p. 348). Nesse sentido, para o autor (SARLET, 2006, p. 348), a proibição de retrocesso está vinculada ao princípio da maximização da eficácia das normas de direitos fundamentais, de modo que o art. 5º, § 1º, da Constituição brasileira, impõe a proteção efetiva dos direitos fundamentais não apenas contra atuação do poder de reforma constitucional, mas também contra ato do legislador ordinário, bem como dos demais órgãos estatais, de modo a ser vedada a supressão pura e o restringir que invada o núcleo essencial do direito fundamental ou mesmo que seja atentatório às exigências da proporcionalidade (SARLET, 2006, p. 348).

Assim, a vedação ao retrocesso social manifesta-se como uma garantia à progressividade dos direitos sociais, que devem ser implantados de forma gradativa pelo Estado, garantindo aos cidadãos uma vida digna. Isso significa dizer que caso determinado direito seja regulamentado, tornando-se acessível aos cidadãos, este mesmo direito não pode ser arbitrariamente suprimido, sem a devida compensação, retornando ao *status* anterior, ignorando por completo às conquistas sociais que foram feitas aos longos dos anos e incorporadas ao patrimônio coletivo (SOARES, 2010, p. 126), sob pena de afronta ao princípio da dignidade da pessoa humana e à segurança jurídica, que, caso não sejam observados, pode implicar na transformação da Constituição em um mero texto de intenções, sem compromisso algum com a concretização dos direitos fundamentais (CONTO, 2008, p. 94).

2.2. Quais os fundamentos para a existência da vedação ao retrocesso social como princípio implícito do sistema jurídico-constitucional brasileiro?

Se é possível afirmar que a vedação ao retrocesso social é um princípio implícito extraído das normas constitucionais, quais seriam essas normas? Ou seja, o que dá fundamento para a existência da vedação ao retrocesso social como princípio implícito do sistema constitucional pátrio? Ingo Wolfgang Sarlet (2006, p. 346) sintetizou de forma bastante elucidativa os respectivos fundamentos, de modo que o princípio da vedação ao retrocesso social pode ser extraído dos seguintes princípios e argumentos de caráter jurídico-constitucional: a) do princípio do Estado Democrático e Social de Direito que protege um conteúdo mínimo de segurança e zela pela manutenção de um nível mínimo de progresso da ordem jurídica (SARLET, 2006, p. 346); b) do princípio da dignidade da pessoa humana que possui um viés positivo, no sentido da concretização dos direitos fundamentais e um viés negativo, inviabilizando medidas que não alcancem esse desiderato (SARLET, 2006, p. 346); c) do princípio da máxima eficácia e efetividade das normas definidoras de direitos fundamentais, contido no art. 5º, § 1º, da Constituição brasileira, e que impõe a otimização da proteção e eficácia e efetividade dos direitos fundamentais (SARLET, 2006, p. 346); d) do princípio da proteção da confiança em respeito à boa-fé nas relações com os particulares, e na confiança depositada em relação à certa estabilidade e continuidade da ordem jurídica (SARLET, 2006, p. 346); e) negar reconhecimento ao princípio da vedação ao retrocesso é admitir que os órgãos legislativos, bem como o poder público de um modo geral, dispõem do poder de decidir livremente suas decisões em completo desrespeito à vontade expressa do constituinte (SARLET, 2006, p. 346).

2.3. Quais os limites à proibição ao retrocesso social?

Toda e qualquer medida que implique em algum grau de retrocesso social deve ser rechaçada do ordenamento jurídico? Toda e qualquer medida que ocasione retrocesso social é inconstitucional? É possível aceitar certo grau de retrocesso ou a proibição é absoluta? Quais os limites para a constitucionalidade da medida regressiva no tocante aos direitos sociais? A vedação ao retrocesso deve ser encarada numa perspectiva relativa e não absoluta. Isso porque, admitir que toda e qualquer medida restritiva seja inconstitucional, significa colocar em risco a função legiferante, tornando o legislador um mero órgão executivo, sem poder mensurar ou mesmo escolher dentre as distintas possibilidades de escolha aquela que melhor convier em determinado contexto. Tal fato ocasionaria também a chamada "transmutação" das normas infraconstitucionais em normas constitucionais (SOARES, 2010, p. 94). É preciso, pois, estar atento ao fato de que o Estado, muitas vezes, não possui recursos para a concretização dos direitos fundamentais, devendo os poderes executivo e legislativo adotar escolhas orçamentárias que prevalecerão em detrimento de outras, dado que as necessidades humanas são infinitas e os recursos econômicos, por sua vez, finitos e muitas vezes escassos. Não é estranho e irrazoável, portanto, admitir-se que em certas situações o princípio do retrocesso social possa ser relativizado levando em consideração as circunstâncias fáticas adjacentes. Assim, não é qualquer medida restritiva, ainda que se trate de eventual restrição à parcela periférica do direito fundamental, que se configura como retrocesso social a merecer ser repelida do ordenamento jurídico, mas apenas as situações consideradas constitucionalmente ilegítimas que afrontem determinados pressupostos, limites expressos ou implícitos estabelecidos pela Constituição pátria (SARLET, 2013, p. 781). Quais seriam, portanto, esses limites? Como admitir o retrocesso no tocante aos direitos sociais?

A dinâmica das relações sociais e econômicas demonstra que vedar o retrocesso de modo absoluto é inviável ou mesmo indesejável (SARLET, 2006, p. 351). Somando-se a tal fato, tem-se a instabilidade prestacional do Estado de prover recursos para a consecução dos objetivos fundamentais plasmados pela Constituição, especialmente em um contexto de crise econômica que, apesar de por si só não justificar a restrição dos direitos já conquistados, serve como alerta na abordagem da questão dos estreitos limites do princípio da não regressividade (SARLET, 2006, p. 352). Em um primeiro momento Ingo Wolfgand Sarlet (2013, p. 801) sustenta a presunção, pelo menos *prima facie*, de que qualquer redução do alcance de um direito social deve ser considerada uma violação ao dever de concretização progressiva dos direitos sociais, sendo, portanto, um retrocesso. Tal medida, apenas será considerada constitucional se revelar como razoável e proporcional, além de ser necessária para alcançar os desideratos constitucionais mais nobres ou em caráter de urgência, ou seja, exigindo-se uma adequada justificação para tanto (SARLET, 2013, p. 802). O autor, colacionando as lições de Gomes Canotilho, agrega à noção de vedação ao retrocesso a proteção do núcleo essencial dos direitos sociais, o que significa dizer que o legislador não pode afetar o núcleo essencial concretizado de determinado direito social assegurado pela Constituição (SARLET, 2013, p. 804). Outrossim, deve-se observar as noções de mínimo existencial, compreendido como o conjunto de prestações materiais que asseguram a cada indivíduo uma existência digna e que pode assumir feições distintas a depender das circunstâncias históricas, geográficas, sociais, econômicas em que estiver inserida, além de variar conforme a natureza do direito social protegido (SARLET, 2013, p. 809). Acrescenta-se, ainda, o conteúdo da dignidade da pessoa humana do direito social objeto de restrição (SARLET, 2013, p. 807), além das noções de segurança jurídica e proteção da confiança (SARLET, 2013, p. 813). Mas como compreender o alcance do núcleo essencial ou mesmo da garantia do mínimo existencial? Na visão do autor (SARLET, 2013, p. 804/805), a dignidade da pessoa humana é o critério balizador, capaz de atuar como diretriz jurídico-normativa para a definição do alcance do núcleo material, bem como para a definição do conteúdo do próprio mínimo existencial que deve ser compreendido além da noção de mínimo vital e além da noção de um mínimo suficiente para assegurar o exercício das liberdades fundamentais (SARLET, 2013, p. 805). Já a autora Luísa Cristina Pinto e Neto, citada por Christiano de Oliveira Taveira e Thaís Boia Marçal (2013, p. 170), considera que para a constitucionalidade da medida regressiva deve ser demonstrado que:

> (i) não esvazia o núcleo essencial do direito social, preservando sua eficácia prestacional essencial; (ii) é um meio apto a atingir o fim – constitucionalmente legítimo – visado; (iii) determinou-se em comparação com outras alternativas mais gravosas para o direito social, para o sistema de direitos fundamentais e para o sistema constitucional; (iv) foi determinada considerando a intensidade da restrição ao direito social relativamente ao favorecimento do bem a que se visa proteger; (v) é conforme com o mandado de igualdade; (vi) coaduna-se com a segurança jurídica e com a proteção da confiança; (vii) foi determinada no bojo de medidas voltadas ao aproveitamento pleno e otimizado dos recursos disponíveis, inserida em políticas públicas adequadas às tarefas constitucionalmente previstas; (vii) conforma-se segundo as normas aplicáveis, à participação social na definição de políticas públicas.

Percebe-se, pois, diversos traços em comum nos posicionamentos dos autores Ingo Wolfgang Sarlet (2013) e Luísa Cristina Pinto e Neto (TAVEIRA, MARÇAL, 2013), de modo que ambos preconizam especial proteção ao núcleo essencial do direito social, além de exigirem a adequação da medida, bem como a observância de outros importantes princípios como os da segurança jurídica e da proteção à confiança.

3. A Teoria da Vedação ao Retrocesso Social no Âmbito do Direito Internacional

A noção da proibição de regressividade encontra um desenvolvimento mais avançado na temática do direito internacional, sendo preocupação de diversos autores latino-americanos. Diferentemente do que ocorre no restante dos países da América do Sul, no Brasil, a doutrina não tem dado maior atenção à temática da regressividade com enfoque no direito internacional, sendo que os estudos feitos até então enfocam no desenvolvimento jurisprudencial, na perspectiva do direito interno, que a matéria alcançou e vem alcançando na Alemanha, Portugal e Itália. Dessa forma, é imperioso destacar que existe certa dose conceitual no tocante à noção de regressividade em alguns tratados acerca de Direitos Humanos que o Brasil já assinou, ratificou e incorporou ao direito interno, de modo que a doutrina não pode fazer vista grossa a esse fato, exigindo, portanto, um estudo mais acurado a respeito dessa temática no contexto internacional. A matéria é objeto de consideração no Pacto Internacional de Direitos Econômicos, Sociais e Culturais, bem como na Convenção Americana sobre Direitos Humanos e no Protocolo Adicional à Convenção Americana sobre Direitos Humanos em matéria de Direitos Econômicos, Sociais e Culturais, mais conhecida como Protocolo de San Salvador. Christian Courtis (2006), professor da Faculdade de Direito da Universidade de Buenos Aires, é quem melhor elucida de forma didática a temática da proibição de regresso no cenário internacional, motivo pelo qual as considerações serão feitas, prioritariamente, com base em seu estudo.

3.1. Em que consiste a proibição de regressividade no âmbito do direito internacional?

Christian Courtis (2006, p. 03/04) esclarece que a noção de regressividade pode ser aplicada a dois campos distintos, sendo a primeira delas referente aos resultados de uma política pública, considerada como regressividade de resultados, e, a segunda delas, por sua vez, aplicada às normas jurídicas, também chamada de regressividade normativa. Nesse sentido, a regressividade dos resultados tem a ver com a política pública adotada pelo Estado, ao passo que a regressividade normativa faz referência à extensão dos direitos concedidos por uma norma, ou seja, se comparado a uma norma anterior, a norma posterior suprime, limita ou restringe determinado direito, afetando sua extensão (COURTIS, 2006, p. 03/04). Dessa forma, a análise da regressividade no âmbito da norma jurídica, consiste em avaliar se o nível de proteção conferido pelo ordenamento jurídico a uma mesma situação de fato se manteve ou foi piorado (COURTIS, 2006, p. 06). Esse tipo de análise, embora carregue certo grau de subjetivismo, não é algo fora do comum no âmbito do direito, o que já ocorre, por exemplo, na avaliação da norma penal mais benigna, norma trabalhista mais favorável ou mesmo a *reformatio in pejus* no campo do direito processual civil e penal (COURTIS, 2006, p. 06). A dificuldade, por sua vez, reside na análise da regressividade de resultados, a levantar questionamentos acerca da possível ingerência do Poder Judiciário na análise das contas públicas, bem como o problema da causalidade, que importa em imputar resultados regressivos à política adotada pelo governo o que, de certa forma, dificulta a questão probatória, especialmente o ônus da prova que fica a cargo do litigante, o que afasta consequentemente, esse tipo de análise do âmbito do Poder Judiciário (COURTIS, 2006, p. 07).

O Pacto Internacional sobre Direitos Econômicos, Sociais e Culturais, inserido na ordem jurídica interna brasileira por meio do Decreto nº 591, de 6 de julho de 1992, contém em seu artigo 2.1, a exigência dos Estados se comprometerem a adotar, progressivamente, medidas que impliquem a plena efetividade dos direitos reconhecidos no Pacto. Nesse sentido,

> Artigo 2º
> 1. Cada Estado Parte do presente Pacto compromete-se a adotar medidas, tanto por esforço próprio como pela assistência e cooperação internacionais, principalmente nos planos econômico e técnico, até o máximo de seus recursos disponíveis, que visem a assegurar, progressivamente, por todos os meios apropriados, o pleno exercício dos direitos reconhecidos no presente Pacto, incluindo, em particular, a adoção de medidas legislativas.

A noção de progressividade, dessa forma, parte do pressuposto de que os direitos reconhecidos no Pacto devem ser garantidos gradativamente, ou seja, as condições de gozo e exercício desses direitos devem ser efetivadas aos poucos e continuamente pelos Estados, a fim de alcançar o desiderato assumido pelos signatários, sempre respeitando a razão de ser do acordo. Trata-se, ainda, de cláusula flexível, que atenta para as diferentes realidades dos Estados signatários, especialmente em virtude das diferenças econômicas, sociais e culturais existentes, sem que isso represente uma cláusula aberta ao descumprimento do acordo, pois o objetivo traçado deve ser seguido (COURTIS, 2006, p. 08). No mesmo sentido, dispõe o artigo 11.1, que reconhece o direito de toda pessoa a um nível adequado de vida, bem como uma melhoria contínua dessas mesmas condições de vida, a ser assegurado pelos Estados, a saber:

> Artigo 11
> 1. Os Estados Partes do presente Pacto reconhecem o direito de toda pessoa a um nível de vida adequando para si próprio e sua família, inclusive à alimentação, vestimenta e moradia adequadas, assim como a uma melhoria continua de suas condições de vida. Os Estados Partes tomarão medidas apropriadas para assegurar a consecução desse direito, reconhecendo, nesse sentido, a importância essencial da cooperação internacional fundada no livre consentimento.

Dessa forma, ao assumir a exigência de progressividade dos direitos econômicos, sociais e culturais, que consiste na obrigação dos Estados de assegurarem e melhorarem as condições de gozo e exercício, ampliando-as paulatinamente, é possível extrair a obrigação mínima de não regressividade, que consiste na proibição de se adotarem políticas públicas, bem como medidas ou a introdução de normas jurídicas que piorem a situação desses mesmos direitos reconhecidos no Pacto (COURTIS, 2006, p. 09). Os Estados, pois, ao assumirem a obrigação de progressividade, ou seja, a ampliação gradativa dos direitos econômicos, sociais e culturais, também assumem, por via oblíqua, a obrigação de não regressividade, a impor a observância do conteúdo mínimo que permita a condição de vida adequada, mantendo-se o nível de proteção já conferido pelos Estados no momento da adoção do respectivo acordo internacional (COURTIS, 2006, p. 09).

A Convenção Americana sobre Direitos Humanos, também conhecida como Pacto de São José da Costa Rica, introduzida no direito interno brasileiro pelo Decreto nº 678, de 6 de novembro de 1992, também contém dispositivo similar no que diz respeito à obrigação de progressividade e consequentemente a proibição de regressividade, estando insculpida precisamente no artigo 26, denominado "Desenvolvimento Progressivo" e que dispõe:

> Artigo 26
> Desenvolvimento Progressivo
> Os Estados-Partes comprometem-se a adotar as providências, tanto no âmbito interno como mediante cooperação internacional, especialmente econômica e técnica, a fim de conseguir progressivamente a plena efetividade dos direitos que decorrem das normas econômicas, sociais e sobre educação, ciência e cultura, constantes da Carta da Organização dos Estados Americanos, reformada pelo Protocolo de Buenos Aires, na medida dos recursos disponíveis, por via legislativa ou por outros meios apropriados.

A proximidade dos dispositivos é tamanha que a mesma linha de interpretação pode ser seguida (COURTIS, 2006, p. 12). Dessa forma, não deve ser admitida a piora das condições de uso e gozo estabelecidas pelo Pacto ou pelo ordenamento jurídico interno, sob pena de se admitir a regressividade e consequentemente, colocando em xeque a noção de progressividade assumida pelos Estados (COURTIS, 2006, p. 15). Adicionalmente, faz-se presente, ainda, o Protocolo Adicional à Convenção Americana Sobre Direitos Humanos em Matéria de Direitos Econômicos, Sociais e Culturais, também conhecido como "Protocolo de São Salvador", e que fora introduzido no ordenamento jurídico interno pelo Decreto nº 3.321, de 30 de dezembro de 1999, cujo artigo 1º assim dispõe:

> Artigo I Obrigação de adotar medidas
> Os Estados Partes neste Protocolo Adicional à Convenção Americana Sobre Direitos Humanos comprometem-se a adotar as medidas necessárias, tanto de ordem interna como por meio da cooperação entre os Estados, especialmente econômica e técnica, até o máximo dos recursos disponíveis e

> levando em conta seu grau de desenvolvimento, a fim de conseguir, progressivamente e de acordo com a legislação interna, a plena efetividade dos direitos reconhecidos neste Protocolo.

Reforça-se, pois, que o Estado brasileiro assumiu no âmbito do direito internacional, bem como no âmbito do direito interno, a obrigação de progressividade e, consequentemente, a de não regressividade, dos direitos humanos, devendo os respectivos direitos serem paulatinamente garantidos e concretizados, da mesma forma, repelidas as tentativas de minimizarem esses direitos arbitrariamente, representativas de verdadeiro retrocesso social. Sob a perspectiva dos titulares dos direitos, a obrigação de não regressividade representa uma garantia de manutenção desses direitos e de seus níveis de gozo, estendendo-se a toda melhora que ocorrer nesse processo contínuo de progressividade (COURTIS, 2006, p. 18).

Interessante notar que Christian Courtis (2006, p. 20/21), após analisar as normas de direito internacional, discorrendo sobre a proibição de regresso nessa esfera, a conceitua como:

> una veda a las normas y medidas estatales que, por debilitar o retraer el nivel de protección otorgado, reinstauran obstáculos para la satisfacción de sus necesidades básicas, o, en términos más amplios, hacen renacer obstáculos de carácter económico y social que limitan de hecho la libertad y la igualdad de las personas, e impiden el pleno desarollo de la persona humana y la efectiva participación de todos en la organización política, econômica y social de un país. En este sentido, la prohibición de regresividad opera como cláusula de control jurídico del cumplimento, por parte de los poderes políticos, del mandato del Estado social – o bien de las cláusulas de pactos internacionales de derechos humanos que imponen al Estado obligaciones en materia social -. Dado que el contenido de las necesidades y las áreas de participación se amplían con el tiempo y con el progreso material y científico de nuestras sociedades, el umbral de protección – y por ende, las posiciones consolidadas insusceptibles de derogación o supresión – también tienden a ampliarse progresivamente.

Percebe-se, pois, que a noção de regressividade não encontra grandes diferenças entre o direito interno e internacional, sendo mantida a ideia de que os direitos sociais, econômicos e culturais, devem ser assegurados progressivamente, restando desautorizadas as medidas que de forma arbitrária ocasionem a restrição desses mesmos direitos, por constituírem direito público subjetivo incorporado ao patrimônio do indivíduo.

3.2. Quais os fundamentos para a proibição de regressividade no âmbito do direito internacional?

Segundo Christian Courtis (2006, p. 18), a proibição de regressividade possui dois fundamentos, ou ainda, duas fontes de justificação que servem como princípio para projetar o alcance e os possíveis limites da figura, quais sejam: (i) a segurança jurídica e a proteção da confiança, bem como (ii) o conteúdo material do princípio do Estado Social. A segurança jurídica e a proteção da confiança convergem no valor da previsibilidade do ordenamento jurídico, sendo consequência da noção de um Estado de direito de caráter social, de modo a estender esses valores para além dos interesses patrimoniais em questão, alcançando as conquistas sociais e permitindo a estabilidade dos direitos (COURTIS, 2006, p. 18). O conteúdo material do princípio do Estado Social, por sua vez, está ligado à satisfação das necessidades básicas do ser humano, à luz da dignidade humana, bem como o desenvolvimento da sociedade, materialmente e cientificamente (COURTIS, 2006, p. 18). Os direitos sociais representam, pois, verdadeiros direitos e não simples concessões graciosas, devendo o Estado zelar pela igualdade material; condições mínimas para o desenvolvimento de um plano de vida autônomo; necessidade de remoção de obstáculos econômicos ou sociais que impeçam o pleno desenvolvimento das pessoas; bem como a participação de todos nos benefícios de geração coletiva de desenvolvimento da riqueza (COURTIS, 2006, p. 19). Mais adiante, o autor (COURTIS, 2006, p. 21), relativiza a noção de estabilidade das posições jurídicas, admitindo-se a piora, desde que devidamente justificada, daqueles que estão em melhor situação para assegurar a satisfação das necessidades básicas daqueles que estão em pior situação.

3.3. Quais os critérios e limites para a proibição de regressividade no âmbito do direito internacional?

Christian Courtis (2006, p. 22) aduz que o princípio da proibição de regressividade, aproxima-se do princípio da razoabilidade, de modo que ambos têm como objeto assegurar o devido processo substantivo, ou seja, dirigem-se ao controle do conteúdo da regulamentação dos direitos. Dessa forma, a proibição de regressividade agrega um novo critério ao controle de razoabilidade das leis e regulamentos, em se tratando de direitos econômicos, sociais e culturais (COURTIS, 2006, p. 22). A noção de regressividade agrega ao princípio da razoabilidade da lei, bem como aos critérios da racionalidade da regulamentação, uma limitação temporal ou histórica, no sentido de proibir o legislador ou mesmo o Poder Executivo, de ocasionarem a piora da situação de regulamentação existente, implicando no retrocesso da situação de uso e gozo dos referidos direitos sociais (COURTIS, 2006, p. 22). Há, dessa forma, outra moldura a ser observada para que os direitos consagrados possam ser validamente restringidos, ou seja, com a proibição da regressividade ocorre a demarcação do espaço de discricionariedade dentro do qual pode o legislador ou o órgão do Poder Executivo atuar. Nesse sentido,

> Las restricciones de los derechos fundamentales – incluso de los derechos sociales y otros derechos consagrados por instrumentos internacionales de derechos humanos – establecidas por el órgano legislativo en ejercício de su poder reglamentario o poder de policía, no han de ser infundadas o arbitrarias sino razoables es decir, justificadas por los hechos y las circunstancias

> que les han dado origen, y por las necesidades de salvaguardar el interés público comprometido, y proporcionales a los fines que se procura alcanzar con ellas (COURITS, 2006, p. 24/25).

Sustenta o mesmo autor que "la restricción de los derechos se encuentre justificada por los hechos o circunstancias sociales que le han dado origen y por los fines lícitos perseguidos por la norma" (COURTIS, 2006, p. 27). Isso significa reconhecer que a noção de retrocesso social deve levar em consideração o contexto econômico, social e político a que estiver inserida, a fim de que tais fatos e circunstâncias possam guiar a interpretação da norma restritiva. A título de exemplo, em determinado contexto, não será considerada atentatória uma medida que reduza o poder de atuação da polícia militar, considerando que já não se justifica determinada quantidade de poderes outorgados em épocas passadas, notadamente ditatoriais, de modo que tal medida não representa um retrocesso na esfera da proteção e garantia da segurança pública, mas sim vai ao encontro da noção de cidadania e liberdade. O juízo de controle judicial da razoabilidade das normas também deve levar em conta as circunstâncias adjacentes (COURTIS, 2006, p. 27). Nessa toada, em situações emergenciais, deve ser admitida uma maior margem de regulamentação e de discricionariedade em matéria de direitos sociais, desde que acompanhada da devida razoabilidade (COURTIS, 2006, p. 28). Acrescenta-se, ainda, a inversão do ônus da prova em matéria de regressividade dos direitos sociais. Isso significa dizer que, não é toda e qualquer medida regressiva que padece de inconstitucionalidade, mas a prova da existência de uma norma regressiva transfere ao Estado o ônus de argumentar a favor da racionalidade da lei, criando certa presunção de inconstitucionalidade que demanda seu afastamento (COURTIS, 2006, p. 29). Ou seja, exige-se que o Estado argumente no sentido de justificar a medida adotada[1] e havendo dúvida a respeito, a regressividade deve ser considerada inválida (COURTIS, 2006, p. 41). E quando é que determinada norma pode ser considerada, a princípio, regressiva? Para Christian Courtis (2006, p. 42), a norma será regressiva quando o grau de efetividade de um direito social regulamentado pela norma impugnada for menor do que o que havia sido alcançado no direito interno antes da sanção desta norma. O autor, ainda, propõe a aplicação da teoria do conglobamento por instituições, extraída do direito trabalhista, transpondo-a para o campo da regressividade (COURTIS, 2006, p. 43), a fim de permitir a identificação se referida norma é regressiva ou não. Dessa forma, havendo conflito entre dois instrumentos, deve prevalecer aque-

1 Nesse sentido Christian Courtis (2006, p. 30): "Esta presunción de ilegitimidad de la medida há sido sostenida em sede internacional a partir de una reiterada y tradicional jurisprudencia de numerosos tribunales europeos". Também esclarece Christian Courtis (2006, p. 32/33): "Si se traslada el esquema al análisis de regresividad, el demandante corre entonces con la carga de demonstrar inicialmente el carácter regresivo de la norma, acreditando que el grado de protección ofrecido por la nueva norma constituye un retroceso con respecto al existente con la norma anterior. Probado esto, la norma se presume inválida, y corresponde al Estado la carga de acreditar que, pese a ser regresiva, la norma es justificable".

le cujas normas como um todo sobre cada instituição, sejam mais benéficas para os obreiros, ou seja, faz-se uma comparação entre o conjunto de normas relacionadas a determinadas instituições do direito trabalhista, de forma a aplicar aquela que regula de modo mais favorável cada instituição em especial (COURTIS, 2006, p. 43).

Após a etapa de identificação se determinada norma é regressiva, insere-se, pois, a temática dos limites à proibição de regressividade. O autor (COURTIS, 2006, p. 37), após fazer uma análise da jurisprudência argentina, europeia e norte-americana, acerca do uso de medidas restritivas por parte dos Estados, notadamente das leis que restringem direitos conferidos aos cidadãos, aduz que em matéria de regressividade, é preciso que o Estado demonstre a estrita necessidade da medida, não sendo suficiente a demonstração de um propósito útil e oportuno. Isso significa que o Estado deve comprovar a existência de um interesse estatal qualificado, que a medida é de caráter imperioso, bem como a inexistência de ações alternativas menos restritivas ao direito em questão ou que há razões de peso para preferir a medida que fora adotada (COURTIS, 2006, p. 37/38). E, ainda, após analisar as observações gerais 3, 13, 14, 15, 17 e 18, emanadas pelo Comitê dos Direitos Econômicos, Sociais e Culturais, órgão das Nações Unidas, responsável por controlar o cumprimento das disposições do Pacto Internacional sobre Direitos Civis e Políticos, Christian Courtis (2006, p. 38) acrescenta que o Estado somente pode justificar a necessidade de uma medida regressiva caso demonstre:

> a) que la legislación que propone, pese a implicar retrocesos em algún derecho, implica um avance teniendo en cuenta la totalidad de los derechos previstos en el Pacto, y b) que ha empleado todos los recursos de que dispone, incluyendo los que provengan de la cooperación internacional, y que, aun así, necesita acudir a ella para proteger los demás derechos del Pacto.

Estão excluídas, por sua vez, de qualquer tipo de justificação, as medidas regressivas que afetem o conteúdo mínimo essencial do direito em questão, de modo que as medidas normativas que piorem a situação de gozo dos direitos, a ponto de excluir o acesso ao conteúdo mínimo essencial, importarão sempre na violação ao Pacto, não podendo ser justificadas pelo Estado (COURTIS, 2006, p. 39). De forma resumida, tem-se que:

> El Estado sólo puede justificar su adopción cuando se conjuguen tres factores: cuando haya efectuado una cuidadosa evaluación de las alternativas, cuando el objetivo perseguido por la medida sea el de proteger la totalidad de los derechos del Pacto – en especial, cuando la restricción del derecho de quienes pertencen a grupos que se encuentran em mejor situación esté destinada a satisfacer las necesidades de quienes no logran cubrir por sí mismos el contenido mínimo esencial de los derechos em juego -, y cuando la adopción de la medida haya tenido em consideración el máximo de los recursos disponibles, aun los provenientes de la cooperación internacional (COURTIS, 2006, p. 40).

Outra autora que elucida de forma bastante didática a temática dos limites à proibição de regresso é Julieta Rossi (2006), que propõe a análise dos critérios dividida em duas etapas, sendo que sua sistemática também leva em consideração a jurisprudência firmada até então pelo Comitê dos Direitos Econômicos, Sociais e Culturais. Apesar de seus fundamentos não se distanciarem significativamente dos enumerados por Christian Courtis (2006), vale a pena ressaltá-los. A primeira etapa inicia-se com a demonstração de que existe uma medida regressiva, atraindo certa presunção contra sua validade, de modo a trazer para o Estado o ônus de justificá-la (ROSSI, 2006, p. 91). Nesse sentido, poderá o Estado justificar utilizando os seguintes argumentos (ROSSI, 2006, p. 91/92):

> a) Que el propósito estatal detrás de la medida regresiva es la preservación de la totalidad de los derechos previstos em el Pacto. Ello significa que el Estado debe demonstrar que la medida adoptada – regresiva respecto de alguno de los derechos previstos en el Pacto – implica, sin embargo, un avance respecto del nivel de vigencia del resto de los derechos previstos en el Pacto.
> b) Que ha considerado de manera exhaustiva todas las alternativas posibles previas a decidir adoptar la medida en cuestión. Si bien el Comité no lo reflere textualmente, resulta lógico inferir que la medida adoptada debe ser la menos lesiva para los derechos em juego. De lo contrario y a luz del requisito del Comité no sería posible justificarla cuando se encuentran disponibles otras medidas que, cumpliendo con el propósito del Estado, no infringen, o lo hacen en menor medida, el derecho afectado. En otros términos, el Estado debe demonstrar que la medida es "necesaria" para alcanzar el fin propuesto.
> c) Que ha debido adoptar la medida regresiva aun cuando hizo uso del máximo de los recursos de que disponía.(...)

Acrescenta-se, ainda, que o Estado deve fazer um uso eficiente dos recursos, o que implica dizer que deverá observar prioritariamente o Pacto firmado e fazer frente em primeiro lugar às suas obrigações mínimas, bem como as de proteção aos grupos menos favorecidos (ROSSI, 2006, p. 93). A segunda etapa na análise dos limites materiais à regressividade, por sua vez, contempla a observância do conteúdo mínimo dos direitos sociais, econômicos e culturais, que os Estados devem garantir de forma imediata, independentemente da quantidade de recursos disponíveis (ROSSI, 2006, p. 96). Segundo a autora (ROSSI, 2006, p. 95), o conteúdo mínimo de um direito faz referência às características básicas sem as quais o direito se torna irreconhecível ou desnaturalizado. Dessa forma, qualquer medida que viole o mínimo deve ser considerada ilegítima frente às obrigações assumidas no Pacto (ROSSI, 2006, p. 97). Por último, a autora sustenta que deve ser observado o artigo 4º do Pacto que introduz uma cláusula geral a respeito das restrições ao conteúdo dos direitos, levando em consideração que a regressividade implica sempre na restrição a algum direito (ROSSI, 2006, p. 99). É ver o mencionado artigo:

> Artigo 5 Alcance das restrições e limitações
> Os Estados Partes só poderão estabelecer restrições e limitações ao gozo e exercício dos direitos estabelecidos neste Protocolo mediante leis promulgadas com o objetivo de preservar o bem-estar geral dentro de uma sociedade democrática, na medida em que não contrariem o propósito e razão dos mesmos.

Dessa forma, os Estados que busquem a adoção de medidas regressivas, considerando as restritivas como tais, devem demonstrar, além dos requisitos anteriores, que: a) as medidas restritivas foram adotadas por lei; b) as medidas devem ser adotadas visando ao bem-estar geral em uma sociedade democrática; c) as medidas devem ser compatíveis com a natureza dos direitos, ou seja, não devem afetar o conteúdo mínimo desses direitos (ROSSI, 2006, p. 101/102).

4. Políticas Públicas e Retrocesso Social

Nota-se que, conforme ressaltado por Christian Courtis (2006, p. 03/04) a noção de regressividade encontra aplicação tanto no que se refere às normas jurídicas quanto no que tange às políticas públicas. No primeiro caso, chama-se de regressividade normativa, sendo que no segundo, a denominação conferida é regressividade de resultados (COURTIS, 2006, p. 04). A noção de regressividade normativa, nesse sentido, encontra aplicação no debate a respeito das disposições normativas que implicam em retrocesso na extensão do exercício, gozo e proteção já concedida a um direito (COURTIS, 2006, p. 06). Dessa forma, se uma norma regulamentadora concretizou determinado direito, não pode haver a revogação dessa norma de forma a restringir ou anular a efetivação daquele direito concretizado. O foco aqui fica no Poder Executivo, em caso de regulamentação em sua esfera de poder, e no Poder Legislativo, caso a introdução da norma tenha ocorrida por meio dessa esfera de poder. A noção de regressividade de resultados, por sua vez, destina-se às políticas públicas que implicam em retrocesso aos resultados da dita política pública adotada pelo governo, capaz de ser mensurada por critérios empíricos (COURTIS, 2006, p. 06). Essa noção de regressividade, abrange, de modo geral, qualquer tipo de conduta, precipuamente, mas não exclusivamente por parte do Poder Executivo, atinente às políticas públicas, que diminua o grau de proteção ou realização de um determinado direito. A título de exemplo, tem-se o caso hipotético de determinado governo que elimina arbitrariamente de sua política pública um programa social de redução de preços para a aquisição de medicamentos para pessoas carentes e necessitadas. Muitas vezes os autores não fazem a devida diferenciação das duas modalidades de regressividade, considerando que a vedação de retrocesso social somente se aplica a uma delas. Quando se fala em retrocesso social, portanto, deve-se ter em mente essas duas noções distintas de regressividade, ou seja, a normativa e a de resultados. Embora seja possível realizar uma diferenciação teórica, na prática, especialmente no ordenamento jurídico nacional, é preciso reconhecer que as duas situações muito se assemelham e estão intimamente relacionadas. Isso porque, as políticas públicas são exteriorizadas por meio do orçamento, sendo este uma lei de iniciativa do poder executivo, conforme artigo 165 da Magna Carta de 1988. A sutil diferença permite que os critérios para a identificação, bem como os limites da vedação ao retrocesso social, sejam aplicados de forma semelhante tanto na regressividade normativa quanto na de resultados. O que difere, substancialmente, é a respeito da possibilidade de controle judicial da vedação ao retrocesso social, que no caso da regressividade normativa, não invoca maiores dúvidas, por se estar diante de uma autêntica norma jurídica. Já no que tange a regressividade de resultados, há certo debate, tratado na doutrina nacional, a respeito da possibilidade de controle de constitucionalidade das leis orçamentárias e que representam as políticas públicas traçadas pelo governo. No caso, estamos diante de uma lei de iniciativa do poder executivo, mas que conta com a participação e colaboração dos demais poderes em sua elaboração. Além desse entrave teórico que questiona grosso modo a possível ingerência do poder judiciário na análise das contas púbicas, há ainda o debate acerca da causalidade, que importa em imputar resultados regressivos à política adotada pelo governo o que, de certa forma, dificulta a questão probatória, especialmente o ônus da prova que fica a cargo do litigante (COURTIS, 2006, p. 07). Mister, portanto, que se esclareça o debate teórico envolvendo a possibilidade de controle concentrado de constitucionalidade das leis orçamentárias, bem como o debate a respeito da natureza jurídica do próprio orçamento.

4.1. A possibilidade de controle concentrado de constitucionalidade das leis orçamentárias segundo o Supremo Tribunal Federal

Quanto ao controle concentrado de constitucionalidade das leis orçamentárias, a jurisprudência do Supremo Tribunal Federal nem sempre foi unânime quanto à sua possibilidade. Num primeiro momento, nos idos de 1998, o entendimento era contrário à possibilidade de controle concentrado de constitucionalidade das leis orçamentárias, por entender que essas leis seriam de efeito concreto, ou seja, destituídas de qualquer carga de abstração, de modo que só se admitia a referida ação direta de inconstitucionalidade contra ato dotado de abstração, generalidade e impessoalidade (PISCITELLI, 2014, p. 41). Dessa forma, as leis orçamentárias, por possuírem objeto determinado e destinatários certos, não estariam sujeitas ao controle concentrado de constitucionalidade[2], sendo essa a orientação afirmada diversas vezes pelo próprio Supremo Tribunal Federal, em diversas Ações Diretas de Constitucionalidade, entre as quais podem ser citadas: ADI 1640 QO; ADI 2057; ADI 2100; ADI 2484. No entanto, a partir de 2003, com o julgamento da ADI 2925-8, em que houve o questionamento acerca da Constitucionalidade da Lei Orçamentária nº 10.640/2003 que determinou parcialmente a desvinculação das receitas arrecadadas com a CIDE Combustíveis, con-

2 ADI 2484 MC, Relator(a): Min. Carlos Velloso, Tribunal Pleno, julgado em 19/12/2001, DJ 14/11/2003.

tribuição especial cujo produto de arrecadação está vinculado constitucionalmente, conforme art. 177, § 4º, o Supremo Tribunal Federal decidiu que, nesse caso, a norma teria densidade normativa abstrata o suficiente para ser suscetível de controle concentrado de constitucionalidade (PISCITELLI, 2014, p. 42). Decidiu, pois, que a dita Lei Orçamentária seria inconstitucional, por desrespeitar as alíneas "a", "b" e "c" do inciso II do parágrafo 4º do artigo 177 da Constituição Federal, que especificamente trata da vinculação da receita da CIDE Combustíveis (PISCITELLI, 2014, p. 42). Assim, conforme se extrai da ementa da ADI 2925-8, entendeu o Supremo Tribunal Federal que o controle concentrado de constitucionalidade da lei orçamentária seria possível quando houvesse contornos abstratos e autônomos[3]. Dessa forma, a possibilidade de controle concentrado de constitucionalidade, dependeria do caso concreto, a exigir a densidade normativa suficiente para a questão ser apreciada (PISCITELLI, 2014, p. 42). Interessante a questão levantada pelo Min. Marco Aurélio, no sentido de que "se entendermos caber a generalização, afastando por completo a possibilidade do controle concentrado, desde que o ato impugnado seja lei orçamentária, terminamos por colocar a lei orçamentária acima da Carta da República"[4]. Novamente, no ano de 2008, o Supremo Tribunal Federal alterou seu entendimento ao se manifestar no julgamento da ADI 4048, em que a Medida Provisória 405/2005, convertida na Lei nº 11.685/2008, determinou a abertura de créditos extraordinários sem a observância das justificativas exigidas pelo artigo 167, § 3º da Constituição, quais seja, situações de guerra ou comoção interna (PISCITELLI, 2014, p. 43). Dessa feita, o Supremo Tribunal Federal decidiu que a análise da materialidade da norma não seria necessária para que fosse admitido o controle concentrado de constitucionalidade, bastando ser lei em sentido formal, independente, ou seja, do caráter abstrato ou concreto da norma questionada (PISCITELLI, 2014, p. 43). O entendimento foi reiterado no julgamento da ADI 4049, em que se questionou a constitucionalidade da Medida Provisória 402/2007, convertida na Lei nº 11.656/2008 que também desrespeitou os ditames do artigo 167, § 3º da Constituição, consolidando, de fato, o entendimento do tribunal maior no tocante à possibilidade de controle concentrado de constitucionalidade das leis orçamentárias, por se tratar de ato de aplicação primária da Constituição, não se exigindo, portanto, densidade normativa, requisito destinado apenas aos atos de natureza infralegal (PISCITELLI, 2014, p. 43).

4.2. A polêmica questão acerca da natureza jurídica do orçamento

Um dos temais mais polêmicos do direito financeiro está em se definir com exatidão qual a natureza jurídica do orçamento, não havendo consenso ainda entre a

---

3 ADI 2925-8 DF, Relator(a): Min. Marco Aurélio, Tribunal Pleno, julgado em 19/12/2003, DJ 04/03/2005.

4 ADI 2925-8 DF, Relator(a): Min. Marco Aurélio, Tribunal Pleno, julgado em 19/12/2003, DJ 04/03/2005. P. 123.

doutrina e nem mesmo na jurisprudência. A temática vem caminhando a passos curtos, de modo que se faz necessário o envolvimento nesse debate. É possível dividir as teorias em dois grupos, a princípio, sendo o primeiro deles àquele que entende ser o orçamento um ato, seja um ato-administrativo ou um ato-condição. O segundo grupo entender que o orçamento consiste numa lei, seja de natureza apenas formal ou ainda material. Quanto ao primeiro grupo, importa excluído de antemão, dado que a Constituição da República de 1988 trata o orçamento como lei, haja vista o disposto no artigo 165, no sentido de que leis de iniciativa do poder executivo estabelecerão: (i) o plano plurianual; (ii) as diretrizes orçamentárias; (iii) os orçamentos anuais. Dessa forma, o orçamento, pelo menos no direito brasileiro, tem natureza jurídica de lei, determinada por expressa disposição constitucional. No entanto, resta saber, que tipo de lei seria essa? Uma lei apenas formal ou também material? A doutrina que entende ser o orçamento uma lei meramente formal, representando o posicionamento majoritário[5], acatado inclusive pela jurisprudência, afirma que o orçamento apenas prevê as receitas públicas e autoriza os gastos públicos, não veiculando direitos subjetivos, nem mesmo é norma abstrata e genérica (LEITE, 2014, p. 50). Dá-se, portanto, ênfase à discricionariedade administrativa, no sentido de que a autorização de determinado gasto, não implica em dever do poder público de realizá-lo, ou seja, o poder executivo não está obrigado a cumprir o que está veiculado pela norma orçamentária, pois pode considerá-la, em determinadas circunstâncias, inoportunas (LEITE, 2014, p. 51). No entanto, é preciso esclarecer que:

> Não que tudo no orçamento seja meramente autorizativo. É dizer, há despesas que constam no orçamento e o Executivo tem o dever de realizá-las, tornando-o, nesse ponto, impositivo. Mas a imposição do seu cumprimento não surgiu por força da norma orçamentária, e, sim, das normas pré-orçamentárias que vinculam o Executivo ao seu cumprimento (LEITE, 2014, p. 51). Dessa forma, podemos separar as normas da lei orçamentária em normas orçamentárias e normas pré-orçamentárias. As primeiras nasceram no orçamento público e são autorizativas. As últimas nasceram antes do orçamento e vinculam-no à sua efetivação, chamadas de impositivas (LEITE, 2014, p. 51).

Nesse sentido, conforme lembra Harisson Ferreira Leite (2014, p. 51), há inúmeras normas que versam sobre gastos com pessoal, transferências constitucionais, gastos na educação, saúde, transporte, segurança pública etc, que são impositivas, mas não em virtude de uma norma orçamentária, mas sim por disposição de normas pré-orçamentárias como, por exemplo, as disposições constitucionais que preveem as transferências constitucionais do produto da arrecadação de alguns tributos aos entes federados (arts. 157-162 da CR/88). Dessa forma, quando se diz que o orçamento é meramente autorizativo, deve-se ter em mente que a menção é feita apenas em relação às normas orçamentárias, excluindo-se as pré-orçamentárias (LEITE, 2014, p. 52).

---

5 Ricardo Lobo Torres; Aliomar Baleeiro; Celso Ribeiro Bastos etc.

Outra corrente de entendimento acredita ser o orçamento uma lei não meramente formal, mas também material, ou seja, havendo a criação de direitos subjetivos, devendo ser cumprido pelo poder executivo[6] (LEITE, 2014, p. 52). Nesse sentido, se o programa constar nas leis orçamentárias, deve obrigatoriamente ser realizado pelo poder executivo, não havendo facultatividade, pois a fixação dos desembolsos públicos impõe o dever de realização das despesas na prática (LEITE, 2014, p. 52). Essa corrente vem ganhando força gradativamente, havendo sinais recentes de sua adoção, ainda que de forma mitigada, pelo poder judiciário, notadamente pelo Supremo Tribunal Federal, conforme ficou determinado no julgamento da ADIN 4663, relatada pelo Min. Luiz Fux, informativo 657 do STF, de 14/03/2012, em que ficou decidido que há uma vinculação mínima estabelecida pela lei orçamentária, de modo que seu descumprimento apenas pode ser levado a cabo se houver motivação administrativa que o justifique, sempre com atenção ao critério da razoabilidade (LEITE, 2014, p. 59). Assim, há notável alteração acerca do entendimento quanto "à natureza jurídica do orçamento, que passa a ter um caráter vinculante, ainda que pequeno, a obrigar o Executivo a justificar com razoabilidade o porquê do não cumprimento das normas orçamentárias da forma como aprovadas pelo Legislativo" (LEITE, 2014, p. 59).

4.3. A importância do orçamento para a realização das políticas públicas

Para a concretização dos direitos consagrados pela Constituição da República, é preciso que haja gastos públicos, pois não há direito sem o correspondente custo para a sua implementação. No entanto, os gastos públicos devem ser ordenados, em observância a determinadas prioridades, já que os recursos são finitos e as necessidades humanas, por sua vez, infinitas. É preciso garantir o núcleo essencial mínimo das necessidades básicas do ser humano, o que se traduz na realização dos direitos considerados fundamentais, cuja maximização dos seus efeitos, é capaz de maximar a dignidade da pessoa humana, o que deve ocorrer de forma gradativa, sem que, a princípio, seja admitido o retrocesso social. É preciso, dessa forma, que haja certa compatibilidade entre as políticas públicas e o sistema de proteção aos direitos fundamentais consagrado pela Constituição, de modo que as políticas públicas "devem otimizar os mandamentos constitucionais fundamentais, favorecendo a sua aplicabilidade imediata e impondo aos poderes públicos a impossibilidade de retrocesso social em termos daquilo que já foi alcançado e o dever de progresso para alcançar novas possibilidades de concretização" (OLIVEIRA JUNIOR, 2009, p. 35/36). A omissão do poder público impõe a atuação do poder judiciário para a garantia dos direitos fundamentais, o que pode ser exercido por meio das ações respectivas (OLIVEIRA JUNIOR, 2009, p. 36). Os objetivos plasmados pela Constituição exigem, em contrapartida, um sistema de direitos e de controle que permitam sua realização de forma gradativa, de forma a alcançar o projeto constitucional traçado (OLIVEIRA JUNIOR, 2009, p. 38).

---

6 Clémerson Clève; Harisson Ferreira Leite; Regis Fernandes de Oliveira.

É preciso, dessa forma, ver a lei orçamentária como lei material, no sentido de possibilitar o alcance do projeto fundamental incorporado e assumido pela Constituição, de modo que a omissão do poder público enseja a atuação do poder judiciário no sentido de viabilizar sua concretização, ou seja, nesses casos, o poder judiciário deve atuar como legislador positivo, para tornar realidade os objetivos traçados na Magna Carta, cujas políticas públicas devem se adequar. É fundamental que as políticas públicas existentes não sofram retrocesso arbitrário, ou seja, desrespeitando os critérios já assinalados, pois o compromisso constitucional deve ser levado a sério a fim de que se maximize a dignidade da pessoa humana, com a realização gradativa dos direitos fundamentais. Desta feita, admitir eventual discricionariedade no trato da matéria orçamentária, não implica em reconhecer eventual arbitrariedade por parte do poder público, de modo que "os atos ditos discricionários devem obediência aos princípios administrativos, não se admitindo que a discricionariedade sirva de refúgio para práticas abusivas, ineficientes, contrárias ao interesse público preponderante" (MARÇAL, 2015, p. 266/267). É preciso, dessa forma, valorizar a tomada de decisão do poder legislativo, a fim de que o orçamento aprovado seja efetivamente realizado, a não ser quando haja justo motivo que impeça seu cumprimento (MARÇAL, 2015, p. 267). É apenas com a obediência ao orçamento público é que as políticas públicas traçadas em atenção aos objetivos constitucionais podem se tornar realidade, de forma a beneficiar os cidadãos, maximizando-se a dignidade da pessoa humana por meio da realização dos direitos fundamentais encampados pela Constituição.

5. Conclusão

Desponta-se, pois, o orçamento como um importante instrumento para a realização das políticas públicas que devem estar em sintonia com o projeto constitucional traçado pelo diploma maior. Apenas com a gradativa implementação dos direitos fundamentais é que se pode vislumbrar a concretização dos direitos fundamentais, maximizando-se o princípio da dignidade humana. Dessa forma, a teoria da vedação ao retrocesso surge como um limitador, tanto no que se refere à introdução ou revogação de normas do ordenamento jurídico, quanto no que diz respeito às políticas públicas, que não podem desrespeitar o projeto constitucional traçado, nem mesmo eliminar de forma arbitrária programas já implementados e que são afetos aos direitos fundamentais. O princípio da vedação ao retrocesso social limita, dessa forma, a reversibilidade dos direitos adquiridos, constituindo um obstáculo a ser observado pelo legislador, ao mesmo tempo em que impõe um dever de alcançar, por meio de uma política pública adequada, os direitos e as expectativas alicerçadas, sendo inconstitucional qualquer medida que viole o núcleo essencial já efetivado (CANOTILHO, 2003, p. 339). No entanto, não é toda revogação de norma regulamentadora ou mesmo uma alteração no tocante às políticas públicas de forma restritiva que implicará na ocorrência de retrocesso social, a merecer o vício da inconstitucionalidade, por estar em descompasso com os ditames traçados pela Constituição. Apenas será considerada constitucional se revelar como razoável e proporcional, além de ser necessária para alcançar os desideratos constitucionais mais nobres ou em caráter de urgência, ou seja, exigindo-se uma adequada justificação para tanto (SARLET, 2013, p. 802). Também se faz necessário o respeito à proteção do núcleo essencial dos direitos sociais, o que significa dizer que o legislador não pode afetar o núcleo essencial concretizado de determinado direito social assegurado pela Constituição (SARLET, 2013, p. 804). No mesmo sentido, a doutrina alienígena aponta outros requisitos a serem observados, os quais também podem ser adotados na jurisprudência pátria, quais sejam: a) as medidas restritivas devem ser adotadas por lei; b) as medidas devem ser adotadas visando ao bem-estar geral em uma sociedade democrática; c) as medidas devem ser compatíveis com a natureza dos direitos, ou seja, não devem afetar o conteúdo mínimo desses direitos (ROSSI, 2006, p. 101/102).

Havendo o desrespeito à Constituição por meio da implementação de uma política pública restritiva ou que ocasione retrocesso social, deve ser admitido o controle de constitucionalidade de forma abstrata, das leis orçamentárias, visto que são por meio das leis orçamentárias que as políticas públicas se exteriorizam. Nesse sentido, releva mencionar que a questão afeta ao controle concentrado de constitucionalidade das leis orçamentárias, na jurisprudência do Supremo Tribunal Federal, nem sempre houve unanimidade quanto sua possibilidade. Apenas a partir de 2008 que o Supremo Tribunal Federal decidiu que a análise da materialidade da norma não seria necessária para que fosse admitido o controle concentrado de constitucionalidade, bastando ser lei em sentido formal, independente, ou seja, do caráter abstrato ou concreto da norma questionada (PISCITELLI, 2014, p. 43).

É preciso, ainda, encarar a lei orçamentária como verdadeira lei material, no sentido de possibilitar o alcance do projeto fundamental incorporado e assumido pela Constituição, de modo que a omissão do poder público enseja a atuação do poder judiciário no sentido de viabilizar sua concretização, ou seja, nesses casos, o poder judiciário deve atuar como legislador positivo, para tornar realidade os objetivos traçados na Magna Carta, cujas políticas públicas devem se adequar. É fundamental que as políticas públicas existentes não sofram retrocesso arbitrário, ou seja, desrespeitando os critérios já assinalados, pois o compromisso constitucional deve ser levado a sério a fim de que se maximize a dignidade da pessoa humana, com a realização gradativa dos direitos fundamentais.

Referências Bibliográficas

BARROSO, Luís Roberto. Fundamentos teóricos e filosóficos do novo direito constitucional brasileiro in A nova interpretação constitucional: ponderação, direitos fundamentais e relações privadas. Rio de Janeiro: Renovar, 2006, p. 29-30.

BARROSO, Luís Roberto. O direito constitucional e a efetividade de suas normas, 5ª ed., Rio de Janeiro: Renovar, 2001, p. 158.

CANOTILHO, J. J. Gomes. Direito Constitucional e Teoria da Constituição. 5ª ed. Coimbra: Almedina, 2002, p. 336.

CANOTILHO, José Joaquim Gomes. *Direito constitucional e teoria da constituição.* 7ª ed. Coimbra, Almedina, 2003.

CONTO, Mário de. O princípio da proibição de retrocesso social. Porto Alegre: Livraria do Advogado, 2008.

COURTIS, Christian. La prohibición de regresividad en materia de derechos sociales: apuntes introductorios. In: COURTIS, Christian (comp.). Ni um paso atrás: la prohibición de regresividad em materia de derechos sociales. Buenos Aires: Del Puerto, 2006.

LEITE, Harisson Ferreira. Manual de direito financeiro. 3. ed., rev., ampl. e atual. Salvador: JusPODIVM, 2014.

MARÇAL, Thaís Boia. Por uma releitura do conceito de orçamento autorizativo no Brasil. Boletim de Direito Administrativo, São Paulo, v. 31, nº 3, p. 263-272, mar. 2015. Disponível em: <http://dspace/xmlui/bitstream/item/17232/geicIC_FRM_0000_pdf.pdf?sequence=1>. Acesso em: 9 abr. 2015.

OLIVEIRA JUNIOR, Valdir Ferreira de. Políticas públicas concretizadoras dos direitos fundamentais: controle judicial do dever de progresso e da proibição de retrocesso. Cadernos de Ciências Sociais Aplicadas, Vitória da Conquista, nº 7 , p. 33-49, 2009. Disponível em: Acesso em 15 maio de 2015.

PINTO, Alexandre Guimarães Gavião. Direitos fundamentais: legítimas prerrogativas de liberdade, igualdade e dignidade. In: Revista de Direito, nº 79, 2009. Disponível em http://portaltj.tjrj.jus. br/web/guest/institucional/dir-gerais/dgcon/artigos-juridicos. Acesso em 04/09/2015.

PISCITELLI, Tathiane. Direito Financeiro esquematizado. Rio de Janeiro: Forense, São Paulo: MÉTODO, 2011.

ROSSI, Julieta. La obligación de no regresividad en la jurisprudência del Comité de Derechos Económicos, Sociales y Culturales. In: COURTIS, Christian (comp.). Ni um paso atrás: la prohibición de regresividad em materia de derechos sociales. Buenos Aires: Del Puerto, 2006.

SARLET, Ingo Wolfgang. La prohibición de retroceso en los derechos sociales fundamentales en Brasil: algunas notas sobre el desafio de la supervivencia de los derechos sociales en un contexto de crisis. In COURTIS, Christian (org). Ni um paso atrás. Buenos Aires: Del Puerto, 2006, pp. 329-359.

SARLET, Ingo Wolfgang. O estado social de direito, a proibição do retrocesso e a garantia fundamental da propriedade. *Revista Eletrônica sobre a Reforma do Estado (RERE)*, Salvador, nº 9, p. 2, mar./abr./maio 2007. Disponível em: <www.direitodoestado.com/revista/RERE-9-MAR%C7O-2007-INGO%20SARLET.pdf>. Acesso em: 20 de outubro de 2015.

SARLET, Ingo Wolfgang. Os direitos fundamentais (sociais) e a assim chamada proibição de retrocesso: contributo para uma discussão. Revista do Instituto do Direito Brasileiro, Lisboa: Faculdade de Direito da Universidade de Lisboa, ano 2, nº 1, p. 769-820, 2013.

SARLET, Ingo Wolfgang. Proibição do retrocesso, dignidade da pessoa humana e direitos sociais: manifestação de um constitucionalismo dirigente possível. Revista Eletrônica sobre a Reforma do Estado (RERE), Salvador, nº 15, p. 21, set./out./nov. 2008. Disponível em: Acesso em: 22 de outubro de 2011.

SOARES, Dilmanoel de Araújo. *Direitos sociais e o princípio da proibição de retrocesso social*. 2010. 205f. Dissertação (Mestrado em Direito e Políticas Públicas) – Centro Universidade de Brasília (UNICEUB), Brasília.

TAVEIRA, Christiano de Oliveira; MARÇAL, Thaís Boia. Proibição do retrocesso social e orçamento: em busca de uma relação harmônica. Revista de Direito Administrativo, v. 264, p. 163-164, set./dez. 2013.

A Crise de Solidariedade Social e os Limites Mínimos e Máximos das Desigualdades Sociais: o Respeito ao Mínimo Existencial e a Ponderação com o não Confisco

Nathalia de Andrade Medeiros Tavares

1. Introdução

Os Estados ao redor do mundo passaram por paradigmas relacionados (i) ao Estado Liberal, com as influências de Adam Smith e a sua teoria da "mão invisível do mercado"[1], com a ênfase nos direitos individuais e liberais, bem como (ii) ao Estado Social, com as influências de Marx e a consideração do aspecto humano indispensável ao mercado, que é o trabalhador, com a relevância aos direitos sociais.

---

1 SMITH, Adam. *Riqueza das nações. Investigação sobre sua Natureza e suas Causas.* Volume I. São Paulo. Editora Nova Cultural Ltda., 1996, p. 438: "Ao preferir fomentar a atividade do país e não de outros países ele tem em vista apenas sua própria segurança; e orientando sua atividade de tal maneira que sua produção possa ser de maior valor, visa apenas a seu próprio ganho e, neste, como em muitos outros casos, é levado como que por mão invisível a promover um objetivo que não fazia parte de suas intenções. Aliás, nem sempre é pior para a sociedade que esse objetivo não faça parte das intenções do indivíduo. Ao perseguir seus próprios interesses, o indivíduo muitas vezes promove o interesse da sociedade muito mais eficazmente do que quando tenciona realmente promovê-lo. Nunca ouvi dizer que tenham realizado grandes coisas para o país aqueles que simulam exercer o comércio visando ao bem público."

Hoje, no Brasil, o paradigma Estatal existente é o afeto ao denominado Estado Social e Democrático de Direito, que contempla a harmonização entre as acepções sociais e liberais[2].

A divisão que se aflorou ao longo da história, em um embate entre o viés arrecadador e lucrativo do mercado e o seu fator humano indispensável – os trabalhadores – está hoje consubstanciada no Texto Constitucional dentro da modelagem que abrange e protege ambos, sob a mesma categoria de direitos fundamentais.

Nada obstante a proteção Constitucional e a previsão de harmonia de direitos, a realidade atual está pendendo para um excessivo individualismo. Adam Smith, ao mencionar que "Onde quer que haja grande propriedade, há grande desigualdade. Para um homem muito rico, é preciso que haja pelo menos quinhentos pobres"[3], é plenamente atual para demonstrar o momento presente.

Na medida em que o indivíduo se preocupa com sua propriedade, com aquilo que detém, com a sua família e os seus bens, a solidariedade social visa exatamente a abertura de olhares e de bens em prol do próximo, de modo a vislumbrar uma vida em sociedade de maneira mais próxima ao equilíbrio.

A tributação, prevista constitucionalmente como instrumento para a implementação da justiça distributiva, ou seja, como mecanismo de retirar de quem tem mais para quem tem menos[4], é um instrumento constitucional de implementação de solidariedade.

No entanto, nas palavras de Fernando Lemme Weiss[5], "é instintivo ao homem

---

2 ELORRIETA Y ARTAZA, Tomas. *Derecho Político.* Madrid. Editora: Hijos de Reus, Editores. 1916, p. 101-102: "Ao exame dos direitos individuais, isto é, das limitações ou obrigações negativas que o Estado impõe ao próprio poder para que os indivíduos possam livremente desenvolver suas atividades, deve seguir como complemento o estudo dos direitos sociais, ou, o que é a mesma coisa, das obrigações positivas, cujo cumprimento o Estado se impôs, também para benefício dos indivíduos. Ambas as classes de direitos têm a mesma natureza jurídica: são limitações que o Estado se impõe a si mesmo. As duas classes de direitos dizem respeito ao indivíduo e à sociedade, porque são igualmente necessários para a vida do indivíduo e da sociedade. Diferenciam-se somente na forma das limitações que o Estado se impõe em um e outro caso. Por isso deveriam denominar-se obrigações negativas e obrigações positivas do Estado. Mas, tendo-se conservado a denominação de direitos individuais às obrigações negativas, em homenagem à doutrina individualista que os proclamou, às obrigações positivas denominamos direitos sociais, em homenagem às doutrinas sociais a que se deve o seu reconhecimento."

3 SMITH, Adam. *A Riqueza das Nações. Investigações sobre sua Natureza e suas Causas.* Volume II. São Paulo. Editora Nova Cultural Ltda., 1996, p. 188.

4 RIBEIRO, Ricardo Lodi. A Capacidade Contributiva como manifestação da Justiça Fiscal no Estado Social e Democrático de Direito. *In* QUEIROZ, Luís César Souza de. GOMES, Marcus Lívio. *Tributação, Direitos Fundamentais e Desenvolvimento.* Rio de Janeiro: GZ Editora. 2014. p. 14–16.

5 WEISS, Fernando Lemme. *Justiça Tributária. As Renúncias, o Código de Defesa dos Contribuintes e a Reforma Tributária.* Rio de Janeiro: Editora Lumen Juris, 2003, p. 135: "É instintivo para o homem concluir que possui direitos, pois começa a vida apenas recebendo. Já a ideia de ceder parte do que conquistou, de forma permanente e imposta sem sua concordância direta, precisa ser trabalhada culturalmente. O primeiro passo é perceber que cidadania sem deveres significa uma via de mão única, evidentemente ilusória. Não se pode olvidar que o dever de pagar tributos é naturalmente

concluir que possui direitos, pois começa a vida apenas recebendo. Já a ideia de ceder parte do que conquistou, de forma permanente e imposta sem sua concordância direta, precisa ser trabalhada culturalmente". Ou seja, segundo o Autor, é natural ao indivíduo sentir-se desconfortável em prestar medidas de solidariedade, principalmente de forma obrigatória.

No entanto, exatamente em razão da falta de solidariedade natural e espontânea dos indivíduos, bem como da falta de pacificidade nas relações humanas, e da necessidade de funcionamento de um aparato Estatal que vise maior pacificidade e equalização de direitos, é que há necessidade de que a solidariedade seja prestada pelo Estado, de forma custeada pelos indivíduos mediante prestações obrigatórias, conforme adiante será exposto.

No presente estudo, será verificado como a ausência de solidariedade de cada um dos indivíduos repercute em uma política tributária regressiva, que ao invés de se direcionar ao atingimento do objetivo fundamental da República previsto no artigo 3º, inciso III, da Constituição Federal de reduzir desigualdades sociais, acaba por incrementá-las[6].

Será, ainda, demonstrado como vem sendo operacionalizada a dicotomia entre o individualismo, principalmente no seu aspecto patrimonial, e a solidariedade social, bem como os impactos dessa dicotomia para as desigualdades sociais e para a implementação de políticas de inclusão social. Além disso, será, também, analisado se o mínimo existencial poderia ser considerado como o limite máximo para a existência de desigualdades sociais e, em caso afirmativo, qual seria a quantificação desse mínimo.

Toda a análise objeto do presente estudo será norteada pelas perspectivas dos Direitos Financeiro e Tributário como instrumentos de viabilização de políticas públicas e de redução de desigualdades sociais, segundo os preceitos constitucionais do Estado Social e Democrático de Direito.

2. O Individualismo, em seu aspecto patrimonial, e a Solidariedade Social

A Constituição da República de 1988 dispõe, em seu Título II, sobre os "Direitos e Garantias Fundamentais", incluindo, em seu Capítulo I, as disposições sobre os

pesado, sendo compensado pela visualização do bom uso na arrecadação social, somada à simplicidade dos procedimentos de administração tributária. Um profícuo caminho a ser trilhado para alcançar a aceitação social do tributo é a desdramatização do imposto, expressão criada por Jean Dubergé (...)"

6 Sobre o tema, ver também: RIBEIRO, Ricardo Lodi. Piketty e a Reforma Tributária Igualitária no Brasil. *In RFPTD*, v. 3, n.º 3, 2015; TAVARES, Nathalia de Andrade Medeiros. Desigualdades Sociais Patrimoniais: *Como a tributação pode reduzi-las?* Rio de Janeiro: Lumen Juris. 2017; TAVARES, Nathalia de Andrade Medeiros. As proporções do individualismo fiscal dos indivíduos nas guerras fiscais entre os entes da federação: o afastamento da solidariedade social e da justiça distributiva. *In* CAMPOS, Alexandre de Azevedo. IBRAHIM, Fábio Zambitte. OLIVEIRA, Gustavo da Gama Vital de. *Estudos de Federalismo e Guerra Fiscal.* Rio de Janeiro: Gramma, 2017, v. 1, p. 217-245.

"Direitos e Deveres Individuais e Coletivos", o que já demonstra a necessidade de convivência e interdependência entre direitos e deveres, sendo um atrelado ao outro, bem como entre indivíduo e coletividade, já que não existe a possibilidade de se falar em indivíduo sem que, para tanto, seja considerada a sua inserção em uma sociedade[7].

A proteção dos direitos do indivíduo engloba o direito de propriedade, previsto na Constituição da República no caput do artigo 5º, e em seu inciso XXII, bem como o seu contraponto de atender à função social, conforme previsão do inciso XXIII do mesmo artigo 5º. Outras previsões também demonstram as ponderações entre os direitos do indivíduo e os direitos da coletividade no que tange à propriedade, como ocorre com as previsões dos incisos XXIV e XXV do mesmo artigo 5º.

A ponderação entre até que ponto o indivíduo deve abrir mão de sua propriedade e de seu patrimônio para atender a finalidades sociais, atreladas à coletividade, advém de uma construção histórica dos direitos e se relaciona diretamente com o Direito Tributário, na medida em que se trata do principal instrumento de arrecadação de receitas e bens que compõem o patrimônio dos indivíduos, e que passam a integrar o patrimônio público do Estado.

Do mesmo modo, a ponderação entre até que ponto o patrimônio público do Estado deve atender os indivíduos, muito se relaciona ao Direito Tributário e Financeiro, como instrumentos de redistribuição e realocação de riquezas. Liam Murphy e Thomas Nagel[8] denominam essa necessidade de ponderação como a necessidade de se ter um "meio-termo" entre as motivações públicas e pessoais.

2.1. Comentários sobre as origens do Individualismo e a sua existência na atualidade

O Individualismo passou a ter grande relevância no final do século XVIII, como ideia necessária à libertação do homem da imposição do Estado no Antigo Regime, que determinava desde o aspecto religioso ao aspecto econômico da vida do indiví-

---

7 AZAMBUJA, Darcy. Teoria Geral do Estado. 42ª ed. São Paulo: Editora Globo. 2002, p. 162: "O homem sempre vive em sociedade e não pode viver senão em sociedade."

8 MURPHY, Liam e NAGEL, Thomas. *O mito da propriedade*. São Paulo: Editora Martins Fontes. 2005, p. 10: "Como cada um de nós é, por um lado, um indivíduo particular que participa da economia de mercado, e, por outro, um cidadão que participa – ou pelo menos pode participar – do processo das decisões governamentais através da política, temos de estabelecer um meio-termo entre nossas convicções de justiça social e legitimidade política e nossas motivações mais pessoais para formar uma concepção estável de o que queremos que o governo faça. Quando nos posicionamos contra ou a favor de uma redução nos impostos, não pensamos somente nos efeitos dessa redução sobre a renda que teremos à disposição, mas também em suas consequências sociais e econômicas mais amplas. O tema se complica ainda mais pelo fato de que o sistema tributário não deve ser decidido por forças que se encontram fora da sociedade, mas, de algum modo, pelas forças que a compõem, sendo portanto a resultante política de discordâncias inevitavelmente profundas. Por isso, o meio-termo que se estabelece entre as motivações públicas e pessoais é um elemento importante da discussão."

duo, tendo suas ideias sido defendidas na época da Revolução Industrial, na Inglaterra, por Adam Smith.

Por meio do individualismo, pretendia-se um completo abstencionismo do Estado, uma liberdade como valor principal, viabilizando a autoingerência do mercado e das atividades econômicas movidas por um sentimento de libertação do indivíduo em relação ao Estado[9].

As influências que ensejaram a implementação dos ideais individualistas ainda subsistem no atual Estado Social e Democrático de Direito, espalhando-se pela Constituição da República Federativa do Brasil por meio dos dispositivos que preveem a necessidade de proteção do indivíduo e do seu patrimônio em relação à atuação do Estado.

Marco Aurélio Greco muito bem demonstra tais influências e como elas se refletiram no âmbito da tributação, mais especificamente no que respeita ao papel da legalidade, que se insurgiu inicialmente como instrumento de libertação do indivíduo do Estado e que ainda se aplicam na atualidade:

> "Interessante é observar que este "princípio" – no sentido de previsão da maior importância para a compreensão e o funcionamento da tributação – foi na década de 50 tratado por Aliomar Baleeiro como limitação, vale dizer, como critério para determinar o que não se inclui ou não se admite no âmbito da tributação. Ou seja, nessa época, o que de mais importante existia na disciplina jurídica da tributação era o que ela não podia ser ou fazer.
> Esta visão dava aos princípios – e à legalidade entre eles – o papel negativo de impedir o exercício do poder. Realmente, se pararmos um instante e fixarmos a atenção nos clássicos princípios (legalidade, anterioridade, irretroatividade e proibição ao confisco – e mesmo à feição que à época tinha a capacidade contributiva), veremos que a sua formação iniciava com um "não": ***não*** pode tributar sem lei; ***não*** pode tributar antes do exercício financeiro seguinte; ***não*** pode tributar de modo a atingir eventos passados; não pode usar a tributação como meio indireto para confiscar; ***não*** pode tributar se não existir capacidade contributiva. Estas circunstâncias levam a legalidade a assumir a feição de instrumento de libertação do cidadão na medida em que o jugo absoluto do poder de fato é neutralizado pela juridicização do seu exercício o que implica limitá-lo.
> Desta perspectiva, então, a legalidade passa a ter a função de libertar o contribuinte de

---

9 ELORRIETA Y ARTAZA, Tomas. *Op. Cit.* p. 52-53: "*El individualismo es una corriente de ideas que domina a fines del siglo XVIII y tiende a emancipar al individuo de las trabas que entonces oponian a su libre desenvolvimiento la politica absorbente del Estado y el poder de las Corporaciones Privilegiadas. Esta doctrina influyó profundamente en los diversos ramas de la actividad humana. (...) Concretando nuestro examen dentro de dichos límites, vemos que el individualismo para libertar al hombre del providencialismo del Estado que trataba de dirigir toda su vida, desde el aspecto religioso hasta el económico, preconiza la necesidad de una politica abstencionista, el laissez faire, laissez passer, usando la frase de los economistas clássicos, para destruir lastrabas de los gremiosdefiende-la liberdad de trabajo, la liberdad de contrato y la liberdad de concurrencia, y para completar su campaña contra el antiguo regimen, aspira a emancipar al individuo de la tutela social a que estaba sujeito, sostenlendo que la iniciativa privada es la base de todo progreso industrial, y la propiedad privada la base de una buena organización social.*
El movimiento individualista economico defendido en Inglaterra por Adam Smith y los economistas de la escuela de Manchester, se extendio rapidamente por todo Europa, llegando a dominar en la vida politica de todos los Estados durante uma gran parte del siglo XIX."

> uma relação fática de autoridade sem limites, obtendo-se com isto inestimável avanço no relacionamento social.
> Neste momento, pode-se dizer que estamos perante o que se poderia denominar de "legalidade-libertação" na medida em que é a lei o instrumento que serve para libertar o contribuinte na mera condição de submetido ao poder de fato do soberano, da estrutura estatal, etc."[10]

Assim como a legalidade e os outros princípios à ela relacionados (anterioridade, irretroatividade e proibição ao confisco), insurgem-se como verdadeiros instrumentos de proteção ao patrimônio do indivíduo contra o Estado, que ainda subsistem na atualidade, a sensação que gerou a referida necessidade de proteção e, consectariamente, de libertação do indivíduo, também continua a subsistir na sociedade, tanto é assim que foram respaldadas as proteções aos indivíduos na Constituição da República Federativa do Brasil e, ainda, que o papel da "legalidade-libertação", conforme mencionado por Marco Aurélio Greco, está consagrado na sociedade e consignado na Constituição da República de 1988, conforme previsões constantes do artigo 150, incisos I, III, *"a"*, *"b"* e *"c"*, e IV[11], tendo em vista a possibilidade de má atuação do Estado.

Até mesmo o segundo papel da legalidade, tratado por Marco Aurélio Greco como "legalidade-dominação", por meio da menção de que "a lei tributária, hoje em dia, é utilizada mais frequentemente para impor ônus e restrições ao contribuinte do que para limitar a atuação da Administração Fazendária"[12], infere-se a sensação de restrição do indivíduo, representado pelo contribuinte, com a consequente necessidade de libertação e, por outro lado, o Estado, representado pela Administração Fazendária, que se vê na posição de domínio, daquele que se utiliza da lei como instrumento de dominação.

Além dessa utilização, como instrumento de dominação, existe a relevante questão pertinente à má utilização e destinação da tributação, que agrava ainda mais a sensação de individualismo e egoísmo nos cidadãos, conforme colocado por Thomas

---

10 GRECO, Marco Aurélio. Três papéis da Legalidade Tributária. *In* RIBEIRO, Ricardo Lodi. ROCHA, Sérgio André. (Coords.) *Legalidade e Tipicidade no Direito Tributário*. São Paulo: Editora QuartierLatin do Brasil, 2008, p. 103-104.

11 "Art. 150. Sem prejuízo de outras garantias asseguradas ao contribuinte, é vedado à União, aos Estados, ao Distrito Federal e aos Municípios:
I - exigir ou aumentar tributo sem lei que o estabeleça;
(...)
III - cobrar tributos:
a) em relação a fatos geradores ocorridos antes do início da vigência da lei que os houver instituído ou aumentado;
b) no mesmo exercício financeiro em que haja sido publicada a lei que os instituiu ou aumentou;
c) antes de decorridos noventa dias da data em que haja sido publicada a lei que os instituiu ou aumentou, observado o disposto na alínea b;
IV - utilizar tributo com efeito de confisco;"

12 GRECO, Marco Aurélio. *Op. cit.,* p.108.

Piketty, ao defender que a tributação prejudica mais a classe média, que arca com a regressividade aplicada no topo da pirâmide social, em benefício dos mais ricos[13].

As sensações pertinentes à necessidade de libertação do domínio Estatal consubstanciam a sensação de desconforto que é trazida com a imposição tributária, com a sensação de alguém, no caso o Estado, tirar algo que é de sua propriedade, tirar algo que compõe o seu patrimônio individual. Essa sensação resta bem traduzida por Ives Gandra, que trata o tributo como norma de "rejeição social", a saber:

> "O Tributo é norma de rejeição social. Assim deve ser estudado pela economia, Finanças Públicas e Direito, ofertando os especialistas dessas áreas o modelo ideal para o político, a fim de que a norma indesejável tenha sua carga de rejeição reduzida à menor expressão possível."[14]

Na verdade, Ives Gandra apenas demonstra a nítida existência desse embate percebido entre indivíduo e Estado, entre contribuinte e fisco, apenas demonstra a existência de uma crise de solidariedade social conforme se verá adiante, uma crise da verdadeira concepção e materialização do Estado como sendo uma criatura, um meio para o atingimento dos objetivos da sociedade que antecedeu a Constituição de 1988, e não como criador originário do Direito[15], sendo importante asseverar que as causas dessas sensações, além de serem históricas nos ideais individualistas, também são causas atuais, perceptíveis na ausência de solidariedade social dos indivíduos e, também, de seus representantes eleitos, na elaboração das leis e, também, na sua execução.

---

13 PIKETTY, Thomas. *O Capital no Século XXI*. Tradução de Monica Baumgarten de Bolle. Rio de Janeiro: Editora Intrínseca, 2013, p. 483-484: "Se essa regressividade fiscal no topo da hierarquia social se confirmar e se amplificar no futuro, é provável que haja consequências importantes para a dinâmica da desigualdade patrimonial e para o possível retorno de uma enorme concentração do capital. Além disso, é bastante óbvio que essa separação fiscal dos mais ricos talvez seja muito prejudicial para o consentimento fiscal geral. O relativo consenso em torno do Estado fiscal e social, já frágil pelo baixo crescimento, encontra-se enfraquecido, sobretudo nas classes médias, que naturalmente têm dificuldade em aceitar pagar mais do que as classes mais elevadas. Essa evolução favorece o aumento do individualismo e do egoísmo: uma vez que o sistema em seu conjunto é injusto, por que continuar a pagar pelos outros?"

14 MARTINS, Ives Gandra da Silva. Curso de Direito Tributário, 12ª ed. Rio de Janeiro: Renovar, 2000, p. 371.

15 GRECO, Marco Aurélio. *Op. cit.*, p.108-109: "Há, porém, um terceiro papel que a legalidade tributária pode assumir; não apenas instrumento de libertação de uma relação de poder não juridicizado, nem instrumento de dominação por um poder juridicizado. Trata-se de dar plena implementação ao conjunto de valores consagrados pela Constituição que coloca o Estado como criatura e não criador originário do Direito. O Estado como meio para o atingimento dos objetivos e fins consagrados no Texto de 88 pela sociedade civil que antecede a sua existência."

2.2. A Solidariedade Social como contraponto ao Individualismo na tributação: o Dever Fundamental de pagar impostos

A Solidariedade Social está incutida na compreensão social acerca da necessidade de que, além do respeito mútuo das individualidades de cada um, com uma ideia de limite dos indivíduos, identificada no liberalismo principalmente como a frase de Herbert Spencer de que "a liberdade de cada um termina onde começa a liberdade do outro", haja uma interligação, uma união entre os indivíduos, em solidariedade uns com os outros.

José Casalta Nabais coloca a solidariedade social como uma relação ou sentimento de pertencimento a um grupo ou formação social que tem uma relação de ajuda recíproca nas dificuldades e nas necessidades, a saber:

> "Daí também que a solidariedade, enquanto fenômeno estável ou duradouro e mais geral, se refira à relação ou sentimento de pertença a um grupo ou formação social, entre os muitos grupos ou formações sociais em que o homem manifesta e realiza atualmente a sua *affectio societatis*, dentro dos quais sobressai naturalmente a comunidade paradigma dos tempos modernos – o Estado. Do que resulta que a solidariedade pode ser entendida quer em sentido objetivo, em que se alude à relação de pertença e, por conseguinte, de partilha e de corresponsabilidade que liga cada um dos indivíduos à sorte e vicissitudes dos demais membros da comunidade, quem em sentido subjetivo e de ética social, em que a solidariedade exprime o sentimento, a consciência dessa mesma pertença à comunidade.
> Uma relação ou consciência de pertença que tem por suporte uma relação recíproca de ajuda e sustento nas dificuldades e nas necessidades e que, por isso mesmo, não deixou de ser identificada com a relação de fraternidade. A relação presente justamente no terceiro termo da célebre divisa da Revolução Francesa e que parte significativa dos autores considera no essencial alcançada com a consagração constitucional e a efetivação prática dos direitos sociais. Direitos estes justamente designados também por direitos de solidariedade."[16]

Marciano Seabra Godoi, do mesmo modo, define o termo solidariedade como sendo uma ligação entre as partes e um todo, uma verdadeira união[17].

Na esfera da tributação, a solidariedade social é um dos principais fundamentos da imposição tributária, que não pode ser vista, da forma como mencionada no

---

16 NABAIS. José Casalta. *Solidariedade Social, Cidadania e Direito Fiscal. In Solidariedade Social e Tributação.* São Paulo: Editora Dialética, 2005, p. 112.

17 GODOI, Marciano Seabra de. *Solidariedade Social e Tributação. Tributo e Solidariedade Social.* São Paulo: Editora Dialética, 2005, p. 142: "O termo solidariedade, apesar de plurívoco, aponta sempre para a ideia de união, de ligação entre as partes de um todo. Etimologicamente, solidariedade remonta a termos latinos que indicam a condição de sólido, inteiro, pleno. A solidariedade une ou integra duas ou mais pessoas no seio de uma mesma obrigação jurídica (donde devedores ou credores solidários), no seio de uma mesma condição ou grupo social (por exemplo, a solidariedade entre os trabalhadores, entre os empresários, entre os acometidos pela mesma enfermidade), ou no seio de um mesmo sentimento ou estado anímico (por exemplo, o indivíduo que se solidariza com o semelhante que sofre). Solidariedade é afim com a ideia de fraternidade, mas quiçá a noção de fraternidade envolva uma dose maior de afeto, de pessoalidade ou comunhão."

subitem anterior, como sendo um instrumento de rejeição social, por isso, deve ser aplicada da maneira mais justa possível.

José Casalta Nabais defende o dever de pagar impostos como sendo um verdadeiro dever fundamental, que visa nada mais nada menos que a garantia de direitos fundamentais, não sendo possível a vida em sociedade sem que, para tanto, se tenham deveres uns com os outros[18].

A questão que se impõe é a de que os indivíduos, provenientes de um paradigma Liberal de Estado e, posteriormente, de um paradigma Social de Estado, que hoje se compactuam e convivem em um Estado Social e Democrático de Direito, acabam por deter tanto a sensação do individualismo, no seu aspecto patrimonial de não restrição ao patrimônio, como a sensação de que há necessidade de implementação de direitos sociais, gerando, na verdade, atualmente, uma solidariedade sem fundos, ou uma solidariedade meramente ideal que não tem como ser materializada se os antagonismos preponderarem.

Falta aos indivíduos, primeiramente, a consciência de solidariedade social em seu espectro fundamental, que consubstancia, como defendido por José Casalta Nabais, tanto um aspecto de prestações estatais positivas, de direitos, como um aspecto dos deveres fundamentais dos cidadãos de pagar impostos, denominados, respectivamente, por Serio Galeotti, como solidariedade vertical ou solidariedade paterna e solidariedade horizontal, solidariedade pelos deveres ou solidariedade fraterna[19].

José Casalta Nabais trata das referidas solidariedades vertical e horizontal, como valores complementares. A solidariedade vertical é aquela relacionada à "solidariedade pelos direitos"[20], ou seja, se relaciona aos provimentos, pelo Estado Social, dos míni-

---

18 NABAIS, José Casalta. *Estudos de Direito Fiscal. Por um Estado Fiscal Suportável.* Portugal, Coimbra: Almedina, 2005, p. 20: "(...) qualquer comunidade organizada, mormente uma comunidade organizada na forma que mais êxito teve até o momento, na forma de estado moderno, está necessariamente ancorada em deveres fundamentais, que são justamente os custos *lato sensu* ou suportes da existência e funcionamento dessa mesma comunidade. Comunidade cuja organização, justamente porque visa realizar uma cidadania de liberdade, isto é, um determinado nível de direitos fundamentais, sejam os clássicos direitos e liberdades, sejam os mais modernos direitos sociais, não pode deixar de ter custos compatíveis com essa liberdade."

19 GALEOTTI, Serio. *Il Valore dela Solidarietà. Diritto e Società.* 1996, p. 10 e ss.

20 NABAIS, José Casalta. *Solidariedade Social e... Op. cit.*, p. 114: "Trata-se de distinguir, dentro da solidariedade que identificamos por solidariedade dos modernos, a chamada solidariedade vertical, solidariedade pelos direitos ou solidariedade paterna, da designada solidariedade horizontal, solidariedade pelos deveres ou solidariedade fraterna. Naquela, a solidariedade ou a responsabilidade que a cada um cabe pela sorte e destino dos demais membros da comunidade corre sobretudo pela realização, de um lado, dos direitos sociais a cargo do Estado social e, do outro, pelos direitos da já mencionada quarta geração constituída, num certo entendimento, tanto pelos direitos ecológicos em que sobressaem certos direitos coletivos, como pelos direitos de solidariedade intergeracional ou diacrônica, que são basicamente deveres.
(...) Com efeito, o Estado Social não pode deixar de prover aos mínimos existenciais dos seus cidadãos, definidos em função do nível de estadualidade social alcançado, que o mesmo é dizer em função do seu grau de desenvolvimento econômico e social e do seu empenhamento comunitário

mos existenciais aos seus cidadãos. Já a solidariedade, no seu viés horizontal, é chamada por José Casalta Nabais de "solidariedade dos deveres ou solidariedade fraterna"[21].

Após a compreensão dos indivíduos quanto a esse aspecto duplo da solidariedade, que abrange tanto os direitos como os deveres, é que lhes será possível a compreensão acerca da urgente necessidade de rever como os deveres vêm sendo distribuídos entre as classes sociais, em que as classes média e baixa são as maiores responsáveis pela arrecadação nacional e as classes mais ricas são beneficiadas[22].

A crise da solidariedade que se enfrenta atualmente, conforme se verá adiante, é exatamente em razão de um desequilíbrio entre a solidariedade horizontal, gerado pelo excesso de individualismo, ou, como bem denominado por José Casalta Nabais, do "egoísmo pós-moderno"[23], e o excesso de necessidades relacionadas a prestações sociais insertas à solidariedade vertical.

---

constitucionalmente assumido ou recortado. Por outras palavras, o Estado na sua configuração de Estado social não pode deixar de garantir a cada um dos membros da sua comunidade um adequado nível de realização dos direitos à saúde, à educação, à habitação, à segurança social, etc. Assim, se e na medida em que tais níveis de realização dos direitos sociais não sejam alcançados pelos próprios, participando através do exercício das suas liberdades e direitos, sobretudo de natureza econômica, na concreta economia de mercado, cabe ao Estado, por indeclinável exigência constitucional, realizar as prestações sociais, em espécie ou em dinheiro, que assegurem esses níveis sociais. Podemos dizer que foi esse tipo de solidariedade a que foi convocada para a resolução da chamada questão social, quando a pobreza deixou de ser um problema individual e se converteu num problema social a exigir intervenção política."

---

21 *Ibid.*, p. 115-116: "Por seu turno, a solidariedade horizontal, solidariedade dos deveres ou solidariedade fraterna, chama à colação, de um lado, os deveres fundamentais ou constitucionais que o Estado, enquanto seu destinatário direto, não pode deixar de concretizar legislativamente e, de outro lado, os deveres de solidariedade que cabem à comunidade social ou sociedade civil, entendida esta em contraposição à sociedade estadual ou política, como a esfera de relações entre os indivíduos, entre os grupos e entre as classes sociais que se desenvolvem fora da esfera das relações de poder características das instituições estaduais."

22 TAVARES, Nathalia de Andrade Medeiros. *Desigualdades Sociais Patrimoniais... Op. cit.*

23 NABAIS, José Casalta. *Solidariedade Social e... Op. cit.*, p. 116: "Quanto a este segundo segmento da solidariedade horizontal, bem podemos dizer que a solidariedade é sobretudo uma expressão de um certo fracasso da estadualidade social, um fracasso que é resultado tanto dos limites naturais que a escassez de meios coloca à realização estadual dos direitos econômicos, sociais e culturais, como do seu retrocesso atual que o abrandamento do desenvolvimento econômico, de um lado, e o egoísmo pós-moderno, de outro, vieram a suportar. Uma expressão deste segundo segmento da solidariedade horizontal é, aliás, a que vem sendo concretizada através do voluntariado social, em que o Estado convoca a colaboração economicamente desinteressada dos indivíduos e grupos sociais, mobilizando-a para a realização daqueles direitos sociais ou dos direitos sociais daqueles destinatários relativamente aos quais a atuação estadual, ou mais amplamente a atuação de carácter institucional, não está em condições de satisfazer. E não está em condições de satisfazer não só ou não tanto porque lhe falte capacidade técnica, humana ou financeira, mas sobretudo porque lhe falta aquele ou aqueles elementos de humanidade que só a sociedade civil e cada um dos seus membros, individual ou coletivamente, está em condições de proporcionar. Pois não

Pretende-se que o Estado supra a falta de solidariedade dos indivíduos, sendo que o próprio Estado é representado por indivíduos que também consagram posições individualistas e elaboram leis que muitas vezes favorecem seus próprios interesses individuais. É um ciclo vicioso crescente de individualismo. Um gera o outro e ambos se alimentam de individualismo. No final, o interesse que prepondera é o daqueles que compõem o pequeno percentual de pessoas que concentram a maior parte da renda.

Zygmunt Bauman coloca essa falta de solidariedade dos indivíduos e a dificuldade de sua implementação na sociedade do século XXI:

> "(...) tenha ou não sido moldado pelas decisões de nossos ancestrais, nosso mundo de começo do século XXI não é favorável a uma coexistência pacífica, e muito menos à solidariedade humana e à cooperação amigável. Ele foi moldado de tal forma que torna cooperação e solidariedade não apenas uma escolha impopular, como também difícil e onerosa. Não é de admirar que relativamente poucas pessoas, e em relativamente poucas ocasiões, considerem que esteja em seu poder material e/ou espiritual fazer essa opção e deslindar seu verdadeiro sentido. A grande maioria das pessoas, por mais que suas crenças e intenções sejam nobres e elevadas, se vê confrontada com realidades hostis, vingativas e acima de tudo indômitas; realidades de cobiça, corrupção, rivalidade e egoísmo onipresentes de todos os lados, e, por isso mesmo, realidades que aconselham e exaltam a desconfiança recíproca e a vigilância perpétua."[24]

Mais do que uma acepção finalística teórica sobre a implementação de direitos, existe uma questão sociológica e emocional/psicológica dos indivíduos, principalmente dos ocupantes dos cargos governamentais e dos detentores da maior parte do patrimônio mundial e nacional, que precisa ser resolvida com educação política, integracional, e com a valorização e implementação da psicologia como forma de permitir aos indivíduos a retomada dessa sensação de união e solidariedade que parece estar perdida diante da necessidade de proteção e de crescimento do patrimônio individual.

2.3. O excesso de patrimonialismo individualista e a crise de solidariedade social: a consequente desigualdade social

As consequências do excesso de individualismo, oriundo da sensação de não se pretender ter deveres, ou de se ter o mínimo de deveres possíveis, o que é tutelado pelos representantes eleitos e pelos detentores da maior parte do capital, incrementam a nítida e crescente desigualdade social.

podemos esquecer que alguns dos problemas que hoje convocam a nossa solidariedade, designadamente os colocados em sede de algumas das exclusões sociais do nosso tempo, requerem mais do que prestações pecuniárias ou mesmo em espécie do Estado ou de outras instituições, o contato e o calor humanos que promovam a recuperação do sentido útil da vida, reconduzindo os excluídos ao seio da família, ao mundo do trabalho, ou ao exercício duma atividade útil inclusivamente em sede de voluntariado social."

24 BAUMAN, Zygmunt. *A Riqueza de poucos beneficia todos nós?* Tradução: Renato Aguiar. 1ª ed. Rio de Janeiro: Editora Zahar, 2015, p. 37.

Uma das mais claras demonstrações do Individualismo Fiscal excessivo pode ser percebida na manutenção, por exemplo, das isenções de imposto de renda na distribuição de lucros e dividendos das sociedades empresárias a seus sócios pessoas físicas, prevista no artigo 10 da Lei nº 9.249/95, a qual já vem sendo questionada no âmbito do Senado Federal por meio do Projeto de Lei do Senado ("PLS") de nº 588/2015, o qual foi elaborado com base nos apontamentos dos economistas Sérgio Gobetti e Rodrigo Orair, membros do Instituto de Pesquisa Econômica Aplicada ("Ipea")[25].

Em suma, a manutenção dessa isenção representa, também, o aumento da carga tributária para os trabalhadores. Alguém paga a conta do Estado Social e o individualismo excessivo de uns acaba por aumentar o encargo de outros[26].

As desigualdades sociais se ampliam na medida em que é ampliada a distância entre o polo mais baixo e o polo mais alto da pirâmide social. Se o polo mais alto resta "protegido", além de se viabilizar a manutenção e o progressivo aumento de seus patrimônios e suas riquezas, proporciona-se, também, uma maior carga tributária para o polo central da pirâmide social, que fica sobrecarregado com a menor arrecadação tributária dos polos mais altos[27].

---

25 GOBETTI, Sergio. ORAIR, Rodrigo. *Projeto de Lei do Senado nº 588, de 2015*. Disponível em http://www.senado.leg.br/atividade/rotinas/materia/getPDF.asp?t=177743&tp=1; acesso em 16.04.2016: "O topo da pirâmide social paga menos imposto, proporcionalmente à sua renda, do que os estratos intermediários. Em média, o declarante do estrato extremamente rico paga 2,6% de imposto sobre sua renda total (ou 6,4% com estimativa de retenção exclusiva na fonte), enquanto o estrato intermediário com rendimentos anuais entre R$ 162.720 e R$ 325.440 (20 a 40 salários mínimos) paga 10,2% (11,7% com retenção exclusiva na fonte). Ou seja, nossa classe média alta – principalmente a assalariada – paga mais imposto do que os muito ricos.

Essa distorção se deve principalmente a uma jabuticaba da legislação tributária brasileira: a isenção de lucros e dividendos pagos a sócios e acionistas de empresas. Dos 71.440 super ricos que mencionamos, 51.419 receberam dividendos em 2013 e declararam uma renda média de R$ 4,5 milhões, pagando um imposto de apenas 1,8% sobre toda sua renda. Isso porque a renda tributável desse grupo foi de R$ 387 mil em média em 2013, a renda tributável exclusivamente na fonte R$ 942 mil e a renda totalmente isenta R$ 3,1 milhões.

A justificativa para esta isenção é evitar que o lucro, já tributado ao nível da empresa, seja novamente taxado quando se converte em renda pessoal, com a distribuição de dividendos. Antes que o leitor formule sua opinião derradeira sobre essa questão, uma informação adicional: entre os 34 países da OCDE, que reúne economias desenvolvidas e algumas em desenvolvimento que aceitam os princípios da democracia representativa e da economia de livre mercado, apenas três isentavam os dividendos até 2010. México retomou a taxação em 2014 e República Eslováquia em 2011, por meio de uma contribuição social. Restou somente a Estônia, que, assim como o Brasil, isenta totalmente os dividendos. Em média, a tributação total do lucro (integrando pessoa jurídica e pessoa física) chega a 43% nos países da OCDE (sendo 64% na França, 48% na Alemanha e 57% nos Estados Unidos). No Brasil, com as isenções de dividendos e outras jabuticabas tributárias (como os juros sobre capital próprio, que reduzem a base tributável das empresas), essa taxa cai abaixo de 30%, embora formalmente a soma das alíquotas de IRPJ e CSLL seja de 34%. Basta analisar alguns balanços de grandes empresas brasileiras para verificar essa realidade."

26 Cfr. TAVARES, Nathalia de Andrade Medeiros. *As proporções do individualismo... Op. cit.*

27 Sobre o tema, ver: RAWLS, John. *Uma Teoria da Justiça*. Tradução de Almiro Pisetta e Lenita M. R. Esteves. Martins Fontes: São Paulo, 2000.

Quanto maior for o afastamento da solidariedade social, em seu aspecto pertinente aos deveres, maior será a distância entre os polos da pirâmide social.

É, portanto, necessária a análise sobre os impactos do excesso de individualismo na sociedade para se verificar, na esfera de cada indivíduo, como se implementar e resolver as deficiências psicoemocionais dos indivíduos, afastados da sensação de solidariedade, para que seja possível se implementar a redução de desigualdades sociais.

3. As desigualdades sociais e a necessidade de imposição de limites

Conforme acima aduzido, diante de um contexto de crise de solidariedade social e de excesso de individualismo, a imposição de limites à desigualdade social se faz necessária.

Inicialmente, a consciência acerca da existência de valores opostos proporciona aos indivíduos o reconhecimento sobre as suas diferenças e peculiaridades que tornam cada ser humano único e individual. As diferenças são essenciais à manutenção da sociedade e dos indivíduos como um todo, cabendo às mesmas serem insertas e protegidas diante de um contexto de respeito mútuo.

No entanto, exatamente para que a individualidade de todos possa ser igualmente atendida, e para que todos possam gozar de seus direitos de liberdade com autonomia, é necessário que a todos seja garantido o mínimo básico à existência digna, pois não há que se falar em gozo da liberdade sem que, para tanto, o indivíduo tenha como se alimentar, se vestir, ou onde morar por exemplo[28].

Eis aí uma das demonstrações quanto à necessidade de garantia harmônica de direitos sociais e individuais, da forma como previsto na Constituição Federal.

Entretanto, em razão do excesso de individualismo e da crise de solidariedade social que se afigura no cenário brasileiro, contemplado por um pequeno número de pessoas com a maior parte da renda nacional, e um elevado número de pessoas em situação de pobreza[29], é que se fazem necessárias medidas que visem o equilíbrio entre esses direitos e que imponham limites às desigualdades sociais, mediante a presença de um Estado que aja no sentido de atingir o objetivo constitucional de **reduzir** desigualdades sociais e **erradicar** a pobreza, nos termos do artigo 3º, inciso III, da Constituição Federal[30].

Com efeito, considerando que o Texto Constitucional prevê a "redução" das desigualdades, e não a sua "erradicação", como no caso da pobreza, a questão que se impera é: até que ponto as desigualdades sociais, em termos patrimoniais, podem

28 Cfr. RIBEIRO, Ricardo Lodi. *Piketty e a Reforma... Op. cit.*; TAVARES, Nathalia de Andrade Medeiros. *Desigualdades Sociais Patrimoniais... Op. cit.*; TAVARES, Nathalia de Andrade Medeiros. *As proporções do individualismo... Op. cit.*

29 Cfr. TAVARES, Nathalia de Andrade Medeiros. *Desigualdades Sociais Patrimoniais... Op. cit.*

30 Constituição Federal: "Art. 3º Constituem objetivos fundamentais da República Federativa do Brasil: (...) III - erradicar a pobreza e a marginalização e reduzir as desigualdades sociais e regionais".

chegar, em sua formatação constitucional e, também, de que modo é possível se quantificar e se mensurar tais desigualdades?

As respostas para tais questionamentos passam, necessariamente, pelo direito tributário, na medida em que a arrecadação se opera justamente como instrumento de redistribuição e realocação de receitas, cujos destinos serão avalizados pelo direito financeiro diante de um contexto econômico e, também, de necessidades sociais, conforme adiante se demonstrará.

Para responder essas indagações, resta relevante a busca por um limite máximo, relacionado à linha limítrofe que a desigualdade social pode chegar tanto em seu **aspecto mínimo**, relacionado ao limite até onde a desigualdade social pode permitir a hipossuficiência, como em seu **aspecto máximo**, relacionado ao limite até onde a desigualdade social pode permitir o excesso de riquezas.

3.1. Aspecto Mínimo do Limite da Desigualdade Social: Mínimo Existencial

O mínimo existencial, em sentido amplo, consiste nas condições mínimas para a sobrevivência digna de um ser humano, operando tanto no campo pertinente à necessidade de intervenção estatal, na medida em que há necessidade de prestações positivas do Estado que o garantam (como decorrência da denominada "solidariedade horizontal" acima mencionada) e, também, no campo pertinente à necessidade de completa ausência de interferência do Estado, que consiste na vedação à tributação do mínimo existencial.

Ricardo Lobo Torres elenca tais aspectos como sendo o "*status positivus libertatis*" e o "*status negativus*" do mínimo existencial.

> "Há um direito às condições mínimas de existência humana digna que não pode ser objeto de intervenção do Estado e que ainda exige prestações estatais positivas.
> (...)
> O *status negativus* do mínimo existencial se afirma principalmente no campo tributário, através de imunidades fiscais: o poder de imposição do Estado não pode invadir a esfera da liberdade mínima do cidadão representada pelo direito à subsistência.
> Assim, a Constituição de 1946 (art. 15, § 1º) garantia a imunidade ao mínimo indispensável à habitação, vestuário, alimentação e tratamento médico das pessoas de restrita capacidade econômica. Hoje a proteção aparece sob forma de isenções de IPI e do ICM, asseguradas nas respectivas legislações.
> (...)
> O *status positivus libertatis* compreende as prestações estatais necessárias à garantia do mínimo existencial. Os direitos fundamentais, irredutíveis, e os direitos econômicos e sociais tocados pelo interesse fundamental postulam, como condição da liberdade, a prestação positiva do Estado ou, como define a doutrina germânica, criam a pretensão jurídica à assistência social (*RechtsanspruchaufföffentlicheFürsorge*). Essas prestações, todavia, têm caráter nitidamente subsidiário, eis que o Estado só estará obrigado a entregá-las quando o sistema previdenciário público ou privado falhar em sua missão e o indivíduo não possuir os meios indispensáveis à sobrevivência."[31]

31 TORRES, Ricardo Lobo. *O mínimo Existencial e os Direitos Fundamentais.* Revista de Direito Processual Geral 4269. Rio de Janeiro, (42), 1990. p. 69-71.

Dentro do denominado *"status positivus"*, relacionado à necessidade de prestações estatais para a garantia e implementação do mínimo existencial a todos os cidadãos, que, conforme visto anteriormente, também se relaciona à ideia de "solidariedade horizontal" tratada por Casalta Nabais e Serio Galeotti, cabe a verificação do mínimo existencial em sentido estrito, bem como da implementação de garantias para que o indivíduo possa, dentro de suas limitações e da sua capacidade individual, autogerir os recursos relacionados ao mínimo existencial em sentido estrito.

O *status negativus*, por outro lado, se refere à impossibilidade de interferência estatal, por meio da tributação, àqueles que têm apenas o mínimo para sua sobrevivência, ideia que está atrelada à "solidariedade vertical" acima mencionada.

3.1.1. **Status positivus** *do Mínimo Existencial: a indispensabilidade tanto em seu aspecto de liberdade como em seu aspecto social*

Quanto ao *status positivus*, Ricardo Lobo Torres entendia, em sua obra inicial, que apenas o *status positivus libertatis* seria necessário à garantia dos direitos de liberdade, e que seriam indispensáveis de serem adotados pelo Estado[32].

---

32 *Ibid*. p. 71-72 "(...) A proteção positiva do mínimo existencial se realiza de diversas formas. O Estado pode entregar prestações de serviço público específico e divisível, que serão gratuitas pela atuação do mecanismo constitucional da imunidade das taxas e dos tributos contraprestacionais; assim acontece com o ensino público primário (art. 176, § 3º, II, da CF), com o ensino médio e superior para quantos demonstrarem aproveitamento e provarem falta ou insuficiência de recursos (art. 176, § 3º, III), com a assistência médica nos hospitais públicos independentemente de o cidadão pertencer ao sistema de previdência social, com a celebração do casamento civil (art. 175, § 2º), com a prestação jurisdicional aos indigentes, com a assistência judiciária aos necessitados (art. 153, § 3º), etc., tudo o que prescinde de contraprestação financeira por parte do beneficiário. O *status positivus libertatis* pode ser garantido também pelas subvenções e auxílios financeiros a entidades filantrópicas e educacionais, públicas ou privadas, que, como vimos, muitas vezes se compensam com as imunidades. A entrega de bens públicos (roupas, remédios, alimentos, etc.), especialmente em casos de calamidade pública ou dentro de programas de assistência à população carente (merenda escolar, leite, etc.), independentemente de qualquer pagamento, é outra tutela de moralidade do mínimo existencial.
A proteção estatal, repita-se, visa a garantir as condições da liberdade, a segurança jurídica e a personalidade do cidadão, não prevalecendo aqui as considerações de justiça. Por isso mesmo não se confunde o *status positivus libertatis*, típico do mínimo existencial, com o *status positivus socialis*, constituído pelas prestações estatais entregues para a proteção dos chamados direitos fundamentais sociais ou dos direitos econômicos e sociais. O *status positivus socialis* é de suma importância para o aperfeiçoamento do Estado Social de Direito, sob a sua configuração de Estado de Prestações e em sua missão de protetor dos direitos sociais e de curador da vida social, responsável pela previsão ou cura da existência (*Daseinsvorsorge* para os alemães): compreende o fornecimento de **serviço público inessencial** (educação secundária e superior, saúde, moradia, etc.) e as prestações financeiras em favor dos fracos, especialmente sob a forma de subvenções sociais. O *status positivus socialis* depende da situação econômica do país e da riqueza nacional, sendo tanto mais abrangente quanto mais rico e menos suscetível a crise seja o Estado, motivo por que não tem dimensão constitucional, sendo objeto da legislação ordinária e da política social e eco-

Na realidade, a visão esposada por Ricardo Lobo Torres consubstanciava um problema social percebido pelo sociólogo alemão Ulrich Beck, que é exatamente a de que "*nos dias de hoje, o indivíduo é obrigado, e espera-se ser obrigado, a achar soluções individuais, para problemas criados socialmente*"[33].

E essa ideia vale, na hipótese em referência, para os indivíduos que estão abaixo do mínimo existencial, tendo em vista serem eles os que sofrem os problemas criados socialmente, os quais têm como origem a desigualdade social ocasionada, principalmente, pelo excesso de individualismo daqueles que têm a maior parte do patrimônio nacional, bem como de seus representantes, para quem a referida ideia não tem como ser aplicada, já que precursores e complacentes dos referidos problemas sociais.

É evidente que a miséria, a fraqueza dos indivíduos não se deu em razão de uma escolha ou de uma opção individual, mas sim de circunstâncias sociais que o levaram a nascer daquele modo, em aparato da desigualdade social exacerbada existente, que ainda se afigura existente aquém do mínimo existencial, não sendo razoável a imposição ao indivíduo, que já está totalmente debilitado, a responsabilidade exclusiva para a alteração da sua situação.

Desse modo, a resolução de questões sociais não deveria ser imposta ao indivíduo, como se este fosse o responsável e, de certa monta, o "culpado" por ter nascido naquelas condições específicas.

Ricardo Lobo Torres, quando defendia a inaplicabilidade do *status positivus sociallis*, estava indo de encontro aos preceitos primordiais da solidariedade social e da própria necessidade de crescimento social e mercadológico[34], na medida em que defendia que as condições ao exercício da liberdade deveriam ser colocadas à disposição do indivíduo para que este as executasse, independentemente da garantia dos seus direitos sociais, que são, na verdade, direitos básicos como de saúde, alimentação, vestuário, moradia, etc., os quais devem ser considerados como aplicáveis apenas e na medida em que determináveis pela "reserva do possível" na previsão orçamentária.

Nessa sua visão anterior, Ricardo Lobo Torres, consubstanciava o entendimento de que os ideais de justiça não estavam inseridos ao mínimo existencial, tendo a saúde, a moradia e "as prestações financeiras em favor dos fracos, especialmente sob a forma de subvenções sociais", sido elencadas como "serviços públicos inessenciais", caben-

---

nômica. As prestações positivas para o apoio aos direitos sociais não são obrigatórias, posto que derivam da ideia de justiça; aí está outro traço distintivo para com o *status positivus libertatis*, que gera a obrigatoriedade da entrega de prestações positivas para a defesa dos direitos fundamentais, constituindo direito público subjetivo do cidadão. O *status positivus socialis*, ao contrário do *status positivus libertatis*, se afirma de acordo com a situação econômica conjuntural, sob a "reserva do possível" ou na conformidade da autorização orçamentária."

---

33 BECK, Ulrich. Citado por Zygmunt Bauman em "Observatório da Imprensa", exibido em 15/10/2015.

34 A menção à implementação mercadológica se deu em razão do fato de que com a retirada dos indivíduos da situação aquém do mínimo existencial, ter-se-á uma ampliação do mercado consumidor, já que o indivíduo miserável se tornará mais um a integrar aquele mercado.

do, na sua antiga visão, suas operacionalizações se darem por liberalidades estatais, por meio, por exemplo, das imunidades que são concedidas a entidades filantrópicas.

Entretanto, o autor alterou suas considerações sobre o tema em obra posterior, considerando os direitos sociais de uma maneira mais ampliativa, abrangendo a essencialidade desses direitos[35].

A ideia defendida no presente estudo é a de que o mínimo existencial contempla as referidas prestações que afiguram-se como essenciais, como é o caso da saúde e da moradia, entendendo-se que não se pode impor ao indivíduo em situação de miséria ou que esteja impossibilitado de se autogerir, o ônus pelo excesso de individualismo patrimonial daqueles que têm seus patrimônios protegidos em excesso, cabendo, sim, como garantia do mínimo existencial, prestações positivas do Estado nesse sentido, que transcendem as imunidades fiscais que são concedidas a certas entidades.

John Rawls muito bem coloca como princípio de justiça a concepção de que as liberdades devem ter um valor equitativo, de modo que seja garantido aos indivíduos as condições que lhe permitam gozar dessa liberdade, não podendo, por óbvio, ser afastado o direito à saúde, a saber:

> "(...) o valor das liberdades políticas para todos os cidadãos, seja qual for sua posição social ou econômica, deve ser aproximadamente igual, ou pelo menos suficientemente igual, no sentido de que todos tenham uma oportunidade equitativa de assumir um cargo público e influenciar o resultado de decisões políticas."[36]

Marciano Seabra Godoi, ao falar sobre John Rawls, menciona exatamente a necessidade de que as liberdades detenham um valor equitativo[37]. Ingo Wolfgang Sarlet

---

35 TORRES, Ricardo Lobo. A metamorfose dos direitos sociais em Mínimo Existencial *In Direitos Fundamentais Sociais: estudos de direito constitucional, internacional e comparado*. Rio de Janeiro: Editora Renovar, 2003, p. 1-46.

36 RAWLS, John. *O Liberalismo Político*. Tradução de Dinah de Abreu Azevedo. 2ª ed, São Paulo: Editora Ática, 2000, p. 383.

37 GODOI, Marciano Seabra de. *Op. cit. 17*, p. 150-151: "Esse princípio não teria a força e a importância que tem se não fosse a seguinte advertência de Rawls: as liberdades fundamentais não podem ser simplesmente formais. De um ponto de vista formal, tanto um rico e influente líder empresarial quanto um desempregado desqualificado têm a mesma liberdade política de votar e ser votado, a mesma liberdade de expressão e associação. Mas de um ponto de vista efetivo e material, a liberdade de um é infinitamente desigual da liberdade de outro. Rawls percebe claramente que a ignorância, a pobreza e a carência de meios materiais fazem com que o proveito que as pessoas tiram de suas liberdades sejam muito desiguais. Por isso, o primeiro princípio de justiça inclui a noção de que as liberdades devem ter um valor equitativo (...) Se os cargos e posições de maior prestígio e melhor remuneração estão abertos formalmente a todos, e são preenchidos conforme a capacidade, os talentos e os dotes de cada um, não se tem uma igualdade equitativa de oportunidades. O que se terá é uma sociedade liberal meritocrática, em que a igualdade de oportunidades significará "uma chance igual de deixar para trás os menos afortunados na busca pessoal de influência e posição social". (...) O princípio da diferença estabelecido por Rawls é o aspecto de sua teoria que de uma forma mais explícita incorpora o valor da solidariedade ou fraternidade. Segundo esse prin-

e Mariana Filchtner Figueiredo[38], ao falarem sobre o mínimo existencial, colocam os direitos sociais como direitos fundamentais e necessários de serem atendidos pelo mínimo existencial, do mesmo modo como se defende no presente estudo.

Robert Alexy coloca que em tempos de crise, quando até mesmo a garantia dos direitos sociais mínimos poderia colocar em risco a necessária flexibilidade econômica, a proteção de posições jurídicas fundamentais na esfera social, por menor que ela seja, se revela indispensável[39].

Dessa forma, pode-se dizer que é dever do Estado incluir na lei orçamentária a previsão necessária ao atendimento do mínimo existencial, nele englobados direitos sociais mínimos como os da saúde, moradia, alimentação, educação e lazer, não sendo possível deixá-los insertos à reserva do possível, principalmente quando o Texto

cípio, as desigualdades na distribuição de renda e riqueza somente serão justas se melhorarem as expectativas dos menos favorecidos. Os menos favorecidos são os indivíduos pior aquinhoados em função de três tipos de contingências: contingências ligadas à origem familiar e de classe, ligadas aos dotes naturais e ligadas à sorte ao longo da vida."

38 SARLET, Ingo Wolfgang e FIGUEIREDO, Mariana Filchtiner. *Reserva do Possível, Mínimo Existencial e Direito à Saúde: Algumas Aproximações in Direito Fundamental e Justiça nº 1*, 2007, p. 197 e 200-201: "Que a saúde constitui um bem essencial da e para a pessoa humana e por esta razão tem sido objeto de tutela tanto como direito humano, quanto como direito fundamental, seja na esfera do direito internacional, seja por parte do direito interno dos Estados, aqui vai assumindo como pressuposto, assim como aqui já se parte da constatação de que, à semelhança dos demais direitos sociais, a saúde também é um direito fundamental no sistema constitucional brasileiro (art. 6º e 196 e ss. da CF) comungando da já referida dupla fundamentalidade formal e material que justamente qualifica os direitos fundamentais como tais. Todavia, ainda que aqui se esteja a privilegiar uma abordagem pautada pela ótica dos direitos fundamentais, convém não olvidar que a saúde também constitui um dever fundamental. Tal afirmativa decorre, pelo menos no que se refere ao Estado, diretamente da dicção do texto constitucional, que, no art. 196 prescreve que a "saúde é direito de todos e dever do Estado", salientando a obrigação precipuamente estatal de proteção e efetivação desse direito. (...) Da mesma forma, a concepção adotada pelo Constituinte de 1988 mostra-se afinada com o conceito proposto pela Organização Mundial da Saúde (OMS), no preâmbulo de cuja Constituição define-se a saúde como o "completo bem-estar físico, mental e social", noção que de longe supera a acepção de saúde como mera ausência de doenças. Ainda que compreendido como uma espécie de "imagem-horizonte" (portanto, também um ideal a alcançar) esse conceito salienta a necessidade de assegurar o equilíbrio entre a pessoa e o meio que a circunda, bem como a cogente consideração do mínimo existencial como garantindo uma vida saudável – em harmonia, portanto, com a acepção de mínimo existencial advogada neste estudo, que em hipótese alguma admite uma redução do mínimo existencial a um mínimo apenas fisiológico ou vital. Que a interpretação do conceito de saúde e do próprio mínimo existencial deverá sempre levar em consideração a realidade circundante (cultural, social, geográfica e climática, etc.) e as circunstâncias pessoais do titular já foi suficientemente enfatizado. (...)
Em outras palavras e apenas retomando aqui o que já havia sido anunciado, em matéria de tutela do mínimo existencial (o que no campo da saúde, pela sua conexão com os bens mais significativos para a pessoa) há que reconhecer um direito subjetivo definitivo a prestações e uma cogente tutela defensiva, de tal sorte que, em regra, razões vinculadas à reserva do possível não devem prevalecer como argumento a, por si só, afastar a satisfação do direito e exigência do cumprimento de deveres, tanto conexos como autônomos, já que nem o princípio da reserva parlamentar em matéria orçamentária nem o da separação dos poderes assumem feições absolutas."

39 ALEXY, Robert. *Theorie der Grundrechte.* Frankfurt am Main: Suhrkamp, 1994.

Constitucional confere ao próprio Estado o instrumento tributário necessário à garantia, ao menos, desse mínimo existencial.

Para a possibilidade de gozo de liberdades, são necessárias prestações positivas do Estado, de modo que se possa conceder aos menos favorecidos as condições mínimas ao gozo dessas liberdades, as quais não são possíveis sem a consideração do *status positivus sociallis* do mínimo existencial.

3.1.1.1. A divisão do mínimo existencial para fins de cômputo das prestações estatais a serem consideradas no orçamento público

Verificando-se a necessidade de consideração do mínimo existencial tanto em seu *status positivus libertatis* como em seu *status positivus socialis*, passa-se a verificar a divisão do mínimo existencial *lato sensu*,que engloba os conteúdos essenciais[40] dos direitos fundamentais e dos direitos sociais, assim como os deveres fundamentais a ele relacionados, em dois, quais sejam:

i) Mínimo existencial *stricto sensu;*

ii) Deveres necessários para se obter o mínimo existencial *stricto sensu*, insertos na solidariedade horizontal.

Dentro do mínimo existencial em sentido amplo existem os benefícios de um lado (*status positivus*), além dos relacionados à própria não intervenção estatal (*status negativus* – a ser considerado adiante) e os deveres necessários de serem cumpridos para se chegar a tais benefícios de outro lado (*status positivus* decorrente da atuação estatal na esfera individual em operacionalização da solidariedade horizontal).

Com efeito, não se tem como dissociar o mínimo existencial *lato sensu* das chamadas condições que viabilizem a "autogeração individual" do mínimo existencial *stricto sensu*, estando, na verdade, um inserido no outro.

O mínimo existencial *lato sensu* constitui uma garantia mínima ou um requisito mínimo e básico para viabilizar a sobrevivência, a existência de um indivíduo, como um ser de personalidade, saúde física e mental e valores próprios. Por essa razão, pode-se considerar como mínimo existencial *lato sensu* a existência de saúde, educação, alimentação, moradia ou habitação, vestuário, lazer e trabalho, conforme previsão do artigo 7º, inciso IV, da Constituição da República, que institui o mínimo necessário à garantia das "necessidades vitais básicas" de um trabalhador e sua família[41].

---

40 Sobre o conteúdo essencial dos direitos fundamentais: Constituição Alemã (Constituição de Bonn): "Art. 19 (...), § 2º Em nenhum caso pode um direito fundamental ser violado em seu conteúdo essencial" ("*In keinem Falledarfein Grundrecht in seinem Wesensgehaltangetastetwerden*"). E Constituição Portuguesa: "Art. 18 (...) § 3º As leis restritivas de direitos, liberdades e garantias têm de revestir caráter geral e abstrato e não podem ter efeito retroativo nem diminuir a extensão e o alcance do conteúdo essencial dos preceitos constitucionais".

41 Sobre o tema, ver: DIEESE. *Metodologia da Pesquisa Nacional da Cesta Básica de Alimentos*. São Paulo, janeiro de 2016, p. 10–12. Disponível em: <http://www.dieese.org.br/metodologia/metodologiaCestaBasica2016.pdf>. Acesso em: 10 jul. 2016; e TAVARES, Nathalia de Andrade Medeiros. *Desigualdades Sociais Patrimoniais... Op. cit.* p. 40-54.

As formas que o Estado detém para viabilizar o mínimo existencial *stricto sensu* – que podem ser entendidos como necessidades imediatas e inafastáveis à própria sobrevivência do indivíduo, bem como a implementação de políticas públicas que viabilizem a obtenção do referido mínimo existencial de maneira autônoma – são oriundas principalmente da arrecadação tributária, que, por outro lado, não deve, de modo algum, ocorrer para os indivíduos que estejam na linha do mínimo existencial ou abaixo dela, o que caracteriza o *status negativus* a ser mencionado no subitem seguinte.

Conforme verificado no subitem 2.3, relacionado à solidariedade social, um dos mecanismos para viabilizar a distribuição e a redistribuição de riquezas é a tributação. Por meio do tributo, é possível retirar daqueles que ostentam maior volume de riqueza, em consonância ao princípio da capacidade contributiva, e redistribuir o que foi arrecadado aos mais pobres[42].

E, exatamente pela indispensabilidade de que seja garantido o mínimo existencial a todos, inclusive daqueles que não têm capacidade de autossubsistência, é que se faz necessária a observância quanto aos custos mínimos necessários à sobrevivência com dignidade.

Em pesquisa sobre o valor do salário mínimo, o Departamento Intersindical de Estatística e Estudos Socioeconômicos ("DIEESE") quantificou o valor do mínimo necessário para atender às necessidades vitais básicas do ser humano em cada mês do ano[43], englobando, para tanto, todos os direitos sociais.

Para John Rawls, o mínimo vital é considerado de maneira paralela e simultânea ao máximo de prestações estatais que podem ser garantidas, de maneira prévia, no contrato social, elaborado sob o denominado "*veilofignorance*" (véu da ignorância)[44]. Ricardo Lobo Torres coloca que "as políticas públicas, inclusive judicializadas, devem garantir o máximo do mínimo existencial, e não apenas o mínimo do mínimo existencial. Os seus limites fáticos são relativos"[45].

3.1.2. O status negativus do Mínimo Existencial e a aplicação do Direito Tributário

Quanto ao *status negativus* do mínimo existencial, vinculado à impossibilidade de tributação do mínimo existencial, é possível verificar que a sua aplicação, na prá-

42 RIBEIRO, Ricardo Lodi. *A capacidade contributiva... Op. cit.*

43 DIEESE. *Pesquisa Nacional da Cesta Básica de Alimentos*: Salário Mínimo nominal e necessário. Disponível em: <http://www.dieese.org.br/analisecestabasica/salarioMinimo.html>. Acesso em: 13 jun. 2017.

44 RAWLS, John. "Reply to Alexandre and Musgrave". *The Quarterly Journal of Economics* 88 (4): 649, 1974 e RALS, John. *A Theory of Justice*, Oxford: Oxford University Press, 1980, p. 204 e 205: "a estrutura básica deve ser ajustada para maximizar o valor em favor do menos privilegiado no esquema completo de igual liberdade compartilhada por todos".

45 TORRES, Ricardo Lobo. O mínimo existencial como conteúdo essencial dos direitos fundamentais. *In*: SOUZA NETO, Cláudio Pereira. SARMENTO, Daniel. (Orgs.) *Direitos Sociais. Fundamentos, judicialização e direitos sociais em espécie*. Rio de Janeiro: Lumen Juris, 2008, p. 23.

tica, opera-se de maneira parcial, tendo em vista a inobservância desse princípio no que concerne aos tributos que recaem sobre o consumo e se distanciam do critério da pessoalidade tão necessário para se atingir a verdadeira vedação da tributação ao mínimo existencial.

Os critérios utilizados para minimizar os impactos da tributação sobre o mínimo existencial, em seu *status negativus*, são principalmente a essencialidade e a seletividade dos impostos indiretos, na medida em que a tributação é reduzida em produtos de primeira necessidade, como, por exemplo, alimentos básicos, adquiridos tanto por aqueles que não manifestem capacidade contributiva, e que estão abaixo do mínimo existencial, como, também, por aqueles que manifestam capacidade contributiva, e, por outro lado, aumentada em produtos mais supérfluos.

Entretanto, seria, em verdade, necessária a existência de mecanismos que viabilizassem a completa ausência de tributação indireta para aqueles que não ostentam capacidade contributiva.

Enquanto tais mecanismos não sobrevêm, os poucos indivíduos que têm conhecimento sobre essa possibilidade, ficam à mercê da utilização de assistência judiciária e jurídica gratuitas para usufruir da proteção ao mínimo existencial, mediante requerimento judicial que reconheça o seu direito de restituir todos os tributos recolhidos sobre o consumo[46]. Entretanto, tal mecanismo mostra-se extremamente complexo, na medida em que o indivíduo teria que requerer restituição ou reconhecimento do seu direito de restituir em cada pagamento efetivado, o que não só demandaria maiores dispêndios do judiciário que comportassem o atendimento dessas demandas, como sobrecarregaria o poder judiciário e os órgãos que prestam assistência judiciária gratuita.

3.2. Aspecto Máximo do Limite da Desigualdade Social: Excessos Exacerbados de Riqueza e a ponderação entre o não confisco e o respeito ao Mínimo Existencial

Além dos aspectos acima mencionados, cabe, também, serem efetivadas considerações acerca do outro polo das desigualdades sociais, ou seja, do polo relacionado ao excesso de riquezas. Nada como iniciar o presente item com o destaque de Daniel Dorling:

> "a desigualdade social dentro dos países ricos persiste por uma crença continuada nos princípios de injustiça; pode ser chocante para as pessoas compreenderem que talvez haja algo de errado com boa parte do tecido ideológico da sociedade em que vivemos. Assim como aqueles cujas famílias outrora possuíram fazendas de escravos terão visto essa propriedade

46 TORRES, Ricardo Lobo. *Op. cit.* p. 73: "O *status negativus* do mínimo existencial é garantido pelo Judiciário na via mandamental ou ordinária. A imunidade das instituições filantrópicas, as deduções do Imposto de Renda e as isenções dos impostos indiretos sempre foram asseguradas entre nós pela jurisprudência."

como algo natural na época da escravidão; e assim como o voto das mulheres foi outrora retratado como "contra a natureza" – o número desmedido de injustiças em nosso tempo é para muitos simplesmente parte da paisagem de normalidade."[47]

Zygmunt Bauman, ao falar sobre a referida afirmativa de Dorling, elucida os tais "princípios da injustiça":

"Esses 'princípios de injustiça' são premissas tácitas (implícitas) que apoiam e têm a pretensão de 'dar sentido', às convicções sonoramente expressas (explícitas), mas que quase nunca são objeto de reflexão ou estão sujeitas a teste. Elas são as crenças sempre presentes, mas poucas vezes enunciadas, com as quais nós pensamos, mas sobre as quais não refletimos ao formarmos as opiniões que não contam com outras pernas, com esqueleto e carnadura sobre as quais se basear.

(...)

Entre tais 'princípios de injustiça', Dorling arrola a crença de que: 1) o elitismo é eficiente (porque o bem da multidão só pode ser aprimorado por meio da promoção de capacidades que, por definição, relativamente poucos possuem de forma exclusiva); 2) a exclusão é tão normal quanto necessária para a saúde da sociedade, ao mesmo tempo que a ganância é boa para a melhoria da vida; 3) a desesperança daí resultante é inevitável e não pode ser contornada. Essa coleção de falsas crenças indica que nossa indigência coletiva e nossa submissão negligente à desigualdade social são contínuas e se autoperpetuam."[48]

Na verdade, como muito bem defendido por Bauman, a falsa ideia de que a riqueza de poucos beneficia a todos é o principal fundamento de manutenção da desigualdade social cada vez maior na sociedade.

A desconstituição das crenças atinentes à necessidade de riqueza de poucos para o benefício de todos passa necessariamente pela análise do sistema tributário brasileiro, em que não há qualquer limitação às grandes riquezas, conforme mencionado no subitem 2.3 acima, mas, tão somente, uma limitação à arrecadação estatal excessiva ou "confiscatória", cabendo haver uma ponderação entre a vedação ao confisco e a necessidade de arrecadação sobre grandes riquezas.

É dizer, atualmente se tem uma verdadeira proteção aos patrimônios extremamente elevados, com a aplicação do princípio do não confisco, mas, por outro lado, não se tem uma proteção aos pobres, em razão da ausência de verdadeira aplicação do mínimo existencial no âmbito dos Direitos Constitucional, Financeiro e Tributário.

Os caminhos para o atendimento do objetivo da República Federativa do Brasil de reduzir as desigualdades sociais devem ser operados tanto no polo mínimo da desigualdade social, o qual se refere à escala mais baixa da denominada "hierarquia social", como no polo máximo, referente àqueles que ocupam a escala mais alta da hierarquia social.

---

47 DORLING, Daniel. *Injustice: Why Social Inequality Pesists?* Policy Press, 2011, p. 132.

48 BAUMAN, Zygmunt. *Op. cit.*, p. 29-31.

Afinal, a desigualdade social em seu grau máximo é medida entre os polos mais baixos e mais altos da hierarquia social, não sendo razoável que apenas exista limites à tributação, operacionalizados no polo mais alto, deixando completamente vago ao infinito o polo mais baixo dessa hierarquia social, a quem não é garantido o mínimo existencial.

Ao menos enquanto existirem indivíduos abaixo da linha limítrofe do mínimo existencial, o Limite Máximo deverá obrigatoriamente ser aplicado, por uma questão de sobrevivência Estatal e, também, de justiça social e, ainda, da própria economia e viabilização de aumento do mercado consumidor.

Do mesmo modo que existe um limite mínimo à desigualdade social, caberá, como forma de ponderação entre o princípio do não confisco e das garantias ao mínimo existencial, a implementação de um limite máximo à desigualdade social enquanto o Limite mínimo da desigualdade social (o mínimo existencial) não tiver sido atendido.

Uma alternativa que poderia ser levada a teste e, posteriormente, melhor desenvolvida e adequada, consiste em uma soma que considerasse o valor necessário para o mínimo existencial ser atendido, utilizada para abater da soma do valor total do patrimônio daqueles que ocupam os graus mais altos da pirâmide social. Posteriormente, esse valor seria proporcionalmente dividido pelo número de ocupantes daqueles altos graus da pirâmide social, na razão do patrimônio de cada um, para se chegar ao valor de responsabilidade de cada um e ao limite máximo de desigualdades sociais. Esse valor deveria ser atualizado com frequência e qualquer valor que superasse o referido limite será objeto de tributação específica.

Ou seja, aplicar-se-ia uma ponderação entre o princípio do não confisco em comparação ao princípio do respeito ao mínimo existencial, incutido na capacidade contributiva, a qual se relacionaria à implementação de um limite máximo à existência da desigualdade social, até o momento em que todos tivessem o mínimo garantido e não mais houvesse razão para a existência de tal limitação.

Essa ponderação representaria um limite ao não confisco, a ser aplicado enquanto o respeito ao mínimo existencial não fosse atingido e, ainda, com base na solidariedade social e nos entendimentos reconhecidos principalmente por Adam Smith de que "onde quer que haja grande propriedade, há grande desigualdade. Para um homem muito rico, é preciso que haja pelo menos quinhentos pobres"[49].

4. Conclusão

Diante do exposto, conclui-se que a dicotomia entre o individualismo patrimonial exagerado verificado na sociedade do século XXI em detrimento da solidariedade social, vem gerando consequências atinentes à geração cada vez maior de desigualdades sociais, na medida em que gera um círculo vicioso entre as posturas de corrupção adotadas pelos representantes eleitos e um agravamento na sensação de desconforto

49 SMITH, Adam. *Op. cit.*, p. 188.

com a tributação. Consectariamente materializa-se um aumento na sensação de individualismo patrimonial e na ausência de sensação de união e fraternidade, típicas da solidariedade social.

A tutela do individualismo excessivo pode ser verificada em diversas práticas do Estado, como, por exemplo, na manutenção da isenção de imposto de renda sobre a distribuição de lucros de pessoas jurídicas a seus sócios, bem assim da sensação que isso gera para a classe média, que é sobrecarregada com as imposições tributárias, especialmente em razão da excessiva e elevada tributação sobre o consumo.

A necessidade de políticas atinentes à solidariedade em seu sentido vertical aduz a necessidade de prestações positivas do Estado para garantir a cada um dos seus membros o mínimo existencial. Por outro lado, as prestações, relacionadas aos dispêndios necessários ao atendimento da solidariedade vertical são relacionados à solidariedade horizontal. Ambas as solidariedades se embasam no fato de que não é possível a consecução de prestações positivas pelo Estado sem que, como contraponto, se tenham deveres e dispêndios que as garantam, os quais são principalmente sustentados pelas receitas tributárias.

Exatamente em razão do excessivo individualismo e da denominada "crise de solidariedade social", que propulsionam a elevação dos graus de desigualdades sociais, é que se faz necessária a limitação tanto nos aspectos mínimos, relacionados àqueles que estão no nível mais baixo da pirâmide social, como nos aspectos máximos, relacionados àqueles que estão no topo da pirâmide social.

Os aspectos mínimos das limitações às desigualdades sociais podem ser verificados no mínimo existencial na medida em que devem ser necessariamente configurados, nas leis orçamentárias, os valores relacionados ao atendimento dos direitos básicos dos cidadãos, especialmente daqueles que se encontram abaixo da linha limítrofe do mínimo existencial.

Quanto aos aspectos máximos, estes seriam necessários na medida em que existam indivíduos abaixo do mínimo existencial. Assim, haveria a necessidade de ser levada em consideração a realização de ponderação entre os princípios do não confisco e da garantia ao mínimo existencial, com todas as características relacionadas à dignidade da pessoa humana de todos os cidadãos.

Buscou-se, com o presente artigo, demonstrar, e não esgotar o tema, quanto à necessidade de adoção de políticas indutoras da sensação de solidariedade que está cada vez mais sendo substituída pelo individualismo patrimonial excessivo, de modo a estancar esse ciclo vicioso e, posteriormente, desfazê-lo a longo prazo.

Referências bibliográficas

ALEXY, Robert. *Theorie der Grundrechte.*Frankfurt am Main: Suhrkamp, 1994.

AZAMBUJA, Darcy. Teoria Geral do Estado. 42ª ed. São Paulo: Editora Globo. 2002.

BAUMAN, Zygmunt. *A Riqueza de poucos beneficia todos nós?* Tradução: Renato Aguiar. 1ª Ed. Rio de Janeiro: Editora Zahar, 2015.

BECK, Ulrich. Citado por Zygmunt Bauman em "Observatório da Imprensa", exibido em 15 out. 2015.

DIEESE.*Metodologia da Pesquisa Nacional da Cesta Básica de Alimentos*. São Paulo, janeiro de 2016. Disponível em: <http://www.dieese.org.br/metodologia/metodologiaCestaBasica2016.pdf>. Acesso em: 10 jul. 2016.

DIEESE. *Pesquisa Nacional da Cesta Básica de Alimentos*: Salário Mínimo nominal e necessário. Disponível em: <http://www.dieese.org.br/analisecestabasica/salarioMinimo.html>. Acesso em: 13 jun. 2017.

DORLING, Daniel. *Injustice: Why Social Inequality Pesists?* Policy Press, 2011.

ELORRIETA Y ARTAZA, Tomas. *Derecho Político*. Madrid. Editora: Hijos de Reus, Editores. 1916.

GALEOTTI, Serio. *Il Valore dela Solidarietà. Diritto e Società*. 1996.

GODOI, Marciano Seabra de. *Solidariedade Social e Tributação. Tributo e Solidariedade Social*. São Paulo: Editora Dialética, 2005.

GRECO, Marco Aurélio. Três papéis da Legalidade Tributária. *In* RIBEIRO, Ricardo Lodi. ROCHA, Sérgio André. (Coords.) *Legalidade e Tipicidade no Direito Tributário*. São Paulo: Editora Quartier Latin do Brasil, 2008.

MARTINS, Ives Gandra da Silva. Curso de Direito Tributário, 12ª ed. Rio de Janeiro: Renovar, 2000.

MURPHY, Liam e NAGEL, Thomas. *O mito da propriedade*. São Paulo: Editora Martins Fontes. 2005.

NABAIS, José Casalta. *Estudos de Direito Fiscal. Por um Estado Fiscal Suportável*. Portugal, Coimbra: Almedina, 2005.

____, José Casalta. *Solidariedade Social, Cidadania e Direito Fiscal. In Solidariedade Social e Tributação*. São Paulo: Editora Dialética, 2005.

PIKETTY, Thomas. *O Capital no Século XXI*. Tradução de Monica Baumgarten de Bolle. Rio de Janeiro: Editora Intrínseca, 2013.

RAWLS, John. *A Theory of Justice*, Oxford: Oxford University Press, 1980.

_____, John. *O Liberalismo Político*. Tradução de Dinah de Abreu Azevedo. 2ª ed, São Paulo: Editora Ática, 2000.

_____, John. "Reply to Alexandre and Musgrave". *The Quarterly Journal of Economics* 88 (4): 649, 1974.

_____, John. *Uma Teoria da Justiça*. Tradução de Almiro Pisetta e Lenita M. R. Esteves. Martins Fontes: São Paulo, 2000.

RIBEIRO, Ricardo Lodi. A Capacidade Contributiva como manifestação da Justiça Fiscal no Estado Social e Democrático de Direito. *In* QUEIROZ, Luís César Souza de. GOMES, Marcus Lívio. *Tributação, Direitos Fundamentais e Desenvolvimento*. Rio de Janeiro: GZ Editora, 2014.

_____, Ricardo Lodi. Piketty e a Reforma Tributária Igualitária no Brasil. *In RFPTD*, v. 3, n.º 3, 2015.

SARLET, Ingo Wolfgang e FIGUEIREDO, Mariana Filchtiner. *Reserva do Possível, Mínimo Existencial e Direito à Saúde: Algumas Aproximações in Direito Fundamental e Justiça nº 1*, 2007.

SMITH, Adam. *Riqueza das nações. Investigação sobre sua Natureza e suas Causas*. Volume I. São Paulo. Editora Nova Cultural Ltda., 1996, V. II.

TAVARES, Nathalia de Andrade Medeiros. Desigualdades Sociais Patrimoniais: *Como a tributação pode reduzi-las?*Rio de Janeiro: Lumen Juris, 2017.

______, Nathalia de Andrade Medeiros. As proporções do individualismo fiscal dos indivíduos nas guerras fiscais entre os entes da federação: o afastamento da solidariedade social e da justiça distributiva. *In* CAMPOS, Alexandre de Azevedo. IBRAHIM, Fábio Zambitte. OLIVEIRA, Gustavo da Gama Vital de. *Estudos de Federalismo e Guerra Fiscal*. Rio de Janeiro: Gramma, 2017, v. 1.

TORRES, Ricardo Lobo. *A metamorfose dos direitos sociais em Mínimo Existencial in Direitos Fundamentais Sociais: estudos de direito constitucional, internacional e comparado*. Rio de Janeiro: Editora Renovar, 2003.

_____, Ricardo Lobo.O mínimo existencial como conteúdo essencial dos direitos fundamentais. *In*: SOUZA

NETO, Cláudio Pereira. SARMENTO, Daniel. (Orgs.) *Direitos Sociais. Fundamentos, judicialização e direitos sociais em espécie*. Rio de Janeiro: Lumen Juris, 2008.

_____, Ricardo Lobo. *O mínimo Existencial e os Direitos Fundamentais.* Revista de Direito Processual Geral 4269. Rio de Janeiro, (42), 1990.

WEISS, Fernando Lemme. *Justiça Tributária. As Renúncias, o Código de Defesa dos Contribuintes e a Reforma Tributária.* Rio de Janeiro: Editora Lumen Juris, 2003.

A Política Fiscal Brasileira e a Redução das Desigualdades Sociais

Renata Gomes de Albuquerque Sá

1. Antecedentes Históricos

Com o surgimento da ideia da segunda dimensão de direitos, surge a necessidade da intensificação da atuação do Estado na economia, de modo a regular as relações contratuais e impor certas limitações aos direitos de propriedade, na sua concepção plena até então existente (GRAU, 2004, p. 135).

Tais direitos permitem que a população exija prestações positivas do Estado, não somente através da imposição de limites à sua atuação, de modo que a atuação estatal ganha importância para o exercício de vários dos novos direitos consagrados.

Essas novas funções podem ser vislumbradas a partir do capítulo dos direitos sociais inscritos na Constituição Mexicana de 1917 (art. 123 e seguintes, sob o título *"Do trabalho e da previdência social"*), que foi um marco internacional na afirmação destes direitos e na modificação de paradigmas do constitucionalismo liberal, antes vinculado apenas à primeira dimensão.

Outro marco foi a Constituição Alemã de 1919, discutida e votada na cidade de Weimar, onde, entre outros artigos, encontra-se que *"a força de trabalho é posta sob proteção do Governo Central"* (art. 157) e que *"a propriedade obriga. Seu uso deve, ademais, servir ao bem comum"* (art. 153) (COMPARATO, 2005, p. 189), que bem demonstram esta mudança de discurso constitucional para abranger prestações positivas do Estado, atuando na economia para conceder às pessoas uma isonomia de segunda dimensão.

Com o advento do Estado Social e dos direitos fundamentais prestacionais, houve uma intensificação da atividade fiscal estatal, no intuito de prover o Estado dos recursos necessários para o seu financiamento.

Daí é possível inferir as transformações sofridas pelo ente estatal, que teve suas funções clássicas afetadas e, consequentemente, teve de reformular seus instrumentos de atuação, a exemplo dos tributos, que passaram a ter a aptidão de promover uma mudança social, proporcionando um combate à discriminação e à desigualdade de recursos, por intermédio de ações afirmativas (RABELO NETO, 2011, p. 263).

Essa circunstância exigiu o aumento da arrecadação estatal, visto ser imprescindível o fornecimento dos meios financeiros adequados para possibilitar seu novo perfil de atuação. Daí surge o marco do aumento de despesas públicas, muito bem registrado por Aliomar Baleeiro (1986, p. 79 e ss.), e que acabou por se tornar uma das principais características do chamado *Welfare State*.

Registre-se ainda que, de acordo com vários autores, foi esta também a causa fundamental da falência do mencionado modelo, seguido por um retorno ao neoliberalismo em meados dos anos 80, de conformidade com as políticas econômicas adotadas na Inglaterra e nos USA, nos governos de Margareth Thatcher e Ronald Reagan.

É possível se observar, mais recentemente, um fenômeno na doutrina e na jurisprudência de reaproximar as relações jurídicas tributárias da Constituição, a partir de uma nova concepção da ideia de segurança jurídica e de legalidade tributária, associadas ao ressurgimento do princípio da capacidade contributiva e resgate da justiça fiscal (RIBEIRO, R., 2000, p.1).

A absorção, pelo direito tributário, da ideia de justiça fiscal associada à de segurança jurídica, promove a ponderação entre esses dois valores, desencadeando uma convivência pacífica entre os princípios deles decorrentes, em especial o da legalidade e o da capacidade contributiva (TORRES, 2000, p.179).

Tal ponderação ocorre em dois pontos, nos dizeres de Ricardo Lodi Ribeiro (2000, p. 7):

> (...) No primeiro, no âmbito da legitimação do ordenamento jurídico, justificando regras tributárias que promovam a melhor aplicação possível aos dois interesses. No segundo plano, no da aplicação da lei, a ponderação se oferece como importante instrumento na interpretação da lei.

Como a segurança e a justiça possuem o mesmo peso na tábua constitucional de valores, na hipótese de colisão entre os dois valores, o intérprete deverá pesquisar o que eles possuem, ponderando a capacidade contributiva e a legalidade. Por consequência, o resultado será uma norma tributária *"interpretada de acordo com a manifestação de riqueza do contribuinte, a partir de uma atividade valorativa, e não meramente cognitiva, do aplicador de direito"* (RIBEIRO, R., 2000, p. 11).

Atualmente, o ideal de justiça fiscal está consubstanciado na investigação da quantia com a qual cada cidadão pode contribuir com as despesas públicas, à luz dos valores e princípios regentes do Estado Democrático e Social, de modo a limitar tais despesas ao total da capacidade contributiva dos indivíduos daquela sociedade. Portanto, a justiça já se concretiza na arrecadação do tributo, não apenas nas prestações positivas do Estado, provenientes dos recursos arrecadados (RIBEIRO, R., 2000, pp. 15-16).

Ressalte-se, todavia, a importância da tributação maior de uns para a satisfação das necessidades básicas dos mais carentes e isso não viola, *a priori*, o princípio da capacidade contributiva, haja vista que ele é corolário da igualdade, na medida em que todos devem contribuir para as despesas públicas em razão de suas possibilidades econômicas (RIBEIRO, R., 2000, p. 17).

Considerando as noções de Tipke (1984) de que a igualdade é sempre relativa, se infere que apenas serão legítimas as distinções baseadas nas na diferença entre as riquezas que vários contribuintes manifestem, como preceitua o artigo 145, § 1º, da Constituição da República:

> Art. 145. (...)
> § 1º – Sempre que possível, os impostos terão caráter pessoal e serão graduados segundo a capacidade econômica do contribuinte, facultado à administração tributária, especialmente para conferir efetividade a esses objetivos, identificar, respeitados os direitos individuais e nos termos da lei, o patrimônio, os rendimentos e as atividades econômicas do contribuinte.

2. A Tributação como Forma de Implementação de Políticas Públicas

A implementação das políticas públicas que visam concretizar os direitos fundamentais está relacionada diretamente ao dispêndio de recursos públicos, os quais não são ilimitados, de modo que a sociedade passe a exigir um controle da eficiência na execução orçamentária.

Também se mostra importante a análise do ato de arrecadação, isto é, da tributação em si, pois não se pode mais considerá-la como mera expressão do poder estatal; outrossim, é através dela que o Estado obtém recursos para o financiamento de suas atividades.

Nesse contexto, a doutrina atual vem utilizando os direitos fundamentais como uma das formas de se justificar o Direito Tributário, destacando-se os ensinamentos de Ricardo Lobo Torres (2005, p. 589), que apresenta um conceito constitucional de tributo, que seria:

> "O dever fundamental, consistente em prestação pecuniária, que, limitado pelas liberdades fundamentais, sob a diretiva dos princípios constitucionais da capacidade contributiva, do custo/benefício ou da solidariedade e com a finalidade principal ou acessória de obtenção de receita para as necessidades públicas ou para atividades protegidas pelo Estado, é exigido de quem tenha realizado o fato descrito em lei elaborada de acordo com a competência específica outorgada pela Constituição".

Deve-se ter em mente que, para que se estabeleça uma sociedade democrática organizada, a redistribuição de riquezas se mostra necessária, a fim de se minimizar as desigualdades sociais e, nesse contexto, é notório o papel da tributação na construção de uma sociedade orientada pela ideia de justiça distributiva (CORRÊA, 2010, p. 1).

Ademais, importante também notar a relação entre as normas tributárias e os valores trazidos pela Constituição, no intuito de se construir uma sociedade justa; daí afigura-se possível perceber tal influência na disciplina de princípios tributários como os da isonomia, capacidade contributiva, entre outros.

Insta mencionar, por oportuno, a tradicional classificação que distingue os tributos vinculados, cujo produto da arrecadação terá como destino a prestação de serviços específicos e divisíveis (como as taxas), dos não vinculados, cuja função é financiar serviços universais e indivisíveis, a exemplo da saúde e da educação, bem como atividades estatais em geral (como os impostos).

Essa diferença se mostra relevante ao passo que é possível se verificar com mais intensidade a ideia de redistribuição de riquezas nos tributos não vinculados, através dos quais as pessoas que têm maior capacidade contributiva acabam por financiar os direitos fundamentais de forma mais intensa do que aqueles que não possuem tantos recursos.

Em relação à prestação de serviços universais e indivisíveis pelo Estado, a qual é financiada primordialmente pelo produto da arrecadação dos tributos, merece destaque o modelo do Estado de Bem-Estar Social, período no qual havia uma maior intervenção do Estado a fim de se garantir os direitos fundamentais essenciais, tais como saúde e educação.

Todavia, ele foi objeto de diversas críticas, tais como o crescimento desordenado da máquina estatal, a excessiva burocratização e o desperdício de recursos públicos, demonstrando que esse modelo de Estado não era suficientemente adequado aos anseios da sociedade.

O modelo do Estado Fiscal, que sucedeu a ideia do Estado do Bem-Estar também não conseguiu enfrentar corretamente a questão da arrecadação e financiamento dos direitos fundamentais, inclusive em razão do demasiado destaque para a cobrança de tributos não vinculados, como forma de expressão da soberania estatal. No entanto, essa distinção entre as esferas da sociedade e do poder estatal não é adequada à moderna concepção de Estado Social e Democrático de Direito.

De fato, mais adequada se mostra a ideia representada pelo chamado Estado Tributário, que confere maior importância à efetiva promoção dos direitos fundamentais do que para a questão de seu financiamento em si, com o reconhecimento da necessidade de uma atuação conjunta do Estado e da sociedade no sentido de se realizar os valores previstos pela Constituição (CORRÊA, 2010, p. 3).

Podemos citar como exemplo do Estado Tributário brasileiro as disposições acerca da dos critérios de progressividade, proporcionalidade e seletividade, informadores de algumas espécies tributárias (artigos 153, § 2º, inciso I; 153, § 3º, inciso I; 153, § 4º, inciso I; 155, § 2º, inciso III; 156, § 1º etc.), além das imunidades das instituições de assistência social, previstas no artigo 150, inciso VI, alínea c e § 4º, e 195, § 7º, ambos da Constituição Federal (CORRÊA, 2010, p. 3).

Outro ponto que se destaca é a questão das contribuições sociais (ou especiais, ou parafiscais), que têm como princípio justificador a solidariedade social, presente no artigo 3º, inciso I, da CRFB/88 como um dos objetivos fundamentais da República Federativa do Brasil.

Esse princípio exerce influência não somente no que se refere às contribuições especiais, mas em todo o Direito Tributário, por representar legítima expressão da cidadania em um Estado Democrático de Direito, no qual é imperativa a repartição de funções entre seus componentes.

Ante ao exposto, é possível que se considere o pagamento de tributos como verdadeiro dever fundamental do cidadão, que irá ensejar, dentro de um sistema constitucional, o financiamento e a realização dos direitos fundamentais, no entender de Nabais (1998, p. 64):

> "(...) noutros termos, o imposto não pode ser encarado, nem como um mero poder para o estado, nem simplesmente como um mero sacrifício para os cidadãos, mas antes como o contributo indispensável a uma vida em comum e próspera de todos os membros da comunidade organizada em estado".

Tipke e Yamashita (2002, p. 15), em obra conjunta, aduzem que o dever de pagar impostos trata-se de um dever fundamental, tendo em vista ser uma contribuição necessária ao Estado para que ele cumpra suas funções no interesse da sociedade. Desta feita, o Direito Tributário de um Estado de Direito torna-se um ramo jurídico orientado por valores, passando a exercer uma importância fundamental na realização dos fins estatais.

No contexto atual, o tributo não exerce exclusivamente a função de prover o Estado dos recursos necessários para a manutenção do seu aparato, ou para o financiamento dos direitos fundamentais e das necessidades públicas, isto é, como denominado pela doutrina clássica, função fiscal dos tributos.

Além da função arrecadatória, os tributos apresentam ainda duas funções: distributiva (atuando na redução de desigualdades) e regulatória dos mercados (YONAH, 2008, pp. 8-11).

A função distributiva dos tributos visa a redução das desigualdades sociais, através da adoção de mecanismos estruturais criados pelo Estado, que propiciem a possibilidade da transferência (de forma direta ou indireta) de parte da riqueza em poder dos mais ricos para os mais pobres (SEVEGNANI, 2011).

Cumpre enumerar os mecanismos de concretização da função distributiva segundo Sevegnani (2011):

> (...) em primeiro lugar, a redistribuição direta de renda que ocorre quando são tributados em maior percentual (tributação progressiva) os indivíduos pertencentes às camadas de renda mais alta e em menor valor ou isentando os possuidores de menor riqueza, como ocorre com os impostos sobre o patrimônio e a renda. Em segundo lugar, pela utilização dos recursos captados pela tributação dos indivíduos de renda mais alta, para o financiamento de programas voltados à parcela da população de baixa renda, como a construção de moradias populares. Finalmente, o governo pode impor alíquotas de impostos mais elevadas aos bens considerados de "luxo" consumidos, em regra, pelos indivíduos das classes mais altas e estabelecer tributação reduzida ou nenhuma para os bens que compõem a cesta básica, subsidiando desta forma, os bens de primeira necessidade, com alta participação no consumo da população das classes baixas. É o que ocorre com os impostos indiretos, a exemplo do ICMS, onde a progressividade pode ser aplicada parcialmente por meio de alíquotas menores ou isenções para mercadorias de consumo popular e maiores para aquelas classificadas como supérfluas.

Portanto, a principal finalidade de muitos tributos *"não será a de instrumento de arrecadação de recursos para o custeio das despesas públicas, mas a de um instrumento de intervenção estatal no meio social e na economia privada"* (BECKER, 1963, p. 623).

Mais do que isso, o tributo deve ser utilizado como forma de contribuir para consecução dos objetivos fundamentais da República, com a efetivação de uma justa distribuição de riquezas, para que o desenvolvimento socioeconômico não seja uma prerrogativa de poucos e para que o bem-estar social seja uma garantia de todos, sem quaisquer discriminações odiosas (RABELO NETO, 2011, p. 262).

No Brasil, a Constituição da República de 1988 prevê de maneira esparsa alguns deveres fundamentais, sendo possível apontar o dever de observância da função social da propriedade (artigo 5º, inciso XXIII), o dever fundamental de solidariedade social e o dever fundamental de pagar tributos.

Em relação ao dever de solidariedade social, sua principal previsão na Lei Maior está no já citado artigo 3º, inciso I, que apresenta a solidariedade entre os objetivos fundamentais da República Federativa do Brasil, tratando-se de dever imposto a toda a sociedade, do qual decorrem outros deveres fundamentais, entre eles o dever fundamental de pagar tributos.

O dever fundamental de pagar tributos está diretamente relacionado à noção do Estado Fiscal, comumente caracterizado pelo financiamento de suas principais necessidades financeiras através da tributação. Nos dias atuais, todavia, a tributação não pode mais ser encarada como expressão do poder soberano do Estado em face dos indivíduos, mas sim como atividade necessária ao bom funcionamento da própria sociedade organizada que ele representa.

Portanto, a cobrança de tributos não representa uma transferência coercitiva de riqueza, justificada pelo poder de tributar, sendo mais bem definida como uma contribuição de cada cidadão para que se busque a concretização dos direitos fundamentais previstos na Constituição.

No Brasil, a principal fonte dos recursos que são utilizados para a manutenção da administração do Estado se consubstancia nos tributos, que também se destinam ao financiamento dos direitos fundamentais, em especial no que se refere aos direitos sociais, os quais demandam prestações positivas por parte do poder público. Nesse sentido, o dever fundamental de pagar tributos se justifica pela previsão de diversos direitos fundamentais na Constituição de 1988.

Outrossim, é possível se apontar, ainda, como pressuposto desse dever fundamental o fato de a Lei Maior conferir grande destaque às normas relativas à tributação (Título VI – artigos 145 a 169), de modo a se inferir que o pagamento dos tributos pelos administrados de acordo com tais normas não é algo facultativo, mas sim um dever de todo cidadão.

Entretanto, há de se salientar que o dever fundamental não é autoaplicável, dependendo de legislação infraconstitucional regulando a matéria; por isso, Nabais (1998, p. 677) afirma que os deveres fundamentais se dirigem ao legislador. Por outro lado, também não é possível se entender os deveres fundamentais como normas meramente programáticas, pois, assim como toda e qualquer norma de cunho constitucional, possuem força normativa.

Merece destaque, por oportuno, a constatação de que os deveres fundamentais não possuem necessariamente um direito a eles correlato, de modo que o dever fundamental de pagar tributos não implica, necessariamente, na existência de um direito do contribuinte em exigir determinada prestação por parte do Estado, embora seja possível que isso ocorra em certos casos, como nas taxas.

Não obstante, é certo que a tributação apenas se justifica ao passo que serve como fonte de arrecadação de recursos a serem direcionados à manutenção da máquina estatal e para a realização das políticas públicas. Por conseguinte, a má aplicação dos valores recolhidos por meio da cobrança de tributos implica na ilegitimidade dos atos administrativos envolvidos (CORRÊA, 2010, p. 4).

3. Os Princípios Constitucionais Tributários

O desenvolvimento das políticas governamentais é prerrogativa do Poder Executivo e deverá estar vinculada aos fundamentos e finalidades da República previstos na Constituição Federal e, para isso, é fundamental a busca da justiça social e, por conseguinte, da justiça fiscal, como forma de desenvolvimento dessas políticas (VINHA; RIBEIRO, M., 2004, p. 2).

A igualdade, no entender de Torres (2006, p. 233), é um dos valores éticos fundamentais do direito, incumbindo-lhe legitimar, equilibrar e tornar proporcionais outros valores jurídicos, como a liberdade, a justiça, a segurança jurídica e a solidariedade.

O princípio da isonomia é o princípio fundamental de todo o sistema tributário e que deverá obrigatoriamente nortear as políticas governamentais, pois a estrutura tributária deve guiar-se no sentido da Justiça Fiscal, e os critérios utilizados deverão ter por meta atingir essa Justiça Fiscal. Essa estrutura tem de ser justa, de modo a se fazer com que haja uma adequada distribuição do ônus tributário entre os indivíduos (CONTI, 1997, p. 11).

Somente será atingida a justiça fiscal quando os encargos tributários forem divididos entre os indivíduos que compõem uma sociedade, respeitando suas diferenças, de sorte que o princípio cria uma medida uniforme. O exame de casos iguais com duas ou mais medidas é injusto. O princípio proporciona tratamento isonômico e imparcial de todos que são compreendidos pelo princípio (TIPKE; YAMASHITA, 2002, p. 20).

Presente no caput do art. 5º da Constituição, a isonomia afirma que todos são iguais perante a lei, sem distinção de qualquer natureza, constituindo-se em verdadeira garantia fundamental do cidadão. Em matéria tributária, o princípio da igualdade está reforçado no art. 150, II, da Carta Constitucional, afirmando que é vedado a qualquer ente federado instituir tratamento desigual entre contribuintes que se encontrem em situação equivalente.

Ou seja, o princípio da igualdade não busca uma igualdade tributária pura e simples, colocando todos os contribuintes na mesma condição. O que ele busca é a igualdade entre todos os indivíduos que estejam em iguais condições (RIBEIRO, M., 1990, p. 26). Seu tratamento desigual é interditado para todos os contribuintes que se encontrem em situação equivalente (MARTINS 1992, p. 160). Portanto, pode-se afirmar que o princípio da igualdade tributária busca igualar iguais e desigualar desiguais, na medida de suas desigualdades.

Entretanto, para que se alcance a igualdade entre os indivíduos, é necessária a observância de outro princípio, representando pela capacidade contributiva e presente no art. 145, § 1º, da Constituição Federal. Ela é o princípio fundamental da tributação materialmente justa, de modo que cada pessoa natural deverá pagar o imposto de acordo com a sua renda disponível e cada empresa deverá pagar o imposto correspondente ao seu lucro (TORRES, 2006, p. 291).

Referido princípio configura-se como desdobramento do princípio da igualdade, pois a capacidade contributiva é exatamente o respeito a essa igualdade, na medida que determina o valor a ser pago a título de tributo por um determinado número de pessoas que estejam em igualdade de condições e difere seu montante, na medida em que há uma desigualdade entre contribuintes diversos, além de ser expressão da finalidade (Justiça Fiscal) visada pela Constituição, permeando não só a elaboração, mas, também, a aplicação da lei e das normas constitucionais (OLIVEIRA, 1988, p. 41).

Para que se preserve a capacidade contributiva e para que esta seja realmente alcançada, faz-se necessário analisar os princípios da vedação do confisco e da progressividade, haja vista que a capacidade contributiva prevê a incidência tributária das mais variadas formas, conforme a capacidade econômica dos contribuintes.

Os tributos deverão preservar parcela do patrimônio do indivíduo, em respeito ao seu direito fundamental de propriedade (art. 5º, XXII, CF). Essa preservação do patrimônio do cidadão, vedando o caráter expropriatório do tributo é a representação do princípio da vedação do confisco, na medida em que preserva o mínimo vital individual e familiar do cidadão (TIPKE; YAMASHITA, 2002, p. 68)

Nesse ínterim, o confisco tributário consiste em uma ação do Estado, mediante a utilização do tributo, que retira a totalidade ou parcela considerável da propriedade do cidadão contribuinte, sem qualquer retribuição econômica ou financeira por tal ato (CASTILHO, 2002, p. 39).

Há ainda de se mencionar o mínimo existencial, que não é trazido expressamente pela Constituição, mas entendido doutrinariamente como compreendendo as condições mínimas para propiciar ao indivíduo as liberdades políticas, civis, econômicas e culturais, além da personalidade do cidadão (TORRES, 1999, p. 128).

Se o Estado respeitar esse mínimo vital do contribuinte, ele estará, necessariamente, se orientando no sentido da justiça fiscal, bem como atuando em observância aos comandos da igualdade e da capacidade contributiva.

Para que a capacidade contributiva possa operar de forma plena, faz-se ainda necessário observar o princípio da progressividade, já que, enquanto a primeira, ao determinar uma forma diferenciada de tributação para diferentes indivíduos e a mesma tributação para aqueles que estejam na mesma situação, estabelece um critério proporcional para a incidência do imposto, ao mesmo tempo que estabelece alíquotas em forma de percentagem, incidentes sobre as bases de cálculo representadas pelos diferentes fatos jurídicos tributários que demonstram uma capacidade econômica do contribuinte (VINHA; RIBEIRO, M., 2004, p. 6).

Em razão dessa diferença de onerosidade entre as capacidades econômicas dos diferentes indivíduos e para que a se possa realmente desigualar os desiguais, na medida de suas desigualdades, incide o princípio da progressividade, que é um subprincípio da capacidade contributiva, por meio do qual a alíquota do imposto cresce à medida que cresce a capacidade econômica contributiva (CONTI, 1997, p. 75).

O princípio da razoabilidade, a seu turno, se mostra um parâmetro valorativo dos atos do Poder Público, a fim de que seja aferido se eles estão informados pelos valores da justiça social e da legalidade tributária, estatuído no inciso I do artigo 150 da Constituição Federal. Outro princípio fundamental para a busca da justiça fiscal é o princípio da função social do tributo (VINHA; RIBEIRO, M., 2004, p. 6).

Não obstante o Brasil ser um país capitalista, nossa Constituição dispõe em seu art. 5º, XXIII, que a propriedade atenderá a sua função social, como forma de se preservar o princípio da igualdade, presente no caput do art. 5º da Constituição Federal. Assim, os tributos também precisam preservar a sua função social, como forma de alcançar a justiça fiscal, como um dos objetivos do Estado brasileiro.

É possível afirmar, portanto, que o atendimento dos princípios constitucionais supramencionados, se revela condição *sine qua non* para que a tributação atue como instrumento de Justiça Social (VINHA; RIBEIRO, M., 2004, p. 6).

Considerando o exposto, há de se concluir que para que o Estado alcance suas finalidades socioeconômicas e desenvolva uma política governamental em prol de tais finalidades, urge a necessidade de se buscar a justiça fiscal, que será alcançada pela conjugação dos princípios da igualdade e seus corolários, em conjunto com o princípio da função social do tributo, permitindo a todos os cidadãos viver com dignidade, possibilitando o desenvolvimento econômico adequado ao contexto social.

3. Reflexos Sociais da Tributação

3.1. A política fiscal brasileira

O mestre Alfredo Augusto Becker (1963, p. 458) leciona que a política fiscal discrimina diferentes espécies econômicas de renda e de capital, para que elas sofram diferentes incidências econômicas a título de tributação, para que sejam alcançados seus objetivos econômico-sociais, de forma que a política tributária deve sempre ser analisada pelos seus fins.

Ressalte-se que, embora ela consista num instrumento de arrecadação tributária, não precisa necessariamente resultar em imposição, como aduzem os autores VINHA e RIBEIRO, M., (2004, p. 2):

> [...] a política tributária poderá ter caráter fiscal e extrafiscal. Entende-se como política fiscal a atividade de tributação desenvolvida com a finalidade

de arrecadar, ou seja, transferir o dinheiro do setor privado para os cofres públicos. O Estado quer apenas obter recursos financeiros. Através da política extrafiscal, o legislador fiscal, poderá estimular ou desestimular comportamentos, de acordo com os interesses da sociedade, por meio de uma tributação regressiva ou progressiva, ou quanto à concessão de incentivos fiscais. Pode-se dizer que através desta política, a atividade de tributação tem a finalidade de interferir na economia, ou seja, nas relações de produção e de circulação de riquezas.

A política fiscal do país poderá ser dirigida para a realização de objetivos puramente econômicos, como seu desenvolvimento e industrialização, ou visar atingir alvos políticos e sociais, como se dá com uma maior intervenção do Estado no setor privado. A determinação do objeto da política fiscal integra as políticas do governo e deverão ser implementadas para atender a função social do tributo (RIBEIRO, M., GESTEIRO, 2008, p. 37).

É notório que o Estado dispõe de diversos mecanismos fiscais, podendo atuar não apenas no campo da instituição e cobrança de exações tributárias, mas também através da concessão de incentivos e benefícios fiscais, com o objetivo de conter o aumento ou estabilidade da arrecadação de tributos.

Nas palavras de Geraldo Ataliba (1966, p. 151), a extrafiscalidade se demonstra pelo *"emprego deliberado do instrumento tributário para finalidades não financeiras, mas regulatórias de comportamentos sociais, em matéria econômica, social e política"*.

Nabais (1998, p. 629) também afirma que a extrafiscalidade pode ser traduzida no conjunto de normas que tem por finalidade dominante a consecução de resultados econômicos ou sociais, por meio da utilização do instrumento fiscal, e não a obtenção de receitas para fazer face às despesas públicas.

Um exemplo claro é o aumento dos incentivos tributários em tempos de crise no país, em especial na espécie de desonerações fiscais, no intuito de aumentar o consumo por parte da população e incentivar a produção das indústrias e, com isso, movimentar a economia nacional, como ocorreu no ano de 2008.

Nesse sentido, registre-se o estudo de Rodrigo Octavio Orair (2015, pp. 14-15):

> O período anterior a 2005 se caracterizou por tendência expansiva da CTB, a qual, segundo a visão predominante na literatura, pode ser atribuída primordialmente aos aumentos legislados dos tributos e preferencialmente das contribuições sociais, sob o duplo propósito de financiar despesas de seguridade social e prover recursos adicionais para sustentar o ajuste fiscal. Vale ressaltar também o papel dos desequilíbrios financeiros da dívida pública como determinante fundamental dos ajustes fiscais após 1998 e, devido ao padrão de ajuste prevalecente, do processo de elevação da carga tributária. Por sua vez, o período desde 2005 se caracterizou pela redução no nível da dívida pública e nos impactos dos desequilíbrios financeiros nesse endivida-

mento, ao mesmo tempo que foi iniciado um movimento de flexibilização da política fiscal com consequente redução das metas e resultados fiscais primários. Tampouco parece correto concluir que a política tributária tenha sido caracterizada pelo predomínio das onerações. A análise sugere que as onerações pontuais foram ao menos neutralizadas pelas significativas medidas tomadas no sentido contrário e que o período no qual predominavam aumentos da CTB por onerações tributárias encerrou-se em 2004.

Colacionamos ainda a tabela abaixo (ORAIR, 2015, p. 14), elaborada pelo autor supramencionado, que traz uma estimativa financeira das desonerações concedidas pela União entre 2006 e 2014:

Igualmente, o Estado poderá atender suas finalidades através da distribuição de riqueza, satisfação das necessidades sociais, de políticas de investimentos, entre ou-

Estimativas das desonerações tributárias do governo federal
(Valores em R$ bilhões)

Descrição	2006	2007	2008	2009	2010	2011	2012	2013	2014	**Total**
IPI de bens duráveis (veículos, eletrodomésticos, eletroeletrônicos e móveis) e materiais da construção civil				5,5	2,8	3,6	8,3	10,1	8,5	**38,9**
IOF sobre crédito de pessoa física			0,2	2,5	0,0	0,0	2,3	3,6	4,0	**12,6**
Estímulos à aquisição de bens de capital, regimes especiais e programas setoriais ou de apoio às exportações e ao desenvolvimento tecnológico	2,5	2,4	3,3	1,6	1,3	2,0	12,6	15,3	17,2	**58,1**
Folha salarial (contribuições previdenciárias) de setores produtivos						0,3	4,1	12,7	23,7	**40,8**
Cide sobre combustíveis			2,1	1,5	0,4	0,8	8,5	11,5	12,7	**37,4**
Produtos da cesta básica								5,7	8,1	**13,8**
Operações de câmbio e aplicações financeiras			0,3	0,3	0,0	0,5	1,2	1,9	2,1	**6,3**
Reajuste das faixas e correção da tabela do Imposto sobre a Renda da Pessoa Física (IRPF)	2,2	1,5	3,3	5,6	3,3	1,6	2,4	2,6	2,8	**25,3**
Instituição do Simples Nacional e reajuste das faixas	3,0	2,3	1,5	0,0	0,0	0,0	5,3	5,9	6,5	**24,4**
Mudança na base de cálculo do PIS-Cofins sobre importações								0,7	3,6	**4,4**
Fim da CPMF			40,6							**40,6**
Não classificados	1,2	1,0	2,2	17,1	20,0	15,4	17,7	8,7	22,8	**106,1**
Total	**9,0**	**7,1**	**53,6**	**34,1**	**27,7**	**24,2**	**62,4**	**78,6**	**112,1**	**408,7**

Fonte: Dados das estimativas de alterações na legislação tributária e de renúncia fiscal da SRFB.

tras, que podem ser alcançadas por meio de uma política tributária e não necessariamente pela imposição tributária. Por isso, é necessário repensar o papel do Estado, na função arrecadatória e na prestação de serviços aos jurisdicionados autores (VINHA; RIBEIRO, M., 2004, p. 2).

A política tributária é o ponto crucial de definição da estrutura da sociedade. Por isso, deve se examinar o fenômeno da tributação em harmonia com dimensão social do homem, sem a qual ele não se realiza integralmente, considerando as dimensões individual e familiar. Outrossim, devem ser pesquisados os próprios fundamentos da tributação, para que ela atenda, já na sua origem, as razões de justiça em relação à oneração do tributo.

É importante relembrar que o orçamento público traduz uma relação político-econômica entre o governo de um país e sua população. No Brasil, ele exprime também uma relação entre níveis de governo, pois também deve perseguir o equilíbrio entre os três poderes e entre os três níveis de federação, como afirma Dain (2001, p. 113):

> O orçamento público exprime uma relação político-econômica entre os governos e a sociedade. Na perspectiva do federalismo fiscal brasileiro, já que o Brasil é uma federação, exprime também uma relação entre níveis de governo, com divisão de poder pactuada e traduzida em partilha de recursos, realizada através de transferências constitucionais e processos de descentralização de recursos fundo a fundo. O orçamento público deve buscar também o necessário equilíbrio entre os três poderes – Executivo, Legislativo e Judiciário.
> Essa delicada construção é extremamente difícil num país tão desigual como o Brasil, onde os interesses estão por definição desigualmente representados do ponto de vista regional, social e econômico, do ponto de vista dos três poderes, e do ponto de vista das relações intergovernamentais entre a União, os estados e os municípios. Não é fácil criar um amálgama federativo nesse universo fragmentado e diferenciado, com clientelas estabelecidas. Para tanto, faz-se imprescindível uma delicada engenharia político-social, assim como uma visão comprometida com essas prioridades de gasto e sua manutenção a longo prazo.

Nesse ínterim, cumpre salientar que as desonerações não podem ser excessivas, sob pena de violar o equilíbrio federativo do país, como aconteceu nos anos subsequentes a 2008, em razão dos incentivos fiscais concedidos pela União já mencionados. Sobre o tema, vide as lições de Assunção (2011, pp. 116-117):

> Os incentivos fiscais oferecidos em virtude da crise financeira de 2008 alteraram substancialmente a arrecadação do IPI e do IR. Apenas em relação ao IPI, principalmente em virtude das medidas propostas pelo Governo no ano de 2009, houve decréscimo de aproximadamente 7,7 bilhões de reais na arrecadação líquida, 22% a menos do que em 2008. No primeiro trimestre de 2009, a diferença para o mesmo período do ano anterior foi cerca de 1,2 bilhões de reais a menos. Além disso, calcula-se a alteração da tabela de alíquotas do IRPF tenha gerado uma diminuição de quase R$ 520 milhões na arrecadação do primeiro trimestre de 2009, relativamente ao ano de 200866. De acordo com estudos do Ministério da Fazenda, as desonerações estimadas para o IRPF foram da ordem de 5 bilhões de reais. Essa diminuição abrupta da arrecadação tributária relacionada ao IPI e ao IR impactou sensivelmente nos valores das transferências constitucionais aos Estados, ao Distrito Federal e aos Municípios. É que, conforme a previsão do art. 159 da Constituição Federal, parcelas do produto da arrecadação do IR e do IPI devem ser destinados aos entes subnacionais, mediante repasses aos cha-

mados Fundos de Participação. Segundo o texto constitucional, do produto da arrecadação dos impostos sobre renda e proventos de qualquer natureza e sobre produtos industrializados, quarenta e oito por cento devem ser entregues pela União aos Estados, ao Distrito Federal e aos Municípios, da seguinte forma: a) 21,5 % ao Fundo de Participação dos Estados e do Distrito Federal – FPE; b) 22,5% ao Fundo de Participação dos Municípios – FPM; c) 3% para aplicação em programas de financiamento ao setor produtivo das Regiões Norte, Nordeste e Centro-Oeste, através de suas instituições financeiras de caráter regional, de acordo com os planos regionais de desenvolvimento; d) 1% ao Fundo de Participação dos Municípios – FPM. Esse arranjo de partilhas de receitas tributárias é traço do modelo de federalismo fiscal cooperativo consagrado pela Constituição Federal de 1988. Nesse modelo, a repartição de receitas se coloca como um canal de coordenação que viabiliza a coexistência entre a descentralização de encargos e a centralização da arrecadação tributária. (...)
Com diminuição da arrecadação nacional do IPI e do IR, decorrente das desonerações fiscais realizadas pelo Poder Executivo, acabou sendo gravemente afetado o equilíbrio das finanças dos pequenos municípios, que dependem substancialmente das transferências constitucionais do FPM.
No mês de fevereiro de 2009, os repasses aos Fundos de Participação de que trata o art. 159 da Constituição Federal sofreram diminuição de 6,8%, comparativamente ao mês anterior. Em relação a fevereiro de 2008, houve decréscimo da ordem de 12% (cerca de R$ 485 milhões). Em março de 2009, tais repasses foram diminuídos em 20,1%, relativamente ao mês anterior, representando aproximadamente 11% a menos do que o mesmo período do ano de 2008. Por conseguinte, no primeiro trimestre de 2009, constatou-se diminuição de quase 750 milhões de reais nos montantes das transferências ao FPM, tomando como parâmetro o ano 2008. Com o corte repentino nos valores dos repasses constitucionais, serviços públicos prestados à população de inúmeros Municípios passaram a ficar comprometidos, diante da inviabilidade financeira de arcar-se de forma autônoma com os custos de programas sociais.

A tributação social não objetiva apenas em atender as necessidades mais elementares da população, o mínimo existencial, é mais do que isso: a tributação deve respeitar a dimensão individual e familiar, considerando a capacidade contributiva do contribuinte (DAIN, 2001, p. 113).

Sempre que a tributação impedir ou dificultar a realização do essencial em relação à sociedade ou parte dela e até mesmo a uma pessoa, será desmedida e poderá ter caráter confiscatório. Será desmedida também a tributação se os governos pretenderem arrecadar tributos, ultrapassando a soma necessária de dinheiro para o atendimento das necessidades sociais. Tal tributação provoca a transferência de valores dos contribuintes para o fisco, sem finalidade social. Enfim, é tributação social aquela que respeita o que é inerente à sociedade no contexto social dos ditames constitucionais (WAGNER, 1979, p. 310).

Diante disso, a tributação deve privilegiar as necessidades essenciais da sociedade, em especial a alimentação, saúde, vestuário, moradia, educação, acesso ao trabalho, livre iniciativa, livre concorrência entre outros pontos; elas podem ser efetivadas através de leis isentivas ou com redução de alíquotas, já que o tributo deve ter uma função social, tendendo a uma distribuição do patrimônio e das rendas (VINHA; RIBEIRO, M., 2004. p. 2).

Nessa seara, também é imperioso que o ente tributante se preocupe com o grau de justiça do direito, no momento de elaboração de sua política tributária, verificando a efetivação do princípio da isonomia, bem como se ele está adequado à distribuição de rendas e ao desenvolvimento econômico (VINHA; RIBEIRO, M., 2004. p. 4).

Infelizmente, tais orientações raramente são observadas na prática. A título de exemplo, sempre que o Brasil enfrenta dificuldades econômicas e o governo se vê obrigado a cortar gastos e realizar ajustes fiscais, normalmente há aumento de tributos para pessoas naturais, desonerações para indústrias e empresas, além de significativa redução das verbas direcionadas a projetos sociais, prejudicando, desse modo, as camadas mais carentes da população, que mais precisam da atuação social do Estado.

3.2. Repercussão dos tributos na ordem econômica e social

O Estado é um instrumento criado pela sociedade para a satisfação de algumas necessidades da comunidade, que constituem o bem-estar social, as quais não poderiam ser alcançadas isoladamente. Todavia, é necessário que o ente estatal angarie recursos para atender tais finalidades e, para tanto, possui os tributos, os quais são a sua principal fonte de receita estatal.

Atualmente é inegável a função das espécies tributárias como eficazes instrumentos de política e de atuação estatais, nas mais diversas áreas, sobretudo na social e na econômica. Essa integração entre a Ordem Econômica e Social é fundamental para que sejam alcançados os ideais previstos no Texto Constitucional, já que a economia impulsiona toda a sociedade e possibilita que o Estado obtenha recursos para implementar suas políticas sociais.

Com efeito, a intervenção do Estado poderá ser realizada através de uma série de medidas, tanto com tributação mais ou menos acentuada, inclusive com incentivos fiscais, com políticas fiscais estabelecidas em conformidade com os ditames constitucionais, como já afirmado ao longo do presente trabalho; daí a afirmativa de Hugo de Brito Machado (1987, p. 12) de que não constitui novidade a afirmação de que o tributo é uma arma valiosa de reforma social.

Ressalte-se que as exações e desonerações tributárias são utilizadas como ferramentas, por parte do Estado, para o incentivo ou coibição de condutas por parte dos destinatários normativos, contribuindo para a realização – ou até realizando diretamente – finalidades propugnadas pela Constituição da República.

Daí os dizeres de Baleeiro (1981, p. 171):

> Uma política tributária, para ser racional, há de manter o equilíbrio ótimo entre o consumo, a produção, a poupança, o investimento e o pleno emprego. Se houver hipertrofia de qualquer desses aspectos em detrimento dos outros, várias perturbações podem suceder com penosas consequências para a coletividade.

A partir dessa análise, o Poder Público deverá verificar se é possível aumentar ou diminuir a carga tributária, bem como deverá aferir a possibilidade de redistribuir a renda sem prejuízo do desenvolvimento econômico.

Nesse sentido, cumpre mencionar a crescente elevação na carga tributária brasileira que vem sendo observada desde a Constituição de 1988, a qual trouxe diversas garantias aos cidadãos e, por conseguinte, aumentou as obrigações do Estado, em especial da União Federal.

Até o ano de 1988 a carga fiscal do país representava cerca de 23% (vinte e três por cento) do Produto Interno Bruto (PIB) do país, no ano de 2014 ela superou os 34% (trinta e quatro por cento) do PIB, como se nota do gráfico abaixo (ORAIR, 2015, p. 9), que ilustra a evolução da carga tributária no Brasil:

CTB (1988-2014)
(Valores em participação % no PIB)

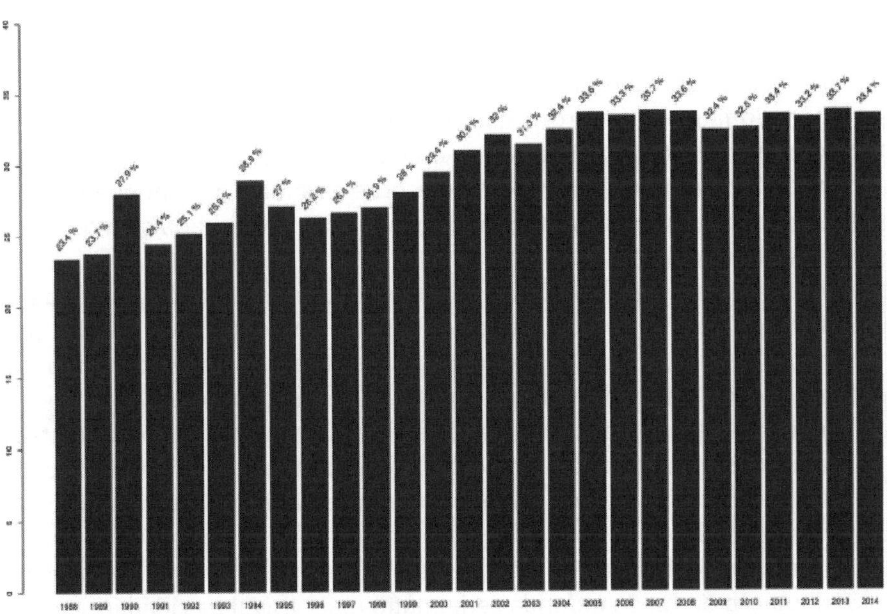

Fonte: Dados do PIB nas contas nacionais; Estatísticas do Século XX do Instituto Brasileiro de Geografia e Estatística (IBGE) no período 1988-1994; Santos, Ribeiro e Gobetti (2008) para 1995-2001; e cálculos próprios 2002-2014.

A tributação tem se demonstrado um excelente instrumento para o direcionamento da economia, por permitir que sejam alcançados os fins econômicos e sociais pretendidos pelo Estado. No tocante às implicações da tributação com o desenvolvimento econômico, é patente de que a questão essencial reside na distribuição da carga tributária, pois todo tributo incide, em última análise, sobre a riqueza.

Sustenta Machado (1987, p. 28) que o Estado deve intervir no processo de desenvolvimento econômico tão somente pela tributação, não para conceder incentivos fiscais à formação de riqueza individual, mas para ensejar a formação de empresas cujo capital seja dividido por número significativo de pessoas, de sorte que a concentração de capital se faça sem que necessariamente isto signifique concentração individual de riqueza.

Importante salientar que a escolha das bases tributáveis de um país é uma importante ferramenta para a definição de sua política fiscal. Todavia, a maior dificuldade está na justificativa da base escolhida e em seu pacto na sociedade, qual a resposta econômica vivenciada, se esta lógica atende ou não aos objetivos de justiça distributiva e se viabiliza de fato a poupança e a atração de investimentos (CAMPEDELLI; BOSSA, 2014).

Registre-se que, sob o ponto de vista da arrecadação tributária, é notória a predileção pela tributação pelo consumo no Brasil, especialmente quando nos atentamos ao número de tributos incidentes: IPI, ICMS, ISS e PIS/Cofins. Com isso, privilegia-se a arrecadação em prol da isonomia tributária. (CAMPEDELLI; BOSSA, 2014).

Aduz-se, ainda, o chamado ofuscamento fiscal, mencionado por Campedelli e Bossa (2014), como um dos fatores que levam à preferência da tributação sobre o consumo pelas autoridades fiscais brasileiras:

> Feitas estas considerações, então por qual motivo o Brasil não privilegia a tributação sobre a renda?
>
> Além do fator de natureza arrecadatória acima mencionado – é mais fácil para as autoridades fiscalizarem o cumprimento de obrigações fiscais na tributação sobre o consumo do que sobre a renda e a propriedade – a preferência pela tributação sobre o consumo está relacionada com o chamado ofuscamento fiscal.
>
> O contribuinte dificilmente consegue perceber o quanto de sua renda individual ou familiar é consumida por tributos como ICMS ou IPI. Nos países menos desenvolvidos há a tendência de se tributar mais o consumo e menos a renda como forma de se ocultar a arrecadação.
>
> Em contrapartida, nas democracias mais desenvolvidas os contribuintes pagam, consciente e voluntariamente, pois sabem que o dinheiro arrecadado será revertido em prol da coletividade, o que viabiliza uma tributação maior sobre a renda.
>
> No mais, a instituição de política fiscal para baixar o limite de isenção na tributação da renda auferida seria muito mais visível ao cidadão se comparada com a tributação sobre o consumo e isso poderia repercutir de forma negativa em uma sociedade sem consciência fiscal.

Daí se infere que o sistema tributário do Brasil é marcado pela regressividade, eis que a carga tributária se concentra na tributação sobre o consumo e desconsidera a capacidade contributiva daquele que adquire o bem.

Cumpre mencionar a explicação de Sevegnani (2011), acerca da regressividade no sistema tributário de nosso país:

> Quando se afirma que o Brasil apresenta uma tributação regressiva, significa que há uma retirada proporcionalmente maior das pessoas com menor capacidade de contribuir, seja por meio de tributos pagos diretamente ou indiretamente suportados.
>
> Explicando melhor, um sistema tributário é considerado regressivo quando a participação dos tributos sobre a renda e a riqueza dos indivíduos acresce na relação inversa destas, que em linguagem simples quer dizer, paga mais (em termos relativos) quem ganha menos. Um sistema tributário é dito progressivo, quando esta participação aumenta na mesma proporção da renda e da riqueza, ou seja, paga mais quem ganha mais. Assim, a regressividade é o reverso da progressividade, razão por que é adequada uma explicação desta, para entender-se os efeitos perversos daquela.

Ademais, como afirma Salvador (2012, pp. 10-12), a regressividade do sistema atua como causa e consequência da grande desigualdade social observada e nosso país:

> A arrecadação tributária de 2009 (BRASIL, 2009b) alcançou 35,39% do PIB, isto é, R$ 1,04 trilhão. A análise dos dados por base de incidência econômica dos tributos (consumo, patrimônio e renda) revela, que:
>
> a) do montante de R$ 1,04 trilhão arrecadados, a maior parte dos tributos tem como base de incidência o consumo, totalizando R$ 569,93 bilhões, equivalentes a 54,90% da arrecadação tributária das três esferas de governo;
>
> b) quando se agrega a tributação incidente sobre o consumo com aquelas imputadas sobre a renda dos trabalhadores, fica revelado que o Estado brasileiro é financiado pelos trabalhadores assalariados e pelas classes de menor poder aquisitivo que são responsáveis por 65,58% das receitas arrecadadas pela União, estados, Distrito Federal e municípios;
>
> c) quando se compara os impostos e contribuições incidentes sobre os lucros dos bancos aos impostos e às contribuições calculadas sobre a renda dos trabalhadores observa-se que enquanto as entidades financeiras pagaram R$ 22,64 bilhões em Contribuição Social sobre o Lucro Líquido (CSLL) e Imposto de Renda Pessoa Jurídica (IPRJ), os trabalhadores pagaram quase cinco vezes mais tributos diretos que os bancos (R$ 110,86 bilhões);
>
> d) a carga tributária sobre patrimônio tem participação irrisória sobre o montante de tributos arrecadados, 3,72%, ou 1,23% do PIB.
>
> Um aspecto particular da tributação sobre a renda no Brasil é que nem todos os rendimentos tributáveis de pessoas físicas são levados obrigatoria-

mente à tabela progressiva do IR e sujeitos ao ajuste anual de declaração de renda. Enquanto a tributação dos salários obedece às quatro alíquotas estabelecidas na legislação, os rendimentos decorrentes de renda fundiária variam de 0,03% a 20%, conforme o grau de utilização da terra e área total do imóvel; e os rendimentos de aplicações financeiras têm alíquotas que variam entre 0,01% e 22,5%, conforme o prazo e o tipo de aplicação, privilegiando os rentistas. Essa situação vigente no país evidencia uma maior tributação sobre as rendas derivadas do trabalho no capitalismo brasileiro do século XXI.
Essa falta de isonomia criou uma situação esdrúxula no país, com "poucos" contribuintes apresentando elevada renda tributável.

A lógica da política que privilegia a tributação da renda consumida é estimular o investimento e a poupança e desestimular o consumo exacerbado. Todavia, isso não se aplica ao Brasil, pois como não há crescimento econômico nos setores público e privado, o que garante a arrecadação para o Estado é justamente o consumo. (CAMPEDELLI; BOSSA, 2014). O grande número de impostos indiretos no país e a pouca efetividade da tributação sobre patrimônio e renda são os principais responsáveis por esse efeito regressivo.

Greco e Godoi (2005, pp. 161-162) afirmam que essas distorções na tributação brasileira são resultantes, especialmente, do extremo descaso com que o legislador ordinário brasileiro trata a progressividade nos impostos diretos, o que fica evidenciado pelo seu desprezo até mesmo com o imposto sobre a renda. Mesmo com o comando constitucional de sua incidência geral, universal e progressiva (art. 153, § 3ª da CR), é dada pouca efetividade, na prática, a esses princípios.

Zavarizi (2000, p. 97) explica que a recomendação do legislador constituinte, que consagra os princípios de justiça fiscal, não é obedecida pelo legislador ordinário, que continua privilegiando a tributação através de impostos essencialmente indiretos, penalizando assim os contribuintes de baixa renda.

Nesse sentido, a incidência fiscal excessiva de forma indireta agrava a desigualdade social, uma vez que, quando todas as pessoas pagam nominalmente o mesmo imposto sobre o consumo, as parcelas menos favorecidas da sociedade acabam por entregar uma parte maior da sua renda ao Estado, em comparação às camadas mais ricas da população, que sofrem um menor impacto com aquele pagamento.

4. Conclusão

A Constituição da República traz, em seus objetivos fundamentais, a construção de uma sociedade livre, justa e solidária. Deste modo, o Constituinte tratou a solidariedade social como um dever imposto a toda a sociedade, do qual decorrem outros deveres fundamentais, entre eles o dever fundamental de pagar tributos, o qual está diretamente relacionado à noção do Estado Fiscal.

Com a inserção da isonomia e da justiça na seara do Direito Tributário e com a constitucionalização desse ramo do direito, nota-se que a realização da justiça fiscal passa pela investigação da quantia com a qual cada cidadão pode contribuir com as despesas públicas, à luz dos valores e princípios regentes do Estado Democrático e Social, limitando-se tais despesas ao total da capacidade contributiva dos indivíduos da sociedade.

Ressalte-se, novamente, que o tributo não exerce exclusivamente a função arrecadatória e não tem o objetivo único de fornecer recursos para as atividades estatais, apresentando, além da função arrecadatória, a função distributiva, atuando na redução de desigualdades sociais, e a função regulatória.

A função distributiva dos tributos, como visto, visa a redução das desigualdades sociais, através da adoção de mecanismos estruturais criados pelo Estado, que permitam a transferência, de forma direta ou indireta, de parte da riqueza em poder dos mais ricos para os mais pobres.

No intuito de se alcançar a isonomia e a justiça social, é necessária a observância da capacidade contributiva que é o princípio fundamental da tributação materialmente justa, de modo que cada um deverá pagar o imposto de acordo com a sua renda disponível.

A capacidade contributiva prevê a incidência tributária das mais variadas formas, conforme a capacidade econômica dos contribuintes, devendo ser observada a progressividade na tributação, a preservação do mínimo existencial e a vedação ao confisco, para a realização plena da justiça fiscal e social.

Ainda que exista a previsão constitucional da progressividade e que existam alguns tributos progressivos, verifica-se um crescente efeito regressivo do sistema tributário nacional, implicando no fracasso da função distributiva que a ele se atribui como medida transformadora da realidade social.

Como observado anteriormente, o excesso de tributos incidentes sobre o consumo e a tributação em menor escala sobre a renda e o patrimônio representam uma escolha do Estado brasileiro, que privilegia a arrecadação fiscal, em detrimento da isonomia e da justiça social.

Já afirmamos, ao longo do presente estudo, que a tributação é um excelente instrumento para o direcionamento da economia, por permitir que sejam alcançados os fins econômicos e sociais pretendidos pelo Estado.

No tocante às implicações da tributação no desenvolvimento econômico, é patente que a questão essencial reside não na maior ou menor carga tributária, mas sim na sua distribuição, pois todo tributo incide, em última análise, sobre a riqueza.

Também é importante a análise dos reflexos sociais da tributação, haja vista que a população é diretamente afetada pela direção escolhida em termos de política fiscal, e ela deve ter maiores meios de participação na escolha do destino dos valores que paga a título de tributo.

Nesse sentido, não cabe à sociedade apenas acatar os rumos decididos pelos governantes na elaboração da política fiscal brasileira, em especial em momentos de crise, quando determinadas escolhas políticas trazem mais prejuízos do que benefícios para a população.

Não se pode aceitar, sob a frequente justificativa de dificuldades econômicas, sejam reduzidos ou cortados os investimentos em programas sociais, o que atinge diretamente a camada mais necessitada da população brasileira, ao mesmo tempo que o Estado abre mão de consideráveis parcelas de impostos, como medida de estimulo à economia.

Como já afirmado, o orçamento público, no Brasil, além de exprimir uma relação político-econômica entre o governo e a sociedade, também precisa manter o equilíbrio entre os três poderes e entre os três níveis de governo (federal, estadual e municipal), de modo que a União não pode fazer valer seus interesses em detrimento dos outros entes federativos, sob pena de violação da federação.

Aduz-se, ainda, que a política fiscal brasileira não pode ser pensada exclusivamente no nível da União, nem por ela fixada de modo arbitrário, haja vista que, em razão das transferências obrigatórias de recursos, previstas na Constituição, para os Estados e Municípios, qualquer renúncia de receita poderá ter um impacto negativo no país, como já mencionado ao longo do presente trabalho.

Na busca de uma sociedade que ofereça melhor qualidade de vida deve ser definitivamente afastado o caminho da estatização e da excessiva intervenção estatal na economia. O Estado, como órgão do poder político institucionalizado, certamente deve intervir na atividade econômica. Mas deve fazê-lo com o mínimo de sacrifício para a liberdade.

A política fiscal não pode ser neutra, devendo necessariamente estar direcionada à realização do fim supremo do Estado, que é a prosperidade social. Para tal fim, a tributação deverá ter como resultado a distribuição da riqueza produzida entre os indivíduos e as classes sociais, por meio de um sistema jurídico e político que proporcione a máxima eficiência social (BUJANDA, 1962, pp. 18-20).

Finalmente, insta trazer à baila as lições de Germana Moraes (2008, p. 40), que, ao comentar sobre a proposta de emenda constitucional de reforma tributária desejável, ressalta que, além de guardar respeito à Constituição Federal, ela deverá representar os anseios da sociedade brasileira, perseguindo os seguintes objetivos:

a) promoção da justiça tributária, valendo-se da função social do tributo, que se presta a redistribuir a renda e diminuir as desigualdades sociais e regionais;

b) desoneração da carga tributária, sobretudo das incidências sobre a produção e a atividade econômica;

c) simplificação e busca da eficiência do sistema tributário;

d) preservação do pacto federativo;

e) salvaguarda do estatuto do contribuinte, com respeito aos princípios constitucionais e aos direitos fundamentais.

Em síntese, a proposta de reforma constitucional desejável é aquela formatadora de um Sistema Tributário Nacional mais justo e eficiente, com algumas reformulações essenciais, em especial que se realize a verdadeira aplicação do princípio da progressividade nos tributos e que se privilegie a tributação de renda em patrimônio (ao invés do consumo) a fim de se evitar o efeito regressivo que tanto prejudica os mais necessitados.

Por fim, em relação às propostas de reforma constitucional tributária que tramitam no Congresso Nacional, é necessário averiguar se ela contempla questões sociais.

Entendemos que uma futura reforma deverá promover prioritariamente, a função social do tributo, redistribuindo riquezas, reduzindo desigualdades e promovendo de forma efetiva a justiça social.

5. Referências bibliográficas

ASSUNÇÃO, Matheus Carneiro. Incentivos fiscais em tempos de crise: impactos econômicos e reflexos financeiros. In: Revista da PGFN / Procuradoria-Geral da Fazenda Nacional – v. 1, nº 1 (jan./jun. 2011). Brasília: PGFN, 2011. pp. 253-273. Disponível em: http://www.pgfn.fazenda.gov.br/revista-pgfn/ano-i-numero-i/luiz.pdf. Acesso em 25 mai. 2016.

ATALIBA, Geraldo. Sistema Constitucional Tributário Brasileiro. São Paulo: Revista dos Tribunais, 1966.

BALEEIRO, Aliomar. *Uma Introdução à Ciência das Finanças.* 14 ed. RJ, Forense, 1986.

BECKER, Alfredo Augusto. *Teoria Geraldo Direito Tributário.* Saraiva, São Paulo, 1963.

BUJANDA, Fernando Sainz de. Hacienda Y Derecho: Introducción al Derecho Financeiro de nuestro tiempo. Madri: Instituto de Estúdios Políticos, 1962, v. I.

CAMPIDELLI, Laura Romano; BOSSA, Gisele Barra. O efeito perverso da regressividade no sistema tributário brasileiro. São Paulo: Consultor Jurídico, 2014.

CARVALHO FILHO, José dos Santos. *Comentários ao Estatuto da Cidade.* 2. ed. Rio de Janeiro: Lumen Juris, 2006.

CASTILHO, Paulo César Bária de. *Confisco Tributário.* São Paulo: Revista dos Tribunais, 2002.

COMPARATO, Fábio Konder Comparato. *A Afirmação Histórica dos Direitos Humanos.* 4ª ed. São Paulo: Saraiva, 2005.

CONTI, José Maurício. *Princípios tributários da capacidade contributiva e da progressividade.* São Paulo: Dialética, 1997.

CORRÊA, Samantha. Políticas públicas e realização dos direitos fundamentais: O controle da eficiência e o dever fundamental de pagar tributos. In: Âmbito Jurídico, Rio Grande, XIII, n. 82, nov. 2010. Disponível em: http://www.ambito-juridico.com.br/site/index.php?n_link=revista_artigos_leitura&artigo_id=8629. Acesso em 25 mai. 2016.

DAIN, Sulamis. O financiamento público na perspectiva da política social. In: Economia e Sociedade. Dez. 2001. nº 35. Campinas, 2001. pp. 113-140.

GRAU, Eros Roberto. A ordem econômica na Constituição de 1988 (interpretação e crítica). 9. ed., rev. e atual. São Paulo: Malheiros, 2004.

GRECO, Marco Aurélio; GODOI, Marciano Seabra de (Orgs.). Solidariedade social e tributação. São Paulo: Dialética, 2005.

LEONETTI, Carlos Araújo – *Humanismo e Tributação: um caso concreto.* In: http://www.idtl.com.br/artigos/68.html, acesso em 04/10/2011.

MACHADO, Hugo de Brito. *A Função do Tributo nas Ordens Econômica, Social e Política,* in Ver. da Fac. de Direito, Fortaleza, 28 (2), julh.dez., 1987.

MARTINS, Ives Gandra da Silva, A Defesa do Contribuinte na Constituição Federal, in: *A Defesa do Contribuinte no Direito Brasileiro.* IOB: SP, 2002.

_________. *Direito constitucional interpretado.* São Paulo: Revista dos Tribunais, 1992.

MELLO, Gustavo Miguez. Uma visão interdisciplinar dos problemas jurídicos, econômicos, sociais, políticos e administrativos relacionados com uma reforma tributária. In: *Temas para uma nova estrutura tributária no Brasil.* Mapa Fiscal Editora, Sup. Esp. I Congresso de Direito Financeiro, 1978, RJ.

MORAES, Germana de Oliveira. Palestra ministrada no Seminário sobre Reforma Tributária, promovido pelo Conselho da Justiça Federal e pelo Superior Tribunal de Justiça, em março de 2003, Fortaleza – CE (mimeo) apud RIBEIRO, Maria de Fatima; GESTEIRO, Natalia Paludetto. A busca da cidadania fiscal no desenvolvimento econômico: função social do tributo. In: Sociedade e Direito em Revista: ano III, nº 3, CESD: São Paulo, 2008. p. 40.

NABAIS, José Casalta. *O dever fundamental de pagar impostos.* Coimbra: Almedina, 1998.

OLIVEIRA, João Marcos Domingues de. *Capacidade contributiva.* Rio de Janeiro: Renovar, 1988.

ORAIR, Rodrigo Octavio. Desonerações em alta com a rigidez da carga tributária. Texto para discussão 2117. Instituto de Pesquisa Econômica Aplicada.- Brasília: Rio de Janeiro: Ipea, 2015. Disponível em: http://repositorio.ipea.gov.br/bitstream/11058/5299/1/td_2117.pdf. Acesso em 18 mai. 2016.

RABELO NETO, Luiz Octavio. Direito Tributário como Instrumento de Inclusão Social: Ação Afirmativa Fiscal. In: Revista da PGFN / Procuradoria-Geral da Fazenda Nacional – v. 1, nº 1 (jan./jun. 2011). – Brasília: PGFN, 2011. pp. 253-273. Disponível em: http://www.pgfn.fazenda.gov.br/revista-pgfn/ano-i-numero-i/luiz.pdf. Acesso em 25 mai. 2016.

RIBEIRO, Maria de Fátima. Considerações sobre o imposto de renda na constituição de 1988. São Paulo: Editora Resenha Tributária, 1990.

_________. GESTEIRO, Natalia Paludetto. A busca da cidadania fiscal no desenvolvimento econômico: função social do tributo. In: Sociedade e Direito em Revista: ano III, nº 3, CESD: São Paulo, 2008.

RIBEIRO, Ricardo Lodi. Temas de Direito Constitucional Tributário. Lumen Iuris: Rio de Janeiro, 2008.

SARLET, Ingo Wolfgang. *Dignidade da pessoa humana e direitos fundamentais na Constituição Federal de 1988.* 5ª ed. Porto Alegre: Livraria do Advogado, 2007.

SALVADOR, Evilasio. Fundo Público e o financiamento das Políticas Sociais no Brasil. In: Serviço Social em Revista. v. 14, nº 2, jan./jun. 2012. Londrina: Universidade Estadual de Londrina, 2012. pp. 04-22.

SEVEGNANI, Joacir. O modelo regressivo de tributação no Brasil. Revista Jus Navigandi, Teresina, ano 16, nº 3078, 5 dez. 2011. Disponível em: <https://jus.com.br/artigos/20574>. Acesso em: 25 mai. 2016.

TIPKE, Klaus. Princípio da Igualdade e a Ideia de Sistema Tributário. In: Brandão Machado (coord). Estudos em homenagem ao Prof. Ruy Barbosa Nogueira. São Paulo: Saraiva, 1984.

_________. YAMASHITA, Douglas. *Justiça fiscal e princípio da capacidade contributiva.* São Paulo: Malheiros, 2002.

TORRES, Ricardo Lobo. O Conceito Constitucional de Tributo. In: TORRES, Heleno (Coord.). *Teoria Geral da Obrigação Tributária. Estudos em homenagem ao Professor José Souto Maior Borges.* São Paulo: Malheiros, 2005.

_________. Legalidade tributária e Riscos Sociais. In: Revista de Direito da Procuradoria-Geral do Estado do Rio de Janeiro. 2000.

_________. *Tratado de Direito Constitucional, Financeiro e Tributário. vol. II. Valores e Princípios Constitucionais Tributários.* São Paulo: Renovar, 2006.

_________. *Tratado de Direito Constitucional, Financeiro e Tributário. vol. III. Os Direitos Humanos e a Tributação: Imunidades e Isonomia.* Rio de Janeiro: Renovar, 1999.

_________. *Tratado de Direito Constitucional, Financeiro e Tributário*. vol. IV. Os Tributos na Constituição. São Paulo: Renovar, 2007.

VINHA, Thiago Delgado e RIBEIRO, Maria de Fátima. Efeitos socioeconômicos dos tributos e sua utilização como instrumento de políticas governamentais. Revista Derecho e Cambio Social. nº 2, ano 1. La Molina: Lima, 2004. Disponível em: http://www.derechoycambiosocial.com/revista002/tributos.htm. Acesso em 18 mai. 2016.

WAGNER, José Carlos Graça. Penalidades e Acréscimos na Legislação Tributária. São Paulo: Resenha Tributária, 1979.

YONAH, Reuven S. Os Três Objetivos da Tributação. Revista Direito Tributário Atual. nº 22.Dialética: São Paulo, 2008.

ZAVARIZI, Índio Jorge. Finanças Públicas. In: Curso de especialização em gestão fazendária. Florianópolis: UFSC, 2000.

As Reformas do ICMS e o Impacto nas Políticas Públicas Estaduais

Vanessa Benelli Corrêa

1. Considerações Iniciais

O federalismo é um dos temas de destaque nos estudos da matéria tributária, especialmente quando se trata do ICMS – imposto sobre operações relativas à circulação de mercadorias e prestação de serviços de transporte interestadual e intermunicipal e de comunicação[1]. Na delimitação do poder de tributar, o constituinte originário atribuiu aos Estados e ao Distrito Federal a competência para instituir e cobrar o ICMS. A tributação, fonte da arrecadação de receitas derivadas para os entes federados, é fundamental para a manutenção de toda estrutura estatal, bem como para viabilizar o planejamento e implementação das políticas públicas. Esvaziar a arrecadação representa interferência na capacidade financeira e, por consequência, na gestão dos recursos públicos.

Os prejuízos advindos da gestão ineficiente ultrapassam barreiras territoriais e causam impactos para toda federação. Nesse contexto, o presente artigo busca analisar o andamento da reforma do ICMS, apresentando as alterações que foram implementadas nos últimos anos. A análise também abarcará as recentes mudanças do texto constitucional, decorrentes da Emenda Constitucional 87/2015, que alterou a sistemática do imposto nas operações interestaduais.

Em prestígio a diversos valores fundamentais, especialmente justiça e segurança, é essencial uma ampla reforma fiscal. Um dos grandes debates relacionados ao ICMS, senão o maior, está relacionado à guerra fiscal, visualizada pelo prisma da concorrência desleal entre os entes da federação, colidindo com a necessidade arrecadatória para gestão de políticas públicas essenciais, como saúde e educação. A competição desleal enfraquece o federalismo, provocando e/ou intensificando desigualdades re-

1 Muitas propostas para a reforma do ICMS estão intimamente relacionadas ao federalismo. Ponto que pode ser observado, por exemplo, na pauta da audiência pública realizada no dia 10/09/2015 pela Comissão de Finanças e Tributação da Câmara dos Deputados. Acesso em 18 out. 15: < http://www2.camara.leg.br/atividade-legislativa/comissoes/comissoes-permanentes/cft/audiencias-publicas/audiencia-publica-2015/audiencia-publica-guerra-fiscal>.

gionais, além de gerar insegurança para a iniciativa privada. Desse modo, a sociedade como um todo arca com os prejuízos.

Conforme será demonstrado, o planejamento da política tributária deve levar em consideração os dados empíricos sobre a arrecadação das unidades federadas. É importante garantir a capacidade financeira dos Estados, pois o exercício da autonomia asseverada pelo federalismo depende de recursos, independentes das transferências recebidas do governo central. Assim, espera-se que o resultado da reforma do sistema tributário afaste o atual quadro repleto de insegurança e melhore as relações federativas. Além do mais, dada a relevância do ICMS para a manutenção da harmonia do pacto federativo, a reforma é essencial para contribuir com o crescimento econômico e o desenvolvimento social.

2. Políticas Públicas e os Custos de Implementação

Ao abordar temas de direito tributário é importante destacar que a essencialidade da arrecadação dos tributos não está relacionada apenas ao custeio da máquina administrativa, pois os recursos oriundos das manifestações de riquezas dos particulares são fundamentais para viabilizar a existência do próprio Estado. Além da notória relevância das receitas, é indispensável que o Estado observe com seriedade o orçamento e as despesas públicas, ambos objetos de estudo do direito financeiro. Nítida a intrínseca relação entre Direito Tributário e Direito Financeiro, ainda mais porque "a justiça tributária não pode ser determinada sem que se examine o destino que o governo dá a seus recursos[2]".

Nesse sentido, as políticas públicas podem ser compreendidas como o resultado das atividades políticas e da gestão pública na alocação dos recursos arrecadados. Muito embora não seja um conceito estanque, também pode ser entendida como um sistema de decisões públicas que visa manter ou modificar a realidade por meio da definição de objetivos de atuação e de destinação dos recursos necessários para atingir as metas estabelecidas[3]. Revisando a literatura sobre políticas públicas, Celina Souza[4] aponta que:

> Não existe uma única, nem melhor, definição sobre o que seja política pública. Mead (1995) a define como um campo dentro do estudo da política que analisa o governo à luz de grandes questões públicas e Lynn (1980), como um conjunto de ações do governo que irão produzir efeitos específi-

2 MURPHY, Liam; NAGEL, Thomas. *O mito da propriedade*: os impostos e a justiça. Trad. Marcelo Brandão Cipolla. São Paulo: Martins Fontes, 2005, p. 20.

3 Disponível em:< http://politicaspublicas.almg.gov.br/sobre/index.html#O_que_e_politica_publica>. Acesso em: 21 out. 2015.

4 SOUZA, Celina. Políticas Públicas: uma revisão da literatura. Porto Alegre, ano 8, n. 16, jul./dez. 2006, p. 24-25.

cos. Peters (1986) segue o mesmo veio: política pública é a soma das atividades dos governos, que agem diretamente ou através de delegação, e que influenciam a vida dos cidadãos. Dye (1984) sintetiza a definição de política pública como "o que o governo escolhe fazer ou não fazer".[...]. As políticas públicas repercutem na economia e nas sociedades, daí por que qualquer teoria da política pública precisa também explicar as inter-relações entre Estado, política, economia e sociedade.

Para a implementação de políticas públicas eficientes e concretização dos objetivos constitucionais[5], é importante identificar os problemas, formular as alternativas para solução e, na sequência, implementar as medidas planejadas. É igualmente fundamental aferir os resultados, condicionados ao monitoramento e avaliação das ações executadas.

Dessa forma, a seriedade no planejamento e na execução das políticas públicas pode ser observada por intermédio dos dados empíricos, coletados através do monitoramento e avaliação dos resultados atingidos. O objetivo do artigo não é analisar de maneira pormenorizada as políticas públicas brasileiras[6]. Contudo, este assunto conduz à reflexão sobre a qualidade da gestão dos recursos arrecadados. Por ora, a pretensão é enaltecer a relação entre arrecadação e gasto público, pois "o Estado é que, dispondo do dinheiro que arrecada com tributos, deve realizar o gasto público tendo em vista a solidariedade social"[7]. A solidariedade, fundamento do dever constitucional de pagar tributos, deve, igualmente, orientar as despesas públicas. Nesse caminho, Hugo de Brito Machado segue discorrendo sobre algumas distinções terminológicas interessantes. Aponta que dentro do conceito de política fiscal estão estabelecidas as matérias consideradas mais convenientes em relação aos recursos públicos, abrangendo tanto as receitas quanto as despesas. A política tributária está estreitamente relacionada à política relativa aos tributos.

O ajuste fiscal, assunto muito cotado em tempos de crise econômica e política, representa a tentativa de adequação e reequilíbrio entre receitas e despesas. Assim, sempre em busca de maior estabilidade, destaca-se que "do ponto de vista da política pública, o ajuste fiscal implicou a adoção de orçamentos equilibrados entre receita e

---

5 Art. 3º Constituem objetivos fundamentais da República Federativa do Brasil: I - construir uma sociedade livre, justa e solidária; II - garantir o desenvolvimento nacional; III - erradicar a pobreza e amarginalização e reduzir as desigualdades sociais e regionais; IV - promover o bem de todos, sem preconceitos de origem, raça, sexo, cor, idade e quaisquer outras formas de discriminação.

6 Um exemplo é o Ministério da Saúde, o órgão do Poder Executivo Federal responsável pela organização e elaboração de planos e políticas públicas voltadas para a promoção, prevenção e assistência à saúde dos brasileiros. Disponível em: <http://portalsaude.saude.gov.br/index.php/o-ministerio#63>. Acesso em: 22 out. 2015.

7 MACHADO, Hugo de Brito. Curso de Direito Tributário. 36ª ed. rev. atual. ampl. São Paulo: Malheiros Editores, 2015, p. 48.

despesa e restrições à intervenção do Estado na economia e nas políticas sociais"[8]. Da mesma forma, no atual contexto brasileiro, diversas medidas têm sido objeto de debate para viabilizar o equilíbrio das contas públicas[9].

Um ponto interessante para destacar é a previsão de políticas públicas constitucionais, indicadas no próprio texto da Constituição de 1988, segundo as lições de Maria Paula Dallari Bucci[10]:

> O primeiro destaque, como seria natural, é o que trata do Capítulo II, Das Finanças Públicas, do Título VI, Da Tributação e Orçamento, da Constituição Federal. Os instrumentos orçamentários dispostos na Constituição Federal, plano plurianual (PPA), lei de diretrizes orçamentárias (LDO) e lei orçamentária podem ser considerados as expressões jurídicas de políticas públicas, por excelência.

Inclusive, em referência às disposições orçamentárias e sua relação com a arrecadação, o artigo 167, inciso IV, da CF, veda a vinculação de receita de impostos a órgão, fundo ou despesa. Todavia, o mesmo inciso ressalva a repartição do produto da arrecadação dos impostos a que se referem os artigos 158 e 159, a destinação de recursos para as ações e serviços públicos de saúde, para manutenção e desenvolvimento do ensino e para realização de atividades da administração tributária, como determinado, respectivamente, pelos artigos 198, § 2º, 212 e 37, XXII, e a prestação de garantias às operações de crédito por antecipação de receita, previstas no art. 165, § 8º, bem como o disposto no § 4º deste artigo.

Desse modo, imprescindível que, para o custeio das diversas políticas públicas adotadas pelos entes federados, a tributação é um mecanismo de arrecadar recursos para viabilizar a gestão e execução das medidas necessárias a alcançar o resultado pretendido – educação, saúde, meio ambiente, ciência e tecnologia, segurança pública, etc. Adotando a forma federativa, cada ente deve dispor de receita própria a fim de efetivar a autonomia garantida pelo modelo adotado.

---

8 SOUZA, Celina. Políticas Públicas: uma revisão da literatura. Porto Alegre, ano 8, n. 16, jul./dez. 2006, p. 20.

9 O Ministério da Fazenda é o órgão que na estrutura administrativa da República Federativa do Brasil cuida da formulação e execução da política econômica. Das diversas notícias publicadas nos últimos meses, grande parte está relacionada ao ajuste fiscal, reforma fiscal, orçamento, etc. Inclusive, foi realizado o V Congresso Internacional de Informação de Custos e Qualidade do Gasto no Setor Público, com o objetivo principal de incentivar o debate sobre qualidade do gasto, transparência e avaliação de políticas públicas: Disponível em: <http://www.fazenda.gov.br/divulgacao/noticias/2015/outubro/tesouro-nacional-realiza-congresso-sobre-qualidade-do-gasto-e-avaliacao-de-politicas-publicas>. Acesso em: 22 out. 2015.

10 BUCCI, Maria Paula Dallari. *Políticas Públicas*: reflexões sobre o conceito jurídico. In:______ (Org.). São Paulo: Saraiva, 2006, p. 15.

No contexto atual, os impasses políticos acabam prejudicando o debate e a implementação de políticas essenciais para a sociedade brasileira. Todavia, é indispensável que o cidadão atue de forma proativa e fiscalize a atuação do poder público. Além disso, observa-se a própria importância da política fiscal e tributária, ao lado de diversas outras, como a política econômica, para superar os percalços encontrados e, então, avançar no desenvolvimento do país.

3. O Federalismo Fiscal Brasileiro

A forma federativa de Estado, também conhecida como federalismo, garante aos entes – União, Estados, Distrito Federal e Municípios – independência e autonomia política[11]. Nesse sentido, "o que diferencia o federalismo fiscal é a autonomia político-jurídica, segundo a qual se distribui o poder de legislar, especialmente para a criação de tributos, que constitui a maior de todas as manifestações de autonomia política[12]". Justamente nesse sentido, o texto constitucional delimitou a competência tributária de cada um dos entes da federação[13]. E, conforme considerações anteriores, o ICMS é um dos impostos cuja competência foi atribuída aos Estados e ao Distrito Federal.

O federalismo permite "a democratização das decisões que passam a ser tomadas em uma esfera mais próxima do cidadão, que adquire maiores possibilidades de fiscalizar, controlar e influir nas escolhas estatais[14]". Angariados os recursos devidos, os entes federados, imbuídos pelo dever de cooperação, devem executar as competências que lhes foram atribuídas. O federalismo cooperativo representa ações conjuntas dos entes para efetivação dos objetivos consagrados pelo legislador constituinte, bem como diminuir as desigualdades regionais (artigos 3º e 43, da CF). Sobre o tema, cumpre registrar que a Constituição de 1988 reformulou o federalismo brasileiro. São precisos os dados elencados pelos professores Ricardo Lodi Ribeiro[15] e Gustavo da Gama Vital de Oliveira[16]:

---

11 OLIVEIRA, Gustavo da Gama Vital de. O Supremo Tribunal Federal e as cláusulas pétreas da forma federativa de estado e da separação de poderes em matéria tributária. In: QUEIROZ, Luís Cesar Souza de; OLIVEIRA, Gustavo da Gama Vital de (Org.). Tributação Constitucional, Justiça Fiscal e Segurança Jurídica. Rio de Janeiro: GZ Editora, 2014, p. 75.

12 OLIVEIRA, Gustavo da Gama Vital de. O Supremo Tribunal Federal e as cláusulas pétreas da forma federativa de estado e da separação de poderes em matéria tributária. In: QUEIROZ, Luís Cesar Souza de; OLIVEIRA, Gustavo da Gama Vital de (Org.). *Tributação Constitucional, Justiça Fiscal e Segurança Jurídica*. Rio de Janeiro: GZ Editora, 2014, p. 75.

13 O constituinte originário, além de estabelecer as espécies tributárias, indicou detalhadamente a repartição dos impostos entre União (arts. 153, 154), Estados e Distrito Federal (art. 155) e Municípios e Distrito Federal (art. 156).

14 RIBEIRO, Ricardo Lodi. Paternalismo federativo e a competência para a concessão de benefícios fiscais no ICMS e no ISS. RFDT. Belo Horizonte, ano 10, n. 59, set./out. 2012, p. 133.

15 Ibidem. p. 135.

16 OLIVEIRA, Gustavo da Gama Vital de. A Contribuição de Amílcar de Araujo Falcão para a Teoria do Federalismo Fiscal no Brasil. In: GOMES, Marcus Lívio; QUEIROZ, Luis Cesar Souza.

> No Brasil, o federalismo cooperativo é adotado a partir da Revolução de 1930, acabando por se deformar em um centralismo usurpador da autonomia dos Estados-membros, com a Constituição de 1937, caracterizando o denominado federalismo orgânico, com predominância do Poder Central. O mesmo cenário é encontrado nos regimes constitucionais de 1967 e 1969, após a breve vigência da Constituição de 1946 que, em certa medida, restabeleceu o modelo cooperativo.
>
> É válida assim a advertência de Falcão de que a interpretação dos preceitos constitucionais relativos à partilha de competência tributária na federação deveria ser estrita, de forma que se a Constituição utilizou na definição do fato gerador um ato jurídico, não deveriam ser admitidas considerações de ordem meramente econômicas que tentassem deslocar a competência de um ente federativo para outro.

Dentro do contexto do federalismo fiscal horizontal, observa-se o sistema híbrido de incidência do ICMS nas operações interestaduais, dependendo da identificação do Estado de destino da operação ou prestação para apurar o diferencial de alíquotas, garantindo arrecadação para ambos os Estados. Além do mais, quanto ao ICMS, cumpre registrar os apontamentos do professor Heleno Taveira Torres[17]:

> O Direito Tributário e a Constituição Econômica devem ser convergentes com as funções da Constituição Financeira, para possibilitar o equilíbrio entre a liberdade e os interesses individuais e os princípios que positivam a "justiça distributiva". Nas economias em desenvolvimento, como a do Brasil, os impostos sobre o consumo, como o ICMS ou o IPI, desempenham papel relevante para redução de desigualdades de certas regiões, ao permitirem a alocação uniforme de recursos e harmonizar os preços, segundo as finalidades interventivas da decisão política.

Sabe-se que diversos fatores corroboram para o enfraquecimento do pacto federativo brasileiro – concentração de receitas para União, problemas nas transferências de recursos, dívida pública... –, mas, para o federalismo fiscal e o ICMS, salta-se em destaque o problema da guerra fiscal. Sem qualquer pretensão de esgotar a análise desse tema no presente artigo, são válidos alguns registros à luz do federalismo. Competição fiscal e guerra fiscal não são expressões sinônimas, pois no primeiro caso as políticas tributárias funcionam como instrumento lícito e moral para atração de investimentos.

(Org.) *Finanças públicas, tributação e desenvolvimento*. Rio de Janeiro: Freitas Bastos, 2015 (UERJ 80 anos, 9), p. 245.

17 Disponível em: <http://www.conjur.com.br/2014-ago-27/consultor-tributario-receita-promover-politicas-coerentes-economia?pagina=3>. Acesso em: 16 out. 2015.

Já a guerra fiscal representa aquelas competições sem efetiva coordenação política. No Brasil, em muitos casos, os Estados adotam condutas engenhosas e atuam em descompasso com a legislação que rege a matéria. Para Ricardo Lodi Ribeiro "a guerra fiscal pressupõe a violação do princípio da conduta amistosa federativa, a partir de condutas artificiosas, abusivas ou ilegais, dirigidas à atração de empreendimentos que, sem essas práticas, seriam destinados a outro ente federativo[18]".

Dentre as regulamentações constitucionais do ICMS, exige-se edição de lei complementar para dispor a forma como, mediante deliberação dos Estados e do Distrito Federal, isenções, incentivos e benefícios fiscais serão concedidos e revogados (artigo 155, § 2º, inciso XII, alínea g, CF). A Lei Complementar 24 de 1975 dispõe sobre "os convênios para a concessão de isenções do imposto sobre operações relativas à circulação de mercadorias".[19] O maior entrave é a indicação da unanimidade como condição para aprovação dos benefícios fiscais. A fixação desse quórum inviabiliza e engessa a autonomia política dos Estados, pois um voto contrário impede a aprovação de determinado convênio.

As deliberações ocorrem no âmbito do Conselho Nacional de Políticas Fazendárias – CONFAZ, composto pelos Secretários da Fazenda (Finanças ou Tributação) de cada Estado e do Distrito Federal, bem como pelo Ministro da Fazenda. O CONFAZ é um órgão deliberativo instituído em prol do federalismo fiscal e da harmonização tributária. Contudo, o que ocorre na prática é muito diferente das previsões contidas nos enunciados normativos que tratam do assunto. Os Estados concedem diversos incentivos sem aprovação de convênio. Guerra fiscal do ICMS é um tema que renderia muitas páginas de considerações e análises. Mas, para a finalidade do presente artigo, é importante registrar a fragilidade do pacto federativo, em virtude da ausência de efetiva coordenação política para concessão de benefícios fiscais. A coordenação dos interesses estaduais é um dos temas que deve ser prestigiado na reforma do federalismo.

Almejando reestruturar o pacto federativo brasileiro, serão apresentadas as reformas do ICMS, algumas já implementadas e outras ainda em andamento. Contudo, cabe ainda recordar neste ponto a previsão contida no § 4º, do artigo 60, da Constituição de 1988, que estabelece em seu primeiro inciso a vedação de emenda constitucional tendente a abolir a forma federativa de Estado. Desse modo, é essencial frisar o impedimento de alterações pelo constituinte derivado que atentem contra o núcleo essencial do federalismo, impedidas até mesmo por meio de emenda constitucional.

---

18 RIBEIRO, Ricardo Lodi. Paternalismo federativo e a competência para a concessão de benefícios fiscais no ICMS e no ISS. RFDT. Belo Horizonte, ano 10, n. 59, set./out. 2012, p. 141.

19 Nota-se que a Lei Complementar 24 de 1975 foi publicada ainda na vigência da Constituição de 1967 (e Emenda 01/1969), fazendo por isso menção ao ICM e não ICMS, este último instituído apenas com a Constituição de 1988. A LC 24/75, recepcionada expressamente pela Constituição Federal de 1988, no artigo 34, § 8º, do Ato das Disposições Constitucionais Transitórias, dispõe sobre os convênios para a concessão de isenções (e também outros benefícios) do imposto sobre operações relativas à circulação de mercadorias, e dá outras providências

4. Algumas Notas Sobre o ICMS

Antes de analisar a reforma do ICMS é importante ressaltar algumas considerações sobre o imposto em estudo. Antes da Constituição de 1988 estabelecer os atuais contornos do ICMS, os Estados detinham a competência para instituir e cobrar o ICM – imposto sobre circulação de mercadorias. Esse modelo de tributação foi inspirado no modelo europeu para substituição do IVC – imposto sobre vendas e consignações. Com maestria, Alcides Jorge Costa[20] tece comentários em relação ao imposto sobre o valor acrescido:

> Em suma, a eleição do imposto sobre o valor acrescido como o mais adequado à harmonização dos impostos de vendas dos países membros da CEE foi produto da busca do tipo de produto que melhor atendesse à neutralidade fiscal em relação à concorrência. O imposto sobre o valor acrescido atendia a esta necessidade no plano interno. E no plano internacional, adotado o princípio do país de destino, era o que mais atendia à neutralidade.

Assim, sob a ótica do sistema tributário brasileiro, tanto o ICMS, cuja competência restou reservada aos Estados e Distrito Federal, quanto o IPI, de competência da União, são tributos indiretos. Os dois impostos, cobrados respectivamente pelos entes competentes, incidem sobre o valor acrescido em cada etapa do processo de industrialização e comercialização. Nesse sentido, merecem destaque as observações do professor Adilson Rodrigues Pires[21]:

> Os tributos indiretos, de natureza não cumulativa, foram criados na Europa na década de 50 do século passado, especificamente na França, com a instituição do *Impôt sur la Valeur Ajutée* (IVA). A novidade mudou a sistemática até então seguida na tributação sobre a venda e o consumo, vindo a substituir a desgastada tributação em cascata, ou seja, com o IVA passou-se a adotar o princípio da não cumulatividade. Significa dizer que, no cálculo do IVA devido na operação de saída do produto, o valor pago nas operações anteriores é deduzido para efeito do cálculo do imposto a pagar. [...] Vale lembrar, contudo, que a tributação no Estado de destino, diferentemente do que se tem hoje, constitui ferramenta de fundamental importância para a eliminação ou, pelo menos, a redução da chamada guerra fiscal. É de se reconhecer que a tributação das vendas no Estado de destino, não só equilibraria a distribuição da riqueza nacional, como, também, implicaria a realocação dos investimentos, que se direcionariam aos Estados que mais incentivos concedessem à produção.

---

20 COSTA, Alcides Jorge. *ICM na Constituição e na Lei Complementar*. Resenha Tributária: São Paulo. 1979, p. 44.

21 PIRES, Adilson Rodrigues. A guerra fiscal e a proposta de criação do IVA. Revista de Direito da Associação dos Procuradores do Novo Estado do Rio de Janeiro, p. 365-367.

Tendo em vista a problemática em relação à tributação sobre o consumo, parte da doutrina defende a substituição pelo IVA – Imposto sobre o Valor Agregado. De acordo com Osvaldo Santos Carvalho e Marcelo Amaral Gonçalves de Mendonça[22], "uma alternativa mais ousada na reforma da tributação sobre o consumo seria a transformação do atual ICMS num imposto sobre valor agregado com ampla base de incidência [...]". As reformas do ICMS estão imbuídas em um imbróglio político:

> A convivência de dois impostos sobre o consumo no Brasil constitui sério entrave ao processo de harmonização tributária entre os países do Mercosul. Falta ao país a vontade política necessária à instituição de um Imposto sobre o Valor Agregado, hoje existente na maioria dos países do mundo e, como se sabe, tornou-se condição *sine qua non* para ingresso de vários países na Comunidade Europeia, hoje União Europeia.[23]

As reformas do ICMS são muito intrincadas, já que este representa a principal fonte de receita para os Estados e Distrito Federal. De acordo com dados coletados no sítio eletrônico do Conselho Nacional de Política Fazendária – CONFAZ[24], foi possível identificar o abismo entre os valores coletados pelos Estados com o ICMS em comparação aos outros dois impostos de competência estadual (ITCD e IPVA).

MINISTÉRIO DA FAZENDA Conselho Nacional de Política Fazendária – CONFAZ Comissão Técnica Permanente do ICMS – COTEPE ARRECADAÇÃO DE IMPOSTOS ESTADUAIS – VALORES CORRENTES - 2014	
IMPOSTOS	Valores em Reais
ICMS	388.656.117.000,00
IPVA	32.918.413.000,00
ITCD	4.709.207.000,00

Fonte: Secretaria de Fazenda, Finanças ou Tributação. Última Atualização: 23/02/2016. Valor Provisório, referente ao total arrecadado por todas as unidades federativas ao longo de 2014.

Em 2014, conforme demonstra a tabela acima, foi estratosférica a diferença entre o montante que os Estados arrecadaram com o ICMS, comparada com os valores arrecadados com ITCD e IPVA. Mesmo somando esses dois últimos, o total permanece muito aquém do primeiro colocado. A tabela a seguir comprova que a mesma situação se repetiu em 2015.

---

22 Disponível em: http://www.ibet.com.br/download/Osvaldo%20Santos%20e%20Marcelo%20 Amaral.pdf.

23 PIRES, Adilson Rodrigues. A guerra fiscal e a proposta de criação do IVA. Revista de Direito da Associação dos Procuradores do Novo Estado do Rio de Janeiro, p. 367.

24 Disponível em: < http://www1.fazenda.gov.br/confaz/boletim/valores.htm>.

MINISTÉRIO DA FAZENDA Conselho Nacional de Política Fazendária – CONFAZ Comissão Técnica Permanente do ICMS – COTEPE ARRECADAÇÃO DE IMPOSTOS ESTADUAIS – VALORES CORRENTES – 2015	
IMPOSTOS	Valores em Reais
ICMS	483.150.960.000,00
IPVA	38.775.356.000,00
ITCD	6.668.245.000,00

Fonte: Secretaria de Fazenda, Finanças ou Tributação. Última Atualização: 14/03/2016. Valor Provisório, referente ao total arrecadado por todas as unidades federativas ao longo de 2015.

Com base nos dados levantados, é fácil compreender a tensão dos Estados em relação ao ICMS, fonte da principal receita para os cofres estaduais. Em 2015, dos valores arrecadados com os impostos estaduais no Brasil, o ICMS representa 91,40% da arrecadação total. Muito embora não seja objeto de análise neste momento, também são debatidas no cenário tributário reformas para os demais impostos de competência dos Estados como, por exemplo, a reforma do ITCD para elevação da alíquota máxima e aplicação de maior progressividade. Por isso, nos debates sobre a reforma política do ICMS, não pode ser afastada a consciência de que, apenas uma ampla reforma do sistema tributário, é capaz de concretizar os valores da justiça e segurança, tão caros ao Estado Democrático de Direito.

Todo o contexto do direito tributário e da complexidade da legislação, aliada à falta de harmonização e coordenação política, desequilíbrios acentuados pela guerra fiscal, insegurança jurídica, judicialização de conflitos, renúncia de receitas, são alguns dos problemas que envolvem o ICMS, principalmente quando estão relacionados às operações interestaduais. E assim, o objetivo do artigo é apresentar as alterações mais recentes, bem como aquelas ainda em andamento, no que tange à reforma do ICMS. Conforme já mencionado, o debate é de extrema importância, visto a essencialidade da tributação para custear as despesas públicas, inclusive aquelas relacionadas às diversas políticas públicas que contribuem para o desenvolvimento do Estado.

5. As Reformas do ICMS

Conforme noticiado, o ICMS é um imposto dotado de complexidade e objeto de diversas reformas. De acordo com as pesquisas realizadas foi possível identificar algumas propostas que seguem em andamento e outras já implementadas nos últimos anos. Nesse mesmo sentido, são os comentários de Julio Cesar Santiago[25] sobre a reforma tributária:

---

25 SANTIAGO, Julio Cesar. Reforma Tributária e Injustiça Fiscal. In: GOMES, Marcus Lívio; QUEIROZ, Luis Cesar Souza. (Org.) *Finanças públicas, tributação e desenvolvimento*. Rio de Janeiro: Freitas Bastos, 2015. p. 288.

A Câmara dos Deputados tem recebido, também, muitas propostas relacionadas à repartição de receitas tributárias, assim como propostas que objetivam a mudança do desenho institucional de algumas espécies tributárias, como o ICMS, por exemplo.

O grande debate está, principalmente, relacionado às operações interestaduais. Fato este que pode ser observado no item 2.4 da Cartilha da Reforma Tributária, apresentada pelo Ministério da Fazenda em 2008[26]: um grande número de problemas do ICMS tem a ver com a forma de cobrança desse imposto nas operações interestaduais. Nesta publicação é nítida a atenção dispensada ao ICMS, objeto de várias considerações, sempre voltadas à preservação do federalismo fiscal brasileiro.

Observando-se as últimas reformas, em 2012, por exemplo, a Resolução 13 do Senado Federal[27] estabeleceu em 4% a alíquota do ICMS nas operações interestaduais com bens e mercadorias importados. Apesar das críticas contrárias à medida, o objetivo da alteração foi acabar com a "guerra dos portos", umas das faces do problema da guerra fiscal entre os Estados brasileiros. Nesse mesmo sentido, o Projeto de Resolução do Senado (PRS) 1/2013, ainda em tramitação, busca a unificação gradual das alíquotas interestaduais de modo a alcançar o patamar de 4%. Ao remeter o projeto para apreciação pela chefe do Poder Executivo, o então Ministro da Fazenda, Guido Mantega, informou que o projeto faz parte de um conjunto de medidas com vistas ao aperfeiçoamento do federalismo fiscal brasileiro[28]. Também informou a adoção de medidas para evitar eventuais prejuízos financeiros para os Estados decorrentes da redução da alíquota.

E nesse sentido, foi aprovada a Medida Provisória 683/2015, que instituiu o Fundo de Desenvolvimento Regional e Infraestrutura e o Fundo de Auxílio à Convergência das Alíquotas do Imposto sobre Operações relativas à Circulação de Mercadorias e sobre Prestações de Serviços de Transporte Interestadual e Intermunicipal e de Comunicação – ICMS, com a finalidade de facilitar o comércio interestadual e estimular o investimento produtivo e o desenvolvimento regional.

Ao falar sobre operações interestaduais e guerra fiscal, no âmbito do CONFAZ o Convênio ICMS 70/2014 apresenta os critérios definidos pelos Estados para aprovar a regularização dos incentivos concedidos unilateralmente. Um dos objetivos é a concessão de remissão e anistia de créditos tributários relativos a incentivos e benefícios, fiscais e financeiros, vinculados ao ICMS autorizados ou concedidos pelas unidades federadas sem aprovação de convênio.

26 Cartilha. Disponível em: <http://www.fazenda.gov.br/divulgacao/publicacoes/reforma-tributaria/cartilha.reforma.tributaria.pdf>.

27 Cabe lembrar que a Constituição de 1988, estabelece no artigo 155, § 2º, inciso IV, que por meio de resolução do Senado Federal, de iniciativa do Presidente da República ou de um terço dos Senadores, aprovada pela maioria absoluta de seus membros, serão estabelecidas as alíquotas aplicáveis às operações e prestações, interestaduais e de exportação.

28 EM nº 00279/2012 MF, publicado no Diário do Senado Federal no dia 05 de fevereiro de 2013.

Já no Poder Legislativo, foi aprovado no Senado o Projeto de Lei Complementar 130/2014 com a seguinte ementa: convalida os atos normativos de concessão de benefícios fiscais e concede remissão e anistia de créditos tributários referentes ao ICMS. Após aprovação, foi remetido em 14/04/2015 à Câmara dos Deputados (PLP 54/2015) e até o momento segue em tramitação.[29] Neste projeto, outros quatro foram apensados: PLP 85/2011, PLP 188/2012, PLP 435/2014 e PLP 18/2015.

Por fim, em relação aos benefícios fiscais, está em andamento no Supremo Tribunal Federal a Proposta de Súmula Vinculante 69, com objetivo de tornar inconstitucional qualquer incentivo fiscal concedido sem prévia aprovação de convênio. A proposta, apresentada pelo Ministro Gilmar Mendes, em 29 de março de 2012, considera que qualquer isenção, incentivo, redução de alíquota ou de base de cálculo, crédito presumido, dispensa de pagamento ou outro benefício fiscal relativo ao ICMS, concedido sem prévia aprovação em convênio celebrado no âmbito do CONFAZ, é inconstitucional.

Outro destaque da reforma é a Emenda Constitucional 87, publicada no dia 17 de abril de 2015, que altera a sistemática de cobrança do ICMS nas operações e prestações interestaduais que destinem bens e serviços a consumidor final, contribuinte ou não do imposto. Antes da emenda, a redação do § 2º, do artigo 155, da Constituição de 1988, estabelecia a concentração do ICMS para o Estado de origem quando o consumidor final localizado no Estado de destino fosse não contribuinte do imposto. Sendo assim, os Estados de destino não alcançavam a arrecadação se o consumidor localizado em seu território fosse não contribuinte do imposto. E esse fato é muito comum no comércio eletrônico, com expressiva importância para a economia, pois de acordo com a Associação Brasileira de Comércio Eletrônico – ABCOMM –, mesmo com a crise econômica, aumentaram as vendas pela internet[30].

Observando o papel crescente do *e-commerce*, restou evidenciado o comprometimento do pacto federativo, visto que os Estados de destino nada arrecadavam quando o consumidor final era não contribuinte – muito comum no comércio eletrônico, facilitando que pessoas das regiões menos desenvolvidas tenham acesso aos bens produzidos nos grandes polos industriais. O Protocolo 21, publicado no dia 07 de abril de 2011, firmado por Estados da região Norte, Nordeste, Centro-Oeste, Espírito Santo e pelo Distrito Federal[31], pretendia justamente distribuir a arrecadação, concen-

---

29 O último andamento foi a audiência pública realizada pela Comissão de Finanças e Tributação (CFT), no dia 10/09/2015. Acesso em 24 out. 2015. Mais informações sobre a audiência pública podem ser encontradas no sítio eletrônico da Câmara dos Deputados. Disponível em: < http://www2.camara.leg.br/atividade-legislativa/comissoes/comissoes-permanentes/cft/audiencias-publicas/audiencia-publica-2015/audiencia-publica-guerra-fiscal>.

30 Disponível em : < http://www.abcomm.org/noticias/vendas-pela-internet-aumentam-mesmo-com-a-crise-na-economia/>. Acesso em: 21 out. 2015.

31 O Protocolo foi inicialmente firmado pelos Estados de Acre, Alagoas, Amapá, Bahia, Ceará, Espírito Santo, Goiás, Maranhão, Mato Grosso, Pará, Paraíba, Pernambuco, Piauí, Rio Grande do Norte, Roraima, Rondônia, Sergipe e o Distrito Federal. Posteriormente, houve a adesão de Mato Grosso

trada nos grandes centros industriais, para, então, assegurar parcela do ICMS para os Estados de destino. O protocolo levou em consideração os seguintes motivos:

> a) que a sistemática atual do comércio mundial permite a aquisição de mercadorias e bens de forma remota;
> b) que o aumento dessa modalidade de comércio, de forma não presencial, especialmente as compras por meio da *internet*, *telemarketing* e *showroom*, deslocou as operações comerciais com consumidor final, não contribuintes de ICMS, para vertente diferente daquela que ocorria predominante quando da promulgação da Constituição Federal de 1988;
> c) que o imposto incidente sobre as operações de que trata este protocolo é imposto sobre o consumo, cuja repartição tributária deve observar esta natureza do ICMS, que a Carta Magna na sua essência assegurou às unidades federadas onde ocorre o consumo da mercadoria ou bem;
> d) a substancial e crescente mudança do comércio convencional para essa modalidade de comércio, persistindo, todavia, a tributação apenas na origem, o que não coaduna com a essência do principal imposto estadual, não preservando a repartição do produto da arrecadação dessa operação entre as unidades federadas de origem e de destino [...]

Contudo, em 2014 a inconstitucionalidade foi devidamente declarada pelo Supremo Tribunal Federal, no bojo da ADI 4.628 (ajuizada pela Confederação Nacional do Comércio de Bens, Serviços e Turismo) e ADI 4.713 (ajuizada pela Confederação Nacional do Comércio), relatadas pelo Ministro Luiz Fux. Nos parágrafos iniciais do seu voto, o Ministro destaca que no campo do federalismo fiscal brasileiro a guerra fiscal é um dos temas mais atuais, "especificadamente o comércio eletrônico (também conhecido com *e-commerce*), que em face de seu vertiginoso crescimento traz sérias preocupações às empresas e às entidades federadas com competência tributária para instituir o ICMS".[32] O relator frisa que o protocolo não poderia afastar a repartição estabelecida pela Constituição e instituir novas regras de cobrança do imposto.

O Protocolo 21, além de ser materialmente inconstitucional – pois violou a disposição expressa na Constituição de 1988, artigo 155, § 2º, inciso VII, alínea b –, também apresentou vícios de ordem formal, por violar a disposição do artigo 38, do Convênio 133/1997. De acordo com o texto, dois ou mais Estados poderão celebrar protocolos para estabelecer regras sobre procedimentos e fiscalização relativos ao imposto, tais como a implementação de políticas fiscais, permuta de informações e fiscalização conjunta, fixação de critérios para elaboração de pautas fiscais, outros assuntos de

---

do Sul e Tocantins; denúncia do Espírito Santo, Distrito Federal e Pernambuco; e exclusão de Rondônia.

32 Voto do relator Ministro Luiz Fux na ADI 4.628-DF.

interesse dos Estados e do Distrito Federal. Mas, restou vedada a celebração de protocolo que aumente, reduza ou revogue benefícios fiscais. Nessa perspectiva, Carrazza[33] comenta o tema na sua obra específica sobre "ICMS":

> Ora, o Protocolo ICMS 21/2011, sem embargo dos objetivos que nortearam sua edição – basicamente evitar o favorecimento dos Estados mais industrializados, onde se situam as principais empresas do comércio de vendas eletrônicas (*e-commerce*) – ao "criar" nova forma de cobrança do ICMS, afrontou o disposto no art. 155, § 2º, VII, b, da Constituição Federal.
> Rememore-se que este dispositivo determina a cobrança da alíquota de ICMS do Estado de origem, quando o consumidor final não for contribuinte do imposto.
> Donde, esta sistemática não poderia ter sido alterada nem por uma lei complementar, quanto mais por um protocolo, ao qual compete, nos termos do art. 199, do CTN, apenas regulamentar a prestação de assistência mútua entre as pessoas políticas, em ordem a possibilitar-lhes "a fiscalização dos tributos respectivos e permuta de informações, na forma estabelecida, em caráter geral ou específico, por lei ou convênio". [...]
> Em suma, a pretexto de corrigir eventuais fatores de desequilíbrio econômico entre as unidades federadas, o Protocolo ICMS 21/2011 acabou por instituir nova sistemática de cobrança do ICMS, com o que infringir maus tratos à Constituição da República. (CARRAZZA, 2015, p. 573-574).

De fato, existem distorções na arrecadação do ICMS. Depreende-se dos dados coletados no sítio eletrônico do CONFAZ, informações detalhadas sobre a arrecadação do ICMS nas cinco regiões do Brasil. Além disso, é possível extrair os dados da arrecadação de cada Estado e ao final, os dados totais, resultado da soma de todas unidades federadas.

MINISTÉRIO DA FAZENDA Conselho Nacional de Política Fazendária – CONFAZ Comissão Técnica Permanente do ICMS – COTEPE ARRECADAÇÃO DE ICM – VALORES CORRENTES – 2014	
ICMS	Valores em Reais
Norte	23.225.768.000,00
Nordeste	62.368.269.000,00
Sudeste	202.036.454.000,00
Sul	64.439.851.000,00
Centro-Oeste	35.688.866.000,00

Fonte: Secretaria de Fazenda, Finanças ou Tributação. Última Atualização: 24/08/2015. Valor Provisório.

33 CARRAZZA, Roque Antonio. *ICMS*. 17ª ed. rev. e ampl. até a EC 88/2015 e de acordo com a Lei Complementar 87/96, com suas ulteriores modificações. São Paulo: Malheiros, 2015, p. 573-574.

MINISTÉRIO DA FAZENDA Conselho Nacional de Política Fazendária - CONFAZ Comissão Técnica Permanente do ICMS - COTEPE ARRECADAÇÃO DE ICM - VALORES CORRENTES - 2015	
ICMS	Valores em Reais
Norte	14.066.416.000,00
Nordeste	41.212.559.000,00
Sudeste	129.267.986.000,00
Sul	41.545.785.000,00
Centro-Oeste	23.355.186.000,00

Fonte: Secretaria de Fazenda, Finanças ou Tributação. Última Atualização: 22/10/2015. Valor Provisório. Arrecadação até o mês de agosto de 2015 no Brasil.

Muito embora os valores arrecadados pela região Nordeste (R$ 62.368.269.000,00 em 2014 e R$ 41.212.559.000,00 em 2015) e pela região Sul (R$ 64.439.851.000,00 em 2014 e R$ 41.545.785.000,00 em 2015) atinjam patamares aproximados, deve-se lembrar que os valores arrecadados pela região Nordeste está distribuído para nove Estados, enquanto a arrecadação da região Sul está dividida apenas para três unidades federativas. A maior arrecadação está concentrada na região Sudeste, destacando o Estado de São Paulo com a maior arrecadação (R$ 122.836.142.000,00 em 2014) e o Estado do Espírito Santo com o menor montante (R$ 9.025.731.000,00 em 2014).

De toda sorte, o protocolo não era o instrumento adequado para reverter as distorções na sistemática do ICMS. Comentando sobre a declaração de inconstitucionalidade (ADI 4.628-DF), Carrazza enfatiza que o voto "engrandece a mais alta Corte do País, certamente estimulou a promulgação da EC 87, de 16.4.2015, que, ao que tudo indica, resolverá, pelo menos em parte, esta hipótese de 'guerra fiscal'[34]".

Para dar continuidade ao estudo das inovações trazidas pela EC 87/2015, cabe verificar a alteração do texto constitucional, que passou a prever o seguinte:

> Art. 155. [...] § 2º. [...]
> VII - nas operações e prestações que destinem bens e serviços a consumidor final, contribuinte ou não do imposto, localizado em outro Estado, adotar-se-á a alíquota interestadual e caberá ao Estado de localização do destinatário o imposto correspondente à diferença entre a alíquota interna do Estado destinatário e a alíquota interestadual;

34 CARRAZZA, Roque Antonio. *ICMS*. 17ª ed. rev. e ampl. até a EC 88/2015 e de acordo com a Lei Complementar 87/96, com suas ulteriores modificações. São Paulo: Malheiros, 2015, p. 573-574.

De acordo com a redação atualizada (pós EC 87/15), independentemente de o consumidor final ser contribuinte do ICMS, deverá ser adotado o diferencial de alíquota - resultado da diferença entre a alíquota interestadual e alíquota interna do Estado destinatário, para garantir ao Estado de destino parte da arrecadação. Contudo, a emenda também acrescentou o artigo 99, no Ato das Disposições Constitucionais Transitórias, com a seguinte redação:

> Art. 99. Para efeito do disposto no inciso VII do § 2º do art. 155, no caso de operações e prestações que destinem bens e serviços a consumidor final não contribuinte localizado em outro Estado, o imposto correspondente à diferença entre a alíquota interna e a interestadual será partilhado entre os Estados de origem e de destino, na seguinte proporção:
> I - para o ano de 2015: 20% (vinte por cento) para o Estado de destino e 80% (oitenta por cento) para o Estado de origem;
> II - para o ano de 2016: 40% (quarenta por cento) para o Estado de destino e 60% (sessenta por cento) para o Estado de origem;
> III - para o ano de 2017: 60% (sessenta por cento) para o Estado de destino e 40% (quarenta por cento) para o Estado de origem;
> IV - para o ano de 2018: 80% (oitenta por cento) para o Estado de destino e 20% (vinte por cento) para o Estado de origem;
> V - a partir do ano de 2019: 100% (cem por cento) para o Estado de destino.

Sendo assim, as alterações relacionadas ao recolhimento do diferencial de alíquotas operações e prestações que destinem bens e serviços a consumidor final, não contribuinte localizado em outro Estado podem ser visualizadas na tabela abaixo. Observa-se ainda que após a progressão estabelecida a arrecadação será transferida integralmente para o Estado de destino:

ANO	Recolhimento do diferencial de alíquotas	
	Estado de origem	Estado de destino
2015[35]	80%	20%
2016	60%	40%
2017	40%	60%
2018	20%	80%
2019	-----	100%

De maneira geral, essas alterações objetivaram reestruturar o federalismo fiscal, pois a concentração das receitas tributárias, especialmente aquelas arrecadadas com o ICMS, é muito forte nos Estados mais desenvolvidos.

35 O percentual estipulado para 2015 não foi adotado, já que no artigo 3º, da EC 87/15, estava previsto que a mesma entraria em vigor na data da sua publicação, mas produziria efeitos no ano subsequente e após 90 (noventa) dias. Na cláusula décima do Convênio ICMS 93/15 a partilha entre as unidades federadas leva em consideração as porcentagens da segunda etapa da divisão.

Com o fito de regulamentar as alterações constitucionais trazidas pela EC 87/15, o Convênio ICMS 93, de 17 de dezembro de 2015, celebrado no âmbito do Conselho Nacional de Política Fazendária – CONFAZ, dispõe sobre os procedimentos a serem observados nas operações e prestações que destinem bens e serviços a consumidor final não contribuinte do ICMS, localizado em outra unidade federada.

A repercussão das medidas intensificou os debates nas unidades federativas. Um deles corresponde à redação do Convênio, expressa na cláusula nona, sobre a extensão das disposições para os contribuintes optantes do Simples Nacional.[36] Contudo, discordando dessa previsão, o Conselho Federal da Ordem dos Advogados do Brasil propôs Ação Direta de Inconstitucionalidade e obteve no Supremo Tribunal Federal, liminarmente, a suspensão dos efeitos da cláusula nona para não incluir os optantes do Simples Nacional às novas regras de recolhimento do ICMS. O relator da referida ação (ADI 5.464), Ministro Dias Toffoli, destacou que as novas obrigações contrariam o regime diferenciado das micro e pequenas empresas, disposto na Lei Complementar 123/2006.

O Ministro Dias Toffoli também é relator da ADI 5.469, proposta pela Associação Brasileira de Comércio Eletrônico, objetivando a declaração de inconstitucionalidade das cláusulas 1ª, 2ª, 3ª, 6ª e 9ª do Convênio ICMS nº 93/2015, firmado no âmbito do CONFAZ, por ofensa aos artigos 5º, caput, II e XX 37; 59; 61; 69; 145, § 1º; 146, caput e III, "a" e "d"; 146-A; 150, I, II, III, "a", "b" e "c" e IV; 152; 154; 155, § 2º, I e XII, "g"; 167, IV; 170, IX e 179 da Constituição Federal.

Diante desse cenário, é possível compreender a complexidade da reforma do ICMS. Após a apresentação das principais alterações relacionadas ao ICMS, no tópico seguinte serão expostas algumas reflexões sobre as consequências das reformas.

6. Análise Consequencialista sobre a Reforma do ICMS

Sabe-se que muitos são os fins almejados com a reforma do sistema tributário, destacando dentre eles a promoção da redistribuição de receita, muito concentrada nas regiões mais desenvolvidas; a recomposição da arrecadação tributária estadual; aumento dos investimentos em todo país; desburocratização e redução dos custos com as obrigações acessórias; instrumentos mais eficazes para estimular o desenvolvimento regional.

Mesmo com o encaminhamento de diversas propostas para a reforma, verifica-se enorme imbróglio entre as instituições, que deveriam atuar de forma conjunta, cooperando nos debates e planejando uma verdadeira reforma da política tributária. A guerra fiscal precisa ser realmente enfrentada, permitindo de um lado a competição

36 Convênio ICMS 93/2015. **Cláusula nona** Aplicam-se as disposições deste convênio aos contribuintes optantes pelo Regime Especial Unificado de Arrecadação de Tributos e Contribuições devidos pelas Microempresas e Empresas de Pequeno Porte - Simples Nacional, instituído pela Lei Complementar nº 123, de 14 de dezembro de 2006, em relação ao imposto devido à unidade federada de destino.

fiscal e, por outro lado, coibindo práticas abusivas que enfraquecem o pacto federativo e inviabilizam o desenvolvimento do país. Todavia, na prática, de um lado, o legislativo atua de forma a proteger os benefícios já concedidos, ainda que inseridos dentro do caos da guerra fiscal, e do outro lado, o Poder Judiciário pretende tornar qualquer benefício fiscal sem convênio inconstitucional[37]. Não se deve perder de vista que a exoneração fiscal pode surtir efeitos positivos e modificar determinadas realidades sociais. Verifica-se ausência de planejamento e coordenação para instruir e evitar que a concessão dos incentivos decorra de práticas desleais.

Conforme explicitado anteriormente, a Emenda Constitucional 87/2015 alterou a sistemática do ICMS nas operações interestaduais. Assim, após as faixas de transição, o imposto será devido apenas para o Estado de destino, quando das operações interestaduais em que o destinatário for consumidor final não contribuinte do imposto. A alteração buscou garantir uma distribuição da arrecadação e fortalecer o pacto federativo - já que antes da emenda a tributação era garantida ao Estado de origem, geralmente mais industrializado.

Por outro lado, cabe também refletir se o pacto federativo não será violado com a alteração promovida pela EC 87/2015, por alterar a sistemática estabelecida no texto constitucional. Mas, sobre esse ponto, são valiosos os ensinamentos do professor Gustavo da Gama Vital de Oliveira[38]:

> Como se vê, o núcleo essencial da forma federativa de Estado não pode ser definido por critérios formais, sendo fundamental investir em critérios de ordem material para atingir tal objetivo. Logo não será lícito afirmar que determinada emenda constitucional incidiu na proibição ventilada pelo constituinte originário apenas pela circunstância de ter sido modificado, formalmente, enunciado normativo que regula a discriminação das competências tributárias entre os entes da federação ou a repartição de receitas tributárias. Somente haverá violação à cláusula pétrea na hipótese de

37 Um detalhe importante é a ausência de debate sobre o que é a guerra fiscal propriamente dita. O Supremo Tribunal Federal ao propor a inconstitucionalidade de todos os benefícios concedidos sem convênio enfraquece a possibilidade legítima de os Estados atuarem dentro dos limites da sua competência. Deve ser inconstitucional o benefício que for concedido de forma desleal, que cause prejuízos aos demais Estados, principalmente aos menos desenvolvidos. Mas, também deve existir uma forma de controle administrativo, prévio - e até mesmo *a posteriori* -, que seja eficiente na coordenação política da concessão dos benefícios. O CONFAZ, na atual conjuntura, não tem atuado de maneira eficiente para organizar e controlar a concessão de benefícios. Sem contar a importância da efetiva punição para os entes federados que realmente utilizam os artifícios da guerra fiscal para autobenefício.

38 OLIVEIRA, Gustavo da Gama Vital de. O Supremo Tribunal Federal e as cláusulas pétreas da forma federativa de estado e da separação de poderes em matéria tributária. In: QUEIROZ, Luís Cesar Souza de.; OLIVEIRA, Gustavo da Gama Vital de (Org.). Tributação Constitucional, Justiça Fiscal e Segurança Jurídica. Rio de Janeiro: GZ Editora, 2014, p. 71, 78.

ser afetado o núcleo essencial do princípio federativo, conforme ensina a doutrina constitucionalista majoritária. Desse modo, seria inconstitucional emenda que tentasse retirar dos entes menores tal competência, ao menos naquelas hipóteses em que restasse evidenciado que a perda da arrecadação com o tributo próprio extinto fosse capaz de tornar o ente político menor completamente dependente do Governo Central.

Assim, seguindo essa análise, a alteração irá prestigiar o federalismo, uma vez que contribui para a redistribuição da atual concentração da arrecadação. Mas, obviamente que é necessário observar as limitações expressas na própria Constituição. De acordo com o professor, "o texto constitucional brasileiro de 1988 sofreu diversas alterações em matéria tributária e financeira. O elevado número de emendas constitucionais fez com que a doutrina brasileira abordasse o tema das cláusulas pétreas tributárias e financeiras diversas vezes." Até a Emenda Constitucional 56/2007, cabe registrar os seguintes dados estatísticos[39]:

> Se o texto constitucional original já contemplava um sistema tributário complexo e pujante, imagina-se após 20 anos de constantes mudanças. Das 56 Emendas Constitucionais feitas até o momento, tivemos ao logo deste período 19 Emendas Constitucionais de natureza financeira e tributária, trazendo diversas modificações nesta área do Direito. E quanto às 06 Emendas Constitucionais de Revisão publicadas entre 1º de março e 07 de junho de 1994, previstas no artigo 3º do Ato das Disposições Constitucionais Transitórias, apenas a primeira tratou de matéria tributária, ao incluir os artigos 71, 72 e 73 no ADCT, para criar o Fundo Social de Emergência - FSE, com o objetivo de sanear financeiramente a Fazenda Pública Federal e promover a estabilização econômica do país, bem como realizar programas de relevante interesse econômico e social.
>
> Foram ao total 62 Emendas ou Revisões Constitucionais, sendo 20 destas de conteúdo, natureza ou efeitos financeiros ou tributários, trazendo quase quarenta alterações às regras do sistema tributário constitucional.

Além dos dados supracitados, mais Emendas Constitucionais foram editadas no decorrer dos anos, inclusive a EC 87/2015. Além da alteração do disposto no artigo 155 da Constituição de 1988, a referida emenda acrescentou o artigo 99 no ADCT. Sobre este ponto, Carrazza[40] tece uma primeira observação: "embora esta seja, em

---

39 ABRAHAM, Marcus. *As Emendas constitucionais tributárias e os vinte anos da Constituição Federal de 1988*. São Paulo: QuartierLatin, 2009, p. 29.

40 CARRAZZA, Roque Antonio. ICMS. 17ª ed. rev. e ampl. até a EC 88/2015 e de acordo com a Lei Complementar 87/96, com suas ulteriores modificações. São Paulo: Malheiros, 2015, p. 576.

nosso País, uma prática corriqueira, entendemos não ser juridicamente possível incluir, por meio de emendas constitucionais, novas disposições transitórias à Constituição Federal". E o autor continua fazendo as observações seguintes:

> A segunda: temos igualmente por injurídico restringir ou anular, ainda que por meio de emendas constitucionais, o conteúdo ou o alcance das normas constitucionais transitórias autoaplicáveis, como, por exemplo, as que conferem direitos, nas condições que elas próprias estabelecem. Tais normas fazem parte do núcleo imodificável da Constituição e, neste sentido, são equiparáveis às cláusulas pétreas.
>
> A terceira: a EC 87/2015, previu uma (rara) *vacatio constitutionis*, ao prescrever, em seu art. 3º, que entrará em vigor "na data de sua publicação, produzindo efeitos no ano subsequente e após 90 (noventa) dias desta". Ao fazê-lo, rendeu homenagens ao princípio da segurança jurídica, que não se compadece com mudanças abruptas do texto constitucional.

Apesar de todo contexto estar relacionado às operações "não presenciais", a supressão dessa expressão teve por consequência uma margem interpretativa para as regulamentações efetivadas pelos Estados, gerando grande insegurança. Assim, surgiram e, ainda, surgem, dúvidas sobre a emenda em análise. Uma delas residia justamente na diferença da redação do texto final da EC 87/2015 e as respectivas propostas, PEC 103/2011[41] (Senado Federal) e PEC 197/2012 (Câmara dos Deputados), visto que esta última previa a alteração o § 2º do art. 155 da Constituição Federal, para modificar a sistemática de cobrança do imposto sobre operações relativas à circulação de mercadorias e sobre prestações de serviços de transporte interestadual e intermunicipal e de comunicação incidente sobre as operações e prestações realizadas de forma "não presencial" e que destinem bens e serviços a consumidor final localizado em outro Estado.

Repare que, neste caso, a redação final da EC 87/2015, conforme texto destacado anteriormente, prevê a alteração da sistemática sem restrições, não fazendo menção às operações e prestações realizadas de forma não presencial.

Existe um conflito entre o texto constitucional (após a redação da EC 87/2015) e o contexto que originou a própria alteração. Conforme foi demonstrado no ponto anterior, muito embora inconstitucional, o Protocolo 21/2011 intensificou o debate ao estabelecer disciplina relacionada à exigência do ICMS nas operações interestaduais que destinem mercadoria ou bem a consumidor final, cuja aquisição ocorresse

---

41 Na proposta original (PEC 103/2011, Senado Federal) pretendia-se acrescentar o inciso VIII-A ao § 2º do artigo 155 para modificar a sistemática de cobrança do imposto sobre operações relativas à circulação de mercadorias e sobre prestação de transporte interestadual e intermunicipal e de comunicação incidente sobre operações e prestações realizadas de forma não presencial e que destinem bens e serviços a consumidor final localizado em outro Estado.

de forma não presencial no estabelecimento remetente. Além do mais, a justificativa apresentada na PEC 103/2011 destaca:

> O comércio não presencial, mormente o denominado comércio eletrônico, cresceu de forma expressiva nos últimos anos e mostra tendência de tornar-se, em futuro breve, a prática preponderante na comercialização de mais e mais produtos [...]. Sem sair de sua residência, o cidadão efetua uma compra de fornecedor situado em outra unidade da federação, a milhares de quilômetros e recebe seu pedido em alguns dias a mais. [...] Esse é o mundo moderno, essa é a tendência e nada a objetar - muito pelo contrário. [...]

Em 16 de abril de 2015, a Comissão de Constituição, Justiça e Cidadania do Senado Federal emitiu o Parecer nº 93, opinando pela aprovação da emenda. Na análise do mérito, destaca-se o seguinte contexto:

> O comércio não presencial remonta a longa data no Brasil. Encomendas por catálogo, vendas por telefone e entregas de mercadorias pelos correios sempre fizeram parte do quotidiano do brasileiro comum. Recentemente, o advento da *internet* instituiu o chamado *e-commerce*, ou comércio eletrônico, em que o comprador é exposto a uma variedade de produtos e preços sem precedentes em nossa história econômica. [...]
>
> Essa nova realidade trouxe muitos benefícios para o cidadão comum, mas também muitas distorções no equilíbrio econômico entre as unidades federadas. A maioria das lojas virtuais é sediada em poucos Estados, geralmente os mais ricos e desenvolvidos, que, mantida a sistemática atual de distribuição da arrecadação do ICMS, retém toda a arrecadação do tributo. A fórmula constitucional atual permite tal anomalia ao determinar a incidência da alíquota interna, geralmente elevada, em operações envolvendo mercadorias destinadas a compradores não contribuintes do imposto e localizados em outro Estado. Trata-se, em última análise, da própria radicalização do princípio da origem.
>
> A PEC em comento procura reequilibrar essa relação, ordenando que parte dos recursos auferidos pelo recolhimento do ICMS seja canalizada para o Estado de destino, numa justa adequação à realidade dos fatos, que mostra tendência crescente de utilização do *e-commerce* nas mais diversas transações.
>
> Em conclusão, manifestamo-nos pela aprovação da presente matéria, como passo importante na busca pelo reequilíbrio federativo.

O grande problema é a possibilidade de interpretações distintas, impostas nas legislações estaduais sem coordenação, fator que destaca a persistente desarmonia do sistema tributário e do pacto federativo. A edição da emenda também gerou dúvidas sobre o início da transição. Conforme comentado anteriormente, a primeira faixa estava prevista para 2015, mas por previsão expressa, a EC 87/2015 produziu efeitos a partir de 2016, aplicando a segunda faixa.

Muitos outros problemas de ordem prática fazem ainda parte de intensos debates como, por exemplo, a regulamentação das obrigações acessórias do remetente, que passam a ter o dever de recolher o diferencial de alíquota nas operações interestaduais em que o destinatário é consumidor final não contribuinte do imposto. Outro detalhe que deve se observado refere-se ao crédito do imposto para os casos em que o consumidor final não contribuinte devolve a mercadoria, visto que o Código de Defesa do Consumidor garante o prazo de 07 (sete) dias para desistência.[42] Importante registrar que os contribuintes do ICMS devem acompanhar a regulamentação dada pelas legislações internas, verificando como será na prática a implementação das mudanças trazidas pela EC 87/2015. Em relação às demais propostas que seguem em andamento, espera-se maior zelo, para que a reforma do sistema tributário consolide valores fundamentais para o Estado Democrático de Direito, e não enfatize o atual quadro de insegurança que prejudica toda sociedade, inclusive no que tange a concretização de políticas públicas essenciais.

7. Considerações finais

A arrecadação de tributos é fundamental para angariar recursos e viabilizar a gestão de todo aparato estatal, inclusive em relação às políticas públicas desenvolvidas por todos os entes federados. Os impostos, dentre eles o ICMS, são dotados de finalidade essencialmente arrecadatória e sem vinculação à contraprestação. Por outro lado, compõe grande parte da arrecadação e são vinculados a destinação de recursos para as ações e serviços públicos de saúde, para manutenção e desenvolvimento do ensino e para realização de atividades da administração tributária. O ICMS é uma forte fonte de receita para financiar as políticas públicas dos Estados.

Observa-se que algumas reformas são implementadas, como, por exemplo, a nova sistemática do ICMS prevista pela EC 87/2015, buscando a harmonia de todo sistema tributário. Mas que de fato será alcançada apenas com uma reforma tributária abrangente. Para tanto, deve-se levar em consideração dados empíricos, voltados para ajustar na medida necessária o orçamento público. Além do mais, é importante o comprometimento com as despesas públicas, desenvolvendo com eficiência o orçamento e as políticas públicas. O caminho é longo e a ampla reforma tributária parece distante, mas torna-se possível quando desenvolvida com base no fortalecimento do pacto federativo e em políticas fiscais consistentes.

---

42 CDC - art. 49. O consumidor pode desistir do contrato, no prazo de 7 dias a contar de sua assinatura ou do ato de recebimento do produto ou serviço, sempre que a contratação de fornecimento de produtos e serviços ocorrer fora do estabelecimento comercial, especialmente por telefone ou a domicílio. Parágrafo único. Se o consumidor exercitar o direito de arrependimento previsto neste artigo, os valores eventualmente pagos, a qualquer título, durante o prazo de reflexão, serão devolvidos, de imediato, monetariamente atualizados.

8. Referências bibliográficas

ABRAHAM, Marcus. *As Emendas constitucionais tributárias e os vinte anos da Constituição Federal de 1988*. São Paulo: QuartierLatin, 2009.

BUCCI, Maria Paula Dallari. *Políticas Públicas*: reflexões sobre o conceito jurídico.In:______ (Org.). São Paulo: Saraiva, 2006.

BUGLION, ENRICO;MARÈ, MAURO.*Tax competition and fiscal federalism in Italy*. 2010. Presented at the OECD conference on tax competition between subcentral governments bern, set. 2010.

CARRAZZA, Roque Antonio. *ICMS*. 17ª ed. rev. e ampl. até a EC 88/2015 e de acordo com a Lei Complementar 87/96, com suas ulteriores modificações. São Paulo: Malheiros, 2015.

CARVALHO, Osvaldo Santos; MENDONÇA, Marcelo Amaral Gonçalves de. *O futuro da tributação sobre o consumo no Brasil*: melhorar o ICMS ou criar um IVA amplo? Perspectivas para uma Reforma Tributária. Disponível em:<http://www.ibet.com.br/download/Osvaldo%20Santos%20e%20Marcelo%20Amaral.pdf>.

COÊLHO, Sacha Calmon Navarro. *Curso de Direito Tributário Brasileiro*. 11ª ed. Rio de Janeiro: Forense, 2010.

COÊLHO, S. C. et al. *Direito, Justiça e Poder de Tributar*: questões fiscais das empresas de mineração: desafios para o desenvolvimento no Estado Democrático de Direito. Belo Horizonte: Del Rey, 2012.

COSTA, Alcides Jorge. *ICM na Constituição e na Lei Complementar*. Resenha Tributária: São Paulo, 1979.

COSTA, Regina Helena. *Curso de Direito Tributário*: Constituição e Código Tributário Nacional. Rio de Janeiro: Saraiva, 2015.

DERZI, Misabel Abreu Machado. Pós-Modernismo e Tributos. complexidade, descrença e corporativismo. *Revista Dialética de Direito Tributário*, n. 100. São Paulo: Dialética, 2004.

ELIALI, André. *O federalismo fiscal brasileiro e o sistema tributário nacional*.São Paulo: MP Editora, 2005.

FALCÃO, Amilcar de Araújo. *Fato Gerador da Obrigação Tributária*. 6ª ed. Rio de Janeiro: Editora Forense, 1999.

GODOI, Marciano Seabra de. Tributo e Solidariedade Social. In:_______;GRECOO, Marco Aurélio (Coord.). *Solidariedade Social e Tributação*. São Paulo: Dialética, 2005.

MACHADO, Hugo de Brito.*Curso de Direito Tributário*. 36ª ed. rev. atual. ampl. São Paulo: Malheiros Editores, 2015.

MARTINS, Ives Gandra da Silva; SOUZA, Fátima Fernandes Rodrigues de. ICMS: transferência de mercadorias entre estabelecimentos da mesma empresa situados em diferentes unidades da Federação: fato gerador do imposto: autonomia dos estabelecimentos: base de cálculo: Lei Complementar nº 87/96, art. 13, §4º, I: conceito de valor da entrada mais recente: necessidade de serem agregados: aspectos peculiares da operação interestadual: prestação de serviço de transporte interestadual: imposto pago pelo estabelecimento remetente: transferência do ICMS incidente para aproveitamento no Estado de destino. *Revista Fórum de Direito Tributário*, Belo Horizonte, ano 12, n. 67, p. 149-178, jan./fev. 2014. Parecer.

MASSA-ARZABE, Patrícia Helena. Dimensão jurídica das Políticas públicas. In: BUCCI,Maria Paula Dallari (Org.) *Políticas Públicas*: reflexões sobre o conceito jurídico. São Paulo: Saraiva, 2006. p. 51-74.

MELO, José Eduardo Soares de. *ICMS*: teoria e prática. 12ª ed. São Paulo: Editora Dialética, 2012.

MONTERO. Antonio Giménez. *Federalismo fiscal: teoría y práctica*. Valencia: TirantLoBlanch, 2002.

MURPHY, Liam; NAGEL, Thomas. *O mito da propriedade*: os impostos e a justiça. Trad. Marcelo Brandão Cipolla. São Paulo: Martins Fontes, 2005.

OLIVEIRA, Gustavo da Gama Vital de. O Supremo Tribunal Federal e as cláusulas pétreas da forma federativa de estado e da separação de poderes em matéria tributária. In: QUEIROZ, Luís Cesar Souza de.; OLIVEIRA, Gustavo da Gama Vital de (Org.). *Tributação Constitucional, Justiça Fiscal e Segurança Jurídica*. Rio de Janeiro: GZ Editora, 2014.

_______. A Contribuição de Amílcar de Araujo Falcão para a Teoria do Federalismo Fiscal no Brasil. In: GOMES, Marcus Lívio; QUEIROZ, Luis Cesar Souza. (Org.) *Finanças públicas, tributação e desenvolvimento*. Rio de Janeiro: Freitas Bastos, 2015.p. 235-248. (UERJ 80 anos, 9).

PINHO¸ Cláudio Araújo. A tributação no Brasil nas atividades de energia elétrica, telecomunicações, petróleo, combustíveis e mineração tratamento dado pela atual constituição brasileira de 1988 e suas perspectivas. *Revista Tributária e de Finanças Públicas*. DTR, v. 24p. 102, jul. 1998.

PIRES, Adilson Rodrigues. *A guerra fiscal e a proposta de criação do IVA*. Revista de Direito da Associação dos Procuradores do Novo Estado do Rio de Janeiro. p. 355-378.

RIBEIRO, Ricardo Lodi. Paternalismo federativo e a competência para a concessão de benefícios fiscais no ICMS e no ISS. *RFDT*. Belo Horizonte, ano 10, n. 59, p. 133-151, set./out. 2012.

SANTIAGO, Julio Cesar. Reforma Tributária e Injustiça Fiscal. In: GOMES, Marcus Lívio; QUEIROZ, Luis Cesar Souza. (Org.) *Finanças públicas, tributação e desenvolvimento*. Rio de Janeiro: Freitas Bastos, 2015.p. 279-292. (UERJ 80 anos, 9).

SCHOUERI, Luís Eduardo. *Direito Tributário*. São Paulo: Saraiva, 2011.

SOUZA, Celina. Políticas Públicas: uma revisão da literatura. Porto Alegre, ano 8, n. 16, jul/dez 2006, p. 20-45.

TORRES, Heleno Taveira. Disponível em:<http://www.conjur.com.br/2014-ago-27/consultor-tributario--receita-promover-politicas-coerentes-economia?pagina=3>. Acesso em: 16 out. 2015.

VARSANO. Ricardo. *A guerra fiscal do ICMS: quem ganha e quem perde*. Disponível em:<http://www.ipea.gov.br/ppp/index.php/PPP/article/view/127>.